ONTOLOGIA DEL LENGUAJE

© Rafael Echeverría
N° de Inscripción: 67559

Dolmen Ediciones, S.A.
Cirujano Guzmán 194, Santiago

Derechos exclusivos reservados para todos los países

Esta edición de 2,000 ejemplares se terminó de imprimir
en abril de 2013, en Tinta, Letra, Libro, S.A. de. C.V.
Mar Cantábrico No 20, Col. Popotla,
Miguel Hidalgo, México, D.F., c.p. 11400.

Dirección: Jaime Cordero
Cubierta: Grafito Diseño
Ilustración cubierta: Catherine Hugo
Composición y diagramación: José Manuel Ferrer

I.S.B.N.: 956-201-226-3

Primera Edición: abril de 1994
Segunda Edición: marzo de 1995
Tercera Edición: agosto de 1996
Cuarta Edición: marzo de 1997
Quinta Edición: abril de 1998

Impreso en México / *Printed in Mexico*

RAFAEL ECHEVERRIA

ONTOLOGIA
del
LENGUAJE

DOLMEN EDICIONES / EDICIONES GRANICA

Este libro pertenece a Yaven,
mi mujer

A la memoria de Friedrich Nietzsche
al cumplirse 150 años de su nacimiento

INDICE

PROLOGO 13

CAPITULO I

BASES DE LA ONTOLOGIA DEL LENGUAJE

El nacimiento de la deriva metafísica 19
Descartes y el mundo moderno 24
Un nuevo panorama histórico 25
¿Qué entendemos por «ontología»? 28
La ontología del lenguaje: postulados básicos 30
Una comprensión no metafísica de los seres humanos .. 37
Ser, verdad y poder: el papel del observador 39
Relación entre acción y ser 46

CAPITULO II

SOBRE EL LENGUAJE HUMANO

El lenguaje 49
El lenguaje como dominio consensual 49
Un mundo lingüístico de entidades lingüísticas 50
El lenguaje como coordinación de coordinación
de acciones 51
La capacidad recursiva del lenguaje humano 53
Condiciones estructurales e históricas para el
surgimiento del lenguaje humano 54
El individuo como construcción lingüística 55
Los individuos como fenómenos sociales 55
La relación mutua entre los sistemas lingüísticos
y el comportamiento individual 60
Vuelta a la ontología del lenguaje 63

CAPITULO III

LOS ACTOS LINGUISTICOS BASICOS

Antecedentes 69
Los actos lingüísticos 71

Afirmaciones y declaraciones 71
a) Afirmaciones 72
b) Declaraciones 75
c) Algunas declaraciones fundamentales en la vida 78
- La declaración del «No» 79
- La declaración de aceptación: el «Sí» 80
- La declaración de ignorancia 81
- La declaración de gratitud 82
- La declaración del perdón 83
- La declaración de amor 86
d) Sobre la relación entre afirmaciones y declaraciones 87
- La distinción de «inquietud» 89
La danza de las promesas: sobre peticiones y ofertas 92
El papel generativo del lenguaje 102

CAPITULO IV

DE LOS JUICIOS

Recapitulación sobre las afirmaciones 107
Los juicios 109
Los juicios y la estructura de la temporalidad 113
Cómo se fundan los juicios 119
La doble cara de los juicios 125
Los juicios y el dominio de la ética 127
Juicios y formas de ser 129
Más allá del bien y del mal 131
Los juicios y el sufrimiento humano 132
Una cuestión de confianza 134
Hacia una ética fundada en el respeto 137

CAPITULO V

EL ESCUCHAR: EL LADO OCULTO DEL LENGUAJE

El escuchar como factor determinante de la
comunicación humana 142
La falacia de la transmisión de información 143
Escuchar no es oír 145
Desde una comprensión descriptiva a una
comprensión generativa del lenguaje 146
Las acciones comprendidas en el hablar 148

El supuesto de «intención» para dar sentido a
nuestras acciones 150
La solución ofrecida por Freud 151
Cuestionamiento del concepto de intención 153
De intenciones a inquietudes 155
Cuando escuchamos, también construimos una
historia acerca del futuro 159
La matriz básica del escuchar 161
a) El ámbito de la acción 162
b) El ámbito de las inquietudes 163
c) El ámbito de lo posible 165
d) El ámbito del alma humana 167
Apertura: la postura fundamental del escuchar 168
El ser ontológico y la persona: una forma de ser
que permite infinitas formas de ser 171
Dominios de observación para desarrollar un
escuchar efectivo 176

CAPITULO VI

ACCION HUMANA Y LENGUAJE

Nuestra «concepción tradicional» sobre la acción humana .. 186
Razón y lenguaje 188
Crítica de Heidegger a Descartes 191
La distinción de transparencia 192
La distinción de quiebre 193
Condiciones de generación de un quiebre 194
Quiebres negativos y positivos 196
Los quiebres habitan en el observador 197
Dos fuentes en la declaración de los quiebres 199
Lenguaje y acción...201
La acción como distinción lingüística 203
Los usos de la distinción de acción................................206
Actividad versus acción...208
Acción directa y reflexiva 213
Acción contingente y recurrente 218
La reconstrucción lingüística de las prácticas sociales 221

CAPITULO VII

EL PODER DE LAS CONVERSACIONES

Diseñando conversaciones 230
1. La conversación de juicios personales 230
2. La conversación para la coordinación de acciones 236
3. La conversación para posibles acciones 238
4. La conversación para posibles conversaciones 240
Relaciones personales y conversaciones 243
Quiebre y conversaciones en las relaciones personales 247
Conversaciones públicas y privadas 248
Más allá del «hablar como acción» 252
La importancia de la narración de historias en la
existencia humana 254
Historias y acción 256
El poder de la invención de historias en las relaciones 257
Conversaciones en las organizaciones empresariales 259
Las organizaciones como unidades lingüísticas 259
La estructura lingüística de las organizaciones 260
Las conversaciones como fundamento de las
organizaciones empresariales 263
La naturaleza conversacional del *management* 264

CAPITULO VIII

EMOCIONES Y ESTADOS DE ANIMO

La emocionalidad en nuestra concepción tradicional 269
La distinción entre estados de ánimo y emociones 270
Los estados de ánimo son constitutivos de la
existencia humana 275
Estados de ánimo y acción 276
Dos dominios complementarios de observación de
los estados de ánimo 281
Observando los estados de ánimo desde el
subdominio de la biología 283
Observando los estados de ánimo desde el
subdominio de la corporalidad 285
Los estados de ánimo y el lenguaje 287
Hacia una reconstrucción lingüística de los
estados de ánimo 289

Los estados de ánimo en contextos sociales 292
¿Podemos hacer algo con los estados de ánimo? 295
Los estados de ánimo como un dominio de diseño 296
Algunas pautas para el diseño de estados de ánimo 298
Kairós: breve comentario sobre el tiempo humano 301

CAPITULO IX

CUATRO ESTADOS EMOCIONALES BASICOS

A modo de introducción: nota sobre los estoicos 307
La filosofía moral de Epicteto 310
El criterio de la concordancia con la naturaleza y
los juicios 313
Juicios de facticidad y de posibilidad 315
La facticidad ontológica 315
La facticidad histórica 316
Podemos aceptar o rechazar los juicios de facticidad
y de posibilidad 319
El estado de ánimo del resentimiento 321
El estado de ánimo de aceptación y paz 327
Del resentimiento a la aceptación 328
Formular promesas claras 35
Comprometerse a compartir algunas
conversaciones privadas y permitir hacer reclamos 336
El estado de ánimo de la resignación 337
El estado de ánimo de la ambición 338
De la resignación a la ambición 339

CAPITULO X

HACIA UNA ONTOLOGIA DE LA PERSONA

Lo que constituye a los seres humanos 341
Nuestra comprensión tradicional de la persona 346
Alejándonos de la psicología metafísica:
reconstrucción crítica de las caracterizaciones 348
Somos de acuerdo a como actuamos 350
La persona como principio explicativo 351
¿Quién tiene la historia correcta? 352
La persona como rasgo evolutivo 354
¿Cómo está constituida la persona? 357
Las trampas del lenguaje 360

La persona como principio activo de coherencia .. 361
La construcción social de la persona 362
La relación entre lenguaje y comunidad 365
Los cinco dominios básicos de la persona 367
1. La persona como dominio experiencial 367
2. La persona como dominio discursivo 368
3. La persona como dominio performativo 370
4. La persona como dominio moral 372
5. La persona como dominio emocional 375
Las fuerzas conservadores de la persona 376
Las fuerzas transformadoras de la persona 377
Vida y literatura 380

CAPITULO XI

EL LENGUAJE DEL PODER

La concepción tradicional del poder 383
El camino de la verdad 386
El camino de la salvación 388
Los caminos encubiertos del poder 391
El poder como fenómeno lingüístico 394
El poder como distinción lingüística 395
El poder es un juicio 397
El poder del lenguaje 400
La facticidad del poder 404
El aprendizaje como poder 406
Seducción, autoridad institucional y fuerza,
como estrategias de poder 409
El juicio de lo posible: Crisipo de Soli 412
Poder y emocionalidad 415
La afirmación de la vida y el camino del poder 416
La política del alma 418
1. La política como gobierno 419
2. La política como ejercicio de la libertad 419
3. La política como arte de lo posible 419
4. La política como liderazgo 420
5. La política como espacio de desenvolvi-
miento de individuos emprendedores 422
La vida como obra de arte 422

BIBLIOGRAFIA 427

PROLOGO

El *Búho de Minerva*, libro anterior a éste, desarrolla como tema el pensamiento filosófico occidental y moderno, desde la ruptura con la cosmovisión medieval que se realizara con la emergencia del pensamiento científico y la filosofía de Descartes, hasta nuestros días. El *Búho* se planteaba dos objetivos centrales. Primero, ofrecer la posibilidad de seguir el hilo conductor de la evolución del pensamiento filosófico moderno con el propósito de comprender su dinámica interna y segundo, mostrar lo que, en nuestra opinión, han sido los grandes impasses con los que se enfrenta el pensamiento moderno —aquellas cuestiones que, de diferentes maneras, lo persiguen, sin lograr resolverlas adecuadamente, a lo largo de su recorrido— y que terminan transformándose en lo que entonces llamé sus «puntos de ruptura».

Sosteníamos en el *Búho* que el mundo occidental ha entrado en una profunda crisis que cuestiona los presupuestos básicos desde los cuales le conferíamos sentido a la vida y construíamos nuestra identidad. Señalábamos, entonces, la necesidad de avanzar hacia la superación de tales presupuestos y de abrirnos a una comprensión diferente del fenómeno humano.

Sostenemos que contamos con las bases necesarias para articular esta nueva concepción. Ellas están dadas por las contribuciones de filósofos tales como Nietzsche, Wittgenstein, Heidegger, entre otros. Pero no es sólo desde la filosofía que este cuestionamiento se ha llevado a cabo. Desde el campo de las ciencias, y particularmente desde aquellas que incorporan una mirada sistémica, también se han desafiado nuestros antiguos presupuestos. En este último terreno, destacamos la importante contribución del biólogo Humberto Maturana, piedra angular de la interpretación que ofrecemos en este texto.

El objetivo de este nuevo libro es proponer una determinada y particular articulación de todas estas contribuciones y, apoyados en ellas, ofrecer una nueva concepción integradora sobre el fenómeno humano. Esta nueva interpretación declara situarse no sólo más allá de los presupuestos del pensamiento moderno, sino que busca incluso trascender las bases mismas de lo que llamamos «el programa metafísico» que por 25 siglos, desde Sócrates, Platón y Aristóteles, dominara el pensamiento occidental. A esta interpretación, propuesta central de este libro, la llamamos «la ontología del lenguaje».

Nuestra propuesta no constituye un caso aislado. Ella forma parte de un amplio movimiento emergente que está teniendo lugar en los más diversos campos de la cultura. En tal sentido, ella reconoce fuertes afinidades con desarrollos que han tenido y siguen teniendo lugar en la filosofía, las ciencias humanas, la crítica literaria, las ciencias naturales, etcétera. Ella es también concordante con los profundos cambios que se están desarrollando a nivel de nuestras relaciones económicas, políticas y sociales y que se traducen en la emergencia de un nuevo escenario histórico. Pero es quizás en el terreno de la tecnología y, particularmente, de las nuevas tecnologías de comunicación, donde vemos los desafíos más importantes que nos obligan a repensar lo que significa ser humano.

Cada etapa histórica se interroga sobre el sentido de lo humano y ofrece determinadas respuestas e interpretaciones. Como se planteara en el *Búho*, cada nueva interpretación sobre el fenómeno humano se plasma, de una u otra forma, en determinadas modalidades de sentido común. Este, aquel núcleo de supuestos que constituyen lo que nos parece obvio, aquel lugar donde nuestro preguntar se detiene, se sustenta en lo que aquí denominamos una particular «ontología». Esto es, una matriz interpretativa sobre el significado del fenómeno humano. Pues bien, sostenemos que por 25 siglos nuestras interpretaciones sobre el sentido de lo humano se han desarrollado dentro de los parámetros establecidos por el pensamiento metafísico que naciera en la Grecia antigua. Los diferentes cambios en nuestras interpretaciones, y las consiguientes modificaciones de nuestro sentido común, que se han registrado durante este largo período, han acontecido al interior de determinados presupuestos que hoy en día exigen ser puestos en tela de juicio.

La *ontología del lenguaje* representa un esfuerzo por ofrecer una nueva interpretación de lo que significa ser humano, interpretación que reivindica situarse fuera de los parámetros del programa metafísico que ha servido de base durante largo tiempo a la forma como observamos la vida. En tal sentido, se trata no sólo de una propuesta posmoderna, sino también posmetafísica.

Y de todas las diferentes influencias de las que esta propuesta se nutre, que son muchas, las más importantes, como resultará evidente de la lectura del texto, son sin duda las de Nietzsche y Maturana. Ellos representan el eje fundamental desde el cual orientamos nuestra mirada. Dos pensadores muy diferentes, provenientes de campos muy distintos —filósofo el primero, biólogo el segundo—, separados en su producción intelectual por un siglo, pero obsesionados ambos por entender mejor el fenómeno de la vida humana. Ambos, por lo demás, con propuestas no siempre fáciles de comprender en sus implicancias, no aptas para oídos metafísicos.

Desde el punto de vista de mi historia personal, debo reconocer la gran influencia que ha tenido en lo que hoy propongo mi encuentro con Fernando Flores. Conocí a Flores en la década de los sesenta cuando ambos participábamos en el movimiento de reforma universitaria que, como estudiantes, habíamos desencadenado en la Universidad Católica.

A mediados de los años 80, mientras trabajaba en una investigación sobre el concepto de trabajo, un amigo común me sugirió que examinara algunos ensayos de Flores en los que éste relacionaba trabajo y lenguaje. Ello resultó ser una experiencia muy estimulante, pues me permitía vislumbrar un enfoque diferente y poderoso para abordar múltiples fenómenos sociales. Flores desarrollaba un planteamiento en que articulaba contribuciones tan diversas como las de Heidegger, Searle y Maturana, de lo que resultaban conexiones que personalmente nunca había visto establecidas anteriormente. Percibí en sus ideas una importante y original contribución.

Esta experiencia me condujo a los Estados Unidos, donde trabajé por más de dos años en una de las compañías de Flores. Esto resultó ser una experiencia de aprendizaje decisiva y ella se manifiesta de manera importante en lo que pienso actualmente como, asimismo, en muchas temáticas desarrolladas en este libro. El lector encontrará en muchas ideas que provienen del pensamiento de Fernando Flores o inspiradas en materias que fueran producidos en esta época por él y algunas de sus empresas. Por este aprendizaje e influencia estoy muy agradecido con Flores.

Deseo también manifestar mi agradecimiento a Fernando Flores y a su compañía Business Design Associates, Inc., propietarios de los derechos de autor de trabajos en los cuales se basan varias secciones de este libro, por permitirme gentilmente hacer uso de ellos. Lamento no haber hecho este reconocimiento en forma explícita en las primeras ediciones de esta obra.

La inquietud principal de *Ontología del Lenguaje* se sitúa en el ámbito de la ética. Se trata, en rigor, de un libro sobre la ética de la convivencia humana. Con ello apuntamos en dos direcciones diferentes. En primer lugar, ello nos remite a la gran temática del sentido de la vida, la que consideramos el desafío

16

fundamental de nuestro tiempo. En segundo lugar, nos dirige hacia los problemas que guardan relación con la construcción de nuevas modalidades de convivencia en un mundo globalizado, que nos impide una mirada al Otro muy distinta de aquella a la que estábamos acostumbrados.

El tema de la convivencia social me conduce a otro tema que me parece también necesario abordar. Mi formación formal fue en la disciplina de la sociología. A pesar de lo anterior, no puedo dejar de reconocer que nunca me he sentido un sociólogo tradicional, un practicante del «oficio sociológico» tal como se le concibe al interior de la disciplina. Desde muy temprano, en rigor desde mi período temprano de formación en la universidad, siempre procuré establecer puentes entre la sociología y la filosofía. Mi impresión, sin embargo, es que en uno de esos cruces, hace ya algunos años, me quedé al otro lado, en la ribera de la filosofía. Desde entonces, no he retornado a la sociología. De alguna forma, por lo tanto, me concibo como un sociólogo en exilio, alguien que, sin ser un filósofo por formación formal, desde hace ya algún tiempo ha fijado su residencia en los territorios de la filosofía.

A este respecto, quiero anticipar algo que menciono en el capítulo final de este libro. Mi juicio es que la sociología no ha reconocido todavía una aspecto fundamental del fenómeno social. Quiero resumirlo en la siguiente tesis: **Lo social, para los seres humanos, se constituye en el lenguaje. Todo fenómeno social es siempre un fenómeno lingüístico.** Mientras los sociólogos no reconozcan lo anterior, pienso que el poder de sus interpretaciones y de su quehacer será inevitablemente limitado. Espero que este libro sirva para mostrar por qué sostengo lo anterior.

Quisiera, antes de terminar este prólogo, agradecer a algunas personas que han hecho posible la elaboración y publicación de este libro.

En primer lugar, debo agradecer a todos quienes han sido mis alumnos de los cursos «Mastering the Art of

Professional Coaching», ofrecido en los Estados Unidos desde hace ya algunos años, y del curso «El Arte del Coaching Profesional», versión en español del primero, ofrecido a alumnos de América Latina y España. Siempre he insistido que el trabajo que he realizado con los alumnos de estos dos cursos ha sido mi principal laboratorio y una fuente permanente de preguntas e indagaciones. No hay libro que hubiera podido reemplazar esta experiencia. Mis alumnos han sido un estímulo constante para expandir, profundizar y revisar muchas de mis posiciones. Son incontables los casos en los que una pregunta hecha en una de nuestras conferencias, me llevó a visitar lugares antes inimaginables. También son muchas las oportunidades en las que un alumno me mostró algo de lo que no me había percatado. Este libro se ha alimentado profusamente de situaciones de este tipo.

Debo agradecer también a Sally Bendersky, quien condujo la traducción al español de aquellos materiales míos, escritos originalmente en inglés, y que utilizáramos en la versión española de nuestros cursos. Para escribir este libro he utilizado como base la traducción de la que Sally fue responsable. Si bien el texto final difiere en muchos aspectos de esas traducciones tempranas, la contribución de Sally me fue de mucha ayuda y ella está todavía muy presente en lo que es el cuerpo de este texto.

California, abril de 1998

18

CAPITULO 1:

BASES DE LA ONTOLOGIA DEL LENGUAJE

Estamos participando en una transformación histórica fundamental: se está gestando una nueva y radicalmente diferente comprensión de los seres humanos. Este es uno de aquellos acontecimientos especiales de la historia que tienen el poder de reconfigurar lo posible y de modificar el futuro. Estamos en el umbral de una nueva era histórica. Y los primeros en comprender la naturaleza de este importante cambio podrán ser capaces de emprender caminos que otros encontrarán más difíciles y de obtener ventajas que eventualmente les permitirán convertirse en pioneros y líderes en sus respectivos campos.

El nacimiento de la deriva metafísica

La historia suele concebirse como la secuencia de las huellas dejadas por los acontecimientos ocurridos en el pasado. Sin embargo, sabemos que no todos los acontecimientos tienen el mismo impacto sobre el futuro, ni todos los momentos de la historia han sido igualmente fecundos en la producción de nuevas posibilidades. Algunos han sido más importantes que otros, y muy pocos han sido capaces de abrir largos períodos históricos para la humanidad.

Hace mucho tiempo, una de esas grandes transformaciones históricas tuvo lugar en la antigua Grecia. Alrededor del año 700 A.C., fue inventada una nueva forma de comunicación: el alfabeto. Este hecho tuvo consecuencias históricas trascendentales al crear las condiciones a partir de las cuales se generó un tipo de ser humano particular: el hombre y la mujer occidentales.[1]

La invención del alfabeto dio origen a cambios fundamentales en la sociedad. Nuestras nociones de educación, de sabiduría y de convivencia social fueron todas profundamente transformadas. Surgieron nuevas prácticas sociales. Los poetas se vieron pronto obligados a ceder a los filósofos la educación de la juventud. Se inventó la democracia. No obstante, los cambios quizás más importantes tuvieron lugar en un área menos visible: en la transformación de nuestras categorías «mentales», en la manera en que los seres humanos piensan sobre ellos mismos y sobre el mundo.

Antes de la invención del alfabeto, los seres humanos vivían en lo que llamamos un «lenguaje del devenir». Lenguaje y acción estaban entonces estrechamente unidos. Se reconocía de manera natural que el hablar tenía el poder de hacer que ciertas cosas sucedieran; cosas que posiblemente no habrían acontecido, de no haber dicho alguien lo que dijo. Los poetas, los responsables entonces de la educación, cumplían con su función de enseñar relatando historias épicas o fábulas, narraciones sobre acciones realizadas por humanos, héroes y dioses. De esta forma, se sabía lo que era la piedad, el amor o la perfidia a través de las acciones realizadas por los personajes de esas historias. Por ejemplo, se accedía a la sabiduría obrando a la manera de aquéllos a quienes la comunidad, a través de estos relatos, como en el caso de Ulises, consideraba sabios. Se aprendía la valentía obrando según aquellos que la comunidad, en sus historias, consideraba valientes, como Aquiles.

El alfabeto separó al orador, el lenguaje y la acción. Este fue un cambio de gran envergadura. Una vez que un texto estaba escrito, parecía hablar por sí mismo y, para escucharlo, el orador dejaba de ser necesario.

---

[1] La interpretación que se ofrece a continuación se apoya en los trabajos de autores tales como Eric A. Havelock (1963 y 1986), Walter Ong (1982), Jack Goody (1987) y Robert K. Logan (1986), entre otros.

A la vez, se produjo un desplazamiento de un lenguaje de acción a un lenguaje de ideas. La reflexión comenzó a suplantar el papel que previamente había tenido el relato de acontecimientos. Con el advenimiento del alfabeto, cambió nuestra manera de pensar sobre las cosas. Entonces pasamos a preguntarnos «¿qué es la sabiduría?», «¿qué es la valentía?» con independencia de las acciones emprendidas por un Ulises o por un Aquiles. Pasamos a hablar de ellas como ideas, no como rasgos propios de las acciones de los sabios y de los valientes. Se hizo posible ahora dejar atrás los relatos épicos. Ya no se necesitaba de la figura de Ulises para hablar de la sabiduría. El relato épico fue progresivamente sustituido por el tratado. La sabiduría dejó de ser la forma como la comunidad caracterizaba las acciones de un personaje particular como Ulises. Ahora se concebía al personaje de Ulises como una ilustración de la idea de sabiduría. Con el interés por la pregunta «¿qué es...?» (que se manifiesta en las preguntas «qué es la sabiduría?» o «¿qué es la valentía?») el énfasis se pone no en las acciones sino en el «ser» de las cosas. Con ello se abandona el «lenguaje del devenir» del pasado y se transita hacia una nueva forma de lenguaje: «el lenguaje del ser.»

Esta fue una transformación fundamental y un gran logro histórico. Sobre la base de este nuevo «lenguaje del ser», se desataron las fuerzas de la reflexión, las fuerzas del pensamiento racional. Se inventó la filosofía y, más adelante, el pensamiento científico. El interés por el arte del pensamiento certero, desarrolló la lógica. Los principios lógicos nos mostraron la senda del pensamiento válido, la forma de trasladarnos de una idea a otra para alcanzar lo verdadero y esquivar lo falso. Nació así la racionalidad, marca de fábrica del pensamiento occidental.

Muy pronto, el poder del pensamiento se hizo evidente. Nos permitió transformar el mundo y destruir a nuestros enemigos. Nos dio la ilusión de que estábamos dominando la naturaleza. Fue como si, habiendo comido del árbol del conocimiento, nos sintiéramos como dioses.

Cegados por nuestro éxito, hicimos de un tipo de acción —el pensar— la reina de todas las acciones y la separamos de todas las demás, consideradas «inferiores». La distinción entre la teoría y la práctica estaba consumada. El pensamiento era, dijimos, único, y no podía ser comparado con ninguna otra cosa. Las acciones cotidianas eran tratadas de manera subordinada, particularmente cuando no eran conducidas por el pensamiento. Llegamos incluso a olvidar que el pensamiento mismo es una acción.

Uno de los aspectos más importantes de esta revolución histórica fue el hecho de que también cambiamos nuestra comprensión de nosotros mismos, nuestra comprensión de los seres humanos. Un ser humano, postulamos, es un ente racional. La razón, sostuvimos, es lo que nos hace humanos, diferentes de las otras especies. Si queremos conocer a un ser humano, debemos empezar por conocer su mente: el lugar donde se asienta el pensamiento. Ese es el lugar donde reside el alma, lo que nos hace ser como somos.

Poseídos por este nuevo «lenguaje del ser», comenzamos a preguntarnos por el ser de todo, incluidos nosotros. Desde el momento en que nos alejamos de la perspectiva del «devenir» y separamos el lenguaje de la acción, cada vez que nos preguntábamos «¿qué es la sabiduría», o «¿qué es un ser humano?», buscábamos respuestas que nos dijeran lo que era inmutable, lo que era incambiable, cualquiera fuese el objeto de nuestras preguntas. Supusimos que el ser era lo no contingente, lo que eludía el devenir histórico, lo que siempre permanecía igual.

Cuando encauzamos esta pregunta sobre el ser hacia nosotros mismos, puesto que habíamos supuesto que nuestra alma era una y la misma durante nuestras vidas, también supusimos que nuestro ser era el lado oculto de nosotros mismos y que no cambiaba. Supusimos que todos éramos dueños de un alma inmutable desde el momento de nuestro nacimiento. Pocos desafíos podrían rivalizar con el que está inscrito en los muros del templo de Apolo, en Delfos, «Conócete a ti mismo». Desde el instante en que asumimos que éramos de una manera dada e inmutable, lo mejor que podíamos hacer para vivir una vida mejor era empezar a saber cómo éramos, a conocer nuestro ser.

Confiados en nuestro éxito, supusimos que la razón no tenía límites, que podíamos empezar a conocerlo todo y a dominar completamente nuestro entorno natural y nuestras relaciones con los demás, a través de la razón. Era sólo un asunto de tiempo. El progreso lineal del pensamiento racional, por sí mismo una expresión del predominio de la línea en el lenguaje escrito, se convirtió en nuestra medida para adoptar, conforme fue pasando el tiempo, una comprensión lineal del tiempo mismo.

No tardamos mucho en suponer que podíamos explicar cualquier cosa. La razón era la clave para asir el ser de las cosas. Asumimos que las cosas son lo que son de acuerdo a su ser. También llegamos a postular, como bien lo hizo notar Isaiah Berlin, que para todas las preguntas genuinas existe una y sólo una respuesta verdadera y que estas respuestas son en principio accesibles sólo mediante el pensamiento racional. Asumimos, por lo tanto, que los seres humanos eran capaces de conocer, mediante la razón, el verdadero ser de todo lo que les rodeaba.

El énfasis puesto en el ser de las cosas nos condujo a minimizar el papel jugado por el lenguaje. Nos vimos a nosotros mismos como seres racionales, dotados de un alma inmutable, rodeados de una amplia gama de entidades cuyos seres podíamos descifrar —y eventualmente controlar— a través del poder de la razón. El lenguaje jugaba un papel pequeño o nulo en la constitución de nosotros mismos y del mundo. Sólo nos permitía describir cómo son las cosas, su ser.

Supusimos, por lo tanto, que el ser precedía al lenguaje.

Durante un tiempo, después de la invención del alfabeto, esta nueva comprensión de nosotros y del mundo evolucionó lentamente. Durante un cierto período de tiempo hubo una fase de transición en la que cohabitaron concepciones muy diferentes. Fue sólo después del surgimiento de un grupo de filósofos que llamamos los metafísicos, conducidos por Platón, discípulo de Sócrates, y por Aristóteles, discípulo de Platón, que se cristalizó una síntesis coherente basada en estos nuevos supuestos. Esta se convirtió pronto en la visión social predominante. De algún modo con Sócrates, pero ciertamente con Platón y Aristóteles, se había iniciado todo un período histórico, un período que llamamos la deriva metafísica. El sentido común actual se basa en gran medida en los supuestos metafísicos, generados originariamente por estos metafísicos de la Grecia antigua.

Hemos cambiado nuestra comprensión de muchas cosas desde los primeros griegos. No podemos decir que pensamos de la misma forma que ellos. Sin embargo, postulamos que a pesar de todos esos cambios hemos mantenido, en conjunto, los supuestos metafísicos básicos desarrollados en la Grecia temprana. Nuestro desarrollo histórico ha tenido lugar sin romper con estos supuestos principales, con esta básica comprensión común de lo que significa ser humano. Hemos evolucionado «dentro» de esta deriva metafísica inaugurada en la Grecia antigua. Somos, en este sentido, fieles herederos de estos primeros metafísicos griegos.

Descartes y el mundo moderno

La filosofía de Descartes —conocida como el cartesianismo— ha sido la más influyente de los tiempos modernos. A pesar de algunas visiones opuestas, la modernidad se desarrolló dentro de una armazón cartesiana, aceptando los principales supuestos formulados por Descartes. No obstante, al examinar esos supuestos, nos damos cuenta de que son fieles a la antigua tradición griega de comprender a los seres humanos como seres racionales.

La filosofía de Descartes es una expresión histórica del impulso dado al alfabetismo —desarrollado originariamente con el advenimiento del alfabeto— por medio de la invención de otro cambio de suma importancia en el modo de comunicarnos: la prensa escrita o imprenta.

Con la prensa escrita, la separación inicial entre el orador, el lenguaje y la acción que había producido la invención del alfabeto, se profundiza y extiende a todos los niveles de la sociedad[2]. Con la imprenta, los libros se convirtieron en artículos fácilmente adquiribles, lo que generó profundas consecuencias sociales, permitiendo la emergencia del sistema escolar, la expansión social del alfabetismo (las competencias de leer y escribir) y la democratización y extensión de la racionalidad a todos los rincones de la vida social. En un plano diferente, la invención de la imprenta permite el desarrollo de la esfera de privacidad e intimidad individual y la expansión del amor romántico.

En la filosofía de Descartes, el pensamiento es nuevamente la base para entender a los seres humanos. El pensamiento siempre adquiere precedencia. El pensamiento, postula Descartes, nos convierte en el tipo de ser que somos. Es porque pensamos, dice Descartes, que podemos concluir que existimos: «Yo pienso —nos dice— luego existo.» El pensamiento es la base del ser. La razón es lo que nos hace humanos.

Postulamos que desarrollos importantes —muchos de los cuales han tenido lugar en las últimas décadas — están llevando la deriva metafísica a su término. Está emergiendo una comprensión radicalmente nueva de los seres humanos. Llamamos a esta nueva comprensión de los seres humanos la ontología del lenguaje.

Un nuevo panorama histórico

Estamos enfrentando nuevamente una revolución de importancia capital en la forma de comunicarnos con los demás. Hace mucho tiempo, en la antigua Grecia, debido a la invención del alfabeto, surgió un nuevo modo de comunicación basado en la capacidad de leer y escribir. Algo similar ha ocurrido en las últimas décadas. Hemos estado enfrentando una transformación de la mayor importancia en nuestro modo de comunicación, como re-

---

[2] Ver Marshall McLuhan (1962) y R.A. Houston (1988).

sultado de importantes innovaciones tecnológicas y de la emergencia del lenguaje electrónico.[3]

La irrupción del lenguaje electrónico comprende un proceso que contiene una profusión de medios de comunicación, que incluye a los antiguos telégrafo y gramófono, el teléfono, el télex, la radio, la televisión, el cine, el aparato de video y el VCR, la fotocopiadora y el fax, junto con las innovaciones en el hardware y el software de las computadoras. Hoy en día observamos cómo estos distintos medios de comunicación confluyen y se integran unos con otros en distintas configuraciones de multimedia. Como resultado del lenguaje electrónico, el mundo ha cambiado, convirtiéndose en la «aldea global» de la que habló Marshall MacLuhan hace ya más de treinta años. La distancia, que siempre fue un factor relevante en la forma en que los seres humanos organizaban sus vidas, es cada vez más irrelevante.

Este nuevo lenguaje ya ha cambiado—y seguirá cambiando— la forma en la que convivimos. Por otra parte, ha variado la forma en que ocurre el cambio en la vida humana. Hoy en día, el cambio se ha convertido en un aspecto permanente de la vida. Nada permanece igual por demasiado tiempo. De hecho, la predominancia del «ser» está siendo nuevamente (y bajo circunstancias muy diferentes) sustituida por la del «devenir».

Estas nuevas condiciones históricas están llevando al «observador metafísico» que hemos sido por tanto tiempo hasta sus mismos límites. La metafísica se aproxima a su agotamiento histórico. Como ocurrió en la antigua Grecia, este cambio en la forma de comunicarnos con los demás, basado esta vez en la emergencia del lenguaje electrónico, está también afectando profundamente nuestra forma de pensar sobre nosotros y sobre el mundo.

La fortaleza metafísica también ha sido sacudida por dentro, a través de la emergencia de nuevas concepciones, nuevos pensamientos, nuevas teorías. Han ocurrido importantes desarrollos conceptuales en campos tan di-

---

[3] Ver, por ejemplo, Michael Heim (1987), J. Hillis Miller (1992), Richard A. Lanhan (1993).

versos como la filosofía, las ciencias biológicas, la lingüística y las llamadas ciencias humanas. De un modo u otro, estos desarrollos desafían los viejos postulados que constituyen el núcleo del programa metafísico.

En el campo de la filosofía, consideramos que existen tres desarrollos mayores que desafían el programa metafísico. El primero, y quizás el más importante, es la filosofía de Friedrich Nietzsche. Nietzsche nos ha entregado la más fuerte crítica a la comprensión del alma humana. Fue el primer filósofo en situarse fuera del marco metafísico y en cuestionar seriamente sus supuestos básicos. El segundo es la fenomenología existencial de Martin Heidegger y su crítica a los supuestos del cartesianismo, según los cuales los seres humanos son primariamente seres racionales. El tercero corresponde al segundo período de la filosofía de Ludwig Wittgenstein, que nos ha ofrecido una comprensión del lenguaje radicalmente nueva.

Cada uno de estos filósofos ha sido seguido por otros, cuyas contribuciones no podemos desconocer. Pero los mencionados han sido los que abrieron las puertas que otros cruzarían. Basada en estas nuevas contribuciones, la filosofía entera se ha trastornado enormemente durante este siglo. Este proceso ha sido llamado «el giro lingüístico», pues el lenguaje pareciera haber tomado el lugar de privilegio que, por siglos, ocupara la razón.

En el campo de las ciencias biológicas también han tenido lugar importantes desarrollos. Hemos visto por ejemplo cómo, a nivel de la biología teórica, se ha postulado que el rasgo básico que distingue a la especie humana de otras, es el lenguaje humano. Este postulado fue establecido por Ernst Mayr a principios de los años sesenta. Sin embargo, es por sobre todo en el área que ha evolucionado desde el pensamiento sistémico donde la relación entre los seres humanos y el lenguaje ha sido explorada aún más profundamente. En este dominio, cabe destacar la valiosa contribución del biólogo chileno Humberto Maturana.

Finalmente, cabe mencionar también los importantes logros en el campo de la psicología sistémica, la antropología, la sociología y la lingüística. En cada una de esas disciplinas, el hilo conductor ha sido el reconocimiento de la importancia del lenguaje en la comprensión de la vida humana. La ontología del lenguaje intenta reunir todos estos desarrollos diferentes —y, a menudo, aparentemente contradictorios— en una unidad y una síntesis coherentes. Apunta hacia la creación de una base desde la cual podamos observar los fenómenos humanos, a partir de una perspectiva no-metafísica.

¿Qué entendemos por ontología»?

Tomamos prestado el término «ontología» de una tradición muy específica y le otorgamos un sentido particular. Es muy importante que comprendamos esto para evitar usar el término en un sentido metafísico. Para los antiguos griegos, que acuñaron el término ontología, ésta significaba nuestra comprensión general del ser en tanto tal. La ontología griega estaba, en consecuencia, enmarcada dentro del programa metafísico. Por lo tanto, si tomamos el término ontología en su antiguo sentido clásico, nos encontramos atrapados en la antigua metafísica de la que precisamente queremos alejarnos y con la cual procuramos romper.

Nuestro uso del término ontología arranca—en el doble sentido de que emana y se aparta— de la tradición inaugurada por el filósofo alemán Martin Heidegger. Para Heidegger, la ontología se relaciona con su investigación acerca de lo que llamaba el *Dasein*, que podemos sintetizar como el modo particular de ser como somos los seres humanos. En este sentido, **la ontología hace referencia a nuestra comprensión genérica —nuestra interpretación— de lo que significa ser humano**. Cuando decimos de algo que es ontológico, hacemos referencia a nuestra interpretación de las dimensiones constituyentes que todos compartimos en tanto seres humanos y que nos confieren una particular forma de ser.

En este sentido, la ontología, nuestra comprensión de lo que significa ser humano, no implica necesariamente la adopción de una perspectiva metafísica. Podemos tener una ontología metafísica, como la tuvieron los metafísicos griegos, pero podemos también generar ontologías no metafísicas, como lo reivindica la ontología del lenguaje. Permítasenos establecer un postulado inicial en relación con lo que llamamos ontología. Sostenemos que, hagamos lo que hagamos, digamos lo que digamos, siempre se revela en ello una cierta comprensión de lo que es posible para los seres humanos y, por lo tanto, una ontología subyacente. Cada vez que sostenemos algo, sea esto lo que sea, lo dicho descansa en supuestos sobre lo que es posible para los seres humanos, aunque se trate meramente del supuesto de que, como seres humanos que somos, nos es posible sostener aquello que estamos diciendo.

Tomemos un ejemplo. Cuando decimos «la manzana es roja» estamos suponiendo que, como el ser humano que somos, podemos determinar de qué color es la manzana. Toda acción, todo decir, presupone un juicio sobre lo que, como a seres humanos, nos es posible. Por lo tanto, cada vez que actuamos, cada vez que decimos algo, no sólo se manifiesta el objeto sobre el cual actuamos o aquello a lo que nos referimos al hablar, se manifiesta también una determinada interpretación de lo que significa ser humano y, por lo tanto, una ontología, en el sentido que le conferimos al término.

Si se acepta lo anterior, se deduce que cualquier postulado que hagamos sobre el ser «en general», o sobre otros seres distintos de los seres humanos (como está involucrado en el sentido clásico del término ontología) está basado, a fin de cuentas, en una comprensión subyacente del ser que formula ese postulado. Consecuentemente, la ontología tal como la hemos definido, en cuanto comprensión de lo que significa ser humano, sienta las bases para la antigua noción de la ontología como comprensión general del ser.

Lo dicho puede ser resumido en los siguientes términos: **Cada planteamiento hecho por un observador nos habla del tipo de observador que ese observador considera que es.** Este es un principio fundamental en nuestro acercamiento al tema. Podemos no darnos cuenta de que al hablar o al actuar estamos revelando estos supuestos ontológicos subyacentes, pero lo hacemos a pesar de todo.

Una vez que comprendemos lo anterior, nos percatamos de que, para hacer cualquier planteamiento, hacemos implícitamente un planteamiento sobre cómo somos en tanto seres humanos. Nuestra comprensión de lo que significa ser humano es la piedra angular de todo lo que hacemos. Ello nos permite reiterar, por lo tanto, que una ontología, en cuanto interpretación de lo que significa ser humano, precede a cualquier otro postulado sobre cómo podrían ser otras cosas. Es la interpretación primaria (aunque se trate de una interpretación implícita) a partir de la cual se hacen otras interpretaciones.

Este mismo principio en una versión modificada, el postulado de que todo lo que hacemos, sea lo que sea, revela nuestro juicio sobre nosotros mismos, es la base de uno de los usos quizás más poderosos de la ontología del lenguaje: la práctica del «*coaching*» ontológico, tema sobre el que no allegaremos mayores detalles porque ello nos apartaría del tema que estamos tratando.

La ontología del lenguaje: postulados básicos

Nos situamos en esta profunda transformación mediante el desarrollo de una nueva comprensión de los seres humanos que llamamos «la ontología del lenguaje». Sabemos, sin embargo, que formamos parte de un movimiento mucho más amplio, un movimiento que incorpora diferentes aproximaciones y que se asigna diferentes nombres.

Como ya lo mencionamos, están ocurriendo cambios muy importantes en casi todos los campos de la vida humana —en la filosofía, las ciencias naturales, las ciencias humanas, la política, la espiritualidad, las artes, las nuevas inquietudes ecológicas, etcétera—, desarrollos que tienen grandes afinidades y lazos entre sí. Con respecto a esto, vemos la «ontología del lenguaje» como uno entre muchos desarrollos que se mueven en una dirección similar y que comparten, muy frecuentemente, supuestos y sensibilidades similares.

Si tuviésemos que condensar el núcleo central de la ontología del lenguaje en un conjunto reducido de premisas, nos inclinaríamos por rescatar tres postulados básicos y tres tesis o principios generales. Ellos contienen, pensamos, lo que es fundamental en esta particular forma de interpretar los seres humanos. Ellos representan lo que llamaríamos la armazón básica del «claro» en el cual se constituye un nuevo observador de los fenómenos humanos. A esta noción de «claro» nos referiremos en alguna otra oportunidad. Baste decir ahora que se trata de un término tomado prestado de Heidegger (*«die lichtung»*), al que conferimos un fuerte sentido heraclitáneo. Con él simplemente aludimos a las condiciones básicas a través de las cuales el lenguaje constituye un particular observador del mundo y del fenómeno humano.

Los tres postulados básicos de la ontología del lenguaje serán tratados en esta sección. Ellos son los siguientes:

1. Interpretamos a los seres humanos como seres lingüísticos.
2. Interpretamos al lenguaje como generativo.
3. Interpretamos que los seres humanos se crean a sí mismos en el lenguajey a través de el .

Examinemos a continuación cada uno de estos postulados con mayor detalle.

Primer Postulado: Interpretamos a los seres humanos como seres lingüísticos

El primero y más importante de estos postulados hace referencia a los seres humanos. Postula que **el lenguaje es, por sobre todo, lo que hace de los seres humanos el tipo** particular de seres que son. Los seres humanos, planteamos, son seres lingüísticos, seres que viven en el lenguaje. El lenguaje, postulamos, es la clave para comprender los fenómenos humanos.

Es importante evitar una interpretación reduccionista de este postulado, que restrinja la complejidad de los fenómenos humanos al lenguaje y que, por lo tanto, prescinda de otras dimensiones no lingüísticas de la existencia humana. Tenemos claro que los seres humanos no son sólo seres lingüísticos y que, por lo tanto, el lenguaje no agota la multi-dimensionalidad del fenómeno humano.es más, sostenemos que la existencia humana reconoce tres dominios primarios, pudiéndose derivar cualquier otro dominio de fenómenos humanos de estos tres. Sin entrar a desarrollar este tema en esta ocasión, es importante identificar estos tres dominios primarios. Ellos son: el dominio del cuerpo, el dominio de la emocionalidad y el dominio del lenguaje.

Cada uno de estos dominios abarca fenómenos diferentes que no permiten su reducción a otro, sin sacrificar con ello la especificidad de los fenómenos a que cada uno da lugar. La autonomía de estos tres dominios primarios no impide estrechas relaciones de coherencia entre ellos. Ello implica que los fenómenos que tienen lugar, por ejemplo, en el dominio emocional (v.gr., emociones) son coherentes con los que podremos detectar a nivel del cuerpo (v.gr., posturas) y del lenguaje (lo que se dice o se escucha). Estas relaciones de coherencia habilitan la posibilidad de efectuar «reconstrucciones» de los fenómenos propios de cada dominio a través de cualquiera de los otros dos.

Si reconocemos tres dominios primarios, de los cuales el lenguaje es sólo uno, ¿por qué entonces postulamos la prioridad del lenguaje? ¿Por qué sostenemos que lo que nos hace ser como somos, en cuanto seres humanos, es el lenguaje? Por cuanto es precisamente a través del lenguaje que conferimos sentido a nuestra existencia y es también desde el lenguaje que nos es posible reconocer la importancia de dominios existenciales no lingüísticos.

Incluso cuando apuntamos a los dominios del cuerpo y la emocionalidad (los dos dominios primarios no lingüísticos) no podemos sino hacerlo desde el lenguaje. Toda forma de conferir sentido, toda forma de comprensión o de entendimiento pertenece al dominio del lenguaje. No hay un lugar fuera del lenguaje, desde el cual podamos observar nuestra existencia. Es precisamente a través del mecanismo de la «reconstrucción lingüística», mencionado arriba, como logramos acceso a los fenómenos no lingüísticos.

La experiencia humana, lo que para los seres humanos representa la experiencia de existencia, se realiza desde el lenguaje. El lenguaje representa para los seres humanos, en el decir de Nietzsche, una prisión de la cual no pueden escapar; o, en el decir de Heidegger, la morada de su ser. Los seres humanos habitan en el lenguaje.

Segundo Postulado: Interpretamos al lenguaje como generativo

Las consecuencias del postulado anterior, en el sentido de que somos seres lingüísticos, sólo pueden ser plenamente extraídas en la medida en que seamos capaces de modificar radicalmente nuestra concepción tradicional del lenguaje.

Por siglos, hemos considerado al lenguaje como un instrumento que nos permite «describir» lo que percibimos (el mundo exterior) o «expresar» lo que pensamos o sentimos (nuestro mundo interior). Esta concepción hacía del lenguaje una capacidad fundamentalmente pasiva o descriptiva. El lenguaje, se suponía, nos permitía hablar «sobre» las cosas. La realidad, se asumía, antecedía al lenguaje y éste se limitaba a «dar cuenta» de ella. En alguna parte hemos llamado a ésta, una concepción «contable» del lenguaje.

Nuestro segundo postulado se hace cargo, precisamente, de cuestionar la concepción tradicional del lenguaje. Apoyado en los avances registrados durante las últimas décadas en el campo de la filosofía del lenguaje, este postulado reconoce que el lenguaje no sólo nos permite hablar «sobre» las cosas: el lenguaje hace que sucedan cosas. Este segundo postulado abandona la noción que reduce el lenguaje a un papel pasivo o descriptivo. Sostiene que **el lenguaje es generativo**. El lenguaje, por lo tanto, no sólo nos permite describir la realidad, el lenguaje crea realidades. La realidad no siempre precede al lenguaje, éste también precede a la realidad. **El lenguaje, postulamos, genera ser**. Tendremos oportunidad de volver sobre este punto.

Es importante advertir, sin embargo, que no estamos diciendo que todo lo que existe sólo existe en el lenguaje. No estamos negando la «existencia» de una así llamada «realidad externa», independiente del lenguaje. Pero de tal «realidad externa», en cuanto externa e independiente del lenguaje, no podemos hablar. Todo, de lo que hablamos, se encuentra, por definición, dentro del dominio del lenguaje. ¿Cómo podríamos hablar sobre lo que es externo a nosotros sin negar con ello esta misma «externalidad?

Tal como lo hemos sostenido anteriormente, la forma en que una realidad externa (cuya existencia, insistimos, no podemos negar) «existe para nosotros», sigue siendo lingüística. Una vez que algo se convierte en parte de nuestras vidas, una vez que la realidad externa «existe para nosotros», dejó de ser externa, y la forma en que existe para nosotros es en el lenguaje. Por lo tanto, repitamos: no estamos diciendo que el lenguaje genera todo lo que existe. Esto haría del silencio y la nada lo mismo. Y obviamente no lo son. No podemos sostener que aquello de lo que no hablamos no existe.

Al postular que el lenguaje es generativo, estamos sosteniendo que **el lenguaje es acción**. Tal como lo afirmáramos anteriomente, sostenemos que a través del lenguaje, no sólo hablamos de las cosas, sino que alteramos el curso espontáneo de los acontecimientos: hacemos que cosas ocurran. Por ejemplo, al proponerle algo a alguien o al decirle «sí», «no» o «basta» a alguien, intervenimos en el curso de los acontecimientos.

Basta pensar en las infinitas oportunidades en las que una persona, un grupo, un país cambiaron de dirección y alteraron su historia porque alguien dijo lo que dijo. De la misma manera, reconocemos que la historia (individual o colectiva) hubiese podido ser tan diferente de lo que fue si alguien hubiese callado, si no hubiese dicho lo que dijo. El lenguaje, planteamos, no es una herramienta pasiva que nos permite describir cómo son las cosas. El lenguaje es activo. Por medio de él participamos en el proceso continuo del devenir.

Así como sostuvimos que para comprender cabalmente lo que estaba involucrado en nuestro postulado de que los seres humanos son seres lingüísticos era necesario modificar nuestra comprensión del lenguaje, de la misma forma sostenemos ahora que para comprender lo que está involucrado en la premisa de que el lenguaje es acción, deberemos también modificar nuestra concepción tradicional sobre la acción. Esta tarea, sin embargo, la emprenderemos más adelante. Es importante, sin embargo, reconocer que en su núcleo básico la ontología del lenguaje descansa en una modificación del significado de tres términos: **seres humanos, lenguaje y acción**.

Al sostener que el lenguaje es acción, estamos señalando que **el lenguaje crea realidades**. Vemos esto de muchas maneras. Al decir lo que decimos, al decirlo de un modo y no de otro, o no diciendo cosa alguna, abrimos o cerramos posibilidades para nosotros mismos y, muchas veces, para otros. Cuando hablamos, **modelamos el futuro**, el nuestro y el de los demás. A partir de lo que dijimos o se nos dijo, a partir de lo que callamos, a partir de lo que escuchamos o no escuchamos de otros, nuestra realidad futura se moldea en un sentido o en otro.

Pero además de intervenir en la creación del futuro, los seres humanos **modelamos nuestra identidad y el mundo en que vivimos,** a través del lenguaje. La forma como operamos en el lenguaje es el factor quizás más importante para definir la forma como seremos vistos por lo demás y por nosotros mismos. Descubriremos pronto cómo la identidad personal, la nuestra y la de los demás, es un fenómeno estrictamente lingüístico, una construcción lingüística. Lo mismo sucede con el mundo en que vivimos. Poblado de entidades, relaciones, acciones y eventos, nuestro mundo se constituye en el lenguaje. Distintos mundos emergen según el tipo de distinciones lingüísticas que seamos capaces de realizar, la manera como las relacionemos entre sí y de acuerdo al tipo de juegos de lenguaje con los que operamos en él.

El reconocimiento del postulado anterior nos lleva directamente al tercer postulado. Este se presenta como conclusión natural de lo dicho hasta ahora.

Tercer Postulado: Interpretamos que los seres humanos se crean a sí mismos en el lenguaje y a través de él.

Una vez unidos estos primeros postulados, emerge una nueva comprensión de los seres humanos. Desde nuestra tradición se asume normalmente que cada individuo nace dotado de una particular forma de ser; que cada uno, en consecuencia, posee una manera de ser permanente, fija o inmutable (muchas veces llamada el «alma»). La vida, desde esta perspectiva, es un espacio en el cual esta forma de ser, de la que presumiblemente estaríamos dotados desde el nacimiento, se revela y despliega. La vida, por lo tanto, nos permite descubrir cómo somos realmente.

La ontología del lenguaje asume una posición radicalmente diferente. Ella sostiene que la vida es, por el contrario, el espacio en el que los individuos se inventan a sí mismos. Como nos dice Nietzsche, en el ser humano la creatura y el creador se unen.

Sujetos a condicionamientos biológicos y naturales, históricos y sociales, los individuos nacen dotados de la posibilidad de participar activamente en el diseño de su propia forma de ser. El ser humano no es una forma de ser determinada, ni permanente. Es un espacio de posibilidad hacia su propia creación. Y aquello que lo posibilita es precisamente la capacidad generativa del lenguaje. A partir de las bases de condicionamiento mencionadas, los individuos tienen la capacidad de crearse a sí mismos

36

a través del lenguaje. Nadie es de una forma de ser determinada, dada e inmutable, que no permita infinitas modificaciones.

Es una interpretación que nos permite conferirnos sentido como seres humanos de una manera poderosa. Sobre todo, esta interpretación nos permite ganar dominio sobre nuestras propias vidas, al jugar un papel activo en el diseño del tipo de ser en el que quisiéramos convertirnos. Esta es la promesa que nos formula la ontología del lenguaje para el futuro.

Lo que merece a estas alturas ser destacado, sin embargo, ya que es una fuente frecuente de malentendidos, es que el lenguaje no es, como se ha visto, el foco ni la preocupación principal de la ontología del lenguaje. Su interés principal son los seres humanos. Esto distingue a la ontología del lenguaje de disciplinas como la lingüística y la filosofía del lenguaje. Aunque haya sido fuertemente influenciada por ambas, la ontología del lenguaje tiene un objeto de estudio diferente. La lingüística y la filosofía del lenguaje tienen al lenguaje como preocupación principal. El foco de atención de la ontología del lenguaje son los seres humanos.

Una comprensión no metafísica de los seres humanos

Los seres humanos, reiteramos, no tienen un ser dado, fijo, inmutable. Ser humano es estar en un proceso permanente de devenir, de inventarnos y reinventarnos dentro de una deriva histórica. No existe algo así como una naturaleza humana predeterminada. No sabemos lo que somos capaces de ser, no sabemos en lo que podemos transformarnos. Como escribiera Shakespeare: «Sabemos lo que somos, pero no sabemos lo que podríamos ser.» Nuestro ser es indeterminado, es un espacio abierto apuntando hacia el futuro.

Una comprensión ontológica de nosotros mismos nunca puede darnos una respuesta concreta y determinada a la pregunta de lo que significa ser humano. Nuestro ser es un campo abierto al diseño. Lo que una aproximación ontológica puede entregarnos son sólo algunas distinciones generales que sirven como parámetros para definir una estructura básica de posibilidades en este proceso abierto del devenir. No puede proveer ni más ni menos que eso.

Esta estructura general de posibilidades, que compartimos todos en tanto seres humanos, es lo que Martin Heidegger llamó el *Dasein*, el «ser en el mundo» que somos. Ontología es la indagación en el *Dasein*. La filosofía de Heidegger nos proveyó de un importante punto de partida. Sin embargo, fue sólo tardíamente en su desarrollo intelectual, cuando la mayor parte de su trabajo ontológico ya estaba hecho, que Heidegger se abrió al reconocimiento de que, para entender lo que significa ser humano, debemos recurrir al lenguaje. Los seres humanos, reconoció Heidegger, habitan en el lenguaje.

Los seres humanos se inventan a sí mismos en el lenguaje. Somos una construcción lingüística que, vista desde una óptica metafísica, pareciera oscilar entre la realidad y la ficción. Una especie de burbuja lingüística.

Quizás los dos filósofos más importantes que han visto de esta manera el alma humana hayan sido Heráclito y Nietzsche. Heráclito vivió en la Grecia antigua mucho antes de la emergencia de los metafísicos. Cuando leemos a Platón y a Aristóteles, nos damos cuenta de que tenían como su principal oponente a Heráclito. La metafísica, de alguna manera, fue un intento por probar que Heráclito estaba errado. Si queremos superarla, puede que sea hora de volver a sus enseñanzas.

Nietzsche ha sido considerado por mucho tiempo una especie de paria filosófico, un proscrito, un pensador sacrílego, un iconoclasta. Muy poca gente entendió realmente lo que estaba diciendo. A muchos les pareció que Nietzsche se contradecía muy a menudo. Llegó a la filosofía a través de la filología, una disciplina que se interesa por el lenguaje y, en su caso, por el estudio de las lenguas y la literatura de los antiguos griegos y romanos. Esto le permitió contactarse muy tempranamente con el trabajo de los presocráticos, los filósofos que vivieron antes de Sócrates, Platón y Aristóteles. Una vez que

Nietzsche tomó contacto con el pensamiento de Heráclito, comprendió que en él estaba presente una perspectiva totalmente diferente de la que ofrecía el programa metafísico. Declaró a Heráclito su mentor.

Tanto Heráclito como Nietzsche entendieron que, para comprender a los seres humanos, no podemos concentrarnos sólo en su «ser», sino que debemos también mirar hacia lo que no son, hacia el espacio en el que se trascienden las formas actuales de ser y se participa del proceso del devenir. En este proceso del devenir se requiere dar cabida tanto al ser como al no-ser, a este ciclo que reúne el ser y la nada, esta eterna recurrencia del uno y del otro. Ser humano, según Nietzsche, puede ser visto como un proceso en el que estamos permanentemente huyendo de la nada, mientras que, al mismo tiempo, somos impulsados hacia ella, hacia el «sin sentido» de nuestras vidas, e inducidos a la necesidad de regenerarnos constantemente un sentido.

Estamos, como dijo Heráclito, en un proceso de flujo constante, nunca permaneciendo iguales, cambiando continuamente, como lo hace un río. Y, como un río, no podemos comprender cómo somos si sólo nos concentramos en nuestro lado del ser. Un río siempre envuelve esta tensión entre lo lleno y lo vacío, entre el ser y el no-ser. Si sólo nos fijamos en lo lleno, ya no tenemos un río, sino que un lago, un estanque, o incluso un pantano. Si sólo nos fijamos en lo vacío, también dejamos de tener un río, tenemos ahora un canal seco, sin movimiento, sin vida propia.

Ser, verdad y poder: el papel del observador

Es importante hacer un alcance sobre la forma utilizada para presentar nuestros tres postulados básicos. Teníamos dos maneras distintas de presentarlos. Podríamos haber dicho, por ejemplo, que nuestro primer postulado es que «los seres humanos son seres lingüísticos.» Hemos escogido, sin embargo, no hacerlo así. Si lo hubiéramos dicho de esa manera, habríamos asumido —sin decirlo— que los seres humanos podemos postular cómo son los seres humanos. Habríamos, por lo tanto, asumido que podemos dar cuenta y acceder al «ser» de las cosas (en este caso los seres humanos). De hecho, sostenemos lo contrario. Pensamos que nunca podemos decir cómo las cosas realmente son: sólo podemos decir cómo «nosotros» las interpretamos o consideramos.

Por lo tanto, en vez de plantear cómo son las cosas, escogimos hablar de cómo interpretamos que son. Es importante no olvidar, como siempre nos lo recuerda Maturana, que **todo lo dicho siempre es dicho por alguien** y, en lo posible, no esconder al orador tras la forma en que son dichas las cosas. Esta es una trampa que permanentemente nos tiende el lenguaje, permitiéndole a la persona que habla esconderse detrás de lo que está diciendo.

Advertimos también al lector que el cuidado que hemos tenido en esta oportunidad para reconocer el carácter interpretativo de lo que sostenemos, será muchas veces sacrificado en el texto, en beneficio de facilitar la lectura. Nuestro lenguaje lleva la impronta de raíces metafísicas y usarlo en contra de ella muchas veces compromete una fácil comunicación.

El reconocimiento de lo dicho nos conduce a la primera tesis o principio general de la ontología del lenguaje. Podemos formularlo como sigue:

Primer principio:

No sabemos cómo las cosas son.
Sólo sabemos cómo las observamos
o cómo las interpretamos.
Vivimos en mundos interpretativos.

A primera vista, este pudiera parecer un principio inocente, sin mayores consecuencias. Sin embargo, basta mirarlo con algún detenimiento para comprobar que está cargado de dinamita.

En efecto, si sostenemos que no podemos saber cómo las cosas son, ello implica que debemos abandonar toda pretensión de acceso a la verdad. Pues, ¿qué otra cosa es la verdad sino precisamente la pretensión de que «las cosas son» como decimos? Sostenemos que la verdad, en nuestro lenguaje ordinario, alude a un juicio que realizamos sobre una determinada proposición lingüística que le atribuye a ésta la capacidad de dar cuenta de «cómo las cosas son».

Ser y verdad son dos pilares fundamentales y mutuamente dependientes de la armazón metafísica. Verdad y acceder al ser son dos formas de referirse a lo mismo. Si, por lo tanto, se bloquea el acceso al ser (al cómo las cosas «son»), se bloquea simultáneamente cualquier pretensión de acceso a la verdad. Nietzsche, hablando sobre la relación entre pensamiento y ser, sostiene: «Parménides dijo: 'No se puede pensar el no-ser'. Colocándonos en el extremo opuesto, decimos: todo aquello que puede ser pensado es, con seguridad, ficticio».

Si examinamos el postulado que afirma nuestra capacidad de acceder al ser de las cosas y, por lo tanto a la verdad, nos encontramos de inmediato con múltiples dificultades. Tomemos, a modo de ejemplo, algunas situaciones.

Maturana ha argumentado convincentemente sobre las dificultades que encontramos al suponer que nuestras percepciones corresponden a las entidades que pueblan nuestro mundo exterior. Nuestras percepciones, nos señala, resultan —y no pueden sino resultar— de las condiciones propias de nuestra estructura biológica y no de los rasgos de los agentes perturbadores de nuestro medio. En otras palabras, los seres humanos no disponemos de mecanismos biológicos que nos permitan tener percepciones que correspondan a cómo las cosas son. Los sentidos, por lo tanto, no nos proporcionan una fiel representación de cómo las cosas son, independientemente del observador que las percibe.

¿Implica lo anterior negar lo que la filosofía ha llamado «el mundo exterior»? ¿Significa esto que debemos negar la existencia de un medio y de aquello que lo puebla? Obviamente, no. Negar que podamos conocer cómo las cosas son, no implica negar su existencia, sean ellas lo que sean. Se trata sólo de negar el que podamos conocerlas en lo que realmente «son», independientemente de quien las observa.

Es importante reconocer que desde hace ya mucho tiempo la lógica moderna se ha distanciado de la noción de verdad relacionada con nuestra capacidad de aprehensión del «ser» de las cosas. Para la lógica moderna las cuestiones de verdad se limitan a asegurar la coherencia interna entre distintas proposiciones. Ello implica que sólo podemos hablar de verdad al interior de determinados sistemas de proposiciones. Lo que no podemos hacer es asegurar la verdad del sistema en cuanto tal por cuanto todo sistema de conocimiento descansa en supuestos que no son parte del sistema en cuestión, y el sistema del cual tales supuestos forman parte descansa, a su vez, en supuestos que, nuevamente, tampoco pertenecen a dicho sistema, y así sucesivamente. La verdad, por lo tanto, es simplemente un juego lógico de coherencias internas dentro de un sistema «dado». En este contexto, decir que algo es verdadero sólo equivale a sostener que es coherente con otras proposiciones que aceptamos como válidas. Esto muestra la circularidad del conocimiento, como lo reconociera la hermenéutica.

El cuestionamiento de la capacidad de los seres humanos de acceder a la verdad plantea, de inmediato, dos desplazamientos significativos. El primero de ellos implica que el centro de gravedad en materias de conocimiento se desplaza desde lo observado (el ser de las cosas) hacia el observador. El conocimiento revela tanto sobre lo observado como sobre quien lo observa. Perfectamente podríamos decir: dime lo que observas y te diré quién eres. Esta es, precisamente, una de las premisas centrales de la disciplina que hemos bautizado con el nombre de «*coaching* ontológico». Ella descansa en la capacidad de observar lo que alguien dice con el propósito no sólo de conocer aquello de lo cual se habla, sino de conocer (interpretar) el alma (entendida como la forma particular de ser) de quien habla.

Sostenemos que lo que acabamos de señalar representa una de las intuiciones más geniales de la filosofía de Nietzsche. Este siempre procura establecer la conexión entre las interpretaciones y el intérprete, entre lo dicho y quien lo dice (el orador). Nietzsche siempre busca el hilo de Ariadna que permite salir del laberinto del conocimiento, donde habita el minotauro de la verdad, hacia el espacio abierto de la vida. Y para comprender la vida Nietzsche se ve obligado a reconocer el papel fundamental que en ésta juegan las emociones. Nietzsche ha sido el gran filósofo de la vida y del mundo emocional. No en vano se ha detenido a examinar las consecuencias que resultan del miedo de los seres humanos a la experiencia de la nada (el nihilismo) y el papel central que en nuestra historia (en nuestras interpretaciones y prácticas) le ha cabido al resentimiento.

El segundo desplazamiento tiene que ver con los criterios de discernimiento entre interpretaciones contrapuestas una vez que hemos cuestionado nuestra capacidad de acceder a la verdad. Un primer aspecto que reconocer en esta dirección es que si aceptamos el postulado según el cual no podemos saber cómo son las cosas, ello significa que no podemos sostener que esto mismo que postulamos pueda ser considerado como verdad. Ello equivaldría, obviamente, a comenzar contradiciendo y, por lo tanto, invalidando el propio postulado que estamos haciendo. Por desgracia no hay recurso dialéctico que pueda resolvernos esta contradicción. Cabe entonces preguntarse: Si no podemos sustentar que este postulado es verdadero, ¿qué sentido tiene hacerlo?

Esta pregunta está estrechamente relacionada con otra: si, como decimos, no podemos postular la verdad, ¿significa que todo lo que digamos o sustentemos da lo mismo? ¿Significa acaso que todo está igualmente permitido? ¿Significa que cualquier proposición, cualquier interpretación, es equivalente a cualquier otra? En otras palabras, ¿es la verdad el único criterio de que disponemos para discernir entre proposiciones o interpretaciones diferentes? ¿Es la verdad el único juego disponible? O dicho incluso de otra forma, ¿cuál es el precio que debemos pagar si optamos por sacrificar el supuesto de que los seres humanos somos capaces de acceder a la verdad? ¿Qué perdemos? ¿Qué se gana?

De hecho, aunque estas últimas puedan parecernos preguntas prosaicas o utilitarias, son aquéllas con las nos sentimos más cómodos. Ello, porque sitúan el problema en el terreno mismo en que tales preguntas requieren, desde nuestra perspectiva, ser contestadas: el terreno de la pragmática. Sostenemos que al sacrificar el criterio de la verdad no quedamos desprovistos de otros criterios de discernimiento para discriminar entre distintas interpretaciones. En una frase: no toda interpretación es igual a cualquier otra. Lo que permite discernir entre diferentes interpretaciones es el juicio que podamos efectuar sobre el **poder** de cada una de ellas.

El tema del poder es uno de los grandes temas de la ontología del lenguaje, como también lo fuera de la filosofía de Nietzsche. Debemos advertir, sin embargo, que para entender adecuadamente la cuestión del poder será necesario efectuar algunos desarrollos que todavía no hemos realizado. Ello no obsta, sin embargo, para que podamos apuntar hacia aquello que está involucrado cuando hablamos de poder. [4]

El lenguaje, sostenemos, no es inocente. Toda proposición, toda interpretación, abre y cierra determinadas posibilidades en la vida, habilita o inhibe determinados cursos de acción. A esto nos referimos cuando hablamos del poder de distintas interpretaciones: a su capacidad de abrir o cerrar posibilidades de acción en la vida de los seres humanos. Este es el criterio más importante que podemos utilizar para optar por una u otra interpretación.

---

[4] Anteriormente decíamos que la ontología del lenguaje representa una interpretación de los seres humanos que privilegia el que éstos viven en el lenguaje. Pero advertíamos que para comprender lo anterior era preciso modificar nuestra comprensión del lenguaje y abrirnos a la idea de que el lenguaje es generativo, de que el lenguaje es acción. Sin embargo, advertíamos entonces que para entender lo anterior era ahora necesario abrirnos a una concepción diferente de la acción. Pues bien, sólo después de haber recurrido este proceso estaremos en condiciones de abrirnos a una concepción distinta del poder que nos sirva para discriminar entre interpretaciones diferentes y evaluar, por lo tanto, los méritos de la propia ontología del lenguaje. Debemos acostumbrarnos, como puede observarse, a la circularidad del entendimiento.

Cuando cuestionamos nuestra capacidad de acceder a la verdad, una objeción espontánea que encontramos consiste en señalar a la ciencia como una refutación evidente de lo que sostenemos. No podemos desmentir el hecho de que, efectivamente, estamos habituados a considerar que lo que hace la ciencia es justamente revelar como las cosas son. Su poder pareciera residir en ello. Pero ello no es sino una determinada interpretación de lo que la ciencia hace, por muy habituados que podamos estar a ella. Maturana y Varela nos sugieren otra interpretación muy diferente, que posee el gran mérito de que prescinde de la invocación a la verdad. Ellos sostienen que lo que caracteriza las explicaciones científicas de otro tipo de explicaciones es el que las primeras son explicaciones que permiten regenerar los fenómenos que explican. Lo que diferencia, por lo tanto, a las explicaciones científicas es su poder generativo.

Lo dicho en esta sección, nos permite sostener que la interpretación que aquí llamamos la ontología del lenguaje puede abrir posibilidades de acción y de intervención que otras interpretaciones no pueden ofrecer. Considerando a los seres humanos como seres lingüísticos (y a partir de las sucesivas reinterpretaciones que hacemos a partir de este primer postulado), reivindicamos que abrimos posibilidades de intervención en la vida que están cerradas en otras interpretaciones.

Los seres humanos hemos estado demasiado tiempo en disputa sobre la verdad de nuestras interpretaciones. Lo único que está realmente en juego es el poder que resulta de estas interpretaciones, la capacidad de acción para transformarnos a nosotros mismos y al mundo en que vivimos. En su XI tesis sobre Feuerbach, Marx señalaba que los filósofos sólo se habían dedicado hasta entonces a interpretar el mundo, cuando lo que importa es transformarlo. La capacidad de transformación del mundo, replicamos, está asociada al poder de nuestras interpretaciones.

Relación entre acción y ser

La tendencia humana a la búsqueda de sentido a la que hemos hecho referencia anteriormente, se manifiesta en el lenguaje a través de la invención y adopción de historias sobre nosotros y el mundo. Hemos planteado que lo que somos, nuestra identidad personal, es una construcción lingüística, una historia que fabricamos sobre nosotros mismos, sobre la dirección de nuestras vidas en el futuro, y sobre nuestro lugar en una comunidad y en el mundo. Hemos dicho que, tanto lo que postulamos ser, como lo que postulamos que es el mundo en que vivimos, son construcciones lingüísticas.

Al revisar los postulados aquí planteados, en función de una visión del lenguaje como acción y, por lo tanto, como generador de realidad y de ser, podemos ahora establecer una importante tesis sobre los seres humanos. La llamaremos el segundo principio de la ontología del lenguaje.

Segundo principio:

No sólo actuamos de acuerdo a cómo somos,
(y lo hacemos),
también somos de acuerdo a cómo actuamos.
La acción genera ser.
Uno deviene de acuerdo a lo que hace.

Al trasladarnos del ser a la acción, nos permitimos entrar en el proceso del devenir y evitamos quedar entrampados en el supuesto metafísico de que el ser es inmutable. El ser sólo es un momento en el proceso del devenir, y sólo una cara de este mismo proceso. La otra cara es ese polo de tensión que enfrenta al ser con su disolución y con las posibilidades de transformación. Es lo que llamaremos la nada.

Sostenemos que no nos es posible deshacernos de la noción de ser y que una interpretación no metafísica sobre los seres humanos se ve obligada a vivir con esta noción y sólo le cabe, para socavar su peso metafísico, habilitar un procedimiento para reconocer la precariedad de toda forma de ser y sus capacidades de disolución y de transformación. La noción de la nada permite precisamente crear este procedimiento que coloca a la noción de ser en tensión y desde la cual emerge la prioridad del proceso del devenir. Dentro del ciclo del devenir, el ser y la nada son dos caras que mutuamente se complementan.

El programa metafísico privilegia una relación que va del ser a la acción. Tras cada acción, éste supone que siempre hay un ser, un sujeto, que se revela mediante la acción realizada. Nuestras acciones revelan nuestra forma de ser. No cuestionamos esto. Comprendemos la importancia de observar las acciones humanas para comprender cómo son los humanos. Este es uno de los principios básicos del «*coaching*» ontológico y dentro del cual nos es posible efectuar lo que llamamos una «interpretación ontológica». Al observar la forma en que un individuo actúa (y no olvidemos que el lenguaje es acción), el «*coaching*» ontológico puede interpretar la forma de ser de tal persona.

Pero, al mismo tiempo, postulamos que esto es sólo un lado de la ecuación. Nuestras acciones no sólo revelan cómo somos, también nos permiten transformarnos, ser diferentes, devenir. Este es un segundo principio del «*coaching*» ontológico y nos capacita para realizar lo que llamamos «intervención ontológica». Al hacer posible que una persona actúe de un modo determinado (y, nuevamente, no olvidemos que el lenguaje es acción), el «*coaching*» ontológico le permite moverse en una determinada dirección y dejar atrás sus antiguas formas de ser.

La acción, por lo tanto, no es sólo la manifestación de un determinado ser que se despliega en el mundo, es también la posibilidad de que ese mismo ser se trascienda a sí mismo y devenga un ser diferente.

CAPITULO 2:

SOBRE EL LENGUAJE HUMANO

Hemos dicho que los seres humanos, en tanto individuos, son seres lingüísticos, seres que viven en el lenguaje. En esta sección exploraremos, primero, la naturaleza del lenguaje, particularmente del lenguaje humano, y segundo, la relación entre el lenguaje y el individuo. Una vez acometido lo anterior, volveremos al tema de la ontología del lenguaje.

EL LENGUAJE

El lenguaje como dominio consensual

Normalmente comprendemos el lenguaje como una capacidad individual, como la propiedad de una persona. Decimos así, que los individuos tienen una capacidad para el lenguaje. Esto, como podemos ver, le otorga precedencia al individuo con respecto al lenguaje. Implica que es el individuo el que habla y escucha. Asume al individuo como precondición del lenguaje.

Nos oponemos a esta visión. Postulamos, al contrario, que los individuos —no como miembros particulares de una especie, sino tal como hemos identificado a los individuos humanos, esto es, como personas— se constituyen asimismo en el lenguaje. Esto implica que le otorgamos precedencia al lenguaje con respecto al individuo. Y ello, como veremos, no es un postulado banal. Por supuesto, no estamos negando que, una vez constituido, el individuo hable y escuche y que, por lo tanto, tenga la aludida capacidad de lenguaje. Pero al tomar al individuo como ya constituido, para derivar de él el lenguaje, se nos cierra precisamente la posibilidad de compren der su propio proceso de constitución en cuanto individuo. Está claro que, para que un ser humano sea capaz de hablar, deben darse ciertas condiciones biológicas. Como el biólogo Humberto Maturana —en quien nos apoyaremos fuertemente en esta sección— siempre insiste en recordárnoslo, sólo **podemos hacer lo que nuestra biología nos permite; no podemos traspasar los límites de nuestras capacidades biológicas.** Sin la estructura particular del sistema nervioso humano, y sin los desarrollados sentidos con los que están equipados los seres humanos, no tendríamos la capacidad de oír y hablar en la forma en que lo hacemos. Pero el lenguaje no es generado por nuestras capacidades biológicas. Los «niños-lobo» (aquellos niños criados en la selva por los lobos y no por seres humanos), que tienen todas estas capacidades biológicas, no desarrollan aquello que conocemos como el lenguaje humano. El lenguaje, postulamos, no es desarrollado por un ser humano aislado. **El lenguaje nace de la interacción social entre los seres humanos. En consecuencia, el lenguaje es un fenómeno social, no biológico.**

Es en la interacción entre diferentes seres humanos particulares —antes incluso de que podamos hablar de un proceso de individualización en el que nos constituimos como personas— donde aparece una precondición fundamental del lenguaje: la constitución de **un dominio consensual.** Hablamos de consensualidad dondequiera que los participantes de una interacción social comparten el mismo sistema de signos (gestos, sonidos, etcétera) para designar objetos, acciones o acontecimientos en orden a coordinar sus acciones comunes. Sin un dominio consensual no hay lenguaje. Una vez que aceptamos lo anterior, no podemos seguir considerando al lenguaje como una propiedad individual. El dominio consensual se constituye en la interacción con otros en un espacio social.

Un mundo lingüístico de entidades lingüísticas

Es importante hacer notar, sin embargo, que estamos hablando sobre el lenguaje a través y desde el lenguaje.

No podemos evitarlo, y esto implica una trampa de la que debemos precavernos. Los signos, los objetos, los eventos y las acciones son constituidos **como tales** en el lenguaje. En cuanto tales, no existen por sí mismos. Solemos citar a Gertrude Stein diciendo que «una rosa es una rosa es una rosa.» Pero una rosa no es una rosa independientemente del lenguaje. Sea lo que sea, es lo que es para nosotros en el lenguaje. Lo que sea en sí misma, independientemente del lenguaje, no lo sabemos. Una rosa es una rosa para nosotros, para los que la ven como una rosa en un dominio consensual dado. Es una rosa sólo como una entidad designada en el lenguaje, una entidad que resulta de una distinción lingüística, que separa la entidad, en tanto entidad, del resto.

Un objeto es siempre una relación lingüística que establecemos con nuestro mundo. Los objetos son constituidos en el lenguaje. En tanto tales, traen siempre nuestra propia marca humana y siempre dicen algo de nosotros. Una taza de té es sólo una taza de té para nosotros, no para la mosca que vemos posada sobre ella. Y la mosca sólo es una mosca para nosotros, no para la araña que vemos acercársele. Y así podemos seguir **ad infinitum**. Insistimos: **No existe otro camino que el del lenguaje; fuera del lenguaje no existe un lugar en el que podamos apoyarnos. Los seres humanos vivimos en un mundo lingüístico**.

El lenguaje como coordinación de coordinación de acciones

Nuevamente, siguiendo a Maturana, planteamos que un dominio consensual, importante factor en numerosas formas de comunicación, aún no es suficiente para producir el fenómeno del lenguaje. Hablamos de lenguaje sólo cuando observamos un tipo particular de comunicación. Muchas especies se comunican. Siempre que vemos a miembros de una especie coordinando acciones comunes, hablamos de comunicación.

Sin embargo, decimos que hay lenguaje —y con ello estamos sugiriendo una determinada convención para referirnos al lenguaje— sólo cuando ocurre un tipo particular de coordinación de acciones: cuando observamos a los miembros de una especie en la coordinación de la coordinación del comportamiento. **El lenguaje, en cuanto fenómeno, es lo que un observador ve cuando ve una coordinación consensual de la coordinación de acciones —cuando los miembros participantes de una acción coordinan la forma en que coordinan juntos la acción. El lenguaje, sostenemos, es coordinación recursiva del comportamiento.**

Tomemos un ejemplo que puede ilustrar la forma en la que esos dos sistemas de coordinación de acciones —implicados en la coordinación recursiva— funcionan juntos. Le digo a mi hijo Tomás: «¿Podrías abrir esa puerta, por favor?» El contesta: «Bueno». Examinemos lo que ha sucedido. Hice algunos sonidos que tomamos por signos compartidos en un dominio consensual ya constituido. Basándose en los significados compartidos ligados a estos sonidos, Tomás respondió a mi pregunta. Al hacerlo, también emitió algunos sonidos, sonidos diferentes a los míos. Nuevamente, ambos le otorgamos a estos sonidos un significado particular que resulta de nuestro dominio consensual compartido. Hasta ahora, lo que hemos hecho es muy parecido a una danza. Hemos coordinado la acción en el nivel de producción de los sonidos.

Podemos notar la gran diferencia que existe para los que comparten este dominio consensual con respecto a los que no lo comparten. Para los extraños a este dominio consensual, lo que hemos hecho Tomás y yo suena muy parecido a una jerigonza, a una seguidilla impredecible de sonidos. Sin embargo, éste no es el caso para nosotros. Antes bien, estamos danzando juntos en un dominio consensual bien orquestado. Por medio de los sonidos que pronunciamos, ambos escuchamos palabras que designan objetos de nuestro mundo común, y escuchamos una pregunta y una respuesta, etcétera.

La danza no termina aquí. Además de este primer nivel de coordinación de acciones, puede esperarse que tenga lugar otra danza, otro nivel de coordinación de acciones. Tomás puede dirigirse a abrir la puerta. Una vez más, esta acción no es arbitraria. Surge directamente de lo que ocurrió en el primer nivel de coordinación de acciones, cuando ambos pronunciábamos sonidos. Hubiera sido extraño, por ejemplo, que hubiera ido a abrir la ventana. O que no hubiera hecho cosa alguna. Una vez que haya abierto la puerta, Tomás puede esperar de mí que le diga «Gracias», a lo cual podría replicar «De nada». Si en vez de eso me dijera «cachorritos», probablemente me parecería nuevamente extraño.

El ejemplo anterior nos muestra que el lenguaje surge a partir de la generación de un dominio consensual que es producido en la interacción social. Pero, esta interacción entre Tomás y yo ¿es excepcional? En absoluto. Nosotros, los seres humanos, no somos las únicas especies que han desarrollado este patrón dual de coordinación de acciones que llamamos lenguaje. Este es un rasgo que encontramos a menudo en otras especies. Un clásico ejemplo de ello es la danza oscilante de la abeja, decodificada en 1945 por el biólogo alemán Karl von Frisch. Los pájaros también han desarrollado sistemas de lenguaje. Por medio de la acción de cantar, coordinan otras acciones. Los mamíferos igualmente muestran sistemas de lenguaje bien estructurados. Un típico ejemplo de esto es el lenguaje de los delfines.

La capacidad recursiva del lenguaje humano

La diferencia principal entre la capacidad lingüística de los seres humanos y la que muestran otras especies vivientes es, primero, nuestra capacidad para abarcar un número muy grande de signos consensuales y, especialmente, para crear nuevos. Existe un segundo factor importante de diferenciación entre el lenguaje humano y el que observamos en otras especies. Le llamamos **la capacidad recursiva del lenguaje humano**.

Hemos dicho que el lenguaje es la coordinación recursiva del comportamiento. Decimos, ahora, que el lenguaje humano es lenguaje recursivo. Esto significa que nosotros, los seres humanos, podemos hacer girar el lenguaje sobre sí mismo. Podemos hablar sobre nuestra habla, sobre nuestras distinciones lingüísticas, sobre nuestro lenguaje, sobre la forma en la que coordinamos nuestra coordinación de acciones. Y podemos hacerlo una y otra vez. Podemos decir, por ejemplo, «¿qué quieres decir con esto?» o «¿de qué puerta estás hablando?»

Esta capacidad recursiva del lenguaje humano es la base de lo que llamamos **reflexión** y es la base de la razón humana. Si viéramos la reflexión como lo hicieron los metafísicos, como una propiedad individual, como la actividad de una facultad individual que ellos llamaron «la mente», escindida de toda conexión con el lenguaje, y si aceptamos que esa reflexión —que, como lo hemos dicho, es la base de la razón— es un rasgo típicamente humano, podemos comprender por qué los metafísicos llegaron a caracterizar a los seres humanos como seres racionales. La razón, sin embargo, es una función del lenguaje. Somos seres racionales porque somos seres lingüísticos viviendo en un mundo lingüístico.

Condiciones estructurales e históricas para el surgimiento del lenguaje humano

¿Cómo es posible que los seres humanos hayan desarrollado esta capacidad especial para el lenguaje? Esta es una pregunta que puede ser respondida al menos de dos maneras: de una manera estructural y de una manera histórica.

Cuando la contestamos de una manera estructural, debemos examinar las condiciones biológicas que nos permiten operar en el lenguaje. Esto nos conduce a examinar la estructura de nuestro sistema nervioso y de nuestros órganos vocales y auditivos. El trabajo pionero del biólogo Norman Geschwind ha constituido un pivote en el estudio de la relación entre el lenguaje y el cerebro. Philipp Lieberman ha hecho importantes contribuciones en el campo de la fisiología de la dicción.

En el sentido de una explicación histórica o evolutiva, permítaseme compartir la hipótesis que me sugiriera una vez mi amigo, el biólogo y genetista de población, Carlos Valenzuela. El sugería que el desencadenamiento de factores evolutivos que conducen al surgimiento del lenguaje en los seres humanos podría deberse al abultamiento de los glúteos de las hembras. Este es un rasgo físico que distingue a los humanos de los otros primates. Los glúteos de la hembra humana, especulaba Valenzuela, podrían haber sido el factor desencadenante que contribuyó a alterar nuestro equilibrio físico y a facilitar la posición erecta. Esta última, permite a los seres humanos liberar sus manos para la recolección de alimentos y la fabricación de herramientas. A su vez, unos glúteos más abultados pueden haber contribuido a la expansión de la pelvis femenina, permitiendo el nacimiento de niños con una mayor capacidad craneana y, por lo tanto, con cerebros más grandes. Con una pelvis femenina más angosta, como sucede de hecho en otros primates, esos niños simplemente no podían nacer. Los seres vivos con cerebros más grandes tienen las capacidades neurológicas necesarias para formas de lenguaje más desarrolladas.

Hay que aclarar, sin embargo, que este tipo de explicaciones no logran realmente dar cuenta del surgimiento del lenguaje propiamente tal. Sólo explican el desarrollo de las condiciones biológicas que se necesitan para hacerlo posible. Como dijimos antes, el lenguaje no es una capacidad individual, sino un rasgo evolutivo que, basándose en condiciones biológicas específicas, surge de la interacción social. Una vez que las capacidades biológicas están en su lugar, necesitamos de la interacción social como caldo de cultivo para el surgimiento del lenguaje.

EL INDIVIDUO COMO CONSTRUCCION LINGUISTICA

Los individuos como fenómenos sociales

Hemos postulado que los seres humanos son seres lingüísticos. Examinemos el significado de este postulado. Un aspecto importante de lo que estamos diciendo tiene que ver con que el individuo, en términos de la **persona** que somos, es un fenómeno lingüístico. En tanto individuos, somos un tipo de ser vivo que, como condición de su propia existencia, vive constreñido a su capacidad de generarle un sentido a su vida, siempre interpretándose a sí mismo y al mundo al que pertenece. Ello lo hacemos en cuanto operamos en el lenguaje. La forma en que damos un sentido a nuestras vidas, es obviamente lingüística. Basta preguntarle a alguien «¿quién eres?», para reconocer que lo que obtenemos de vuelta es un relato, una historia en la que «relatamos» quiénes somos. Nuestra identidad está directamente asociada a nuestra capacidad de generar sentido a través de nuestros relatos. Al modificar el relato de quiénes somos, modificamos nuestra identidad.

Se podría objetar lo que estamos diciendo y argüir que no podemos confundir la historia que tenemos de nosotros (o de otros) con el sujeto al que se refiere el relato en cuestión. Una cosa es, se nos podría contradecir, el relato y, otra cosa muy diferente, el sujeto del relato. Pero el punto es precisamente que el individuo no puede ser separado de su relato. Ese relato es constitutivo de lo que el individuo es, ya que es, en los relatos que hacemos de nosotros y de otros, donde generamos lo que somos. La gente con diferentes relatos sobre ellos mismos son diferentes individuos, aunque puedan haber pasado por experiencias muy similares. Somos el relato que nosotros y los demás contamos de nosotros mismos. Reiteramos, al modificar ese relato, modificamos lo que somos.

Lo señalado, sin embargo, no agota nuestra comprensión de los individuos como seres lingüísticos. El problema principal que hay con ello es que sigue siendo una comprensión individual del individuo y, como tal, no toma suficientemente en cuenta el carácter social del lenguaje. Se debe establecer, por consiguiente, un segundo punto importante a este respecto.

Postulamos que, en tanto individuos, somos lo que somos debido a la cultura lingüística en la que crecemos y a nuestra posición en el sistema de coordinación de la coordinación del comportamiento (esto es, del lenguaje) al que pertenecemos. En este sentido, el individuo, no sólo es construcción lingüística, es también una construcción social. Aunque pertenecemos a una tradición que tiende a separar al individuo de lo social, e interpreta a ambos como términos opuestos de una polaridad, **el individuo, postulamos, es un fenómeno social.** Examinemos este postulado detalladamente. La forma en que nos damos un sentido y la forma en que actuamos en la vida no es arbitraria y no nos es posible, en tanto individuos, trascenderla por completo. Las formas como conferimos sentido y como actuamos descansan tanto en la historia como en las prácticas vigentes de la comunidad a que pertenecemos.

Las historias que contamos de nosotros y de los demás están fabricadas a partir de un trasfondo de relatos e historias generados históricamente por la comunidad para darse un sentido. Nosotros, en tanto individuos, nos constituimos siempre dentro y a partir del trasfondo de esos metarelatos que llamamos **discursos históricos.** Si queremos comprender mejor a un individuo, debemos conocer los discursos históricos a partir de los cuales éste se constituye. Es dentro de los principios de coherencia de estos discursos históricos donde podemos asir la coherencia que hace de un ser humano el individuo que es.

El lenguaje, sin embargo, va más allá de nuestra capacidad de contar historias, va más allá del discurso. El lenguaje, hemos dicho, es un sistema de coordinación de la coordinación del comportamiento y está presente en nuestras acciones. La producción de relatos es sólo una forma, aunque muy importante, de actuar en la vida. Existen muchas otras formas de enfrentar la vida que no siempre están incluidas en los relatos que contamos sobre nosotros. Y cada comunidad desarrolla sus propios modos de enfrentar la vida, de hacer las cosas. Estos modos de hacer las cosas, de la manera como las hace la comunidad, los llamamos **las prácticas sociales.**

La forma en que la gente se comporta en una comunidad es a menudo muy diferente de como la gente se comporta en otra comunidad. Aunque se atienda a asuntos similares (tales como asuntos relacionados con la familia, la intimidad, la muerte, el trabajo, etcétera) la manera como nos hacemos cargo de ellos son muy diferentes de una comunidad a otra. Por ello es que tenemos costumbres distintas, formas diferentes de ejecutar el cortejo, de alimentarnos, de vivir en familia, etcétera. Nuestra coordinación de la coordinación del comportamiento cambia de una comunidad a la otra. Los franceses, los chinos, los somalíes, los mexicanos, son todos diferentes porque pertenecen a diferentes sistemas de lenguaje. Pertenecen a diferentes discursos históricos y prácticas sociales que nacen precisamente de diferentes caldos de «cultivo» y, en consecuencia, de diferentes «culturas», para la emergencia de distintos tipos de individuos. Diferentes culturas lingüísticas producen diferentes individuos.

Como dicen los miembros del pueblo Xhosa de Sudáfrica, «soy porque somos». Los individuos son generados dentro de una cultura lingüística dada, dentro de un sistema de coordinación de la coordinación del comportamiento dado, dentro de un lenguaje dado, dentro de una comunidad. Una vez que asimos el lenguaje de la comunidad, podemos comprender mejor al individuo.

Los individuos se constituyen como tales a partir del lugar que los seres humanos ocupan dentro de sistemas lingüísticos más amplios.

Ya hemos hablado acerca de la importancia, para el individuo, de aquellos metarelatos que hemos llamado discursos históricos. Constituyen un aspecto importante del lenguaje de una comunidad. Pero son sólo un elemento particular dentro de ese lenguaje. Visto como una totalidad, el lenguaje es el sistema de la coordinación de la coordinación de acciones mantenida por una comunidad y, como tal, está enclavado en sus prácticas sociales, en la forma en que sus miembros interactúan entre ellos.

Sabemos que no todos los individuos franceses, somalíes o mexicanos son similares. Existen fuertes diferencias individuales entre ellos. Claro está, algunas de estas diferencias pueden ser atribuidas a factores biológicos, ya que todos tenemos diferencias genéticas que surgen como distintas predisposiciones biológicas. Sin embargo, no es sólo en el campo de la biología donde podemos fundamentar las diferencias individuales, puesto que el individuo siempre es una entidad lingüística, una unidad significativa dentro de un sistema más amplio de lenguaje. Las diferencias biológicas, cuya importancia no negamos, adquieren su significado y su sentido dentro del sistema de lenguaje.

Un sistema de lenguaje no es un espacio uniforme. Al contrario, es una estructura de interacción diversificada en la que cada miembro de la comunidad desempeña un papel diferente. En el sistema de coordinación de la coordinación del comportamiento, no todos ocupan el mismo lugar ni efectúan las mismas acciones. El sistema de lenguaje es una estructura de relaciones, y la posición de cada miembro de la comunidad dentro de esta estructura es un aspecto importante a considerar en el proceso de individualización, en la constitución de los individuos como individuos.

Somos lo que somos a partir de las relaciones que establecemos con los demás. El individuo es constituido como la suma de sus relaciones con los demás. Las individualidades serán diferentes si en un sistema somos el empleador o el empleado, el padre o el hijo, el hijo mayor, el del medio o el menor, el actor o el espectador, etcétera. Uno de los principales méritos de la psicología sistémica ha sido precisamente reconacer la función de los sistemas sociales (en especial el de la familia) en la configuración del proceso de individualización.

La historia nos provee de muy buenos ejemplos de personas que se convirtieron en los personajes que los hacen famosos debido, precisamente, a la posición que ocuparon en la estructura social. Un ejemplo clásico es el de Thomas Beckett durante el reinado de Enrique II, en la Inglaterra del siglo XII. Beckett había sido el gran amigo de infancia de Enrique y, por lo tanto, fue a quien éste escoge, una vez Rey, para suceder al Arzobispo de Canterbury cuando éste fallece, en medio de una gran disputa entre la Iglesia y la Corona. Al nombrar a Beckett como nuevo Arzobispo, Enrique cree haber resuelto el conflicto a su favor. Sin embargo, en su nueva posición, Beckett se transforma en un individuo diferente. Su comportamiento ahora, ya no es el de antiguo amigo del Rey, sino el que Beckett interpreta que corresponde a la principal autoridad de la Iglesia en Inglaterra. Su nueva posición, por lo tanto, lo convierte en el gran enemigo de las acciones emprendidas por la Corona inglesa. Beckett muere asesinado en las puertas de su catedral, por caballeros de la Corona, presuntamente enviados por Enrique.

La relación mutua entre los sistemas lingüísticos y el comportamiento individual

Un principio básico del enfoque sistémico es el reconocimiento de que el comportamiento humano es modelado por la estructura del sistema al que pertenece el individuo y por la posición que ocupa en ese sistema. Cuando la estructura del sistema cambia, puede esperarse que también cambie el comportamiento individual. Lo que se hizo alguna vez puede no ser hecho nuevamente, y/o lo que parecía imposible en el pasado puede súbitamente volverse posible, para los mismos miembros del sistema. Esto es algo que muchas veces pasa inadvertido. No nos damos cuenta de cómo los sistemas a los que pertenecemos nos hacen ser como somos.

Nos percatamos a menudo, por ejemplo, de que algunas empresas parecen reclutar a gente capaz mientras que otras parecen hacer lo contrario. La diferencia reside frecuentemente, sin embargo, no en el reclutamiento sino en los distintos sistemas de comportamiento que esas empresas son. Diferentes sistemas de administración, por ejemplo, generan tipos diferentes de individuos, que son capaces (o no) de hacer las cosas de muy distintos modos y, por lo tanto, de volverse (o no) cada vez más capaces. Lo dicho con respecto a las empresas es igualmente válido en relación a cualquier otro sistema social (v.g. sistema familiar, sistema educativo, sistema de salud, sistema de gobierno, etcétera).

Basándonos en lo recién dicho, podríamos fácilmente caer en la adopción de una estrecha aproximación determinística estructural que postularía que lo que somos en cuanto individuos está determinado por la estructura de los sistemas a los que pertenecemos. Siendo éste, en un cierto nivel, un postulado válido, necesita sin embargo ser equilibrado, en otro nivel, por un postulado opuesto. No podemos olvidar que, mientras que el sistema condiciona lo que somos en tanto individuos, no es menos válido que somos nosotros, en tanto individuos, los creadores de ese mismo sistema.

¿Cómo puede ser esto posible? Si aceptamos que los individuos son fenómenos sociales, ¿cómo pueden entonces ser al mismo tiempo los diseñadores de su espacio social? No hay aquí ninguna contradicción. Una vez constituidos como individuos, debido a la capacidad recursiva del lenguaje humano, somos capaces de observarnos a nosotros mismos y al sistema al que pertenecemos, y de ir más allá de nosotros y de esos sistemas. Podemos convertirnos en observadores del observador que somos y podemos actuar según nuestras posibilidades de acción.

Nuestra capacidad de reflexión nos permite especular, entablar conversaciones con los demás (y con nosotros mismos) acerca de nuevas posibilidades, arriesgarnos e inventar —despojándonos de nuestras ataduras respecto de nosotros mismos y de nuestro medio social.

El fenómeno del liderazgo arroja luces precisamente sobre esta capacidad humana de intervenir en el diseño de nuestros entornos sociales y, al hacerlo, de intervenir también en el diseño de muchos otros individuos. Y el liderazgo, postulamos, está basado en un conjunto de capacidades lingüísticas determinadas. Es una de las más claras manifestaciones de la capacidad generativa del lenguaje.

Dijimos anteriormente que no sólo actuamos de acuerdo a como somos, sino que también somos de acuerdo a como actuamos. Ha llegado la hora de complementar esa tesis con otra que nos lleva de la relación entre el ser y la acción a la polaridad entre el individuo y el grupo (o sistema) social al que aquél pertenece. Basándonos en lo dicho anteriormente, reconocemos, por lo tanto, que los seres humanos son seres históricos, seres que viven y operan en el marco de ciertas condiciones históricas. No todo es posible para un individuo. Por el contrario, lo que es posible es siempre un movimiento histórico dado, bajo condiciones sociales específicas e influenciado por ellas. Los individuos no pueden hacer cualquier cosa. Operan dentro de los límites de lo que les es históricamente posible. Y lo que es históricamente posible para un individuo está en función de los sistemas de lenguaje a que pertenece.

Aunque los individuos trasciendan lo que está históricamente dado, aunque inventen nuevas posibilidades, aunque generen nuevas realidades históricas, y aunque se proyecten a sí mismos hacia el futuro, lo hacen como resultado de lo que les es históricamente posible. Esto nos lleva al tercer principio de la ontología del lenguaje.

Tercer principio:

Los individuos actúan de acuerdo a los sistemas sociales a los que pertenecen.pero a través de sus acciones, aunque condicionados por estos sistemas sociales, también pueden cambiar tales sistemas sociales.

Sólo nuestra estrecha ideología individualista puede cegarnos respecto del poderoso efecto de los sistemas sociales en nuestra formación como individuos. Si queremos crear sistemas más efectivos, como por ejemplo lo están haciendo los japoneses en el campo de la empresa y los negocios, debemos abrirnos a un nuevo examen de la relación entre los individuos y los sistemas sociales.

Los seres humanos están en la intersección de dos sistemas muy diferentes. Por un lado, somos un sistema biológico y estamos determinados por nuestra estructura biológica. En este nivel es donde podemos situar nuestra capacidad biológica para el lenguaje. Pero, como lo hemos ya señalado, nuestra capacidad biológica para el lenguaje no genera el lenguaje. El lenguaje surge de la interacción social, de la convivencia de unos con otros.

Por lo tanto, nos constituimos como individuos desde el sistema de relaciones que mantenemos con los demás. Los individuos son componentes de un sistema social más amplio, el sistema del lenguaje. Su posición dentro de ese sistema es lo que los hace ser los individuos particulares que son. El énfasis, sin embargo, no debe ser puesto en el sistema social ni en sus componentes individuales. Es en la relación entre el sistema social y el individuo, entre el todo y sus partes, que se produce la dinámica del devenir. El sistema social constituye al individuo, del mismo modo en que el individuo constituye al sistema social.

VUELTA A LA ONTOLOGIA DEL LENGUAJE

La visión aquí presentada, la ontología del lenguaje, no es sólo una interpretación más sobre el ser humano. Desafía los presupuestos básicos sostenidos durante siglos por el programa metafísico. Representa un serio intento de ir más allá de los dogmas básicos de la metafísica y lleva a su fin lo que hemos llamado la deriva metafísica. Lo hace de varias maneras.

En primer lugar, sustituye el tradicional «lenguaje del ser» por un nuevo «lenguaje del devenir». Para ello, introduce como principio fundamental la noción de «la nada». La nada, en este contexto, no debe ser confundida con el nihilismo pasivo. No se detiene en el reconocimiento pesimista de la falta de sentido de la vida humana, sino que se convierte en la fuerza motriz que permite a los seres humanos crear y regenerar un sentido de vida, necesario para sobrellevar nuestra existencia.

En segundo lugar, la ontología del lenguaje toma distancia del concepto metafísico de la verdad, concepto que marca el objetivo primordial del pensamiento racional. Supone, por el contrario, que sólo existen interpretaciones más o menos poderosas: relatos que pueden abrir y cerrar diferentes posibilidades para los seres humanos. El poder, y no la verdad, es el *kriterion* (palabra griega que designa el estándar de un juicio válido) fundamental. Las posibilidades no existen por sí mismas, no son independientes de los individuos para quienes resultan ser posibilidades.

La búsqueda de aquellos universales abstractos (aquellas verdades buscadas por los metafísicos) capaces de erigirse por sí mismos, independientemente de los seres humanos, es vana. Como lo proclamara Protágoras — quien, junto con Heráclito, es otro de los pensadores contra quien escriben los primeros metafísicos— «el hombre es la medida de todas las cosas». La distinción entre las proposiciones verdaderas y falsas —una distinción importante— sólo tiene sentido dentro del trasfondo compartido de una comunidad.

En tercer lugar, la ontología del lenguaje logra lo que había sido destruido por el programa metafísico: la unidad entre el orador, el lenguaje y la acción. Reconoce que todo lo dicho siempre es dicho por alguien, restableciendo lo que hemos llamado el lazo roto entre el lenguaje y el orador. Postula que el lenguaje es acción y, por lo tanto, evita la separación entre ambos, particularmente entre el pensamiento y la acción. Finalmente, postula que la acción (que abarca al lenguaje) genera ser y que ésta, por lo tanto, constituye al individuo que habla (el orador) y al que actúa (el actor). Como señalara Nietzsche «el actor es una ficción, el hecho lo es todo.»

Al mismo tiempo que reemplaza la importancia del «ser», sostenida por los metafísicos, por una comprensión renovada del «devenir», la ontología del lenguaje coloca a la acción en el centro de su argumentación. Al conectar el lenguaje con la acción se produce una comprensión nueva de la acción humana. Nos convertimos ahora en observadores de aquellas acciones —los actos lingüísticos— que no habíamos visto como acciones en el pasado y, más aún, también somos capaces de reconstruir la acción humana en términos lingüísticos, dando así un paso muy importante en nuestra capacidad de diseño.

Con todo, la mayor fuerza de la ontología del lenguaje reside en la interpretación que proporciona sobre el individuo —es decir, sobre el fenómeno de la persona humana— y su mundo. Al tratar tanto al individuo como a su mundo como construcciones lingüísticas, esta nueva aproximación ofrece una enorme expansión de las posibilidades humanas. Examinemos algunos campos en los que esta expansión se torna evidente. El primero es el campo del sufrimiento humano. El sufrimiento, postulamos, es un fenómeno lingüístico. Eso es lo que lo diferencia del dolor. El dolor se debe a razones biológicas. Cuando sufrimos, en cambio, lo hacemos a partir de nuestras interpretaciones sobre nosotros, sobre los demás y sobre los acontecimientos en los que participamos en nuestras vidas. Sin lenguaje no habría sufrimiento. Al mismo tiempo, al intervenir mediante la conversación en nuestros juicios e interpretaciones (relatos) somos capaces de lidiar efectivamente con el sufrimiento. Es así, por lo demás, como nos aliviamos del sufrimiento, aunque rara vez advirtamos que eso es lo que hacemos.

Hay que señalar que al reconocer el carácter lingüístico de la persona, podemos intervenir de un modo mucho más poderoso. La ontología del lenguaje, al ser usada en la práctica del «coaching» ontológico, nos guía hacia el lugar en el que debemos buscar la fuente del sufrimiento y, por consiguiente, hacia lo que necesita ser transformado para aliviarlo. La ontología del lenguaje no ofrece eliminar el sufrimiento, ya que el sufrimiento es constitutivo de la vida humana. Pero nos muestra que existe mucho sufrimiento que podemos evitar una vez que hayamos comprendido cómo éste se genera en el lenguaje.

En un campo relacionado, postulamos que la ontología del lenguaje nos ofrece una poderosa herramienta para lidiar con uno de los rasgos más sobresalientes de nuestro tiempo: la crisis de sentido (de la vida) a la que hoy nos enfrentamos. Vivimos en un mundo posmoderno, un mundo caracterizado por el agotamiento progresivo del poder de las metanarrativas, de esos discursos sociales primordiales del pasado, a partir de los cuales conferimos un sentido a nuestras vidas. Los seres humanos están siempre intentando darse un sentido a ellos y a su mundo. Esto representa una suerte de «pecado original», una condición original que nace del hecho de que somos seres lingüísticos. No podemos vivir sin darnos un sentido a nosotros y al mundo.

Durante siglos nos hemos apoyado en discursos sociales fundamentales —sean religiosos, políticos, filosóficos, etcétera— para generar el sentido que necesitábamos para seguir viviendo. Esos metarrelatos contestaban las preguntas acerca de por qué la vida, nosotros y el mundo tenían un sentido. El debilitamiento de esos discursos fundamentales y su creciente incapacidad para generar por sí solos el sentido pleno de la vida que necesitamos, es un rasgo de nuestros tiempos. Este rasgo histórico, llamado la condición posmoderna, nos deja en una recurrente crisis de sentido, donde las respuestas religiosas, políticas, filosóficas, etcétera, del pasado no pueden darnos salidas tan efectivamente como lo hicieron alguna vez. Muchos de los males sociales de hoy han sido respuestas, frecuentemente respuestas deses- peradas, al sentido del que carecemos.

Una de las mayores contribuciones de la ontología del lenguaje es la competencia que ofrece a las personas para inventar y regenerar un sentido en sus vidas. La ontología del lenguaje nos confronta con el hecho de que no podemos esperar siempre que la vida genere, por sí misma, el sentido que requerimos para vivirla. Pero, simultáneamente, nos muestra cómo generamos sentido a través del lenguaje: mediante la invención permanente de relatos y mediante la acción que nos permite transformarnos como personas y transformar nuestro mundo. La ontología del lenguaje nos permite hacernos plenamente responsables de nuestras vidas. Nos permite elegir las acciones que nos llevarán a convertirnos en aquel ser que hayamos escogido. Es un instrumento de importancia fundamental en el diseño de nuestras vidas, de nosotros y del mundo.

Digamos, finalmente, que existe —en nuestra opinión— otra importante contribución de esta nueva comprensión de los seres humanos. En el pasado, cuando éramos moldeados por esas metanarrativas que dábamos por hechos, cuando pensábamos que la verdad existía y que estaba a nuestro alcance —cuando no la poseíamos—, sucede que vivíamos en guerra, matándonos unos a otros, destruyendo nuestro entorno natural, condición de nuestra existencia. Hoy no podemos eludir el reconocimiento de un lado oscuro en los supuestos asociados a la idea metafísica de racionalidad.

En un mundo global, en un mundo como es el nuestro hoy en día, en el que nos enfrentamos a la rápida disolución de la nación-Estado, en el que todos los seres humanos del planeta hemos devenido económicamente interdependientes, y en el que hemos llegado a acumular una fuerza tan increíblemente destructiva, la aproximación metafísica no nos permite, dentro de sus fronteras, relacionarnos los unos con los otros con respeto mutuo. Se necesita una nueva comprensión del ser humano si hemos de sobrevivir. Una comprensión que nos permita observar y aceptar nuestras diferencias, y diseñar mejores vías para salvar esas mismas diferencias y vivir juntos. En la ontología del lenguaje hay un espacio para la esperanza de que eso suceda.

Tal como hemos dicho al inicio, la ontología del lenguaje no es sólo un desarrollo que nace únicamente del terreno de las ideas. Ha habido importantes condiciones históricas que han facilitado el surgimiento de las ideas que representan su centro teórico. La emergencia de nuevas formas de comunicación —que hemos llamado lenguaje electrónico— constituye, en nuestra opinión, una de esas fuerzas históricas fundamentales que apuntan en esa dirección. Vemos, por lo tanto, a la ontología del lenguaje capaz de llenar una necesidad histórica en el tratamiento de muchos de los asuntos que desafían al mundo de hoy (culturales, políticos, económicos, individuales, etcétera).

En este sentido, la ontología del lenguaje es un buen ejemplo del resultado de las condiciones de nuestros sistemas sociales actuales, así como también representa un inmenso recurso para lidiar con las deficiencias de esos sistemas y para contribuir a sus necesarias transformaciones futuras.

CAPITULO 3:

LOS ACTOS LINGUISTICOS BASICOS*

ANTECEDENTES

Tal como lo hemos señalado previamente, según nuestra concepción tradicional, el lenguaje describe la realidad. Cuando digo, por ejemplo, «el martes hizo sol», o «ésta es una mesa de madera», o «mi computador tiene un disco duro de 40 MB», estas frases se entienden normalmente como descripciones de las propiedades de diferentes objetos (el martes pasado, esta mesa, mi computador). Cuando digo «lo siento» o «muchísimas gracias», estas frases se entienden como descripciones de sentimientos. Nuestro sentido común da por sentado que el lenguaje describe el estado de las cosas. Esta concepción supone que la realidad ya está ahí mucho antes que el lenguaje, y lo que hace el lenguaje es simplemente describirla, «hablar de» ella. Se supone que el papel del lenguaje es pasivo. El lenguaje siempre llega tarde, cuando la realidad ya se ha establecido, ya ha ocupado su propio lugar. Por lo tanto, primero viene la realidad, después el lenguaje. El papel del lenguaje pareciera ser el de dar cuenta de lo existente.

Esta es una interpretación muy antigua del lenguaje, cuyo origen se remonta a los antiguos griegos. Es tan vieja que normalmente olvidamos que se trata de una interpretación. Aún más, llegamos incluso a pensar que esta interpretación es, en verdad, una descripción de lo que es el lenguaje y, por lo tanto, una fiel representación de su propia «realidad».

*Estoy agradecido al Dr. Fernando Flores y a Business Design Associates, propietarios de los derechos de autor de trabajos en los que se basa este segmento, por permitirme gentilmente hacer uso en este libro de largas secciones de tales trabajos.

Esta interpretación, tan largamente sostenida, ha sido seriamente cuestionada desde la segunda mitad del presente siglo con la aparición de una rama de la filosofía llamada la filosofía del lenguaje y, muy particularmente, a partir de las contribuciones tardías del filósofo austríaco Ludwig Wittgenstein.

La filosofía del lenguaje pronto planteó que cuando hablamos no solamente describimos una realidad existente; también actuamos. El lenguaje, se sostuvo, es acción. Tomemos un ejemplo. Cuando decimos a alguien «Te felicito», no estamos describiendo una felicitación, estamos realmente haciéndola. Estamos realmente ejecutando el acto de felicitar. El filósofo británico J.L. Austin fue el primero en destacar esta cualidad activa del lenguaje o, empleando sus propias palabras, la naturaleza «ejecutante» (*'performative'*) del lenguaje. Se dio cuenta de que aun cuando describimos, estamos «haciendo» una descripción y, por lo tanto, estamos actuando.

Otro avance importante lo produjo el filósofo norteamericano, John R. Searle, quien propuso—de una forma que nos recuerda las indagaciones de los antiguos sofistas griegos y muy particularmente de Gorgias— lo que llamó una taxonomía de los actos de habla. Según Searle, cuando hablamos, ejecutamos un número restringido y específico de acciones. Estas acciones las llamó «actos de habla». Nosotros los llamaremos actos lingüísticos, ya que estos actos pueden también ejecutarse en forma no verbal.

Searle sostuvo que, sin importar el idioma que hablemos, sea éste español, inglés o chino, siempre ejecutaremos el mismo número restringido y específico de actos lingüísticos. Quizás no sepamos hablar chino, pero sabemos, según Searle, que cuando los chinos hablan ejecutan el mismo tipo de acciones que hacen los mexicanos, los ingleses o los rusos. Todos los seres humanos, independientemente del idioma que hablamos, al hablar hacemos afirmaciones, hacemos declaraciones, hacemos peticiones, etcétera. Estas acciones lingüísticas son universales. Las encontraremos en todos los idiomas, sea cual sea el lenguaje específico que se hable. La proposición de Searle reviste la mayor importancia. Ahora podemos observar el lenguaje y distinguir las diferentes acciones que ejecutamos cuando nos comunicamos.

Gracias a estas contribuciones —y a otras que no es del caso tratar aquí— una interpretación generativa y activa del lenguaje ha progresivamente sustituido nuestra vieja interpretación pasiva del lenguaje que lo restringía a su carácter descriptivo.

LOS ACTOS LINGUISTICOS

La presentación de los diferentes actos lingüísticos que haremos a continuación, simultáneamente se apoya, a la vez que se aparta de la propuesta realizada por John R. Searle. Insistimos, por lo tanto, en advertir que el tratamiento que haremos de los actos lingüísticos no corresponde a aquél hecho por el filósofo norteamericano, sino que representa una elaboración efectuada a partir de su propuesta.

Afirmaciones y declaraciones

Al observar el habla como acción, es más, como una acción que siempre establece un vínculo entre la palabra, por un lado, y el mundo, por el otro, cabe preguntarse lo siguiente: cuando hablamos, ¿qué tiene primacía? ¿El mundo o la palabra? En otras palabras, ¿cuál de los dos —la palabra o el mundo— conduce la acción? ¿Cuál podríamos decir que «manda»? Estas preguntas tienen el mérito de llevarnos a establecer una importante distinción: a veces, al hablar, la palabra debe adecuarse al mundo, mientras que otras veces, el mundo se adecua a la palabra.

Cuando se trate del primer caso, cuando podamos sostener que la palabra debe adecuarse al mundo y que, por lo tanto, el mundo es el que conduce a la palabra, hablaremos de **afirmaciones**. Cuando suceda lo contrario, cuando podamos señalar que la palabra modifica al mundo y que, por lo tanto, el mundo requiere adecuarse

71

a lo dicho, hablaremos de **declaraciones**. Lo importante de esta distinción es que nos permite separar dos tipos de acciones diferentes que tienen lugar al hablar: dos actos lingüísticos distintos. Habiendo efectuado la distinción, examinemos a continuación cada uno de sus términos por separado.

a) Afirmaciones

Las afirmaciones corresponden al tipo de acto lingüístico que normalmente llamamos descripciones. En efecto, ellas parecen descripciones. Se trata, sin embargo, de proposiciones acerca de nuestras observaciones. Creemos importante hacer esta aclaración.

Tenemos el cuidado de no decir que las afirmaciones describen las cosas como son, ya que, como hemos postulado, nunca sabemos cómo ellas son realmente. Sabemos solamente cómo las observamos. Y dado que los seres humanos comparten, por un lado, una estructura biológica común y, por el otro, la tradición de distinciones de su comunidad, les es posible compartir lo que observan.

Cuando nuestra estructura biológica es diferente, como sucede por ejemplo con los daltónicos, no podemos hacer las mismas observaciones. Lo que es rojo para uno puede ser verde para otro. ¿Quién tiene la razón? ¿Quién está equivocado? ¿Quién está más cerca de la realidad? Estas preguntas no tienen respuesta. Sólo podemos decir que estos individuos tienen estructuras biológicas diferentes. El rojo y el verde sólo tienen sentido desde el punto de vista de nuestra capacidad sensorial como especie para distinguir colores. Las distinciones entre el rojo y el verde sólo nos hablan de nuestra capacidad de reacción ante el medio externo; no nos hablan de la realidad externa misma.

Los seres humanos observamos según las distinciones que poseamos. Sin la distinción mesa no puedo observar una mesa. Puedo ver diferencias en color, forma, textura, etcétera, pero no una mesa. Los esquimales pueden observar más distinciones de blanco que nosotros. La diferencia que tenemos con ellos no es biológica.

Nuestras tradiciones de distinciones son diferentes. Por lo tanto, la pregunta ¿Cuántos tonos de blanco hay realmente allí? sólo tiene sentido en el contexto de una determinada tradición de distinciones.

De manera similar, no podemos hablar de martes, Madrid y sol sin las distinciones martes, Madrid y sol. Alguien que no tenga estas distinciones no puede afirmar «Hizo sol el martes pasado en Madrid». ¿Quién tiene razón? ¿Quién está equivocado? ¿Quién está más cerca de la realidad? ¿La persona que tiene las distinciones? ¿O la persona que no las tiene? Estas preguntas sólo tienen sentido para las personas que comparten el mismo conjunto de distinciones. Desde este punto de vista, es válido decir que vivimos en un mundo lingüístico. Las afirmaciones se hacen siempre dentro de un «espacio de distinciones» ya establecido.

Como los seres humanos podemos compartir lo que observamos, suponemos que ésta es la forma como son realmente las cosas. Pensamos que, si lo que yo observo pareciera ser lo mismo que observa mi vecino, tendrá que ser que las cosas son como ambos las observamos. Pero esta conclusión es obviamente discutible. Aunque mi vecino y yo compartamos las mismas observaciones no podemos decir que observamos las cosas como realmente son. Solamente podemos concluir que compartimos las mismas observaciones, que observamos lo mismo. Nada más. La única descripción que hacemos es la de nuestra observación, no la descripción de la realidad.

Sin embargo, basándose en esta capacidad común de observación, los seres humanos pueden distinguir entre afirmaciones verdaderas o falsas. Esta es una de las distinciones más importantes que podemos deducir cuando tratamos con afirmaciones.

Es necesario advertir, sin embargo, que la distinción entre lo verdadero y lo falso sólo tiene sentido al interior de un determinado «espacio de distinciones» y, por lo tanto, sólo bajo condiciones sociales e históricas determinadas. Ella no alude a la «Verdad» (con mayúscula) en cuanto aprehensión del «ser» de las cosas. La distinción entre lo verdadero y lo falso es una convención social que hace posible la coexistencia en comunidad.

Una afirmación verdadera es una proposición para la cual podemos proporcionar un testigo. Un testigo es un miembro cualquiera de nuestra comunidad (con quienes compartimos las mismas distinciones) que, por estar en el mismo lugar en ese momento, puede coincidir con nuestras observaciones. Al decir «Hizo sol el martes pasado en Madrid», llamaremos verdadera a esta afirmación si podemos demostrar que alguien, con quien tenemos distinciones comunes, habiendo estado allí el martes pasado, compartió lo que observamos.

Las afirmaciones no sólo pueden ser verdaderas, pueden también ser falsas. Una afirmación falsa es una proposición sujeta a confirmación, pero que cualquier testigo, cualquier persona que hubiese estado allá en esa ocasión, podría refutar. El acto lingüístico de decir «Llovió el martes pasado en Ciudad de México» es una afirmación, a pesar de que este hecho pueda ser refutado por otros que hayan estado allá ese día. Si es refutado, va a seguir siendo una afirmación, pero falsa.

No todas las afirmaciones, sin embargo, pueden ser separadas en la práctica en verdaderas o falsas. Algunas veces no se pueden confirmar por no existir las condiciones necesarias para su corroboración.

Los pronósticos del tiempo constituyen buenos ejemplos. Si alguien dice «Va a llover mañana», hace una afirmación. Se trata de una proposición que está sujeta a confirmación. Sin embargo, tendremos que esperar hasta mañana para determinar si esa afirmación es verdadera o falsa. En el intertanto su calidad va a ser de indecisa. Por regla general, las afirmaciones acerca del futuro tienen la calidad de indecisas.

Cuando hacemos afirmaciones acerca del pasado, puede ocurrir algo similar. Si decimos, por ejemplo, «Nevó en Bariloche el 10 de abril de 1415», ésta es una afirmación. Teóricamente puede ser corroborada. Es más, se sigue tratando de un tipo de proposición en la que la palabra debe adecuarse al mundo y, por lo tanto, se trata de una afirmación. En la práctica, sin embargo, no vamos a encontrar a nadie que haya estado presente allá en ese momento y no existen registros con observaciones de testigos. La calidad de esta afirmación (si verdadera o falsa) también permanecerá indecisa.

Cada vez que ejecutamos un acto lingüístico adquirimos un compromiso y debemos aceptar la responsabilidad social de lo que decimos. El hablar nunca es un acto inocente. Cada acto lingüístico se caracteriza por involucrar compromisos sociales diferentes. En el caso de las afirmaciones, el compromiso social guarda relación con la necesidad de establecer de manera efectiva que la palabra cumple con la exigencia de adecuarse a las observaciones que hacemos sobre el estado de mundo.

Por lo tanto, cuando afirmamos algo nos comprometemos con la veracidad de nuestras afirmaciones ante la comunidad que nos escucha. Contraemos una responsabilidad social por su veracidad. En otras palabras, nos comprometemos a la posibilidad de proporcionar un testigo que corrobore nuestras observaciones o, en su defecto, de cumplir con cualquier otro procedimiento que, en la comunidad a la que pertenecemos, se acepte como evidencia.

Cuando hacemos afirmaciones hablamos del estado de nuestro mundo y, por lo tanto, estamos hablando de un mundo ya existente. Las afirmaciones tienen que ver con lo que llamamos normalmente el mundo de los «hechos».

b) Declaraciones

Muy diferente de las afirmaciones es aquel otro tipo de acto lingüístico llamado declaración. Cuando hacemos declaraciones no hablamos acerca del mundo, generamos un nuevo mundo para nosotros. La palabra genera una realidad diferente. Después de haberse dicho lo que se dijo, el mundo ya no es el mismo de antes. Este fue transformado por el poder de la palabra.

Tomemos un clásico ejemplo histórico. Cuando un grupo de personas se reunió en Filadelfia en julio de 1776 y, asumiendo la representación de las 13 colonias inglesas en Norteamérica, dieron a conocer al mundo un texto que comenzaba diciendo: «Cuando en el curso de los acontecimientos humanos, llega a ser necesario para un pueblo el disolver los vínculos políticos que lo conectaran con otro ...», ellos no estaban hablando «sobre» lo que sucedía en el mundo en esos momentos. Estaban creando un nuevo mundo, un mundo que no existía antes de realizarse la Declaración de Independencia de los Estados Unidos de Norteamérica.

Las declaraciones no sólo suceden en momentos muy especiales de la historia. Las encontramos en todas partes a lo largo de nuestra vida. Cuando el juez dice «¡Inocente!»; cuando el árbitro dice «¡Fuera!»; cuando el oficial dice «Los declaro marido y mujer»; cuando decimos en nuestra casa «Es hora de cenar»; cuando alguien crea una nueva compañía; cuando un jefe contrata o despide a alguien; cuando un profesor dice «Aprobado»; cuando una madre dice a su niño «Ahora puedes ver televisión», en todas estas situaciones se están haciendo declaraciones. Y en todos estos casos, el mundo es diferente después de la declaración. La acción de hacer una declaración genera una nueva realidad.

En cada uno de estos casos, la palabra transforma al mundo. Una vez que una declaración fue hecha, las cosas dejan de ser como eran antes. En cada una de estas instancias, el mundo se rearticula en función del poder de la palabra. Cada una de ellas, es un ejemplo de la capacidad generativa del lenguaje. Se trata de situaciones concretas en las que podemos reconocer las limitaciones de nuestra concepción tradicional, que concibe al lenguaje como un instrumento fundamentalmente pasivo.

Las declaraciones nos acercan a lo que comúnmente asociamos con el poder de los dioses. Son la expresión más clara del poder de la palabra, de que aquello que se dice se transforma en realidad; que la realidad se transforma siguiendo la voluntad de quien habla. No es extraño, por lo tanto, constatar cómo, en nuestra tradición judeo-cristiana, se sostiene que en el inicio sólo existía la palabra y que fue precisamente la palabra, como nos lo relata el Génesis, la que crea el mundo a través de sucesivas declaraciones. «Hágase la luz», declaró Dios, y la luz se hizo.

Las declaraciones no están relacionadas con nuestras capacidades compartidas de observación, como acontecía con las afirmaciones. Están relacionadas con el poder. Sólo generamos un mundo diferente a través de nuestras declaraciones si tenemos la capacidad de hacerlas cumplir. Esta capacidad puede provenir de la fuerza o habernos sido otorgada como autoridad. La fuerza nos obliga a inclinarnos ante una declaración y acatarla porque queremos evitar el riesgo de desintegración. La autoridad es el poder que nosotros o la comunidad otorga a ciertas personas para hacer declaraciones válidas. Ambas, la fuerza y la autoridad, son expresiones de poder.

Volvamos a nuestro primer ejemplo, la Declaración de Independencia de los Estados Unidos. Cuando los ingleses supieron de ella, evidentemente no la aceptaron de inmediato. Para ellos ésa no era una declaración válida sino un acto de arrogancia de algunos de los súbditos de la Corona. Y así se los hizo saber el rey Jorge III. Sin embargo, como la historia ha demostrado, los ingleses no tuvieron suficiente poder para oponerse a esa declaración y, al final, tuvieron que aceptarla. Esta declaración tuvo vigencia porque aquellos que la hicieron tuvieron el poder de asegurar su cumplimiento y validez.

El caso de un oficial que celebra un matrimonio es diferente. En este caso, hemos otorgado a un funcionario la autoridad para hacer la declaración. Si alguien sin autoridad dijera «Los declaro marido y mujer» no tomaríamos en serio lo que esa persona dice. El mundo no cambiaría después de esa declaración. Sin embargo, el mundo no permanece el mismo de antes —no para la pareja que se está casando ni para la comunidad en la cual se efectúa el matrimonio— cuando la declaración es hecha por un oficial investido de la autoridad para hacerla.

Las declaraciones no son verdaderas o falsas, como lo eran las afirmaciones. Ellas son válidas o inválidas según el poder de la persona que las hace. Esta es una distinción fundamental cuando nos ocupamos de las declaraciones.

Una declaración implica una clase diferente de compromiso del de las afirmaciones. Cuando declaramos algo nos comprometemos a comportarnos consistentemente con la nueva realidad que hemos declarado. El oficial que celebró la ceremonia por ejemplo, no puede decir más tarde que realmente no quería decir lo que declaró, sin sufrir las consecuencias de un actuar inconsistente.

Cuando hacemos una declaración también nos comprometemos por la validez de nuestra declaración. Esto significa que sostenemos tener la autoridad para hacer tal declaración y que ella fue hecha de acuerdo a normas socialmente aceptadas. La autoridad está generalmente limitada a normas sociales específicas. La persona a quien se le otorgó autoridad para hacer una determinada declaración debe, comúnmente, cumplir con ciertos requisitos para poder hacerla. Un jurado, por ejemplo, tiene la autoridad para declarar un veredicto de inocencia, pero para hacerlo debe cumplir con normas sociales claramente establecidas.

c) Algunas declaraciones fundamentales en la vida

Hemos dicho que para hacer determinadas declaraciones es necesario tener la debida autoridad. Sin que tal autoridad haya sido concedida, estas declaraciones no tienen validez y, por lo tanto, no tienen tampoco eficacia. Sin embargo, hay un vasto rango de declaraciones que no requieren de una concesión social de autoridad, sino que están asociadas a la propia dignidad de la persona humana.

Así como el dignatario, por ocupar una posición de autoridad, tiene el poder para efectuar determinadas declaraciones que la sociedad reserva sólo para algunos, de la misma forma, toda persona humana tiene el poder de efectuar determinadas declaraciones en el ámbito de la propia vida personal y en cuanto ejerza tal poder asienta su dignidad como persona. Una sociedad de hombres y mujeres libres es precisamente aquella sociedad que reconoce y sanciona socialmente los derechos que guardan relación con la dignidad de la persona humana. Ello se relaciona directamente con el reconocimiento de que el individuo, por el simple hecho de serlo, tiene autoridad para efectuar determinadas declaraciones.

A continuación vamos a referirnos a un conjunto de declaraciones que pertenecen a este ámbito de autoridad personal. Nos restringiremos sólo a seis, conscientes de que podríamos añadir varias más.

La declaración del «No»

El decir «No» es una de las declaraciones más importantes que un individuo puede hacer. A través de ella asienta tanto su autonomía como su legitimidad como persona y, por lo tanto, es la declaración en la que, en mayor grado, comprometemos nuestra dignidad. En cuanto individuos, tenemos, podemos arrogarnos el derecho de no aceptar el estado de cosas que enfrentamos y las demandas que otros puedan hacernos. Este es un derecho inalienable que nadie puede arrebatarnos. En muchas ocasiones, sin embargo, el precio de decir que no es alto y depende nuevamente de cada uno pagarlo o no. Pero, aunque el precio sea alto, como individuos podemos seguir ejerciendo nuestro poder de decir que no. Muchos de nuestros héroes, muchos de nuestros santos, son personas a las que admiramos porque estuvieron dispuestos a pagar con sus vidas el ejercicio de este derecho.

Existen dos importantes instituciones sociales que descansan en el reconocimiento social del derecho de los individuos a decir que no: la democracia y el mercado. Ambas descansa en el derecho del individuo a escoger y todo derecho a escoger se sustenta, en último término, en el derecho a decir que no. Obviamente no se trata de las únicas instituciones sociales en las que este derecho se manifiesta, ni se trata tampoco de sostener que no podamos reconocerles limitaciones. Pero analizar esto nos sacaría del tema que estamos tratando.

Más allá de héroes y santos, de la democracia y el mercado, queremos destacar la importancia de la declaración «No» en la vida cotidiana de cada persona. Cada vez que consideremos que debemos decir «No» y no lo digamos, veremos nuestra dignidad comprometida. Cada vez que digamos «No» y ello sea pasado por alto, consideraremos que no fuimos respetados. Esta es una declaración que define el respeto que nos tenemos a nosotros mismos y que nos tendrán los demás. Es una declaración que juega un papel decisivo en el dar forma a nuestras relaciones de pareja, de amistad, de trabajo, a la relación con nuestros hijos, etcétera. De acuerdo a cómo ejercitemos el derecho a la declaración de «No», definimos una u otra forma de ser en la vida. Es más, definimos también una u otra forma de vida.

La declaración de «No» puede adquirir formas distintas. No siempre ella se manifiesta diciendo «No». A veces, por ejemplo, la reconocemos cuando alguien dice «Basta!», con lo cual declara la disposición a no aceptar lo que se ha aceptado hasta entonces. Ella se refiere, por lo tanto, a un proceso en el que hemos participado y al que resolvemos ponerle término. También reconocemos el «No» cuando alguien dice «Esto no es aceptable para mí» y, al hacerlo, le fija al otro un límite con respecto a lo que estamos dispuestos a permitirle.

La declaración de aceptación: el «Sí»

El «Sí» pareciera no ser tan poderoso como el «No». Después de todo la vida es un espacio abierto al «Sí». Es, como dirían los especialistas en computación, la declaración que opera «por omisión» *(by default)*. Mientras no decimos que «No», normalmente se asume que estamos en el «Sí».

Sin embargo, hay un aspecto extremadamente importante con respecto al «Sí» que vale la pena destacar. Se refiere al compromiso que asumimos cuando hemos dicho «Sí» o su equivalente «Acepto». Cuando ello sucede ponemos en juego el valor y respeto de nuestra palabra. Dado que sostenemos que somos seres lingüísticos, seres que vivimos en el lenguaje, se comprenderá la importancia que atribuimos al valor que otorguemos a nuestros «Sí». Pocas cosas afectan más seriamente la identidad de una persona que el decir «Sí» y el no actuar coherentemente con tal declaración. Un área en la que esto es decisivo es el terreno de las promesas. Sobre ello hablaremos más adelante.

La declaración de ignorancia

Pareciera que decir «No sé» fuese una declaración sin mayor trascendencia. Alguien podría incluso argumentar que no se trata de una declaración, sino de una afirmación y, en algunos casos, efectivamente puede ser considerada como tal (cuando, por ejemplo, la comunidad —cualquiera que ella sea— establece consensualmente criterios que definen con claridad para sus miembros quién sabe y quién no sabe). Ello, sin embargo, no siempre acontece y, es más, en muchas ocasiones tampoco es posible alcanzar ese consenso.

La experiencia nos muestra cuántas veces solemos operar presumiendo que sabemos, para luego descubrir cuán ignorantes realmente éramos. Uno de los problemas cruciales del aprendizaje es que muy frecuentemente **no sabemos que no sabemos**. Y cuando ello sucede, simplemente cerramos la posibilidad del aprendizaje y abordamos un terreno pleno de posibilidades de aprender cosas nuevas, como si fuera un terreno ya conocido. Cualquier cosa nueva que se nos dice, queda por lo tanto atrapada en lo ya conocido o en la descalificación prematura. Cuantas veces nos hemos visto exclamando: «¡Sobre esto yo sé!» o «Esto es el viejo cuento de...» para luego, mucho más tarde, comprobar que escuchábamos presumiendo que sobre aquello sabíamos, y descubrir que nos habíamos cerrado a una posibilidad de aprendizaje. Y hay quienes podrán morir sin que logremos convencerlos de que no saben.

Declarar «No sé» es el primer eslabón del proceso de aprendizaje. Implica acceder aquel umbral en el que, al menos, sé que no sé y, por lo tanto, me abro al aprendizaje. Habiendo hecho esa primera declaración, puedo ahora declarar «Aprenderé» y, en consecuencia, crear un espacio en el que me será posible expandir mis posibilidades de acción en la vida. Nuestra capacidad de abrirnos tempranamente al aprendizaje, a través de la declaración «No sé», representa una de las fuerzas motrices más poderosas en el proceso de transformación personal y de creación de quienes somos.

La declaración de gratitud

Cuando niños nos enseñan a decir «Gracias» y a menudo miramos a esa enseñanza como un hábito de buena educación, una formalidad que facilita la convivencia con los demás. No siempre reconocemos todo lo que contiene esa pequeña declaración. Por supuesto, podemos decir «Gracias» sin que ello signifique demasiado, aunque, insistimos, decirlo no es nunca insignificante. Pero podemos mirar la declaración de «Gracias» como una oportunidad de celebración de todo lo que la vida nos ha proveído y de reconocimiento a los demás por lo que hacen por nosotros y lo que significan en nuestras vidas. En este contexto, no podemos dejar de reconocer el poder generativo de la acción que ejecutamos al decir «Gracias». Cuando alguien cumple a plena satisfacción con aquello a que se ha comprometido con nosotros y le decimos «Gracias», con ello no estamos sólo registrando tal cumplimiento, estamos también construyendo nuestra relación con dicha persona. No hacerlo puede socavar dicha relación. No importa el tipo de relación de que se trate, sea ésta sentimental, de amistad o de trabajo, agradecer a quien cumple con nosotros o a quien hace suya nuestras inquietudes y actúa en consecuencia, nos permite hacernos cargo del otro y dirigirnos a su propia inquietud de ser reconocido en lo que hace y de recibir nuestro aprecio por la atención de que fuimos beneficiados. Por no agradecer, podemos generar resentimiento y quien se esmeró en servirnos, en estar cerca nuestro, termina diciendo «Y no dijo ni gracias». Es muy posible que en el futuro no volvamos a contar, si puede evitarlo, con su ayuda.

Pero no sólo las personas, la vida misma es motivo de gratitud y celebración por todo lo que nos provee. Decirle «Gracias a la vida», como lo hace, por ejemplo, la bella canción de Violeta Parra, es un acto fundamental de regeneración de sentido, de reconciliación con nuestra existencia, pasado, presente y futuro. No nos puede extrañar, por lo tanto, que algunas sociedades tengan como una de sus principales actividades la celebración de un día de acción de gracias. Al declarar nuestra gratitud, no sólo asumimos una postura «frente» a los otros y «frente» a la vida. Al hacerlo, participamos en la generación de nuestras relaciones con ellos y en la de la propia construcción de nuestra vida.

La declaración del perdón

Bajo este acápite incluimos tres actos declarativos diferentes, todos ellos asociados al fenómeno del perdón. Así como destacábamos previamente la importancia de la declaración de gracias, debemos ahora examinar su reverso. Cuando no cumplimos con aquello a que nos hemos comprometido o cuando nuestras acciones, sin que nos lo propusiéramos, hacen daño a otros, nos cabe asumir responsabilidad por ello. La forma como normalmente lo hacemos es diciendo «Perdón». Esta es una declaración.

En español, sin embargo, el acto declarativo del perdón solemos expresarlo frecuentemente en forma de petición. Decimos «Te pido perdón» o «Te pido disculpas». Con ello hacemos depender la declaración «Perdón» que hace quien asume responsabilidad por aquellas acciones que lesionaron al otro, del acto declarativo que hace el lesionado al decir «Te perdono». Ambos actos son extraordinariamente importantes y nos parece necesario no subsumir el primero en el segundo.

Lo importante de mantenerlos separados es que nos permite reconocer la eficacia del decir «Perdón» con independencia de la respuesta que se obtenga del otro. En otras palabras, lo que estamos señalando es que la responsabilidad que nos cabe sobre nuestras propias acciones no la podemos hacer depender de las acciones de otros. El perdón del otro no nos exime de nuestra responsabilidad. El haber dicho «Perdón», aunque el otro no nos perdonara, tiene de por sí una importancia mayor y el mundo que construimos es distinto —independientemente del decir del otro— según lo hayamos o no declarado. Obviamente, en muchas oportunidades el declarar «Perdón» puede ser insuficiente como forma de hacernos responsables de las consecuencias de nuestras acciones. Muchas veces, además del perdón, tenemos que asumir responsabilidad en reparar el daño hecho o en compensar al otro. Pero ello no disminuye la importancia de la declaración del perdón.

El segundo acto declarativo asociado con el perdón es, como lo anticipáramos, «Te perdono», «Los perdono» o simplemente «Perdono». Este acto es obviamente muy diferente del decir «Perdón». A él vamos a referirnos también cuando abordemos el tema del resentimiento. Sin embargo, permítasenos hacer algunos alcances al respecto.

Cuando alguien no cumple con lo que nos prometiera o se comporta con nosotros de una manera que contraviene las que consideramos que son legítimas expectativas, muy posiblemente nos sentiremos afectados por lo acontecido. Más todavía si, luego de lo sucedido, la persona responsable no se hace cargo de las consecuencias de su actuar (o de su omisión). Posiblemente, con toda legitimidad, sentiremos que hemos sido víctimas de una injusticia. Y al pensar así, justificaremos nuestro resentimiento con el otro, sobre todo en la medida en que nosotros nos hemos colocado del lado del bien y hemos puesto al otro del lado del mal. Por lo tanto, consideramos que tenemos todo el derecho a estar resentidos.

De lo que posiblemente no nos percatemos, sin embargo, es que al caer en el resentimiento, nos hemos puesto en una posición de dependencia con respecto a quien hacemos responsable. Este puede perfectamente haberse desentendido de lo que hizo. Sin embargo, nuestro resentimiento nos va a seguir atando, como esclavos, a ese otro. Nuestro resentimiento va a carcomer nuestra paz, nuestro bienestar, va probablemente a terminar tiñiendo el conjunto de nuestra vida. El resentimiento nos hace esclavos de quien culpamos y, por lo tanto, socava no sólo nuestra felicidad, sino también nuestra libertad como personas.

Nietzsche, ha sido el gran filósofo del tema del resentimiento. Cuando habla de él, lo asocia con la imagen de la tarántula. El resentimiento, nos dice Nietzsche, es la emoción del esclavo. Pero cuidado. No se trata de que los esclavos sean necesariamente personas resentidas. Muchas veces no lo son, como nos lo demuestra el ejemplo de Epicteto. Se trata de que quien vive en el resentimiento vive en esclavitud. Una esclavitud que podrá no ser legal o política, pero que será, sin lugar a dudas, una esclavitud del alma.

Perdonar no es un acto de gracia para quien nos hizo daño, aunque pueda también serlo. Perdonar es un acto declarativo de liberación personal. Al perdonar rompemos la cadena que nos ata al victimario y que nos mantiene como víctimas. Al perdonar nos hacemos cargo de nosotros mismos y resolvemos poner término a un proceso abierto que sigue reproduciendo el daño que originalmente se nos hizo. Al perdonar reconocemos que no sólo el otro, sino también nosotros mismos, somos ahora responsables de nuestro bienestar.

Cuando hablamos de perdonar, suele surgir también el tema del olvido. Hay quienes dicen «Yo no quiero olvidar» o «Siento que tengo la obligación de no olvidar». Olvidar o no es algo que no podemos resolver por medio de una declaración. De cierta forma, no depende enteramente de nuestra voluntad. El perdón, sin embargo, es una acción que está en nuestras manos.

El tercer acto declarativo asociado al perdón es, esta vez, no el decir «Perdón», ni tampoco el perdonar a otros, sino perdonarse a sí mismo. En rigor, ésta es una modalidad del acto de perdonar y, por lo tanto, lo que hemos dicho con respecto al perdonar a otros vale para el perdonarse a sí mismo. La diferencia esta vez es que asumimos tanto el papel de víctima, como de victimario.

Una de las dificultades que encontramos en relación al perdón a sí mismo proviene de sustentar una concepción metafísica sobre nosotros que supone que somos de una determinada forma y que tal forma es permanente. Por lo tanto, si hicimos algo irreparable ello habla de cómo somos y no podemos sino cargar con la culpa por el resto de nuestras vidas. Esta interpretación no da lugar al reconocimiento de que en el pasado actuamos desde condiciones diferentes de aquéllas en que nos encontramos en el presente. Sin que ello nos permita eludir la responsabilidad por nuestras acciones y nos evite actuar para hacernos cargo de lo que hicimos, tal postura no reconoce que el haber hecho lo que entonces hicimos y el recriminarnos por las consecuencias de tales acciones, de por sí, nos transforma y aquél que se recrimina suele ser ya alguien muy diferente de aquél que realizara aquello que lamentamos.

El perdón a sí mismo tiene el mismo efecto liberador de que hablábamos anteriormente y hacerlo es una manifestación de amor a sí mismo y a la propia vida.

La declaración de amor

La última declaración de la que queremos hablar en esta sección es aquella en la que un individuo le dice a otro «Te amo» o «Te quiero». Sin entrar a examinar en esta ocasión lo que es el amor desde un punto de vista lingüístico, es importante señalar que éste remite a un vínculo particular, un tipo de relación, entre dos personas. Dada la ya aludida capacidad recursiva del lenguaje podemos también hablar de amor a sí mismo, refiriéndonos precisamente al tipo de relación que mantenemos con nosotros mismos.

Un supuesto común es que el amor existe y que decir «Te amo» no hace más que describir lo que está allí. Basados en tal supuesto, a veces escuchamos a quienes dicen «¿Qué sentido tiene decirte que te quiero? Ello no cambia nada». Es posible que ello no cambie la emoción que uno siente por el otro, pero decirlo o no decirlo no es indiferente a la relación que construimos con el otro, particularmente cuando este otro es también un ser humano. El declarar «Te amo» o «Te quiero» participa en la construcción de mi relación con el otro y forma parte de la creación de un mundo compartido.

Es importante examinar nuestras relaciones personales fundadas en vínculos de afecto —como lo son, por ejemplo, nuestra relación de pareja, con nuestros hijos, con nuestros padres, con nuestros amigos, etcétera— y preguntarnos cuán a menudo solemos declararnos mutuamente el afecto que nos tenemos. Preguntarnos también qué diferencia le significaría al otro el escuchar esta declaración. Es importante no olvidar cómo el hablar — y, por lo tanto, también el callar— genera nuestro mundo. Mientras escribo, recuerdo la película inglesa «Remains of the Day», que viera unos días atrás. El tema central de la película es precisamente la ausencia de la declaración de amor. En ella vemos lo que sucede con dos personas que fueron incapaces de decirse el uno al otro «Te amo».

d) Sobre la relación entre las afirmaciones y las declaraciones

Hasta ahora, hemos identificado dos actos lingüísticos, las afirmaciones y las declaraciones. Pareciera, sin embargo, que ambos se sitúan a un mismo nivel y sólo se diferencian según quien conduce la relación palabra-mundo. No habría ningún problema con ello, de no ser que omite un aspecto que consideramos importante destacar. Las declaraciones representan el acto lingüístico primario por excelencia. Vale decir, el que crea las condiciones para la emergencia de los demás. Sin que ello implique negar la distinción que hemos efectuado entre afirmaciones y declaraciones, cabe reconocer que, para que tengamos afirmaciones, requerimos de un espacio declarativo en el cual ellas se constituyen.

Tomemos un ejemplo para ilustrar lo anterior. Decir «Hoy es jueves» es una afirmación. Para todos los miembros de una comunidad que comparten la forma como llamamos los días, se trata de una proposición que podrá ser considerada verdadera o falsa. Quien hace esta afirmación no pretende estar modificando nada al hacerla. Sin embargo, para que esta declaración pueda efectuarse hubo de haber un momento en el que, por declaración, se estableció la convención de llamar a los días de una determinada manera que nos permite decir que «Hoy es jueves».

Dijimos anteriormente que las afirmaciones dan cuenta de nuestras observaciones y que éstas operan al interior de un espacio de distinciones determinado. Lo que señalamos ahora es que todo «espacio de distinciones», condición de las afirmaciones, es en rigor un «espacio declarativo».

El que las afirmaciones, como otros actos lingüísticos que examinaremos a continuación, resulten (y, por lo tanto, sean fenómenos derivativos) del poder de las declaraciones, no significa que en su operar concreto ellas no puedan ser reconocidas como actos lingüísticos diferentes, distintos de las mismas declaraciones que las posibilitan.

Un error habitual que se suele cometer al comparar las afirmaciones con las declaraciones es el de suponer que, dado el poder de transformación de estas últimas, las afirmaciones son poco importantes. Es más, que las afirmaciones no se relacionan con nuestra capacidad de intervenir y transformar el mundo. Ello es equivocado. Sólo podemos intervenir en el mundo que somos capaces de reconocer y nuestra capacidad de observación es decisiva para un adecuado ejercicio de nuestra capacidad de intervención. Mis evaluaciones sobre lo que es posible en el mundo en términos de mi actuar, descansa en las afirmaciones que yo pueda hacer sobre él.

Veamos un ejemplo. Alguien me dice: «La Bolsa de Valores acaba de experimentar una caída en 100 puntos». Esta es obviamente una afirmación. Pero a partir del hecho de que conozco este hecho, hay muchas acciones que puedo tomar (vender, comprar, etcétera) que no tendría como considerar de no haber tenido acceso a esa afirmación. Lo mismo, poniendo otro ejemplo extremo, si alguien me dice: «¡La casa se está incendiando!» Posiblemente no se me va a ocurrir huir, o procurar salvar algunas cosas, de no haberse hecho esta afirmación.

A la vez, muchas afirmaciones pueden no tener ninguna significación en términos de mis posibilidades de acción. Por lo tanto, no toda afirmación me es igualmente importante. Esto nos lleva a una segunda distinción con respecto a las afirmaciones. Anteriormente dijimos que ellas podían distinguirse entre verdaderas y falsas. Ahora podemos establecer que también podemos distinguir entre afirmaciones relevantes o irrelevantes, según la relación que ellas tengan con nuestras inquietudes. Saber el pronóstico del tiempo para mañana en Sudán resultará probablemente irrelevante si mañana estaré todo el día en Bogotá. No es lo mismo, sin embargo, si mañana tengo que viajar a Sudán y que el objetivo de mi viaje depende grandemente del estado del tiempo. Una competencia importante en la vida es saber distinguir entre afirmaciones relevantes e irrelevantes y en generar las primeras.

Las afirmaciones dan cuenta del mundo en que vivimos y, por lo tanto, nuestra capacidad de hacer afirmaciones habla del tamaño y carácter de nuestro mundo. Una persona provinciana se caracteriza por una capacidad muy reducida de hacer afirmaciones y, en consecuencia, por un mundo muy reducido. El concepto de mundo, en este sentido, no es geográfico. Es una distinción existencial y guarda relación, entre otras cosas, con nuestra capacidad de hacer afirmaciones sobre el acontecer. Para poder desarrollar en mayor profundidad el tema de la relevancia de nuestras afirmaciones es preciso, sin embargo, introducir dos distinciones adicionales. Se trata de las distinciones de inquietudes y de juicios.

La distinción de «inquietud»

Llegados a este punto, nos parece oportuno introducir la distinción de inquietud[1]. Como se apreciará más adelan-

---

[1] Usamos la distinción inquietud como traducción del término inglés «concern» que nos parece más adecuado a lo que queremos señalar. En español tenemos el verbo concernir, pero no tenemos el nombre correspondiente (que equivaldría a algo así como «concernimiento», como cuando decimos discernimiento a partir del verbo discernir). Usamos el término inquietud, por lo tanto, aludiendo a aquello que nos concierne y que nos incita a la acción. Se trata, en consecuencia, del reconocimiento de una situación primaria de insatisfacción, de desasosiego, desde la cual actuamos.

Otro término posible sería el de incumbencia, aquello que nos incumbe al actuar.

te, ella ocupa un lugar central dentro de nuestra interpretación. Los seres humanos actuamos y uno de los dominios de nuestro actuar es el lenguaje.

Una forma de entender lo que llamamos inquietud es haciendo la pregunta, ¿por qué actuamos? o ¿por qué hablamos? Las respuestas que demos a esas preguntas, en la medida que se sitúen en el terreno de lo que la psicología llamaría «motivaciones», corresponden a lo que se apunta con la distinción de inquietud. Más adelante se apreciará también por qué no usamos los términos «motivaciones», «propósitos» o «intenciones» que son los que habitualmente se utilizan a este respecto.

Sostenemos que los seres humanos al actuar, nos estamos «haciendo cargo» de algo. Como apuntara el filósofo Martin Heidegger, la existencia humana resulta, para los seres humanos, un asunto del que requieren hacerse cargo y, por lo tanto, al que tienen que «atender». Los seres humanos —soste- nemos— no podemos descansar, como sucede con otros seres vivos, en la total inocencia de la existencia, en un simple dejarla fluir.

A nosotros, los seres humanos, la existencia nos desafía y, para mantenerla, debemos a menudo tomar posición con respecto a ella y, en razón de ello, nos vemos muchas veces compelidos a modificar el curso espontáneo de los acontecimientos. Esto último lo hacemos mediante la acción. Por lo tanto, concebimos la acción como una dimensión exclusiva de la existencia humana. Sólo en un sentido figurativo y radicalmente diferente podemos hablar de acción en relación a otros seres vivos o a los elementos y fuerzas de la naturaleza.

Esta condición de desgarramiento existencial, propia de los seres humanos, es interpretada por la tradición judeo-cristiana como expresión de una caída que surge del castigo de Dios frente al «pecado original». Los seres humanos pagan el atrevimiento de haber querido participar en el proceso de creación. Ello está simbolizado en haber cedido a la tentación de comer del árbol del bien y del mal, el árbol de los valores y, en último término, aquel que alimenta el sentido de la vida. Al haber comido del árbol del bien y del mal, los seres humanos pierden la inocencia como condición de su existencia.

Este desgarramiento, propio de la existencia humana, se expresa por lo tanto a un nivel todavía más profundo que el de la acción cotidiana, aquella que nos lleva a preocuparnos de nuestra alimentación, abrigo y otras necesidades de este tipo. Como parte esencial de este hacernos cargo y atender a nuestra existencia está también el imperativo de conferirle sentido. Los seres humanos requerimos del sentido de la vida, como condición de nuestra existencia. Esta pareciera ser la otra cara del poder que tenemos de participar en el proceso de nuestra propia creación. Cuando no somos capaces de conferirle sentido a la vida, dado que somos seres actuantes, tenemos la opción de terminar con ella. El suicidio, como nos señalara Albert Camus, pareciera ser un fenómeno típicamente humano.

Todo lo anterior sólo es concebible por cuanto los seres humanos somos seres lingüísticos. No habría forma de dar cuenta de esta dimensión de hacernos cargo y atender a nuestra existencia, ni del imperativo ontológico de conferirle sentido a la vida, si no fuésemos seres que vivimos en el lenguaje y el lenguaje humano no tuviese la capacidad de su propia recursividad. Tampoco podríamos hablar de la acción humana, de la manera como lo hacemos, sino en cuanto somos seres lingüísticos.

De cuanto acabamos de decir nos parece que lo más significativo es lo siguiente: los seres humanos actuamos como forma de atender a nuestra existencia. La distinción de inquietud surge, en consecuencia, respondiendo a esta necesidad de señalar de qué se hace cargo una determinada acción o, como dijéramos anteriormente, de la respuesta a la pregunta ¿por qué actuamos?

La distinción de inquietud presupone, por lo tanto, que existe un algo que nos lleva a actuar, a intervenir en el curso de los acontecimientos y a no dejarlos fluir de manera espontánea. Ella expresa el supuesto de una cierta insatisfacción, de un cierto desasosiego, de una determinada pre-ocupación (todo lo cual llamamos «inquietud»), que nos incita a actuar, a «ocuparnos» en el hacer. Con la distinción de inquietud, en consecuencia, se está postulando que las acciones no se justifican por sí mismas, sino en cuanto se hacen cargo de algo. El sentido de la acción humana obliga a trascender el propio dominio de la acción y a buscar raíces existenciales más profundas.

Quisiéramos hacer algunos alcances finales antes de cerrar esta sección. La respuesta a la pregunta, ¿por qué actuamos? y, por lo tanto, aquello que designemos como «inquietud» será siempre motivo de interpretación. En rigor, nunca sabemos por qué actuamos como lo hacemos, aunque sospechemos que ciertas interpretaciones nos pueden llevar a actuar de una forma y no de otra. La distinción de inquietud no nos proporciona un punto de apoyo sólido desde el cual la acción adquiera sentido. Desde la interpretación que estamos proponiendo, tenemos que acostumbrarnos a que no encontraremos ningún punto de apoyo sólido. Cada vez que creamos encontrar uno, descubriremos que se nos disuelve.

Ello significa que tampoco podemos conferirle prioridad a la inquietud con respecto a la acción. Este ha sido uno de los grandes errores del racionalismo que supuso que la razón antecede a la acción, aunque tal razón muchas veces se nos escape. Desde nuestra perspectiva decimos que si bien aceptamos que determinadas interpretaciones conducen a determinadas acciones, no es menos efectivo, sostenemos, que las acciones también generan las interpretaciones capaces de conferirles sentido. La relación entre acción e inquietud puede establecerse en ambas direcciones. Vivimos en mundos interpretativos.

La danza de las promesas: sobre peticiones y ofertas.

Las promesas son actos lingüísticos diferentes de las afirmaciones o las declaraciones, aunque ellas también, como las afirmaciones, funcionan dentro de un «espacio declarativo». Las promesas son, por excelencia, aquellos actos lingüísticos que nos permiten coordinar acciones con otros. Cuando alguien hace una promesa, él o ella se compromete ante otro a ejecutar alguna acción en el futuro.

Cuando alguien me promete que él o ella va a ejecutar una determinada acción en el futuro, yo puedo tomar compromisos y ejecutar acciones que antes hubieran sido imposibles. Si mi jefe me dice «Le voy a dar una bonificación de 700 dólares el próximo viernes», o un compañero de trabajo me dice «Estaré presente en la reunión de mañana», yo ahora puedo actuar basándome en el hecho de que cuento con esas promesas. En el primer caso, puedo, por ejemplo, hacer planes para ir a esquiar, sabiendo que tendré el dinero para hacerlo; o, en el segundo caso, puedo prometer a mi cliente una respuesta a su petición porque la reunión ha sido convocada para tratar su asunto.

Las promesas implican un compromiso manifiesto mutuo. Si prometo algo a alguien, esa persona puede confiar en ello y esperar que cumpla con las condiciones de satisfacción de mi promesa. Esto no es solamente un compromiso personal sino social. Nuestras comunidades, como condición fundamental para la coexistencia social, se preocupan de asegurar que las personas cumplan sus promesas y, por lo general, sancionan a quienes no lo hacen. Gran parte de nuestra vida social está basada en nuestra capacidad de hacer y cumplir promesas. Nuestra extensa legislación sobre contratos es un recurso mediante el cual reforzamos socialmente la obligatoriedad para las personas de cumplir lo estipulado en sus promesas. En ambientes menos formales, el incumplimiento de una promesa nos da derecho a formular un reclamo.

Nietzsche dijo en una oportunidad que los seres humanos son animales que hacen promesas. Las promesas son constitutivas de la existencia humana, como lo son los otros actos lingüísticos. Debido a esta capacidad de hacer promesas podemos incrementar nuestra capacidad de acción; podemos lograr cosas que no nos hubieran sido posibles sin la habilidad de coordinar nuestra acción con la de otros. Basta mirar alrededor y observar nuestro mundo para comprobar que gran parte de lo que observamos descansa en la capacidad de los seres humanos de hacer promesas. Nos damos cuenta de que nuestro trabajo, nuestro matrimonio, nuestra educación, nuestro sistema político, etcétera, se generaron porque había personas que hacían promesas a otras.

El acto de hacer una promesa comprende cuatro elementos fundamentales:
- un orador
- un oyente
- una acción a llevarse a cabo (esto es, algunas condiciones de satisfacción),
- un factor tiempo.

Un análisis más detallado de las promesas, sin embargo, nos mostrará que se necesitan, además, otros elementos. No vamos a ocuparnos de ellos en esta ocasión.

Es interesante observar que, cuando hacemos una promesa, en realidad hay dos procesos diferentes involucrados: el proceso de hacer la promesa y el proceso de cumplirla. La promesa, como un todo, requiere de ambos. El primer proceso, el de hacer una promesa, es estrictamente comunicativo y, por tanto, lingüístico. El segundo proceso, el de cumplir la promesa, puede ser comunicativo o no serlo.

Veamos algunos ejemplos. Es fácil aceptar que el hacer promesas es algo que realizamos en una danza comunicativa con otro (o incluso con nosotros mismos). Si mi promesa, por ejemplo, consiste en que tengo que darle saludos a alguien, el proceso de cumplimiento de la promesa será también comunicativo. Si la promesa, por el contrario, es entregarle un paquete a alguien, en su cumplimiento habrá sin duda algo más que acciones comunicativas. Se requerirá de la acción física de hacer entrega del paquete.

Ambos procesos, sin embargo, tienen sus respectivos puntos de cierre. Y la promesa como un todo se termina cuando se cierra el proceso de cumplimiento. Es importante no perder esto de vista. Estos dos procesos suelen llevarse a cabo en diferentes períodos de tiempo. El proceso de cumplimiento generalmente empieza una vez que la promesa ha sido hecha. Sin embargo, la promesa como un todo se completa sólo cuando se ha completado su cumplimiento.

Las promesas, como dijimos, son acciones lingüísticas que nos permiten coordinar acciones mutuamente. Para que esto suceda es necesario, tanto al hacer la promesa como al cumplirla, que ambas partes lleguen a un acuerdo sobre lo que se está prometiendo. Las promesas siempre involucran una conversación entre, al menos, dos personas. Esto las convierte en un tipo de acto lingüístico muy especial. Un individuo puede hacer una afirmación o una declaración en el contexto de una conversación privada consigo mismo. Aun cuando nos decimos «Prometo comenzar los ejercicios el viernes», siempre podemos convertir esa promesa en una declaración del tipo «Voy a comenzar los ejercicios el viernes». En nuestras conversaciones interiores, las aparentes promesas siempre pueden convertirse en declaraciones. No podemos distinguir unas de otras. Para hacer la distinción de una promesa decimos que necesitamos un «otro», otra persona que se comprometa con nosotros, o bien que nosotros nos comprometamos con ella, a realizar una acción.

Cuando hacemos una afirmación o una declaración, suponemos la existencia de alguien que escucha. Incluso en nuestras conversaciones privadas, actuamos simultáneamente como el que habla y el que escucha. Si al conversar con otra persona hacemos una afirmación o una declaración, el «otro» desempeña su papel esperado en la danza conversacional tan sólo escuchando. En la danza lingüística de las promesas, se espera de este «otro» más que meramente escuchar. Se espera de ambos integrantes de la conversación que su acción vaya más allá del solo hecho de escuchar.

Por lo tanto, para hacer una promesa se requiere que al menos dos personas estén actuando juntas en una conversación. La promesa no es un solo acto lingüístico, involucra dos acciones lingüísticas, dos movimientos lingüísticos diferentes. Estas dos acciones lingüísticas pueden ser, o bien la acción de ofrecer una promesa y la de aceptarla, o alternativamente, la acción de pedir una promesa y la de aceptarla. Estas son las dos maneras fundamentales de ejecutar la danza de las promesas.

Tomemos, ahora, el primer proceso involucrado —el proceso de hacer una promesa— y dejemos en suspenso el proceso de cumplimiento. Este primer proceso no se completa cuando la promesa es ofrecida por el orador, sino cuando es aceptada por el oyente. Si alguien dice «Prometo hacerte una visita mañana», esa persona no ha hecho ninguna promesa todavía. El o ella simplemente ha ofrecido una. La otra persona puede muy bien responder «Lo siento. Mañana no estaré en casa». Si esto sucede, todavía no se ha hecho ninguna promesa. En este ejemplo, ambas partes no estuvieron de acuerdo en hacer la promesa. Una promesa es como una hebilla: necesita de dos lados para cerrarse.

Lo mismo pasa con el segundo proceso, aquél relacionado con el cumplimiento de una promesa. Este tampoco se cierra cuando quien prometió considera que ha cumplido con las condiciones de satisfacción que fueron estipuladas al hacerse la promesa. Si un mozo trae un postre y le dice al cliente: «Aquí está el pastel de moras que Ud. ordenó», esto no basta para completar lo prometido. Es sólo cuando el cliente examina las condiciones de satisfacción de la promesa —el pastel de moras— y las acepta como aquéllas acordadas, que el cumplimiento de la promesa se completa. Esto pasa normalmente cuando el cliente recibe el plato y dice «Gracias», lo que equivale a una declaración de aceptación.

El cumplimiento de una promesa, por lo tanto, sólo se completa cuando se cumple con las condiciones de satisfacción y, nuevamente, cuando el oyente declara su satisfacción. Antes que eso suceda es una promesa pendiente, esperando el momento en el cual las condiciones de satisfacción serán cumplidas.

Como para hacer promesas se necesita del consentimiento mutuo entre las partes, para llegar a este consentimiento podemos proceder a través de dos acciones diferentes. Ambas son movimientos iniciales de un orador hacia la obtención de un acuerdo mutuo con su oyente y así poder concretar una promesa. Estas dos acciones son peticiones y ofertas. No podemos hacer promesas sin peticiones u ofertas y ambas son acciones de apertura hacia la concreción de una promesa.

La petición y la oferta difieren porque sitúan en personas distintas la inquietud de la que se hará cargo la acción que está involucrada en el eventual cumplimiento de la promesa, de concretarse ésta. De la misma forma, la persona que se hará cargo del cumplimiento de la promesa será diferente.

Cuando el proceso de hacer un promesa se inicia con una petición, entendemos que la acción pedida, de ser ésta aceptada, será ejecutada por el oyente para satisfacer una inquietud del orador. Sin embargo, cuando este mismo proceso se inicia con una oferta, entendemos que la acción ofrecida, de ser ésta aceptada, compromete al orador y que ella se hace cargo de una eventual inquietud del oyente.

Recalcando, podemos decir, por lo tanto, que la acción de hacer una promesa implica dos movimientos lingüísticos: una petición u oferta más una declaración de aceptación, comúnmente hecha por otra persona.

Las peticiones, como hemos señalado, son movimientos lingüísticos para obtener una promesa del oyente. Una petición puede ser rehusada y, si esto sucede, no se ha hecho promesa. Una petición supone una aceptación anticipada de la promesa requerida. La declaración de aceptación a una petición completa la acción de hacer la promesa. Si alguien dice «¿Puedes darme una menta?» y el oyente responde «Sí, por supuesto. Toma una», no esperamos que la primera persona diga «No, gracias». Si las condiciones de satisfacción del que pide son claras y si el aceptante accede a otorgarlas, la declaración de aceptación de la promesa queda implícitamente acordada, como una condición de consistencia comprendida en la petición. Este es uno de los compromisos que contraemos cuando formulamos una petición. Las preguntas son un tipo de petición. En ellas, las condiciones de satisfacción son otro acto lingüístico que se hace cargo de una inquietud de la persona que formula la pregunta. Si yo pregunto a alguien «¿Hace calor afuera?» y esa persona responde «Sí», la respuesta incluye tanto la aceptación de la petición como la satisfacción inmediata de las condiciones de satisfacción requeridas.

Las ofertas son promesas condicionales que dependen de la declaración de aceptación del oyente. Cuando hacemos una oferta aún no hemos prometido nada. Al igual que con las peticiones, las ofertas también pueden ser rehusadas y si esto sucede, no se ha concretado una promesa. Sin embargo, si son aceptadas, la promesa requiere cumplirse. La aceptación del compromiso de ejecutar la acción ofrecida se da por hecha como parte de la consistencia de la oferta. Si decimos «¿Te puedo ofrecer un trago?» y la otra parte dice «De acuerdo, gracias», no podemos decir, sin ser inconsistentes, «No te lo daré». Si esto sucede, el oyente puede legítimamente hacer un reclamo.

Como las peticiones y las ofertas son básicamente movimientos de apertura para obtener promesas, comprenden los mismos elementos básicos que hemos identificado en éstas. Incluyen un orador, un oyente, algunas condiciones de satisfacción y un factor tiempo.

Dada la importancia que tienen las promesas en nuestras vidas, es conveniente detenernos a examinar cuán competentes somos en hacerlas y en identificar el tipo de problemas con los que nos solemos encontrar. Los cuatro elementos señalados nos permiten referirnos a los cuatro problemas más importantes.

El primero guarda relación con quien identificamos como el orador pues es quien abre el juego (como sabemos en la danza de las promesas los dos interlocutores participan en el hablar). Un problema habitual dice relación con personas que no saben hacer peticiones u ofertas. Y aquí tenemos dos situaciones. La primera guarda relación con personas que simplemente no piden o no ofrecen en determinados dominios de sus vidas o bajo determinadas circunstancias.

Hay quienes, por ejemplo, sabiendo pedir al interior de la familia, suelen no hacerlo en la oficina, o con determinados amigos, o cuando, por ejemplo, hacen el amor. Ellos esperan que lo demás descubran, casi por arte de magia, lo que les inquieta o importa. Muchas veces caen en el resentimiento culpando a los demás por no cumplir promesas que jamás se atrevieron a pedir. No pedir no sólo condiciona una determina identidad y resulta en una particular manera de ser, sino que es un factor que define el tipo de vida que podremos esperar. Insistimos en uno de nuestros postulados básicos: no es que siendo como somos, no pidamos; más bien, el no pedir nos hace ser como somos y nos confiere una forma de vida correspondiente. Si comenzamos a pedir donde no lo hacemos, transformamos nuestra forma de ser.

De la misma manera, hay también quienes no hacen ofertas y, en consecuencia, asumen un papel pasivo en mostrarse como posibilidad para otros. Si estos otros no los «descubren», están condenados a pasar inadvertidos en cuanto recursos valiosos para los demás. Ellos, por lo tanto, no toman responsabilidad en hacerse reconocer en lo que valen, sino que quedan sujetos al accidente del descubrimiento por otros. Nuevamente, ello tiene profundas repercuciones en la identidad y formas de vida a las que pueden acceder.

Hay también quienes creen hacer peticiones u ofertas que no suelen ser escuchadas como tales. Algunos piensan, por ejemplo, que decir que algo no les gusta es equivalente a pedir que eso se modifique. Obviamente no es lo mismo y muchas veces las cosas seguirán como estaban, simplemente porque no se hizo una petición concreta y clara.

Desde el lado del oyente de una petición u oferta, también pueden producirse problemas. Particularmente cuando no sabemos aceptar ofertas o rehusar pedidos. ¿Cuántas veces, por ejemplo, decimos «Sí» a un pedido que consideramos que no debiéramos haber aceptado? ¿Cuál es el precio que pagamos en identidad, en autoestima y dignidad cuando no somos capaces de decir «No»? ¿Cómo se manifiesta eso en nuestras relaciones con los demás? ¿Qué consecuencias trae en nuestras vidas?

Pasemos a continuación al elemento que guarda relación con la acción comprometida y con sus condiciones de satisfacción. Ahora estamos ante una situación en la que se hizo una petición o una oferta y ésta fue aceptada. Sin embargo, lo que el orador entiende que se prometió resulta ser diferente de lo que entendió el oyente. Ambos, sin embargo, operan bajo el supuesto de que esa promesa se hizo y que será cumplida. Ambos, por lo tanto, tomarán acciones descansando en ese supuesto, sólo para comprobar más tarde que lo que esperaban que ocurriera no sucederá. Quien espera que se cumpla con la acción prometida verá frustradas sus expectativas, como también las verá quien descubra que lo que realizó para cumplir con lo prometido no produce la satisfacción esperada. ¿Cuál es el costo en productividad, en bienestar personal, en identidad, que resultará de una situación como ésta? ¿Cuántas veces nos vemos enfrentados a situaciones de este tipo?

Examinemos, por último, lo que sucede cuando, esta vez, se concreta una promesa con claras condiciones de satisfacción pero no se establece con claridad su fecha de cumplimiento. Una promesa que no especifica con claridad el tiempo en el que debe cumplirse, no es una promesa. Quien espera su cumplimiento no está en condiciones de descansar en el hecho de que tal promesa se cumplirá, dado que no se sabe cuándo ello podría suceder. Es más, al no especificarse cuándo debe cumplirse la promesa, tampoco hay espacio para reclamar, dado que siempre puede argüirse que en algún momento, más temprano o más tarde, lo prometido se cumplirá. Una promesa que no especifica el factor tiempo, no obliga y, por lo tanto, en rigor no puede considerarse una promesa. ¿Es necesario preguntar sobre las consecuencias de esta situación? Cuando hacemos una promesa, nos comprometemos en dos dominios: sinceridad y competencia. La sinceridad, en este contexto, es el juicio que hacemos de que las conversaciones y los compromisos públicos contraídos por la persona que hizo la promesa concuerdan con sus conversaciones y compromisos privados. La competencia guarda relación con el juicio de que la persona que hizo la promesa está en condiciones de ejecutarla efectivamente, de modo de proveer las condiciones de satisfacción acordadas.

Cuando falta cualquiera de estos dos factores, sinceridad o competencia, la confianza se ve afectada. Normalmente decimos que confiamos en alguien que hizo una promesa, cuando juzgamos que esa persona es sincera y competente al hacerla. La desconfianza surge del juicio que hacemos de que, quien promete, carece de sinceridad y/o de competencia y que, por lo tanto, no podemos asegurar el cumplimiento.

Estos compromisos involucrados en las promesas, hacen que ellas tengan sumo poder en la vida social y sean uno de los pilares de nuestra capacidad de coordinación de acciones.

Como ya hemos visto, una de las principales diferencias entre los actos lingüísticos es que implican diferentes compromisos sociales. Estos son presupuestos que hacemos al escuchar lo que decimos y por los cuales los oradores nos hacemos responsables. Como dijimos anteriormente, cuando hablamos no somos inocentes. Siempre somos responsables de los compromisos sociales implícitos en nuestros actos lingüísticos.

LOS ACTOS LINGUISTICOS FUNDAMENTALES

1. Afirmación

2. Declaración

3. Promesa $\left\{\begin{array}{l} \text{4. Oferta + Declaración de aceptación} \\ \\ \text{5. Petición + Declaración de aceptación} \end{array}\right.$

Cuando hago una afirmación, me comprometo a la veracidad de lo que afirmo. Cuando hago una declaración, me comprometo a la validez y a lo adecuado de lo declarado. Cuando hago una promesa, una petición o una oferta, me estoy comprometiendo a la sinceridad de la promesa involucrada. Y cuando me comprometo a cumplir una promesa me estoy comprometiendo también a tener la competencia para cumplir con las condiciones de satisfacción estipuladas.

Esto no significa que no podamos romper nuestros compromisos. Por supuesto podemos hacerlo y lo hacemos. Sin embargo, esto va a afectar nuestra comunicación con los demás y debemos esperar grados variables de sanciones por no cumplir con ellos.

EL PAPEL GENERATIVO DEL LENGUAJE

Debiéramos ser capaces de observar cuan lejos estamos de nuestra comprensión tradicional del lenguaje. La concepción del lenguaje como descriptivo y pasivo ha sido sustituida por una interpretación diferente, que ve al lenguaje como acción y, en tanto tal, como una fuerza poderosa que genera nuestro mundo humano.

Tal como lo señaláramos previamente, en nuestra concepción tradicional, la realidad venía primero y luego el lenguaje. En la nueva concepción, el lenguaje genera realidad. Cualquier realidad que exista más allá del lenguaje, éste no puede hablar de ella. El lenguaje sólo puede apuntar en su dirección, hablar de ella sin tocarla o, como nos recomendara Wittgenstein, cruzarla en silencio.

Sustituimos la antigua interpretación descriptiva del lenguaje por lo que llamamos la interpretación generativa. Debido a que el lenguaje no es pasivo; debido a que el lenguaje es acción, éste genera permanentemente nuevas realidades. Nosotros, los seres humanos, vivimos en mundos lingüísticos y nuestra realidad es una realidad lingüística. Creamos el mundo con nuestras distinciones lingüísticas, con nuestras interpretaciones y relatos y con la capacidad que nos proporciona el lenguaje para coordinar acciones con otros.

[1] Usamos la distinción inquietud como traducción del término inglés «concern» que nos parece más adecuado a lo que queremos señalar. En español tenemos el verbo concernir, pero no tenemos el nombre correspondiente (que equivaldría a algo así como «concernimiento», como cuando decimos discernimiento a partir del verbo discernir). Usamos el término inquietud, por lo tanto, aludiendo a aquello que nos concierne y que nos incita a la acción. Se trata, en consecuencia, del reconocimiento de una situación primaria de insatisfacción, de desasosiego, desde la cual actuamos. Otro término posible sería el de incumbencia, aquello que nos incumbe al actuar.

CAPITULO 4:

DE LOS JUICIOS*

El supuesto de que el lenguaje describe la realidad nos hace comúnmente considerar la aseveración «IBM es una compañía de computación» como del mismo tipo que «IBM es la compañía de mayor prestigio en la industria de la computación». En efecto, se ven muy parecidas. Desde el punto de vista de su estructura formal ambas atribuyen propiedades a IBM; ambas parecen estar describiendo a IBM. La única diferencia parece ser una de contenido: las propiedades de las que hablan son diferentes. En un caso, hablamos acerca de la propiedad de ser «una compañía de computación» y en la otra, de ser «la más prestigiosa compañía en la industria de la computación».

Lo mismo sucede cuando hablamos de las personas. Frecuentemente tratamos las aseveraciones «Isabel es una ciudadana venezolana» e «Isabel es una ejecutiva muy eficiente» como equivalentes. Seguimos suponiendo que ambas proposiciones hablan de las propiedades o cualidades de Isabel y que, por lo tanto, la describen.

No desconocemos que desde el punto de vista de su contenido hacemos normalmente una distinción. Solemos decir que la primera proposición remite a lo que llamamos «hechos», mientras que la segunda implica un «juicio de valor». Reconocemos así, que la segunda representa una opinión y que, en materia de opiniones, a diferencia de lo que sucede con los hechos, no cabe esperar el mismo grado de concordancia. Esta diferencia en el contenido, sin embargo, no es lo suficientemente

*Estoy agradecido al Dr. Fernando Flores y a Business Design Associates, propietarios de los derechos de autor de trabajos en los que se basa este segmento, por permitirme gentilmente hacer uso en este libro de largas secciones de tales trabajos.

profunda como para diferenciar de manera radical la forma como tratamos hechos, valores u opiniones.[1]

Por siglos hemos tratado estos enunciados de manera similar. Hemos considerado la aseveración «Juan mide un metro y ochenta centímetros» como equivalente a «Juan es bueno». Por lo tanto, hemos investigado qué es bueno (o qué es justo, sabio, bello, verdadero, etcétera) de la misma forma en que podríamos investigar qué significa medir un metro y ochenta centímetros y, por lo tanto, suponiendo que cuando hablamos de valores estamos haciendo referencia a una medida objetiva, independiente de quien habla. Muchas de nuestras concepciones acerca del bien y el mal, acerca de la justicia, sabiduría, belleza y verdad, etcétera, están basadas precisamente en el supuesto de que podemos tratarlas en forma objetiva, con independencia del observador que hace la aseveración.

Muchas de las interrogantes que han preocupado a la filosofía derivan, precisamente, del hecho de que no siempre estas aseveraciones se han diferenciado. Bertrand Russell dijo una vez que la mayoría de los problemas filosóficos tienen su raíz en errores lógicos o gramaticales. Estos son algunos de ellos. Ludwig Wittgenstein reiteró una idea similar cuando sostuvo que los problemas filosóficos surgen cuando el lenguaje «se va de vacaciones». Muchos laberintos metafísicos que nos han confundido por siglos se han producido por no distinguir tajantemente estos dos tipos de aseveraciones.

Vale advertir que éste no es un asunto relacionado exclusivamente con interrogantes filosóficas abstractas. Permea completamente nuestra vida diaria y está presente en todos los dominios de nuestra vida: en nuestras relaciones personales, en el trabajo, en la forma en que estructuramos y escuchamos las noticias, etcétera. Co-

---

[1] La excepción más importante a este respecto la representa la práctica legal donde, desde hace mucho tiempo, se ha reconocido -más en la práctica misma, que en la teoría- el carácter activo y generativo del lenguaje. Hechos y opiniones tienen un tratamiento muy distinto al interior de un juicio legal.

múnmente no separamos del todo frases como «Carolina ocupa el cargo de Gerente General en nuestra compañía» de «Carolina es incompetente para dirigir reuniones», o «Carlos se atrasó veinte minutos en la reunión del martes» de «Carlos no es de fiar», o «David tiene un Ford rojo» de «David maneja mal». Planteamos la necesidad de hacer una marcada distinción entre estas aseveraciones. Para ello, no obstante, debemos abandonar la antigua interpretación de que el lenguaje describe la realidad. Sólo partiendo por admitir que el lenguaje es acción es que podemos advertir la profunda diferencia entre todas ellas.

Sostenemos que estas aseveraciones, independientemente de sus similitudes formales, implican dos acciones diferentes. Se trata de dos actos lingüísticos diferentes y esta diferencia sólo puede advertirse cuando miramos al lenguaje como acción.

¿Por qué decimos que son acciones diferentes? Porque el orador que formula estas aseveraciones se está comprometiendo en cada caso a algo muy diferente cuando pronuncia una o la otra. Decimos que el hablar no es inocente; que cada vez que hablamos nos comprometemos de una forma u otra en la comunidad en la cual hablamos y que todo hablar tiene eficacia práctica en la medida que modifica el mundo y lo posible. Este postulado nos ha permitido decir que hay cinco actos lingüísticos fundamentales: afirmaciones, declaraciones, promesas, peticiones y ofertas. En la medida en que ellos implican compromisos sociales diferentes, como asimismo diferentes formas de intervención, pueden ser clasificados como acciones distintas.

Recapitulación sobre las afirmaciones

Si examinamos las aseveraciones mencionadas anteriormente, reconoceremos que todas aquellas que hemos puesto en primer lugar («IBM es una compañía de computación», «Isabel es una ciudadana venezolana», «Carolina ocupa el cargo de Gerente General en nuestra compañía», «Carlos se atrasó veinte minutos en la re-

107

unión del martes», «David tiene un Ford rojo») constituyen afirmaciones.

Y tal como lo planteáramos previamente, las afirmaciones son aquellos actos lingüísticos en los que describimos la manera como observamos las cosas. El lenguaje de las afirmaciones es un lenguaje que se somete a un mundo ya existente. En este caso, el mundo dirige y la palabra lo sigue. El lenguaje de las afirmaciones es el lenguaje que utilizamos para hablar acerca de lo que sucede: es el lenguaje de los fenómenos o de los hechos. Como sabemos, las afirmaciones pueden ser verdaderas o falsas. Las afirmaciones son, por lo tanto, aquellos actos lingüísticos mediante los cuales nos comprometemos a proporcionar evidencia de lo que estamos diciendo, si ésta se nos solicita. Nos comprometemos a que, si alguien estuvo en ese lugar en ese momento, tal persona podrá teóricamente corroborar lo que estamos diciendo. Es lo que llamamos un testigo. Si decimos «El producto le fue despachado el viernes pasado» y se nos pregunta «¿Por qué dice usted eso?» no podemos responder «Porque yo lo digo». Cuando hacemos una afirmación, se espera que podamos proporcionar evidencia de que lo que decimos es verdadero.

Las afirmaciones operan dentro de un determinado espacio de consenso social. Acordamos, por ejemplo, hablar del tiempo utilizando las mismas distinciones — años, meses, semanas, días, horas, etcétera— o hablar de altura basándonos en una escala de medida compartida. Decir «seis pies de altura» es una medida clara dentro de una determinada comunidad. Pero hablar de altura en términos de pies no es nada de claro en comunidades que usan el sistema métrico.

Las diferentes comunidades desarrollan diferentes consensos sociales mediante los cuales aceptan algo como verdadero o falso. Estos consensos son obligatorios para todos los miembros de la comunidad. Toda comunidad crea un «espacio declarativo» consensual en el cual sus miembros pueden formular afirmaciones. Estos consensos pueden alcanzarse por acuerdo o ser el resultado de una tradición.

Consensos típicos son aquellos que se pueden observar, por ejemplo, en las comunidades científicas o profesionales. Dentro de la comunidad científica, una afirmación es aceptada como verdadera si cumple con las reglas y procedimientos definidos por los métodos científicos compartidos. Dentro de la comunidad legal, lo que es aceptado como evidencia puede variar de un país a otro o, incluso, de un estado a otro dentro de un mismo país, como acontece en los Estados Unidos. Por lo tanto, lo que se considera verdadero en una comunidad puede cambiar según el consenso social vigente. Lo que es verdadero o falso, por lo tanto, es siempre un asunto de consenso social. En la medida en que esos consensos cambian con el tiempo, así también cambia lo que la gente considera verdadero o falso. Una afirmación es siempre una afirmación dentro de, y para, una determinada comunidad en un momento histórico dado.

Los juicios

Si miramos la lista de aseveraciones utilizadas como ejemplos, comprobamos que todas los que están en segundo lugar pertenecen a un tipo de acción muy diferente de las afirmaciones. Aquí el compromiso del orador no es proporcionar evidencia. La formulación de este tipo de enunciados no implica que cualquiera que hubiese estado allí en ese momento coincida necesariamente con nosotros. Aquí aceptamos que se puede discrepar de lo que estamos diciendo.

Volvamos a los ejemplos anteriores. Cada una de las aseveraciones «IBM es la compañía de mayor prestigio en la industria de la computación», «Isabel es una ejecutiva muy eficiente», «Juan es bueno», «Carolina es incompetente para dirigir reuniones», «Carlos no es de fiar» y «David maneja mal» pueden ser legítimamente impugnadas. Hay espacio para que alguien diga «Yo considero que Apple es la firma más prestigiosa en la industria computacional» o «Isabel es sólo un ejecutiva promedio» o «Creo que Juan es verdaderamente muy despreciable», etcétera. Por lo tanto, el compromiso social que contraemos al hacer esas aseveraciones es muy diferente del contraído en las afirmaciones.

De la misma manera, la eficacia práctica de la palabra es muy diferente en uno y otro caso. La institución de los premios nos ofrece un buen ejemplo de lo que estamos señalando. Cuando se anuncia que Miss Venezuela es la más bella de las concursantes y se le confiere el título de Miss Universo, ¿cuándo fue la más bella? ¿Lo fue cuando se la pronunció como tal, nombrándola Miss Universo? ¿O lo era antes de que este juicio fuera emitido? Debemos reconocer que desde el punto de vista de las propiedades físicas de las concursantes, no hay mayores cambios en ellas antes y después del pronunciamiento. Sin embargo, antes de que se emitiera este pronunciamiento Miss Venezuela siendo lo que era, no era la más bella de las concursantes. Sólo llega a serlo cuando alguien emite el juicio de que lo es. Y a raíz de este juicio el mundo cambia; cambia para quienes aceptan el juicio emitido y obviamente cambia para Miss Venezuela. De allí en adelante su identidad, tanto para sí misma como para los demás, es otra. Lo que hemos visto en este ejemplo es exactamente lo mismo que pasa con todas aquellas aseveraciones que hemos colocado en segundo lugar.

A estas segundas aseveraciones las llamamos juicios. Y los juicios pertenecen a la clase de actos lingüísticos básicos que hemos llamado declaraciones. Como sabemos, las declaraciones son muy diferentes de las afirmaciones. Ellas generan mundos nuevos. A diferencia de lo que sucede con las afirmaciones, cuando hacemos una declaración, las palabras guían y el mundo las sigue.

Los juicios son como veredictos, tal como sucede con las declaraciones. Con ellos creamos una realidad nueva, una realidad que sólo existe en el lenguaje. Si no tuviéramos lenguaje, la realidad creada por los juicios no existiría. Los juicios son otro ejemplo importante de la capacidad generativa del lenguaje. No describen algo que existiera ya antes de ser formulados. No apuntan hacia cualidades, propiedades, atributos, etcétera, de algún sujeto u objeto determinado. La realidad que generan reside totalmente en la interpretación que proveen. Ellos son enteramente lingüísticos.

Cuando decimos, por ejemplo, «Esta reunión es aburrida», ¿dónde habita «aburrido»? Comparemos estos dos enunciados: «Alejandra es perseverante» y «Alejandra tiene el pelo castaño». ¿Podríamos decir que la perseverancia es algo que pertenece a Alejandra de la misma forma que le pertenece el pelo castaño? Lo que una afirmación dice acerca de alguien es diferente a lo que dice un juicio.

El juicio siempre vive en la persona que lo formula. Si una comunidad ha otorgado autoridad a alguien para emitir un juicio, éste puede ser considerado como un juicio válido para esa comunidad. Sin embargo, aun cuando suceda eso, aun si hemos otorgado autoridad a alguien, siempre podemos tener una opinión diferente. Podemos inclinarnos ante el juicio de esa persona. Podemos, incluso, decidir dejar a un lado nuestro propio juicio por razones prácticas. Pero, de todos modos, va a existir. Los juicios no nos atan como las afirmaciones —siempre hay un lugar para la discrepancia.

Los juicios son declaraciones, pero no toda declaración es necesariamente un juicio. Muchas declaraciones son formuladas exclusivamente en virtud de la autoridad que conferimos a otros (o a nosotros mismos) para hacerlas. Aun cuando la gente nos explique por qué hizo tales declaraciones (y aun cuando ciertas etapas esperadas las precedan) lo que las hace válidas no son las razones esgrimidas ni los procedimientos existentes. Más bien, lo que las hace válidas es la autoridad que se ha conferido a quien las hace. En muchos casos, cuando se nos pregunta por qué hemos hecho tales o cuales declaraciones, podríamos decir, sencillamente, «Porque sí y porque tengo el poder para hacerlas».

Podemos dar distintos ejemplos de esta clase de declaraciones: cuando un ejecutivo contrata a alguien en su empresa; cuando decide rediseñar un producto; cuando el juez dicta sentencia, cuando un árbitro cobra una infracción, etcétera. En todos estos casos, lo que importa es el poder que se tiene para hacerlas. En última instancia, ellos hacen estas declaraciones porque tienen el poder para ello y lo ejercen.

En los Estados Unidos se cuenta una anécdota de un conocido árbitro de baseball que ilustra este punto. Después del partido el árbitro está tomándose una cerveza con unos amigos, que elogian su desempeño. Uno de ellos dice: «Cada vez que hay 'balls' y 'strikes' él los llama por su nombre». «No», replica un segundo, «Si hay 'balls' y 'strikes' él sólo los llama de acuerdo a cómo los ve». El árbitro reacciona diciendo: «Los dos están equivocados. Distinguimos 'balls' de 'strikes', pero ellos no existen hasta que yo los nombro.» Esta anécdota ilustra que, en el caso de las declaraciones, «ellas no existen» hasta que se las formula.

Tal como lo reconociéramos previamente, cuando hacemos una declaración nos comprometemos a su validez. Esto significa que sostenemos tener la autoridad para hacer esa declaración. Las declaraciones, como sabemos, pueden ser válidas o inválidas, de acuerdo al poder que tenga la persona para hacerlas. Cuando declaramos algo, nos estamos comprometiendo, implícitamente, a tener la autoridad para hacerlo. El compromiso social que involucra una declaración es, por lo tanto, muy diferente del que involucra una afirmación. Esto es precisamente lo que las distingue como actos lingüísticos diferentes.

Los juicios, como hemos dicho, son un tipo particular de declaración. Como en las declaraciones, su eficacia social reside en la autoridad que tengamos para hacerlos. Esta autoridad se muestra más claramente cuando ha sido otorgada formalmente a alguien, como sucede con un juez, un árbitro, un profesor, un gerente, etcétera. Muy a menudo, sin embargo, se otorga esta autoridad sin mediar un acto formal. Los niños lo hacen con sus padres. No existe un acto formal mediante el cual ellos les otorguen la autoridad que éstos ejercen sobre ellos.

La gente, sin embargo, está continuamente emitiendo juicios, aun cuando no se les haya otorgado autoridad.

Cuando comunican sus opiniones a otros, los que las escuchan siempre pueden descartarlas, basándose en el hecho de que no han otorgado la autoridad para aceptar esos juicios como válidos.

Si yo voy caminando por la calle y alguien se me acerca y me dice «No me gusta la forma en que usted camina» yo probablemente responderé «No se meta en lo que no le importa», lo que equivale a decir «No le he dado autoridad para emitir ese juicio». Sin embargo, si estoy en el Ejército y un oficial superior se me acerca y me dice lo mismo, o si ello sucediera al interior de una clase de ballet, mi respuesta probablemente va a ser muy distinta. En este caso, queda claro que he dado autoridad a un oficial de rango superior o al profesor de ballet para hacer esa clase de observaciones. Por lo tanto, los juicios, como sucede con cualquier declaración, pueden ser «válidos» o «inválidos», dependiendo de la autoridad que tenga la persona para hacerlos.

Los juicios requieren, sin embargo, un compromiso social adicional, que no es necesario para todas las declaraciones. El compromiso es que los juicios estén «fundados» en una cierta tradición. Por consiguiente, los juicios no son solamente válidos o inválidos, dependiendo de la autoridad otorgada a la persona que los hace; también son «fundados» o «infundados» de acuerdo a la forma en que se relacionan con una determinada tradición, es decir, a la forma como se relacionan con el pasado.

Los juicios y la estructura de la temporalidad

Para entender qué son los juicios fundados e infundados, debemos primero indagar en el fenómeno del juicio y examinar como éste se relaciona con el tiempo humano. Cuando formulamos un juicio como «Miguel es un orador eficaz», ¿qué estamos haciendo?.

Primero, estamos, en el presente, emitiendo un veredicto acerca de Miguel. Está, por lo tanto, el acto de emitir el juicio en un determinado presente. Estamos declarando que Miguel es de una determinada manera. Este presente hará de línea de demarcación. La gente que piense en Miguel después de haber escuchado esta opinión, podría muy bien pensar de él en forma diferente. Cuando se emiten juicios acerca de las personas, éstos contribuyen a formar su identidad. Los juicios son un componente importante de la identidad de las personas. Pero esto no sucede solamente con las personas. Con nuestros juicios afectamos la identidad de las empresas, países, etcétera.

Segundo, cuando emitimos un juicio estamos haciendo una referencia al pasado. Para decir «Miguel es un orador eficaz» debemos haber escuchado a Miguel actuando como orador en más de una ocasión. Debemos haber observado, por ejemplo, cómo se motivaban las personas cuando él les hablaba.

Esto es precisamente lo que distingue a los juicios de las otras declaraciones. Cuando hacemos ciertas declaraciones, el compromiso social implícito involucrado es que tengamos la autoridad para hacerlas. Sin embargo, cuando emitimos un juicio, además del compromiso de autoridad, las personas suponen que este juicio está basado en observaciones de acciones ejecutadas en el pasado.

Si me preguntan «¿Ha visto a Miguel hablando?» y yo respondo «No», la gente naturalmente va a sospechar. Si preguntan «¿Pero Ud. ha escuchado decir esto de Miguel a personas que lo han observado hablar?» y yo respondo nuevamente «No», podemos anticipar su respuesta reprobatoria. Esto muestra que cuando emitimos un juicio, la gente entiende que nos hemos comprometido a «fundar» ese juicio, a partir de acciones que hemos observado en el pasado. Supondrán que yo he observado a Miguel hablando no una, sino probablemente varias veces. El «fundamento» de los juicios tiene que ver con la forma en que el pasado es traído al presente cuando se emiten juicios.

Tercero, los juicios también hablan acerca del futuro. Cuando emitimos un juicio estamos implicando que, sobre la base de acciones observadas en el pasado, se pueden esperar ciertas acciones en el futuro. Los juicios nos permiten anticipar lo que puede suceder más adelante. Esta es una de las funciones que cumplen los juicios, lo que pone de manifiesto su importancia en la vida. Por medio de los juicios, particularmente en el caso de juicios «fundados», podemos entrar al futuro con menos incertidumbre, con un sentido mayor de seguridad, sabiendo lo que podemos esperar y, por lo tanto, restringiendo el rango de las posibles acciones futuras. Los juicios nos sirven para diseñar nuestro futuro. Operan como una brújula que nos da un sentido de dirección respecto de qué nos cabe esperar en el futuro. Nos permiten anticipar las consecuencias de nuestras acciones o las de otras personas.

Si tenemos la responsabilidad de que nuestra empresa realice una presentación de uno de nuestros nuevos productos a una audiencia y tenemos el juicio de que Miguel es un orador eficaz, podríamos inclinarnos a confiar en ese juicio y hacer que Miguel efectúe la presentación. No se lo pediríamos a Pedro, a quien juzgamos un mal orador. Los juicios nos permiten movernos en el futuro de una manera más efectiva.

A veces descartamos nuestros juicios porque parecieran no ser tan sólidos como las afirmaciones y porque siempre involucran la posibilidad de discrepancia. No hay juicios verdaderos. Oímos decir, por ejemplo, «Pero esto es sólo una opinión», como si por identificarla como opinión ella perdiera valor. No nos damos cuenta del importante papel de los juicios en nuestras vidas y de cuán útiles nos resultan para guiarnos hacia el futuro.

Por esto es que los hacemos a cada momento. Los seres humanos somos generadores incesantes de juicios. Los hacemos todo el tiempo y sobre prácticamente todo lo que observamos. Cada vez que enfrentamos algo nuevo comenzamos a emitir juicios casi automáticamente. Por ejemplo, cada vez que nos presentan a alguien producimos un sinnúmero de juicios. O cada vez que llegamos a un nuevo lugar. Somos como máquinas en permanente emisión de juicios. Nietzsche nos advierte de que uno de los rasgos distintivos de los seres humanos es que son animales que enjuician.

La clave del juicio es el futuro. Si no estuviésemos preocupados del futuro no habría necesidad de juicios. ¿A quién le importaría cómo se comportó la gente en el pasado? ¿A quién le interesaría lo que sucedió bajo circunstancias similares? Es en cuanto suponemos que el pasado nos puede guiar hacia el futuro que emitimos juicios. Emitimos juicios porque el futuro nos inquieta. Los hacemos porque hemos aprendido (tenemos el juicio) que lo ya acontecido puede ser usado para iluminarnos en lo que está por venir.

Debido a su fuerte relación con el pasado, los juicios, por naturaleza, suelen ser sumamente conservadores. Están basados en supuestos que requieren ser examinados con cautela. Cuando emitimos juicios estamos suponiendo que el pasado es un buen consejero del futuro. Estamos suponiendo que, porque algo sucedió una y otra vez en el pasado, podría volver a pasar en el futuro. Sabemos por experiencia que, muy a menudo, ésta es una presunción justa. La vida humana está llena de recurrencias, de cosas que pasan una y otra vez.

Sin embargo, todos sabemos que el pasado es sólo uno de los factores que deben considerarse cuando nos ocupamos del futuro. Cualquier cosa que haya ocurrido en el pasado no necesariamente tiene que suceder en el futuro. Muchos factores pueden hacer que el futuro sea muy diferente. Es más, hay dos circunstancias particulares en las que nosotros mismos, a través de nuestras acciones, participamos en hacer que el futuro sea diferente —el aprendizaje y la innovación.

El aprendizaje nos permite realizar acciones que no podíamos efectuar en el pasado. Debido a nuestra capacidad de aprendizaje alguien que en el pasado era muy mal orador puede convertirse en uno muy efectivo en el futuro. Nuestra capacidad de aprender nos permite, por lo tanto, desafiar aquellos juicios acerca de nosotros mismos. La posibilidad de aprendizaje también nos hace estar abiertos a revisar los juicios sobre los demás, dado que aprendemos del pasado y podemos modificar nuestro comportamiento.

Además del aprendizaje, tenemos también la capacidad de inventar nuevas acciones, de diseñar nuevas recurrencias, de introducir nuevas prácticas. A esta capacidad la llamamos innovación. Ella nos permite participar en la creación de lo nuevo.

Como el futuro puede ser diferente del pasado, debemos ser lo suficientemente abiertos como para tratar nuestros juicios como señales temporales que someteremos a revisiones constantes. Esta capacidad de reexaminar nuestros juicios en forma habitual es una habilidad fundamental para el diseño estratégico. Cuando hablamos de estrategia nos referimos a una forma de pensar el futuro y de diseñar nuestras acciones, que toma en cuenta el hecho de que éste se genera en la interacción con otros y que estos otros pueden modificar sus juicios y por tanto sus acciones de acuerdo, entre otros factores, al juicio que ellos tengan sobre los juicios que nosotros podamos tener sobre ellos. Recursividad más recursividad más recursividad, en un proceso teóricamente abierto al infinito y donde siempre cabe añadir una vuelta más.

Los líderes y quienes, en general, son responsables de diseñar el futuro, saben cómo aprovechar plenamente los juicios para orientarse en medio de las incertidumbres de los tiempos venideros. Al mismo tiempo, deben evitar convertirse en prisioneros de sus juicios o del pasado que esos juicios traen consigo. Deben aceptar que se pueden producir nuevas situaciones.

Es valioso comprender cómo los juicios conectan el pasado, el presente y el futuro (lo que llamamos estructura de la temporalidad). Las afirmaciones, por ejemplo, no suelen tener la capacidad de llevar el pasado hacia el futuro. A pesar de que, como enunciados, las afirmaciones pueden parecer más fuertes, son menos flexibles en términos de moverse a través de la estructura de la temporalidad. Cuando decimos «Carlos se atrasó veinte minutos en la reunión del martes», no tenemos conocimiento alguno sobre cómo se comportará en futuras reuniones. Sin embargo, cuando decimos «Carlos no es de fiar», decimos algo acerca de lo que se puede o no esperar de él en el futuro.

Aquí encontramos un área interesante de intersección entre afirmaciones y juicios. Decir «Carlos se atrasó veinte minutos en la reunión del martes» es una afirmación. Decir «Carlos no es de fiar» es un juicio. Decir «Carlos se atrasará veinte minutos en la reunión del próximo martes» es nuevamente una afirmación. Se trata, sí, de una afirmación de las que hemos llamado indecisas, dado que no podremos corroborarla hasta el martes. Sostenemos que esta última es una afirmación y no una declaración porque se trata de una situación en la que la palabra debe adecuarse al mundo y no a la inversa. Este es el criterio que hemos escogido para hacer la demarcación entre afirmaciones y declaraciones.

Sin embargo, cuando hacemos afirmaciones indecisas cabe también, como sucede con juicios, preguntarnos por el fundamento que nos lleva a hacerlas. Toda predicción es una afirmación, pero también con respecto a ellas podemos utilizar el pasado para anticipar el futuro. Ello obviamente no niega el hecho de que se puedan hacer predicciones sin fundamento en el pasado. Las predicciones de las adivinas o las profecías religiosas se suelen realizar sin invocar fundamento.

Una de las consecuencias de no hacer la diferencia entre afirmaciones y juicios es que ello nos llevaría a tratar los juicios como si fueran afirmaciones. Cuando hacemos esto, restringimos nuestras posibilidades de acción y no aprovechamos lo que los juicios proveen.

Tomemos un ejemplo. Cuando digo «Carolina es incompetente para dirigir reuniones» y tratamos esta aseveración como si fuera una afirmación, podemos no ver que ser incompetente para dirigir reuniones no es una cualidad de Carolina sino un veredicto que hacemos en el lenguaje, sobre la base de sus acciones pasadas. Al no verlo como un juicio, lo podemos tomar como una cualidad inamovible de Carolina, tan sólida como una afirmación. Al mismo tiempo la proyectamos al futuro, como hacemos normalmente con los juicios. Suponemos que ésta es la forma de ser de Carolina y que seguirá siendo así en el futuro. Lo que se nos escapa en este ejemplo es la conexión entre juicios y acción. No vemos que al cambiar nuestros actos permitimos que cambien también los juicios acerca de nosotros. Si alguien sostiene el juicio arriba mencionado sobre Carolina (e incluso si la propia Carolina tiene ese juicio sobre sí misma) podemos decir «¿Por qué debiéramos siquiera considerar a Carolina para dirigir reuniones, si sabemos que es incompetente?» Al hacer esto anulamos las posibilidades de aprendizaje e innovación. Hemos tomado lo peor del mundo de las afirmaciones y de los juicios. Al hacerlo, hemos transferido el pasado al futuro y hemos eliminado la posibilidad de modificar el pasado y de crear una realidad diferente.

Hemos sostenido que no sólo actuamos de acuerdo a como somos, sino que también somos de acuerdo a como actuamos. Hemos dicho que la acción genera ser (segundo principio de la ontología del lenguaje). Es más, hemos postulado que los juicios representan el núcleo de la identidad de las personas (sobre este tema hablaremos más adelante). Acabamos de apuntar que los juicios se fundan en las acciones del pasado. Cabe, por lo tanto, concluir que en la medida en que modifiquemos nuestras acciones (como acontece, por ejemplo, como resultado del aprendizaje) modificamos nuestra identidad: transformamos nuestro ser.

Cómo se fundan los juicios

Habiendo examinado la relación entre los juicios y la estructura de la temporalidad, estamos ahora en condiciones de examinar la forma como fundamos nuestros juicios. Llamamos fundamento a la forma en que el pasado puede utilizarse para formular juicios que nos apoyen efectivamente en tratar con el futuro. Los fundamentos, por lo tanto, conectan las tres instancias de la estructura de temporalidad: pasado, presente y futuro.

Hemos dicho que el futuro es la clave de los juicios. Formulamos juicios a causa de nuestra preocupación por el futuro. Comenzaremos, por lo tanto, a examinar los efectos del futuro sobre los fundamentos de nuestros juicios.

Dividimos el proceso de fundar un juicio en cinco condiciones básicas:

1.Siempre emitimos un juicio «por o para algo». Siempre visualizamos un futuro en el cual nuestro juicio abrirá o cerrará posibilidades. Según el juicio que formulemos, algunas acciones van a ser posibles, otras no. Cuando hacemos juicios de comportamiento, como cuando decimos «Carlos no es de fiar» o «Isabel es una ejecutiva muy eficiente», lo hacemos por una acción que anticipamos en el futuro. Esta acción le da sentido al juicio.

El «por o para algo» es una dimensión esencial de los juicios. Si decimos, por ejemplo, «David maneja mal», el juicio será muy diferente si la acción que nos estamos imaginando son las 400 millas de Indianápolis o el reparto de pizzas Dominó.

2.Cada vez que emitimos un juicio estamos suponiendo que se coteja con un conjunto de estándares de comportamiento para juzgar el desempeño de los individuos, que nos permiten evaluar la efectividad de sus acciones. Una persona puede decir «Bárbara es una lectora veloz» y otra que es «una lectora lenta» no sólo porque sus observaciones de Bárbara sean distintas, sino también porque los estándares con los que emiten los juicios son diferentes.

Sin embargo, no solamente evaluamos las acciones y el comportamiento de las personas. También juzgamos su apariencia, juzgamos los días de la semana, la altura de las montañas, etcétera. Estos no son juicios de comportamiento. Podemos decir, por ejemplo, «Nicolás es delgado», «El lunes hizo un lindo día», «Nos encontramos frente a unas montañas enormes». Todos estos son juicios. Los estándares utilizados para emitir estos juicios provienen de tradiciones particulares que nos dicen qué esperar y, por lo tanto, de expectativas sociales. Si el peso de Nicolás es inferior al que se espera normalmente, haremos el juicio de que es «delgado». Si no estamos acostumbrados a vernos rodeados de montañas, vamos a juzgar que las que estamos viendo en ese momento son enormes, mientras que otras personas acostumbradas a ver montañas más altas las van a encontrar bastante bajas. La consideración «lindo día» puede ser muy distinta para personas que viven en climas diferentes.

Como formulamos juicios en relación a algunos estándares, a menudo se establece una polaridad. Si nos encontramos frente a una distinción para la cual podemos producir exactamente la opuesta, podemos sospechar que estamos frente a un juicio. Distinciones como bueno y malo, rápido y lento, competente e incompetente, amistoso y hosco, eficaz e ineficaz, hermoso y feo, etcétera, son todas usadas para emitir juicios.

Los juicios son históricos, puesto que los estándares que utilizamos para hacerlos cambian con el tiempo. Lo que considerábamos un auto veloz ha cambiado con el tiempo. La gente que tiene que ver con el mundo de los deportes está acostumbrada a ver cómo cambian los estándares —por ejemplo, cómo un comportamiento considerado sobresaliente en el pasado, a menudo pasa a ser sólo bueno o incluso regular algunos años después. Lo mismo pasa con los juicios estéticos. Los estándares utilizados para considerar que algo es bello han cambiado significativamente a través de la historia. En el mundo de la moda observamos cómo los estándares cambian a veces en sólo algunos meses.

Aunque a menudo no se percibe, la mayoría de los estándares son sociales. Suponemos, generalmente, que como somos nosotros los que formulamos los juicios, lo hacemos de acuerdo a nuestros propios estándares. En cierto sentido esto es verdad—los emitimos según estándares que poseemos. Lo que comúnmente no vemos es que esos estándares no fueron producidos por nosotros sino que pertenecen a la comunidad y corresponden a algunas circunstancias históricas concretas. Cuando juzgamos que alguien es arrogante, o que algo es excitante, suponemos que somos nosotros quienes hablamos. Lo estamos haciendo. Pero detrás de nosotros también están hablando nuestra comunidad y nuestra tradición. Hemos dicho que la «mayoría» de los estándares son sociales. Con esto queremos reconocer que, a veces, ciertas personas se sitúan por sobre o bajo los estándares mantenidos por sus comunidades y contenidos en sus tradiciones. Traen con ellos estándares que no estaban disponibles en su comunidad. Esto es lo que los líderes y los innovadores hacen a menudo. Napoleón, por ejemplo, es bien conocido por la introducción de nuevos estándares en la acción militar. Muchas innovaciones se generan tan sólo por examinar los estándares existentes y explorar la posibilidad de establecer otros nuevos.

3.Cuando emitimos un juicio, generalmente lo hacemos dentro de un dominio particular de observación. Cuando evaluamos conductas, estos dominios de observación corresponden a dominios de acción. Cuando no evaluamos comportamiento (tal como «Esta es una oferta poderosa» o «Esta es la pintura más bella de la exhibición») hablamos sólo de dominios de observación.

Hablamos de dominios cuando podemos identificar áreas estables de intereses en las cuales especificamos la posibilidad de quiebres recurrentes. La distinción de dominio no apunta, por lo tanto, hacia una entidad existente. No vemos dominios alrededor nuestro. Son consensos o convenciones sociales que adoptamos porque estimamos que nos ayudan a actuar de manera más efectiva. Esto nos permite hablar de dominios como «conducir vehículos», «dirigir reuniones», «la familia», «el trabajo», etcétera.

Cuando emitimos un juicio, lo que normalmente hacemos es dictar un veredicto basado en ciertas observaciones. Este juicio está limitado al dominio particular en el cual se hicieron las observaciones. Ellas determinan que el juicio sea más o menos fundado, pero siempre limitado al dominio particular de observación.

Si, por ejemplo, alguien rompe sistemáticamente sus promesas de devolvernos el dinero que le hemos prestado, tendremos una buena razón para decir que esa persona no es confiable en el dominio del dinero. Sin embargo, a menudo extendemos nuestros juicios más allá de nuestro dominio de observación. A partir del juicio de que alguien no es de fiar en asuntos de dinero, podemos llegar a suponer que esa persona es poco confiable en relación a sus responsabilidades laborales o de familia. El juicio generalizado carece de fundamento aun cuando el juicio en el dominio del dinero esté muy bien fundado. Por lo tanto, un factor importante que tener en cuenta al fundar nuestros juicios es el de confinarlos estrictamente al dominio de observación desde el cual se han emitido.

4.Se logra fundar los juicios al proveer afirmaciones en relación a lo que estamos juzgando. Cuando disponemos de afirmaciones que nos permiten medir respecto de algún estándar en un dominio particular de observación, podemos generar un juicio.

Las afirmaciones, por lo tanto, juegan un importante papel en el proceso de fundar nuestros juicios. Si no somos capaces de proporcionar afirmaciones, no podemos fundar nuestros juicios. Cuando se nos pregunta por qué decimos «Isabel es una ejecutiva eficiente» y respondemos «Bueno, porque ella tiene un fuerte sentido del liderazgo y ha producido cambios muy positivos en la empresa», lo que hemos hecho hasta ahí es cambiar un juicio por otros. No hemos fundado aún el primero.

Por el contrario, si nos preguntan porqué decimos «Catalina es muy competente para dirigir reuniones» y respondemos: «En las últimas cinco reuniones que ella ha dirigido, todos los puntos del temario fueron abordados, como muestran los informes de la reunión. Esto nunca había sucedido en el pasado» o «Desde que ella está a cargo de la dirección de estas reuniones su departamento ha estado ocupando menos tiempo en reuniones y obteniendo menos reclamos de sus clientes», o «Roberto, Tina y Pablo, quienes también participan en esas reuniones, me han informado que todos desean que Catalina continúe dirigiéndolos», tal vez queramos saber más acerca de esas reuniones antes de respaldar el juicio inicial, pero debemos reconocer que se escucha de manera diferente cuando introducimos afirmaciones para fundar nuestros juicios que cuando agregamos nuevos juicios sobre ellos. Al introducir afirmaciones generamos confianza en ese juicio. Ello es un factor importante en la competencia de fundar juicios. Dependiendo del juicio que formulemos, se necesitarán más o menos afirmaciones para fundarlos. Si decimos «Pamela es delgada» y agregamos «Pesa 15 kilos menos del peso promedio para su talla y edad», esa afirmación debería bastar para fundar el juicio. Sin embargo, cuando fundamos juicios de comportamiento, apuntar a una sola instancia y depender de una sola afirmación podría ser insuficiente. Si digo «No se puede confiar en la puntualidad de Alberto para llegar a sus citas» y al preguntárseme por qué, respondo «La última vez que nos reunimos se retrasó quince minutos», algunos podrían pensar que esto no es suficiente como para tomar mi juicio muy en serio.

5. La cantidad de afirmaciones que somos capaces de proveer para fundar un juicio no garantiza que lo consideremos bien fundado. Podría ocurrir que generemos una cantidad aún mayor de afirmaciones al intentar fundar el juicio opuesto. Por esa razón, finalmente recomendamos revisar los fundamentos del juicio contrario al fundar un determinado juicio.

Por ejemplo, si queremos fundar el juicio «Pedro es aburrido en las reuniones», debiéramos también examinar los fundamentos del juicio «Pedro no es aburrido en las reuniones». Bien podríamos descubrir que, aunque produzcamos varias instancias (afirmaciones) en las que Pedro se ha mostrado aburrido en las reuniones, ha habido muchas más instancias en las que ha estado bastante entretenido. ¿Podemos decir, con fundamento, que el juicio «Pedro es aburrido en las reuniones» fue fundado? No podemos. Este no fue un juicio fundado.

Frecuentemente consideramos fundado un juicio sobre nosotros mismos u otros (a partir de observaciones efectuadas en un número dado de instancias), sólo para darnos cuenta más adelante de que había muchas más instancias apuntando al juicio contrario.

Recapitulando, entonces, podemos decir que se requieren las siguientes condiciones para fundar un juicio:

1. La acción que proyectamos hacia el futuro cuando lo emitimos,

2. los estándares sostenidos en relación a la acción futura proyectada,

3. el dominio de observación dentro del cual se emite el juicio,

4. las afirmaciones que proporcionamos respecto de los estándares sostenidos, y finalmente,

5. el hecho de que no encontramos fundamento suficiente para sustentar el juicio contrario.

A los juicios que no satisfacen estas cinco condiciones los llamamos juicios «infundados».

Lo que hace a los juicios diferentes de las afirmaciones, esto es, lo que los hace ser acciones diferentes, son los compromisos sociales que ambos implican. Cuando hacemos una afirmación nos comprometemos a proporcionar evidencia. Esto significa que si alguien trae un testigo, esta persona coincidirá con lo que decimos. Cuando emitimos un juicio nos comprometemos, primero, a tener la autoridad que nos permita emitir ese juicio y, segundo, proporcionar fundamentos para ese juicio.

La doble cara de los juicios

Toda acción revela el tipo de ser que la ejecuta. Es lo que el segundo principio de la ontología del lenguaje reconoce cuando comienza destacando que «actuamos de acuerdo a como somos». Mientras esto no nos lleve a cerrar la posibilidad de la transformación de ser, del proceso del devenir, es importante asentar esta primera relación entre acción y ser.

125

Por lo tanto, cada vez que decimos algo (en la medida que hablar es actuar), de alguna forma revelamos quiénes somos. Incluso cuando procuramos engañar a los demás con respecto a cómo somos, en la medida en que el esfuerzo de engañar se manifieste, revelamos el tipo de persona que somos y qué nos lleva a procurar engañar a los demás con respecto a quiénes somos.

Esta capacidad del lenguaje de revelar el ser de quien habla, de por sí, válida para toda acción lingüística, es particularmente característica cuando examinamos a los juicios. Comúnmente pensamos que al emitir un juicio estamos sólo enjuiciando aquello de lo que el juicio habla. No siempre percibimos cuánto de nosotros se revela al emitirlo. Dado, precisamente, que el juicio no es una descripción de nuestras observaciones de los hechos o fenómenos, dado que lo que el juicio dice no se encuentra «allí afuera», no existe otro acto lingüístico que permita, como lo hacen los juicios, revelar nuestra alma (nuestra forma de ser) con mayor profundidad.

El juicio, sostenemos, tiene una doble cara. Es como el dios Jano. Una cara mira hacia el mundo, la otra mira hacia el ser que somos. Si alguien dice, por ejemplo, «Los extranjeros son peligrosos», no es mucho lo que sabré sobre los extranjeros, pero si sabré algo sobre quien emite tal juicio. De la misma forma, si alguien dice «El cielo está maravilloso», algo sabré sobre el cielo, pero bastante más sabré sobre quien tiene ese juicio. Insistimos, estemos conscientes de ello o no, **los juicios siempre hablan de quienes los emiten**. Un aspecto fundamental de la disciplina del «*coaching* ontológico» consiste en aprender a tratar los juicios que las personas hacen, como ventanas al alma humana.

El gran precursor de esta mirada profunda al alma humana fue Friedrich Nietzsche. Para Nietzsche cada pensamiento no sólo merece ser examinado en sí mismo por lo que, en tanto tal, involucra. Nietzsche nunca olvida que toda idea es siempre dicha por alguien que, al emitirla, revela quién es. Y particularmente revela las emociones desde la cuales tales ideas se emiten. En uno de sus más bellos párrafos —que forma parte de un esfuerzo de autocrítica dirigido hacia una de sus obras más tempranas, *El nacimiento de la tragedia*— examinando la relación entre la búsqueda afanosa de la verdad, propia del programa metafísico, y la vida, Nietzsche escribe: «¿Es acaso la determinación de ser tan científico sobre cualquier cosa un tipo de miedo o una forma de huida del pesimismo? ¿Un último recurso sutil contra ... la verdad? Y en términos morales, ¿una suerte de cobardía y falsedad? En términos amorales, ¿una treta? Oh Socrates, Socrates, ¿era quizás ése **tu** secreto? Oh ironista enigmático, ¿era quizás ésa tu ... ironía?»

Los juicios y el dominio de la ética

Anteriormente sostuvimos que una de las funciones más importantes que jugaban los juicios era su capacidad de orientarnos en nuestras acciones hacia el futuro. Los juicios nos permiten reducir la incertidumbre con la que inevitablemente penetramos por las puertas de la temporalidad. Pero con ello no agotan su importante papel en la vida de los seres humanos.

Los seres humanos, hemos sostenido, no pueden vivir sin conferirle sentido a la existencia. Esta es nuestra condición básica de desgarramiento existencial. Una vez arrojados a la vida, no podemos sólo dejarnos llevar por ella, como quien se deja llevar por la corriente de un río. Para vivirla, tenemos que generarle sentido.

Como lo señaláramos previamente, uno de los rasgos de nuestra fase histórica actual es la gran crisis de sentido que enfrentan los seres humanos. Aquello que Nietzsche llama el «nihilismo» y cuya superación percibe como el gran desafío de su filosofía.

Pues bien, definimos a la ética como el terreno en el cual tomamos posición sobre el sentido de la vida y donde generamos, en el decir de Ludwig Wittgenstein, «aquello que hace que la vida merezca vivirse, o de la manera correcta de vivir»[2]. La ética aparece, por lo tanto,

---

[2] Ludwig Wittgenstein [1930](1989), pág.35.

relacionada con el mundo de los valores (i.e., con lo que tiene valor en la vida), como asimismo con la distinción que hagamos sobre el bien y el mal y la forma como concibamos lo que significa el «bien vivir», aquella «manera correcta de vivir», o el vivir con sentido.

El mundo de los valores, que en nuestra definición corresponde al dominio de la ética, es uno de los temas principales de preocupación de Nietzsche y que éste identifica con la esfera de la moral. Para Nietzsche, los seres humanos son seres morales por excelencia, seres que no pueden prescindir del imperativo de conferir sentido a sus vidas y, por tanto, de conferirles valor. Para Nietzsche la existencia humana representa un desafío moral permanente, un desafío por definir aquello a lo que se le confiere o no se le confiere valor y, en consecuencia, aquello que sea o no capaz de conferirle sentido a la vida.

Pues bien, es en el terreno de los juicios en el que los seres humanos libran la batalla del sentido de la vida. Es a nivel de los juicios donde se define el sentido o sin sentido de la existencia. De allí que Nietzsche nos advierta que sin evaluaciones y, por lo tanto, sin la capacidad de emitir juicios, el núcleo de la existencia estaría vacío.

Los juicios proporcionan a los seres humanos no sólo ciertos parámetros básicos a través de los cuales transcurrirá la existencia (definiendo lo que es justo, bello, verdadero, bueno, etcétera, como todos sus contrarios). Ellos brindan también la dirección desde la cual los individuos se transforman a sí mismos y se introducen en el futuro.

Desde esta perspectiva, es difícil encontrar algo que posea el grado de importancia que alcanzan los juicios en la vida de los seres humanos. Los juicios representan el núcleo fundamental de la existencia humana. Ellos comprometen la vida misma. Las afirmaciones, con todas sus pretensiones de ser capaces de tocar lo verdadero, sólo logran servir a los juicios, particularmente a aquellos que nos constituyen como los seres humanos que somos y desde lo cuales sustentamos nuestra vida.

Es interesante notar que el tema de las virtudes y vicios, que fuese durante mucho tiempo la manera predominante para abordar la preocupación por el «bien vivir» descansa por entero en la temática de los juicios. Cuando hablamos de virtudes, se trata de aquellos juicios que, dentro de una particular comunidad, se seleccionan como los que aseguran la mejor convivencia entre sus miembros, asimismo como los ideales morales asociados a los seres humanos. Con los vicios, en cambio, se tipifica lo contrario: una clase de acciones que contravienen la adecuada convivencia social y que se asocian con la degradación de la vida.

Juicios y formas de ser

De lo arriba señalado, surgen algunos aspectos relacionados con los juicios que tienen un impacto directo en la vida personal de cada uno y, particularmente, en nuestras formas de ser. Nos referiremos de manera especial a tres dimensiones particulares que abordaremos a continuación.

La primera de ellas se refiere a aquellas personas que se caracterizan por vivir de juicios ajenos y que, por lo tanto, no se constituyen como centro generador de los juicios que rigen su propia existencia. Esto define lo que llamamos **la condición de la inautenticidad.** Quienes viven en ella delegan en los demás la autoridad para emitir los juicios que les importan. Nada los alegra más que obtener un juicio positivo de los otros. Nada los deprime más que recibir juicios negativos.

La lógica de sus actuaciones está fundamentalmente orientada, por lo tanto, a complacer a otros, los que adquieren, casi indiscriminadamente, autoridad para emitir sus juicios, juicios que obviamente afectan a la persona inauténtica. Sus vidas, por lo tanto, pasan a estar dirigidas por fuerzas que no controlan y que son resultantes de los variados juicios que reciben. Dado que es inherente a los juicios el que estos puedan ser discrepantes sobre los mismos asuntos, vivir en la inautenticidad se traduce frecuentemente en una condena permanente al sufrimiento, en la medida que resulta imposible satisfacer a todos alrededor. Basta un solo juicio negativo para afectar la estabilidad emocional de la persona inauténtica.

La segunda dimensión que nos interesa mencionar es aquella que consiste en tratar a los juicios como afirmaciones, sin hacer la distinción entre ambos. Para quienes operan así las consecuencias suelen ser la rigidez, la intolerancia y el cierre de múltiples posibilidades de aprendizaje. Para éstos los juicios no representan la posibilidad de puntos de vista discrepantes e incluso, de mayor diversidad y de enriquecimiento. Un juicio diferente es tratado como error, como falsedad. El legítimo espacio de la discrepancia se transforma en un espacio potencial de confrontación. En la medida en que considero mis juicios como verdaderos y los ajenos como falsos, relego los demás a la esfera del mal o incluso de lo diabólico. Hemos creado el terreno para el fundamentalismo y la intolerancia.

Al tratar a los juicios como afirmaciones también cierro espacio para la transformación. Tiendo a tratar los juicios como rasgos permanentes. Clausuro las posibilidades de aprendizaje y, por lo tanto, restrinjo la plasticidad de la vida. Se vive dentro de lo que llamamos la actitud metafísica con respecto a la existencia.

La tercera dimensión se refiere a quienes viven sin ser capaces de distinguir entre juicios fundados y juicios infundados. Las consecuencias, son la decepción permanente con respecto a sus expectativas y una gran dificultad para diseñar el futuro. No logran entender por qué a ellos las cosas no les resultan como quisieran y se comparan con los demás sin entender por qué a ellos el éxito les es tan esquivo.

Ellos viven en interpretaciones mágicas y la vida les resulta por lo general un misterio. Sus propias incapacidades para fundar juicios pueden llevarlos a posturas de resentimiento, dado que viven como una injusticia tanto los éxitos de los demás como los fracasos propios. Cuando no caen en el resentimiento, caen, en cambio, en euforias u optimismos ficticios. La incapacidad de fundar juicios, se traduce en una forma de vida infundada.

Más allá del bien y del mal

Si entendemos la autenticidad como la condición de vivir de los juicios propios, de convertirse en quien establece la medida de sus propias acciones, no basta con sólo evitar que la vida se rija por los juicios de otros. No basta sólo con determinar quién emitió el juicio que rige nuestro comportamiento. La emisión de un juicio no asegura pertenencia. Lo importante es establecer a quién realmente pertenece el juicio emitido. No es suficiente que sea yo quien emite un juicio, si al hacerlo, sólo estoy endosando acríticamente juicios que he encontrado disponibles dentro de mi comunidad.

La mayoría de los seres humanos, aun cuando sean los que emiten los juicios que definen sus acciones, al emitirlos no suelen hacer más que repetir los juicios que encuentran a la mano, sin examinarlos críticamente, sin «enjuiciar el juicio» que pronuncian.

Nuestros **juicios espontáneos** poseen la condición de la inautenticidad. Ellos se emiten dentro de los múltiples automatismos de los que somos portadores como seres sociales. Es sorprendente, sin embargo, la autoridad que conferimos a nuestros juicios espontáneos para resolver cuestiones fundamentales en nuestras vidas. Y aunque podamos vivirlos como juicios nuestros, no somos realmente nosotros los que los poseemos. Más bien, tales juicios nos poseen a nosotros. En la medida en que ellos rijan nuestro comportamiento, estamos todavía cautivos de la condición de la inautenticidad. No somos todavía seres humanos efectivamente libres, ni amos de nuestras vidas.

El ser humano que logra acceder a todo su potencial de libertad, es aquel que somete su existencia al rigor de la autenticidad, que aprende a enjuiciar los juicios, a evaluar las evaluaciones, a examinar los valores que encuentra a la mano. Ello lo obliga, por lo tanto, a trascender muchas de las formas heredadas que hacen la demarcación entre el bien y el mal y toma la responsabilidad de crear esa demarcación nuevamente para sí. En algunos casos las nuevas demarcaciones podrán coincidir con las antiguas, en otros implicarán trazos nuevos, nuevas distinciones, la invención de nuevos valores. Sea cual sea el caso, el ser humano libre es aquel que ha sometido sus valores a juicio crítico y puede concluir que sus juicios le pertenecen a él y no él a sus juicios.

Los juicios y el sufrimiento humano

Los juicios son la raíz del sufrimiento humano. Todo sufrimiento está contenido en envoltorio lingüístico y lo central en éste es el papel de los juicios. Para entender mejor lo que decimos, es importante distinguir el fenómeno del dolor del fenómeno del sufrimiento.

Por dolor entenderemos un fenómeno que tiene fundamentalmente raíces biológicas y que afecta nuestro sistema nervioso. Si pongo mi mano al fuego, sentiré dolor. Esta experiencia se puede explicar por completo al interior de la dinámica del sistema nervioso.

Por sufrimiento entendemos algo diferente. Aquí ya no se trata de un fenómeno que puedo circunscribir al dominio de la biología, aunque ésta se verá efectada por él, como lo estará siempre con todo lo que nos suceda. Cuando hablamos del sufrimiento nuestra tradición alude a una suerte de dolor del alma. Y ello no nos parece mal en la medida en que estemos dispuestos a reconocer que lo que por siglos hemos llamado el alma, es un fenómeno de naturaleza lingüística.

El sufrimiento, a diferencia del dolor, surge de las interpretaciones que hacemos sobre lo que nos acontece y, muy particularmente, de los juicios en que dichas interpretaciones descansan. Tomemos algunos ejemplos. Cuando alguien cercano fallece o cuando una relación afectiva que nos importa termina, lo que nos sucede es por completo diferente de la experiencia de recibir un golpe en el vientre o de quemarnos la mano. Lo que sentimos entonces y que identificamos como sufrimiento, no tiene su fuente en mi biología —aunque, insistimos, ella estará comprometida— sino en el juicio que hago sobre el significado de estos hechos.

Los dos ejemplos indicados, puedo interpretarlos como una pérdida, como un cierre de posibilidades en mi vida. Y al hacerlo así, estoy haciendo juicios. Ambos hechos, de por sí, no conllevan necesariamente sufrimiento. Bien podemos imaginarnos circunstancias diferentes en las que, a raíz del fallecimiento de alguien y del término de una relación, lo que se genere pueda ser paz y alivio.

Si el sufrimiento, por lo tanto, descansa en los juicios que hago sobre lo que acontece, significa que se abre un inmenso campo de intervención para tratar el sufrimiento humano. Modificando los juicios que hago sobre aquello que nos sucede, podemos encontrar un mecanismo efectivo para aliviarnos del sufrimiento.

Lo que señalamos no representa algo profundamente original. Lo que estamos diciendo ha sido reconocido desde hace muchos siglos, particularmente por los filósofos estoicos. Dentro de ellos cabe destacar la figura de Epicteto, aquel esclavo griego que viviera en la segunda mitad del siglo I y comienzos del II d.C., en el tiempo de los romanos y con quien el emperador Adriano tuviera largas conversaciones.

Las enseñanzas de Epicteto nos han llegado por la recopilación que de ellas hiciera su discípulo, Flavio Arriano. Dentro de las recomendaciones que nos hace Epicteto destaca la siguiente: «No es lo que ha sucedido lo que molesta a un hombre, dado que lo mismo puede no molestar a otro. Es su juicio sobre lo sucedido». En un contexto distinto, Epicteto apunta en una dirección similar: «No olvides que no es el hombre que te envilece o golpea aquel que te insulta, sino tu propio juicio de que este hombre te insulta. Por lo tanto, cuando alguien te irrita, ten por seguro que es tu propia opinión la que te ha irritado. Y comprométete a no dejarte llevar por las impresiones externas, dado que una vez que ganes tiempo y postergues tu reacción, podrás más fácilmente llegar a ser el amo de ti mismo».

Permítasenos hacer dos advertencias antes de cerrar esta sección. Primero, no estamos sosteniendo que haya que —o que sea incluso posible— eliminar toda forma de sufrimiento humano. Este cumple una función determinante en la existencia humana. Pero también es cierto que no toda forma de sufrimiento tiene un papel positivo en la vida y hay mucho sufrimiento que más valdría erradicar. Segundo, al insistir en el carácter lingüístico del sufrimiento humano no queremos implicar que no haya que prestar atención a los otros dominios primarios de la existencia humana que no son lingüísticos: el corporal y el emocional. Ambos están comprometidos de manera significativa. Mal podemos negar la dimensión emocional del sufrimiento, como no podríamos desconocer el hecho de que los juicios que podamos hacer sobre lo que acontece pueden estar condicionados por factores biológicos. Pero en la medida en que aceptemos que los juicios representan el sustrato de toda forma de sufrimiento, le conferimos obligadamente prioridad al dominio del lenguaje.

Una cuestión de confianza

Al término de esta sección sobre el hablar humano echemos una mirada hacia atrás y, desde la perspectiva de los juicios, reexaminemos algunas de las cosas ya dichas.

Al hablar de los diferentes actos lingüísticos sostuvimos que una forma de diferenciarlos era examinando los diferentes compromisos sociales que establecíamos al ejecutar cada uno de ellos. Sostuvimos, por lo tanto, que al hacer una afirmación nos comprometemos a la veracidad y relevancia de lo que decimos. Que al hacer una declaración, nos comprometemos a hacer nuestro comportamiento posterior **consistente** con lo declarado, como asimismo a la **validez** de aquello que declaramos. Que al hacer un juicio, además de comprometernos como en toda declaración a su consistencia y validez, nos comprometemos a que el juicio sea **fundado**. Al hablar de promesas, peticiones y ofertas, sostuvimos que nos comprometemos a la **sinceridad** de lo que prometemos o vamos a prometer, como a que tenemos la **competencia** para ejecutar lo prometido.

Pues bien, todas estas condiciones, todos estos compromisos involucrados en el hablar, involucran juicios que hacemos en cada uno de los casos. Al hablar de verdadero o falso, relevante o irrelevante, válido o no válido, consistente o inconsistente, fundado o infundado, sincero o insincero, competente o incompetente, estamos haciendo juicios sobre el orador o lo que éste dice. Estamos usando el lenguaje para enjuiciar el hablar. Pareciera que no tenemos cómo romper las cadenas del lenguaje. Sólo podemos dar vueltas en su interior en número indeterminado de vueltas posibles. Del laberinto del lenguaje no hay posibilidad de salida.

Todos estos juicios sientan las bases para un juicio que es viga maestra de toda forma de convivencia con otros: **el juicio de la confianza.** De no haber confianza no tengo posibilidad de construir una relación estable con los demás. Sin confianza se socavan las relaciones de pareja, las relaciones con nuestros padres y con nuestros hijos, las relaciones de trabajo, las relaciones de negocio, las relaciones del alumno con su maestro, etcétera. No hay relación humana que pueda desarrollarse adecuadamente cuando no existe la confianza.

Pues bien, esta condición que resulta esencial para nuestra vida y para las posibilidades en ella, resulta de un juicio que hacemos sobre los demás (y que los demás, a su vez, hacen sobre nosotros). Dada la capacidad recursiva del lenguaje, podemos incluso hablar de autoconfianza, o de la confianza que nos tenemos a nosotros mismos. En cuanto expresión de un juicio, la confianza es un fenómeno estrictamente lingüístico. Es sólo en cuanto somos seres lingüísticos y, en tal capacidad, seres que podemos hacer juicios, que la confianza como fenómeno se constituye.

Si aceptamos que la confianza se constituye a partir de un juicio, cabe preguntarse ¿a qué clase de juicio estamos aludiendo? Para indagar en esta pregunta es quizás conveniente partir de aquellos juicios particulares que guardaban relación con los compromisos que asumimos al hablar, al ejecutar los diferentes actos lingüísticos. Pues si vemos a todos estos juicios asociados con el fenómeno de la confianza, bien puede suceder que ellos nos despejen al menos el camino para alcanzar una comprensión unitaria de la confianza como fenómeno.

Volvamos a examinar brevemente, por lo tanto, los diferentes actos lingüísticos. Miremos las afirmaciones. ¿Nos dará confianza alguien que se caracteriza por hacer afirmaciones falsas? ¿Estaremos dispuestos a tomar acción basados en afirmaciones proporcionadas por alguien así? ¿Podemos, en consecuencia, sostener que existe una relación entre hacer afirmaciones que no son verdaderas y la confianza? De la misma manera, ¿tendremos confianza en alguien que hace afirmaciones que no guardan relevancia con aquello que consideramos atingente?

Examinemos ahora las declaraciones. ¿Nos dará confianza alguien que se comporta de una forma que no es consistente con lo que declara? ¿O alguien que hace declaraciones en materias para las que no tiene autoridad? ¿Vemos alguna relación entre tales comportamientos y la confianza? Y en el caso particular de los juicios, ¿nos dará confianza alguien que se caracteriza por no fundar sus juicios? Por ejemplo, ¿seguiremos su consejo?

Pasemos ahora a racimo a actos lingüísticos que forman las promesas, las peticiones y las ofertas. ¿Podremos tener confianza en alguien que promete sin ser sincero?, ¿sin tener intenciones de cumplir aquello que prometió? ¿Estaremos dispuestos a descansar en tales promesas? ¿Y qué pasará, en términos de la confianza, si comprobamos que alguien promete hacer algo para lo que no es competente? ¿Nos pondremos en sus manos?

Además de los dominios de la sinceridad y de la competencia, hay un tercer dominio en el que la confianza también se ve comprometida cuando hacemos promesas. Se trata del dominio que llamamos de **la confiabilidad**. Hablamos de confiabilidad en relación a la competencia general que alguien tiene, no de cumplir aquello que concretamente prometió, sino simplemente de cumplir sus promesas. Se trata de personas que pueden haber sido sinceras en el momento de hacer una promesa y que tienen la competencia como para hacer lo que prometieron. Sin embargo, dado que suele existir un tiempo entre el momento de hacer la promesa y el momento de cumplirla, la sinceridad no garantiza cumplimiento y estas personas —por motivos muy diversos— resulta que tienen una historia de incumplimientos. ¿Tendremos confianza en alguien así?

La confianza, por lo tanto, es un juicio que se ve comprometido en todos y cada uno de los actos lingüísticos que realizamos. Según nos desempeñemos en ellos, los demás tendrán más o menos confianza en nosotros. Según como se desempeñen los demás, tendremos más o menos confianza en ellos. Nuestra impecabilidad en el respeto a los compromisos involucrados en cada acto lingüístico es la base que nos permite construir la confianza que los demás tengan en nosotros.

Pero, ¿podemos acaso decir que detrás del respeto a los diferentes compromisos que están involucrados en cada acto lingüístico hay un mismo fenómeno que se revela en estos compromisos particulares? En otras palabras, ¿son todos éstos casos particulares de un mismo fenómeno general? Y de ser así, ¿cuál fenómeno es éste?

Nuestra respuesta es afirmativa. Consideramos, en efecto, que todos estos casos son sólo expresiones de un mismo fenómeno. El respeto por cada uno de estos compromisos particulares es expresión de algo global que entra en juego en cada uno de estos casos. Nos referimos al respeto por el otro, al **respeto que en la convivencia social nos brindamos los unos a los otros en cuanto personas**. Humberto Maturana llama a lo anterior amor. Nosotros preferimos el término respeto. Estamos, sin embargo, hablando de lo mismo.

Hacia una ética fundada en el respeto

¿Qué es el respeto? Es un fenómeno que, como sucede con varios juicios, podemos distinguir en dos dominios diferentes de la existencia humana: en el dominio del lenguaje y en el dominio emocional. Por ahora nos circunscribiremos a lo que guarda relación con el respeto como fenómeno del dominio del lenguaje.

Como fenómeno lingüístico decimos que el respeto es el juicio de aceptación del otro como un ser diferente de mí, legítimo en su forma de ser y autónomo en su capacidad de actuar. Implica, por lo tanto, la aceptación de la diferencia, de la legitimidad y de la autonomía del otro en nuestra convivencia en común. Implica, por ende, la disposición a concederle al otro un espacio de plena y recíproca legitimidad para la prosecución de sus inquietudes.

Cuando a partir de las instancias particulares, ligadas a la ética de los distintos compromisos que resultan de los diferentes actos lingüísticos, logramos situarnos en el fenómeno unitario asociado con el respeto mutuo, comprobamos que la confianza no sólo se manifiesta como un juicio que realizamos con respecto a las acciones del hablar, sino también en toda forma de comportamiento en que estramos en relación con otros.

La confianza, insistimos, se constituye como un juicio y es, por lo tanto, un fenómeno estrictamente lingüístico. Pero el juicio que constituye a la confianza puede hacerse tanto sobre las acciones lingüísticas como sobre cualquier otra acción humana. Veamos un ejemplo. Si voy caminando de noche por la calle y veo que alguien se me acerca en actitud que puedo calificar (en mi «juicio») de sospechosa, puedo decir que esa persona no me da confianza y, a partir de ello, optar por cruzar a la vereda de enfrente, que está más iluminada y con gente.

Esa persona que me pareció sospechosa no alcanzó a abrir su boca y yo ya había emitido mi juicio de desconfianza. No había hecho ninguna afirmación que yo pudiera considerar falsa, ninguna declaración que fuese no válida, ninguna promesa. Mi juicio de desconfianza se sustenta simplemente en la presunción de que tal persona podría no reconocerme como alguien que ocupa un espacio legítimo en la convivencia mutua y que podría, en consecuencia, violar mi integridad como persona.

Esto nos lleva a un punto fundamental en la ontología del lenguaje. Se trata del reconocimiento de que la **ontología del lenguaje se sustenta en una determinada ética**

de la convivencia, basada en el respeto mutuo. El respeto mutuo, como nos lo señala Maturana, es no sólo precondición del propio lenguaje, sino de toda forma de convivencia social, desde la cual el mismo lenguaje emerge.

Una vez que entendemos la imposibilidad de separar por completo la esfera de las ideas del mundo de la vida, una vez que aceptamos que los seres humanos son seres morales, seres que hacen juicios y al hacerlos generan valores y confieren sentido a su existencia, una vez que hemos aceptado lo anterior, no podemos aislar lo que sostenemos del dominio de la ética.

CAPITULO 5:

EL ESCUCHAR: EL LADO OCULTO DEL LENGUAJE*

La comunicación humana tiene dos facetas: hablar y escuchar. Generalmente se piensa que es más importante el hablar, ya que éste parece ser el lado activo de la comunicación, mientras que al escuchar se le suele considerar como pasivo. Se supone que si alguien habla lo suficientemente bien (fuerte y claro) será bien escuchado. A partir de esta interpretación, el escuchar generalmente se da por sentado y rara vez se le examina como un asunto problemático.

Sin embargo, un nuevo sentido común acerca de la importancia del escuchar está emergiendo. Las personas están empezando a aceptar que escuchan mal. Reconocen que, a menudo, les es difícil escuchar lo que otros dicen y que tienen dificultades en hacerse escuchar en la forma que desearían. Este fenómeno ocurre en todos los dominios de nuestras vidas.

Por ejemplo, el tema del escuchar se ha convertido en una inquietud importante en nuestras relaciones personales. Es frecuente escuchar la queja: «Mi pareja no me escucha». Sin lugar a dudas, la comunicación inefectiva es una de las principales causas de divorcio. Cuando las personas hablan de «incompatibilidad» con su pareja, es el escuchar, nuevamente, el que está en el centro de sus inquietudes.

En el campo de los negocios, el escuchar efectivo ha llegado a adquirir la máxima prioridad. Peter Drucker, en un reciente libro escribió:

---

*Estoy agradecido al Dr. Fernando Flores y a Business Design Associates, propietarios de los derechos de autor de trabajos en los que se basa este segmento, por permitirme gentilmente hacer uso en este libro de largas secciones de tales trabajos.

«*demasiados (ejecutivos) piensan que son maravillosos con las personas porque hablan bien. No se dan cuenta de que ser maravillosos con las personas significa 'escuchar' bien*».[1]

Tom Peters enfatiza que una de las principales razones del bajo rendimiento del *management* norteamericano es el hecho de que el *manager* no escucha a sus empleados, ni a sus clientes, ni lo que está sucediendo en el mercado. Peters recomienda «obsesionarse con escuchar».[2] El problema, por supuesto, radica en ¿cómo hacerlo?, ¿en qué consiste saber escuchar?

Sostenemos que mientras mantengamos nuestro tradicional concepto del lenguaje y la comunicación, difícilmente podremos captar el fenómeno del escuchar. Más aun, no seremos capaces de desarrollar las competencias requeridas para producir un escuchar más efectivo.

El escuchar como factor determinante de la comunicación humana

Si examinamos detenidamente la comunicación, nos daremos cuenta de que ella descansa, principalmente, no en el hablar sino en el escuchar. El escuchar es el factor fundamental del lenguaje. Hablamos para ser escuchados. El hablar efectivo sólo se logra cuando es seguido de un escuchar efectivo. **El escuchar valida el hablar.** Es el escuchar, no el hablar, lo que confiere sentido a lo que decimos. Por lo tanto, el escuchar es lo que dirige todo el proceso de la comunicación.

Es sorprendente darse cuenta de la poca atención que le hemos prestado al fenómeno del escuchar. Si buscamos literatura sobre éste, encontraremos que es muy escasa. Las pocas cosas que se han escrito son generalmente de dudosa calidad. Durante siglos hemos dado por sentado el escuchar. Normalmente suponemos que para escuchar a otras personas solamente tenemos que

---

[1] Peter Drucker (1990)

[2] Tom Peters (1987)

exponernos a lo que dicen —debemos estar con ellas, hablarles, hacerles preguntas. Suponemos que haciendo esto, el escuchar simplemente va a ocurrir. No estamos diciendo que esto no sea importante o necesario. Lo que decimos es que no es suficiente.

La falacia de la transmisión de información

La comprensión prevaleciente en nuestros días de la comunicación está basada en la noción de transmisión de información. Esta es una noción heredada de la ingeniería de la comunicación y desarrollada por C.Shannon, entre otros. Se ocupa de la comunicación entre máquinas —esto es, entre un transmisor y un receptor (como sucede en los procesos de transmisión radial). Este marco, a pesar de su utilidad en cuestiones técnicas de transmisión, demuestra su deficiencia cuando se utiliza para comprender la comunicación humana. La noción de transmisión de información esconde, precisamente, la naturaleza problemática del escuchar humano.

Esto sucede, a lo menos, por dos razones. Primero, porque nada dice acerca de uno de los principales aspectos de la comunicación humana —la cuestión del sentido. (Volveremos sobre este tema más adelante). Por el momento, digamos que cuando una máquina envía información a otra para lograr, por ejemplo, que se reproduzca un sonido o una imagen, o se ejecute una orden, no interesa lo que significa el mensaje enviado. Podemos hablar de una comunicación exitosa siempre y cuando la pantalla de nuestro televisor obtenga una imagen nítida y estable de lo que está sucediendo en el estudio. No nos preguntamos si tiene sentido para el televisor la imagen recibida.

Cuando nos ocupamos de la comunicación humana, el asunto del sentido se torna primordial. No podemos abocarnos a ella sin considerar la forma en que las personas entienden lo que se les dice. La forma como hacemos sentido de lo que se dice es constitutiva de la comunicación humana. Y es también un aspecto fundamental del acto de escuchar. La noción de transmisión de información sólo opera como una metáfora cuando se usa en la comunicación humana. Sin embargo, es una mala metáfora, que distorsiona el fenómeno que pretende revelar.

Segundo, nuestra forma tradicional de abordar la comunicación humana supone que los seres humanos se comunican entre sí de una manera instructiva. La comunicación instructiva se produce cuando el receptor es capaz de reproducir la información que se le está transmitiendo. Pero los seres humanos, como ha argumentado el biólogo Humberto Maturana, no tienen los mecanismos biológicos necesarios para que el proceso de transmisión de información ocurra en la forma descrita por la ingeniería de la comunicación. Los seres humanos, como todos los seres vivos, son sistemas cerrados. Son «unidades estructuralmente determinadas». Esto significa que lo que les sucede en sus interacciones comunicativas está determinado por su propia estructura y no por el agente perturbador.

Los seres humanos no poseen un mecanismo biológico que les permita «reproducir» o «representar» lo que «realmente» está ocurriendo en su entorno. No tenemos un mecanismo biológico que nos permita decir que nuestra experiencia sensorial (ver, oír, oler, degustar, tocar) «reproduce» lo que está «allá afuera».

No vemos los colores que hay allá afuera; sólo vemos los colores que nuestros sistemas sensoriales y nerviosos nos permiten ver. De la misma manera, no escuchamos los sonidos que existen en el medio ambiente independientemente de nosotros. Los sonidos que escuchamos son aquéllos predeterminados por nuestra estructura biológica. Las perturbaciones del medio ambiente sólo seleccionan reacciones predeterminadas de nuestra estructura. Las perturbaciones ambientales sólo «gatillan» nuestras respuestas dentro del espacio de posibilidades que nuestra estructura humana permite.

Podemos señalar, por lo tanto, que existe «una brecha crítica» en la comunicación, entre decir (o hablar) y escuchar. Como dice Maturana: «El fenómeno de comunicación no depende de lo que se entrega, sino de lo que pasa con el que recibe. Y esto es un asunto muy distinto a 'transmitir información'».

Podemos concluir, entonces, que **decimos lo que decimos y los demás escuchan lo que escuchan; decir y escuchar son fenómenos diferentes.**

Este es un punto crucial. Normalmente damos por sentado que lo que escuchamos es lo que se ha dicho y suponemos que lo que decimos es lo que las personas van a escuchar. Comúnmente no nos preocupamos siquiera de verificar si el sentido que nosotros damos a lo que escuchamos corresponde a aquel que le da la persona que habla. La mayoría de los problemas que enfrentamos en la comunicación surgen del hecho de que las personas no se dan cuenta de que el escuchar difiere del hablar. Y cuando lo que se ha dicho no es escuchado en la forma esperada, la gente llena esta «brecha crítica» con historias y juicios personales acerca de cómo son las otras personas, produciendo problemas todavía más profundos en la comunicación.

Escuchar no es oír

Hasta ahora hemos diferenciado el hablar del escuchar. Ahora es necesario diferenciar el oír del escuchar. Oír es un fenómeno biológico. Se le asocia a la capacidad de distinguir sonidos en nuestras interacciones con un medio (que puede ser otra persona). Oír es la capacidad biológica que poseen algunas especies vivas de ser gatilladas por perturbaciones ambientales en forma tal que generen el dominio sensorial llamado sonido.

Determinadas perturbaciones ambientales generan, en algunos organismos, lo que llamamos el fenómeno del oír. Y estas mismas perturbaciones podrían no generarlo en otros organismos. Sabemos, por ejemplo, que los perros oyen algunas perturbaciones que los humanos no oímos. Esto sucede porque poseen una estructura biológica diferente. Los organismos que pertenecen a una misma especie comparten la misma estructura biológica y son, normalmente, gatillados de una manera similar por una misma perturbación.

Escuchar es un fenómeno totalmente diferente. Aunque su raíz es biológica y descansa en el fenómeno del oír, escuchar no es oír. Escuchar pertenece al dominio del lenguaje, y se constituye en nuestras interacciones sociales con otros.

Lo que diferencia el escuchar del oír es el hecho de que cuando escuchamos, generamos un mundo interpretativo. El acto de escuchar siempre implica comprensión y, por lo tanto, interpretación. Cuando atribuimos una interpretación a un sonido, pasamos del fenómeno del oír al fenómeno del escuchar. Escuchar es oír más interpretar. No hay escuchar si no hay involucrada una actividad interpretativa. Aquí reside el aspecto activo del escuchar. Cuando observamos que escuchar implica interpretar, nos damos cuenta de que el escuchar no es la dimensión pasiva de la comunicación que se suponía que era.

El factor interpretativo es de tal importancia en el fenómeno del escuchar que es posible escuchar aun cuando no haya sonidos y, en consecuencia, aun cuando no haya nada que oír. Efectivamente, podemos escuchar los silencios. Por ejemplo, cuando pedimos algo, el silencio de la otra persona puede ser escuchado como una negativa. También escuchamos los gestos, las posturas del cuerpo y los movimientos en la medida en que seamos capaces de atribuirles un sentido. Esto es lo que permite el desarrollo de lenguajes para los sordos. El cine mudo también proporciona un buen ejemplo de cómo podemos escuchar cuando no hay sonidos. El oír y el escuchar, insistimos, son dos fenómenos diferentes.

Desde una comprensión descriptiva a una comprensión generativa del lenguaje

Normalmente pensamos que escuchamos palabras. Nuestra capacidad de organizar las palabras en unidades más grandes nos permite escuchar oraciones. Nuestra capacidad de organizar oraciones en unidades aún mayores nos permite escuchar relatos, narrativas, historias. Pero, en última instancia, todo pareciera reducirse a palabras.

En nuestra interpretación tradicional, las palabras rotulan, nombran o hacen referencia a un objeto, un acontecimiento, una idea, etcétera.

Se nos dice que el significado de una palabra es su conexión con aquello a lo que se refiere. Como no siempre podemos señalar el objeto, acontecimiento, idea, etcétera, a que se refiere la palabra, el significado de una palabra se establece, comúnmente, por medio de una definición. La definición proporciona un significado a la palabra usando otras palabras que se refieren a ella. Si no conocemos el significado de una palabra, consultamos un diccionario. Allí cada palabra se muestra junto a otras palabras. En un diccionario, el significado vive en un universo de palabras.

La interpretación anterior es consistente con el antiguo supuesto de que el lenguaje es un instrumento pasivo para describir la realidad. Nosotros decimos que esta interpretación produce una comprensión estrecha del fenómeno del escuchar. Nosotros sustentamos una interpretación diferente del lenguaje. Para nosotros, el lenguaje no es sólo un instrumento que describe la realidad. Sostenemos que el lenguaje es acción.

Decimos que cuando hablamos actuamos, y cuando actuamos cambiamos la realidad, generamos una nueva. Aun cuando describimos lo que observamos, pues obviamente lo hacemos, estamos también actuando, estamos «haciendo» una descripción y esta descripción no es neutral. Juega un papel en nuestro horizonte de acciones posibles. A esto le llamamos la capacidad generativa del lenguaje —ya que sostenemos que el lenguaje genera realidad.

Basándonos en la premisa anterior, generamos una comprensión diferente de lo que es el fenómeno de conferir sentido. Ludwig Wittgenstein, dijo que «El significado de una palabra es su uso en el lenguaje». Pero apuntar al «uso» de una palabra es, desde ya, apuntar a las acciones en las cuales tal palabra es traída a la mano, de una forma que hace sentido. Sostenemos que si queremos captar el sentido de lo que se dice, debemos examinar las acciones involucradas en el hablar. Cuando escuchamos, no escuchamos solamente palabras, escuchamos también acciones. Esto es clave para comprender el escuchar.

Las acciones comprendidas en el hablar

Cuando hablamos, normalmente no ejecutamos una acción, sino tres tipos diferentes de acciones relevantes para el proceso de la comunicación humana. Estos tres tipos de acciones fueron originalmente distinguidos por el filósofo británico J.L. Austin.

En un primer nivel, está el acto de articular las palabras que decimos. Esta es la acción de decir lo que decimos. Austin los llamó «actos locucionarios». Decir, por ejemplo, «Estaré ocupado mañana», constituye una acción diferente de decir «No tengo ganas». Estos no son sólo diferentes sonidos, ni son sólo diferentes palabras, sino también son acciones diferentes. Como tales, generan un escuchar diferente y consecuencias diferentes en nuestra coordinación de acciones con otros.

En un segundo nivel, está la acción comprendida en decir lo que decimos. Austin los llamó «actos ilocucionarios». Ambas expresiones mencionadas arriba pueden ser, por ejemplo, maneras de rehusar la petición «¿Podría asistir a nuestra reunión de mañana?» Ambas son negativas a esta petición y, como tales, implican una misma acción y son escuchadas como lo mismo (esto es, como negativas), sin perjuicio de que ambas negativas sean escuchadas en forma diferente, en razón de sus diferencias a nivel locucionario. Nuestra taxonomía de los actos lingüísticos básicos —a saber, afirmaciones, declaraciones, peticiones, ofertas y promesas—, opera en este segundo nivel.

Existe finalmente, según Austin, un tercer nivel de acción comprendido en el habla. Austin llamó a este tercer nivel «actos perlocucionarios». Aquí no nos preocupamos de lo que se dijo (primer nivel), ni de las acciones de formular una petición, una oferta, una declaración, etcétera (segundo nivel), sino de la acciones que tienen lugar porque se dijo algo, aquellas que se producen como consecuencia o efecto de lo que decimos. Así, por ejemplo, un determinado acto ilocucionario puede asombrar, convencer, fastidiar, etcétera.

Siguiendo a Austin, por lo tanto, podemos decir que cuando escuchamos, escuchamos los tres niveles de acción. Primero, escuchamos el nivel de lo que se dijo y cómo fue dicho. Segundo, escuchamos el nivel de la acción involucrada en lo que se dijo (sea esto una afirmación, una declaración, una petición, una oferta o una promesa). Tercero, escuchamos el nivel de las acciones que nuestro hablar produce. En esta interpretación del lenguaje, las palabras son herramientas que nos permiten mirar hacia todos esos niveles de acciones.

Sin embargo, todo esto es aún insuficiente para entender cabalmente el escuchar. Hasta ahora hemos visto cómo las acciones del hablar repercuten en el escuchar. Hemos reconocido que el lenguaje es acción, basándonos en el reconocimiento de que hablar es acción. Sostenemos que esto aún corresponde a una comprensión parcial de la naturaleza activa y generativa del lenguaje. Lo que falta es ir más allá de la fórmula «hablar => acción» y descubrir la naturaleza activa del escuchar.

Examinemos algunos ejemplos. Si pregunto a un cliente, «¿Puedo llamarlo la próxima semana para continuar esta conversación?» y él replica «De acuerdo», yo bien podría escuchar, además de su aceptación, «El está interesado en mi producto». Si pregunto a Emilia, «¿Qué vas a hacer la noche de Año Nuevo?» y ella responde «Me quedaré en casa», yo podría escuchar «Emilia quiere eludir las tensiones que le producen las actividades sociales». Si mi hijo pregunta, «Papá, ¿me puedes dar cincuenta dólares?» yo podría escuchar «Está planeando salir con su novia».

Obviamente esto no fue lo que se dijo; pero sí fue lo que yo escuché. No nos olvidemos que decimos lo que decimos y escuchamos lo que escuchamos. En todos estos ejemplos, lo que escuchamos simplemente no fue dicho, pero no por eso implica que escuchamos mal. Por el contrario, podríamos estar escuchando en forma bastante efectiva. Postulamos que esta parte del escuchar, que va más allá del hablar, es un aspecto primordial del escuchar efectivo. Es más, se trata de un aspecto fundamental del fenómeno del escuchar humano. Ciertamente, lo que escuchamos puede a veces ser válido y otras no. ¿Dónde está la diferencia? ¿Cómo podemos aumentar nuestra capacidad para escuchar de un modo más efectivo? Para responder a estas preguntas debemos hacer algunas otras distinciones que nos llevarán más allá de las acciones directamente comprendidas en las interacciones comunicativas.

El supuesto de «intención» para dar sentido a nuestra acciones.

Hemos dicho que cuando escuchamos, no solamente escuchamos las palabras que se hablan; también escuchamos las acciones implícitas en el hablar. Y hemos visto recién que escuchar estas acciones es sólo una parte de lo que escuchamos. Escuchar las acciones implícitas en el acto de hablar no es suficiente para asegurar un escuchar efectivo. ¿Qué falta? ¿Qué más incluye el escuchar?

Cada vez que escuchamos una acción, normalmente nos hacemos dos preguntas básicas. La primera es: ¿Para qué está la persona ejecutando esta acción? La segunda es: ¿Cuáles son las consecuencias de esta acción? Según la forma en que respondamos a estas preguntas, la misma acción puede ser escuchada de maneras muy diferentes. Nos vamos a ocupar aquí y en la siguiente sección de la primera de estas preguntas.

Cuando escuchamos una acción, no sólo la identificamos, también respondemos, de una u otra forma, la pregunta «para qué» se está ejecutando la acción. O, dicho de otra forma, «qué» lleva a alguien a decir lo que dice. ¿Cómo hacemos esto? ¿Cuáles son las suposiciones que hacemos cuando respondemos la pregunta?

Tradicionalmente, nos hacemos cargo de la pregunta «para qué» se efectúa una acción, bajo el supuesto de que «tras» ella hay lo que llamamos «intenciones». Suponemos que normalmente encontraremos una intención tras la acción de una persona. Las acciones aparecen como respuestas a un propósito, un motivo o una intención. Y se supone que estas intenciones residen en nuestra conciencia o mente.

Este supuesto (que se remonta al tiempo de los antiguos griegos), es uno de los cimientos de la tradición racionalista. El racionalismo supone que generalmente hay una intención o una meta consciente tras toda acción. La tradición racionalista busca las «razones» de las personas para actuar en la forma en que lo hacen. Una acción es considerada racional si corresponde a las intenciones conscientes que nos hemos fijado al ejecutarla. Desde esta perspectiva, uno de los factores básicos que hace que una acción tenga sentido es su intención. Por lo tanto, una de las formas en que damos sentido a una acción es descubriendo la «verdadera intención» que hay tras ella. Una acción que es coherente con su «razón» o «intención verdadera» es una acción racional. Pero, nos preguntamos, ¿tiene sentido postular la existencia de algo así como una «verdadera intención» tras una acción?

La solución ofrecida por Freud

Este problema se le presentó también a Sigmund Freud y es quizás interesante, examinar cómo lo encaró. Freud comenzó efectuando dos contribuciones importantes en relación a este problema. La primera fue el señalar que los seres humanos actúan, a menudo, sin intenciones conscientes —sin un conocimiento claro de lo que hacen y de por qué lo hacen. La segunda es que aun cuando ellos creen saber por qué están haciendo lo que hacen, las razones que esgrimen pueden ser legítimamente impugnadas. Esto es precisamente parte de la labor del terapeuta. Este se permite impugnar las «razones» del paciente y ofrecer «razones» diferentes.

Hasta aquí no tenemos problemas con Freud. Por el contrario, lo que nos está proponiendo nos resulta coherente y su posición, hasta ahora, la consideramos una importante contribución. Sin embargo, discrepamos con los pasos siguientes dados por Freud como forma de generar una interpretación que sea coherente con su postulado de que la conciencia que los individuos tienen de las razones de su actuar (sus intenciones) no es confiable. Dado que no podemos apoyarnos en las intenciones conscientes para comprender el comportamiento humano, Freud sugirió la existencia de otra entidad—el inconsciente. Las intenciones inconscientes son aquellas que, supuestamente, residen en el inconsciente y logran ser «descubiertas» por el terapeuta.

Examinemos el carácter de la solución ofrecida por Freud. Este no impugna el postulado según el cual actuamos a partir de intenciones. Habiendo reconocido un problema en la interpretación tradicional, procuró resolverlo dentro del marco de algunos de los supuestos aceptados en su época. Uno de ellos es el supuesto que llamamos de la primacía de la mente o la conciencia, que forma otro de los pilares del programa metafísico[3].

Como la conciencia, según Freud, no es capaz de explicar algunas de nuestras acciones, no hay más que suponer que tiene que existir otra entidad, de rango similar al de la conciencia, pero diferente de ella por cuanto no se asocia a los fenómenos conscientes. Qué mejor, entonces, que suponer la existencia de una especie de «otra mente», con la diferencia de que ésta no es consciente. Ahora en vez de una mente, sucede que tenemos dos: una consciente y otra inconsciente. Con ello nos mantenemos dentro de la tradición que utiliza la mente como principio explicativo de la acción humana.

Con esta solución, no hay tampoco necesidad de cuestionar el marco interpretativo del cual tradicionalmente se ha nutrido nuestro concepto de intención. En vez de cuestionar el concepto de intención, Freud lo expande. Postula que además de nuestras intenciones conscientes, tenemos también intenciones inconscientes. No coincidimos con la solución ofrecida por Freud a este problema.

---

[3] Ver, al respecto, R. Echeverría (1993), págs. 270-272.

Cuestionamiento del concepto de intención

Uno de los problemas del supuesto de intenciones es que implica partir cada acción en dos —la acción misma y la acción que nos lleva a actuar. Puesto que la acción que nos lleva a actuar es una acción en sí misma, ésta puede dividirse en dos nuevamente, la acción que nos lleva a actuar, por sí misma, y la acción que nos lleva a la acción, que nos lleva a actuar, y así sucesivamente en regresión infinita.

Al procederse así, también se divide en dos a la persona que actúa —la persona revelada por las acciones que realiza y la persona que supuestamente está decidiéndose a actuar. Y entramos nuevamente en una regresión infinita, ya que el decidirse a actuar es, en sí mismo, una acción que supuestamente alguien hace. Esto se conoce como «la falacia del humunculus» (palabra en latín que quiere decir pequeño hombrecito), en que suponemos que tras cada persona hay otra personita manejando el timón.

La idea de que cada acción implica un yo que la hace ser similar a aquella que sostiene que, cada vez que vemos una flecha volando, debe haber un arquero que la disparó. Si hay una acción, suponemos que un agente o una persona (el arquero) la hizo. La humanidad ha estado atrapada en este supuesto desde hace mucho tiempo. Si algo sucedía, suponíamos que había por necesidad alguien que hizo que ello ocurriera. La lluvia, los truenos, las enfermedades y su recuperación, las cosechas — aun ganarse la lotería—, eran todas acciones ejecutadas por individuos invisibles. Gran parte de los dioses que los seres humanos se han dado en el curso de la historia, fueron inventados a partir de este supuesto.

El separar la acción de la persona (el yo), puede haberse originado en la forma en que hablamos. Normalmente decimos «Yo escribí esta carta» o «Yo acepto su oferta», denotando un «yo» tras la acción de escribir la carta o de aceptar la oferta. Las limitaciones de nuestro lenguaje a menudo ocasionan problemas filosóficos altamente sofisticados.

Es interesante observar que una de las fortalezas del pensamiento científico es que, desde sus comienzos, se liberó del supuesto de que hay una persona creando los fenómenos. Se cuenta la anécdota de que algún tiempo después de publicar su obra maestra acerca de la estructura del universo, el astrónomo francés Laplace se encontró con Napoleón. La anécdota señala que luego de felicitarlo por su obra, el emperador preguntó: «Sr. Laplace, ¿cómo pudo usted escribir esta obra tan larga sin mencionar, ni siquiera una vez, al Creador del Universo?» A lo que Laplace contestó, «*Sire, je n'ai pas eu besoin de cette hypothèse*» (Majestad, no tuve necesidad de tal hipótesis).

Friedrich Nietzsche fue, nuevamente, uno de los primeros pensadores en observar el hecho de que realizamos esta extraña operación de separación que hemos descrito arriba. Escribe Nietzsche:

> «... *[el lenguaje] entiende y malentiende que todo hacer está condicionado por un agente, por un 'sujeto'. (...) del mismo modo que el pueblo separa el rayo de su resplandor y concibe al segundo como un hacer, como una acción de un sujeto que se llama rayo. (...) Pero tal sustrato no existe; no hay ningún 'ser' detrás del hacer, del actuar, del devenir; el 'agente' ha sido ficticiamente añadido al hacer, el hacer es todo*».

Al igual que Nietzsche, postulamos que **«el agente es una ficción, el hacer es todo»**. Sostenemos que la acción y el sujeto (el «yo») que ejecuta la acción no pueden separarse. En realidad, son las acciones que se ejecutan las que están permanentemente constituyendo el «yo». Sin acciones no hay «yo» y sin «yo» no hay acciones. La flecha, el arco y el arquero en este caso se generan simultáneamente. La flecha que vuela está constituyendo al arquero. Somos quienes somos según las acciones que ejecutamos (y esto incluye los actos de hablar y de escuchar).

Albert Einstein adoptó una posición similar. En una conferencia que dictó en Inglaterra sobre la metodología de la física teórica, dijo que si queremos entender lo que hace un científico no debiéramos basarnos en lo que él nos diría acerca de sus acciones. Debiéramos limitarnos a examinar su obra. Esta es también una de las posiciones centrales de la epistemología desarrollada por el filósofo de las ciencias francés, Gaston Bachelard. Cuando actuamos (y también cuando hablamos y escuchamos —esto es, cuando estamos en conversación) estamos constituyendo el «yo» que somos. Lo hacemos tanto para nosotros mismos como para los demás. Nuestras acciones incluyen tanto nuestros actos públicos, como los privados; tanto nuestras conversaciones públicas, como las privadas. Pero hacer una separación entre actos públicos y privados (o conversaciones públicas y privadas) es algo muy diferente de separar al «yo» de sus acciones.

La noción misma de intenciones se desmorona al oponernos a separar a la persona de sus acciones. No viene al caso, por lo tanto, buscar nuevas clases de intenciones para entender el comportamiento humano, como lo hiciera Freud. Es el supuesto mismo de intención el que debe ser sustituido. La pregunta es: ¿Podemos prescindir de él? ¿Podemos darle un sentido al comportamiento humano sin presuponer una intención tras la acción?

De intenciones a inquietudes

Proponemos una interpretación completamente diferente. Decimos (inspirándonos en la filosofía de Martin Heidegger), que cada vez que actuamos podemos suponer que lo hacemos para hacernos cargo de algo. Tal como lo señaláramos previamente, a este algo, sea ello lo que sea, le llamamos **inquietud**. Podemos decir, por lo tanto, que una acción se lleva a cabo para atender una inquietud. Decimos que una inquietud es la interpretación que damos sobre aquello de lo que nos hacemos cargo cuando llevamos a cabo una acción. Por lo tanto, es lo que le confiere sentido a la acción. Si no podemos atribuir una inquietud a una acción, ésta pierde sentido.

Hasta ahora, esto se parece mucho a la vieja concepción racionalista que habla de intenciones. ¿No estaremos simplemente llamando inquietudes a las intenciones? ¿No estaremos usando nombres diferentes para hablar de lo mismo? Sostenemos que no. Lo que marca la diferencia entre inquietud e intención es lo siguiente: no estamos diciendo que haya una intención «tras» una acción, no estamos diciendo que sean las intenciones las que guían nuestras acciones, no estamos diciendo que la mente esté guiando nuestros actos.

Sostenemos que una inquietud es una interpretación que confiere sentido a las acciones que realizamos. Es un relato que fabricamos para darle sentido al actuar. En vez de buscar «razones» para actuar en la forma en que lo hacemos, tenemos relatos, «historias». Más aun, nuestras «razones» no son otra cosa que «historias» que nos construimos. Fabricamos algunas historias después de realizar las acciones y, otras, antes de hacerlo. Lo que llamábamos intenciones no son más que historias, esto es, interpretaciones que le dan sentido a nuestras acciones.

Pero, una vez más, ¿cuál es la diferencia? En este momento, cobra importancia la cuestión del escuchar. Postulamos que el lugar en que debemos buscar las inquietudes no es «tras» la acción, ni en la mente de las personas, sino en el escuchar lo que esta acción produce. Cuando observamos las acciones de las personas y cuando las escuchamos hablar (y ahora ya sabemos que el hablar es una acción), les otorgamos un sentido construyendo historias acerca de qué es aquello de lo que las acciones se hacen cargo. Decimos que las inquietudes no están radicadas en la acción misma o en la mente o la conciencia de la persona que actúa, sino en cómo las interpretamos (o escuchamos).

Como tal, una inquietud es siempre un asunto de interpretación y de reinterpretación. Nadie es dueño de las inquietudes, nadie tiene autoridad final para dar con la «inquietud verdadera». Ni nosotros, cuando hablamos del sentido de nuestras acciones, ni el terapeuta cuando nos ofrece sus interpretaciones. Cada uno tiene derecho a sus propias interpretaciones, a sus propias historias sobre sus acciones y las de los demás. El hecho de que tengamos historias acerca de nuestras propias acciones no las hace verdaderas. Ciertamente, algunas interpretaciones pueden estar mejor o peor fundamentadas, pueden ser más o menos válidas, o más o menos poderosas. Según sea la interpretación que sostengamos, se nos abrirán ciertas posibilidades y se nos cerrarán otras. Esto nos permite apoyar o refutar algunas interpretaciones. No estamos diciendo que, por ser interpretaciones, todas ellas sean iguales. Historias diferentes crean mundos diferentes y formas de vida diferentes. Nuestras historias no son, en modo alguno, triviales. Las inquietudes son interpretaciones del sentido de nuestras acciones. Son historias que son capaces de conferir sentido por cuanto responden a la pregunta sobre el qué es aquello de lo que el actuar se hace cargo. Así como el sentido de las palabras remite a las acciones que realizamos con ellas, el sentido de las acciones remite a las interpretaciones que construimos a través del lenguaje, con el poder de la palabra. No hay salida de las redes del lenguaje.

El punto que deseamos enfatizar, sin embargo, es que estas interpretaciones —estas historias—, residen en el escuchar de las acciones. Las inquietudes son distintas de las intenciones, puesto que ellas no residen en el orador sino en el que escucha. Y puesto que somos capaces de escuchar y observar nuestras propias acciones, también podemos atribuirles un sentido. Puesto que somos capaces de escuchar posibilidades de acción, también podemos atribuir sentido a acciones que aún no han sido ejecutadas. Cuando hacemos esto, la gente comúnmente habla de intenciones. Nosotros proponemos hablar de inquietudes. Lo que hemos llamado intenciones se muestra, por lo tanto, como un caso particular, como un subconjunto, de lo que hemos designado con la distinción de inquietud.

Cuando escuchamos, por lo tanto, escuchamos las inquietudes de las personas. Escuchamos el por qué las personas realizan las acciones que realizan. Esto es lo que me permite escuchar que mi hijo quiere salir con su novia cuando me pide cincuenta dólares. Esto es lo que me permite escuchar que alguien desea hacerse rico cuando dice que quiere dedicarse a los negocios. Y esto es lo que me permite escuchar que mi esposa podría estar molesta cuando me dice que no tiene deseos de ir al cine conmigo. Nadie dijo lo que escuché; pero yo lo escuché de todos modos.

Cuando escuchamos no somos receptores pasivos de lo que se está diciendo. Por el contrario, somos activos productores de historias. El escuchar no es, como a menudo suponemos, el lado pasivo de la comunicación —es completamente activo. Las personas que saben escuchar son personas que se permiten interpretar constantemente lo que la gente a su alrededor está diciendo y haciendo. Quienes saben escuchar son buenos constructores de narrativas, buenos productores de historias.

Para escuchar debemos permitir que los otros hablen, pero también debemos hacer preguntas. Estas preguntas nos permiten comprender los hechos, emitir juicios bien fundados y elaborar historias coherentes. Los que saben escuchar no aceptan de inmediato las historias que les cuentan. A menudo las desafían. No se satisfacen con un solo punto de vista. Están siempre pidiendo otra opinión, mirando las cosas desde ángulos diferentes. Como tejedores, producen historias que, paso a paso, permitirán ir distinguiendo con mayor claridad las tramas del acontecer.

Al desplazarnos de las intenciones a las inquietudes cambiamos radicalmente el centro de gravedad del fenómeno del escuchar. Al alejarnos del supuesto de que el acto de escuchar es pasivo, podemos ahora observar el escuchar como una acción a realizar —como una acción que puede ser diseñada— y como una acción que se basa en competencias específicas que podemos aprender. Al reemplazar las intenciones por las inquietudes se realiza un vuelco copernicano. La búsqueda de las «verdaderas intenciones» de las personas ya no tiene ningún sentido.

Cuando escuchamos, también construimos una historia acerca del futuro

Cuando escuchamos, no permanecemos como observadores neutrales e indiferentes. Estamos reconstruyendo las acciones del orador e inventando historias acerca de por qué éste dijo lo que dijo (esto es, estamos respondiendo la pregunta «de qué se está haciendo cargo el que habla al hablar»).

Sin embargo, hay un aspecto adicional que también participa en nuestro escuchar. Los seres humanos estamos obligadamente comprometidos con el mundo en que vivimos. Sabemos que lo que nos será posible en la vida no sólo depende de nosotros, sino también de lo que acontezca en ese mundo al que estamos atados y que llevamos siempre con nosotros. Una de las grandes contribuciones de Heidegger ha sido el postular que no podemos separar el ser que somos, del mundo dentro del cual somos. El fenómeno primario de la existencia humana es «ser-en-el-mundo», o, como lo llama también Heidegger, *Dasein*. Es sólo a partir de este reconocimiento que podemos proceder a examinar cada uno de los términos (ser y mundo) de esta unidad primaria.

En función de nuestra relación indisoluble con un mundo, todo lo que acontece en él nos concierne. Una dimensión ontológica básica de la existencia humana es una inquietud permanente por lo que acontece en el mundo y por aquello que lo modifica.

Al reconocer que el hablar es actuar y, por lo tanto, un intervención que transforma el mundo, reconocemos también otro aspecto crucial del escuchar. En la medida en que el hablar es acción, todo hablar trae consecuencias en nuestro mundo. Todo hablar es capaz de abrirnos o cerrarnos posibilidades. Todo hablar tiene el potencial de modificar el futuro y lo que nos cabe esperar de él.

Cuando escuchamos, por lo tanto, lo hacemos desde nuestro compromiso actual con el mundo. No podemos evitar preguntarnos «¿Cuáles son las consecuencias de lo que se está diciendo?» «¿De qué forma lo dicho altera el curso de los acontecimientos?» «¿De qué forma el futuro se ve afectado a raíz de lo que se dice?» «¿De qué forma el mundo se rearticula a partir de lo dicho?» Pero, por sobre todo, «¿De qué forma las transformaciones que genera el hablar afectan mis inquietudes?» «¿Qué oportunidades, qué peligros, conllevan estas transformaciones?»

A menudo estimamos que lo dicho no va a cambiar nuestro mundo en forma significativa. Cuando hacemos este juicio, podemos adoptar una actitud neutral frente a lo que se dijo. Pero nuestra capacidad de escuchar algo en forma neutral proviene siempre de nuestro grado de compromiso con el mundo. El compromiso es primario, la neutralidad es siempre un derivado.

El escuchar trasciende, va más allá de nuestra capacidad de reconstruir las acciones comprendidas en el hablar. Esto sucede no solamente porque inventamos historias acerca de las inquietudes del orador, como lo examináramos anteriormente, sino también porque emitimos juicios y construimos historias (acerca de esas acciones) en términos de sus consecuencias para nuestro futuro. No hay escuchar que no esté basado en el futuro del que escucha. Aquí la pregunta no es cuál es el futuro que visualiza el orador cuando habla. Esto se resuelve formulando una pregunta acerca de las inquietudes del orador. Lo que está en juego aquí es el modo como el oyente escucha que esas acciones afectarán su propio futuro.

Cuando conversamos, bailamos una danza en la que el hablar y el escuchar se entrelazan. Todo lo que uno dice es escuchado por el otro, quien fabrica dos clases de historias. Una, acerca de las inquietudes del orador cuando dice lo que dice y, la otra, acerca de la forma en que lo que se dijo afectará el futuro del que escucha (sus propias inquietudes). Ambas partes están haciendo esto al mismo tiempo. El filósofo alemán Hans-Georg Gadamer, discípulo de Martin Heidegger, le ha llamado «la fusión de horizontes». Gadamer escribió:

«...la fusión de horizontes que ocurre en el entendimiento es el real logro del lenguaje ... la naturaleza del lenguaje es una de las interrogantes más misteriosas sobre las que el hombre puede reflexionar. El lenguaje está tan extrañamente cerca de nuestro pensamiento y cuando opera es un objeto tan mi- núsculo, que parece escondernos su propio ser».[4]

Lo que es interesante señalar, sin embargo, es que esta «fusión de horizontes» (o «fusión de historias», como la llamaríamos nosotros) sucede en el escuchar de ambas partes. Cada parte aporta no tan sólo una historia a la conversación. Ambas contribuyen con dos —una sobre las inquietudes de su interlocutor y la otra sobre sí mismo. En el acto de escuchar, ambas partes producen esta «fusión de horizontes». La forma en que la fusión se realiza en cada una de ellas nunca es la misma.

La matriz básica del escuchar

Es importante detenernos por un momento y hacer una recapitulación sobre el camino recorrido. Ello nos dará la oportunidad de alcanzar una visión de conjunto, hacer algunas aclaraciones adicionales y mover la argumentación a un terreno diferente.

Lo que hemos sostenido hasta ahora es que el fenómeno del escuchar surge cuando, a partir de nuestra capacidad biológica de oír sonidos, somos también capaces de remitir esos sonidos a un dominio consensual en el que, para una comunidad determinada, ellos se ven iluminados de sentido. Dentro de una comunidad, esos extraños sonidos que sus miembros emiten abren la posibilidad de coordinar acciones conjuntamente y de coordinar la coordinación de sus acciones.

Los sonidos emitidos dejan de ser simplemente ruidos y pasan a ser palabras, oraciones, narrativas. Su intercambio constituye el mundo de las conversaciones. El escuchar, por lo tanto, implica ir más allá de la capacidad de oír los sonidos en cuanto sonidos y ser capaces de interpretar su sentido en virtud de su referencia al

---

[4] H-G. Gadamer (1984), pág.340.

dominio consensual. Escuchar, hemos dicho, es oír más interpretar. El factor decisivo en esta ecuación es el de la interpretación.

La gran contribución de la lingüística ha sido el estudiar el lenguaje como un sistema de signos y, por lo tanto, de sonidos que remiten a determinados referentes y que están sujetos a determinadas normas de funcionamiento entre sí. La gran contribución de la filosofía del lenguaje ha sido el superar la tradicional concepción descriptiva del lenguaje y el reconocimiento del lenguaje como acción y, por tanto, con capacidad de transformar el mundo. La ontología del lenguaje busca llevar la comprensión de éste al ámbito de una comprensión diferente de la existencia humana. Su mirada, por lo tanto, es existencial. Es dentro de ese contexto que estamos analizando el fenómeno del escuchar.

Hasta el momento hemos postulado que el escuchar, una vez rescatado de una interpretación que lo circunscribe a una dinámica al interior de un sistema de signos, remite a tres ámbitos diferentes: el ámbito de la acción, el ámbito de las inquietudes (que le confieren sentido a la acción) y el ámbito de lo posible (definido por las consecuencias de las acciones del hablar). Volvamos brevemente la mirada sobre cada uno de estos tres ámbitos.

a) El ámbito de la acción

Una primera forma a través de la cual conferimos sentido al hablar (y que, por lo tanto, constituye el escuchar) guarda relación con identificar las acciones comprometidas en el hablar. A este respecto, utilizábamos la propuesta de Austin para hablar de tres tipos de acciones involucradas: las acciones locucionarias, las ilocucionarias y las perlocucionarias. **Las acciones locucionarias,** decíamos, son aquellas que tienen relación con lo que se dice. **Las acciones ilocucionarias** tienen relación con aquello que se ejecuta al decir lo que se dice (afirmar, declarar, pedir, ofrecer y prometer). **Las acciones perlocucionarias,** con los efectos en el otro que resultan del decir lo que se dijo (indignar, persuadir, enternecer, etcétera).

A estos tres tipos de acciones señalados por Austin, podemos añadir dos tipos más que también pueden estar involucrados en el hablar. Para ilustrarlos tomemos el ejemplo de alguien que dice, «Fernando, te pido que le pidas disculpas a Verónica».

La acción global involucrada. Más allá de las acciones indicadas por Austin, podemos reconocer que esta petición puede, además de ser tal, formar parte de una acción más amplia. En este caso, esta petición podría ser parte de la acción de efectuar un reclamo, dentro del cual se le pide a Fernando que se disculpe frente a Verónica. Lo que importa reconocer aquí es que el hecho de que las acciones ilocucionarias pueden ser componentes de acciones globales más complejas. Si bien podemos reducir las acciones ilocucionarias a un número restringido de ellas, las acciones globales que se pueden realizar con ellas son infinitas. Depende de los juegos de lenguaje que se sea capaz de inventar.

La acción asociada. Este mismo ejemplo nos muestra la posibilidad de un quinto tipo de acción que puede también estar involucrado al hablar, particularmente cuando ejecuto peticiones y ofertas y, por lo tanto, participo en el juego de las promesas. Se trata, obviamente, de la acción que es materia de promesa. En este caso la acción de pedirle disculpas a Verónica. Llamaremos a ésta, la acción asociada a la acción ilocucionaria. Tal como hemos dicho anteriormente, ésta es un acción que puede, como no puede, ser lingüística.

b) El ámbito de las inquietudes

Hemos sostenido también que además de escuchar los diferentes tipos de acciones que hemos indicado arriba, al escuchar generamos una interpretación sobre aquello de lo que la persona que habla se está haciendo cargo al hablar. Es lo que hemos llamado inquietud.

Examinemos qué importancia puede tener el saber escuchar, en el ámbito de las inquietudes. La convivencia con otros descansa, en una medida importante, en nuestra capacidad de atendernos mutuamente, de hacernos cargo de las inquietudes que mutuamente tenemos. Ello guarda relación con la preocupación y cuidado por el otro. Una de las maneras de realizar esto es a través del cumplimiento de las peticiones que el otro nos hace. Esta, sin embargo, no es la única forma. Una buena relación interpersonal (sea ésta de pareja, de padre e hijos, de trabajo, con nuestros clientes, etcétera) descansa, en medida importante, en nuestra capacidad de hacernos cargo del otro antes de que éste lo pida. Esto lo logramos escuchando las inquietudes del otro y haciéndolas nuestras. Con ello procuramos evitarle a la otra persona que llegue al punto en que tenga que pedir. Sabemos que cuando se pide, de alguna forma ya se llega tarde. Usando una distinción que introduciremos más adelante diremos que ya se quebró la transparencia. Quien pide ya hizo el juicio de que algo faltaba, de que existe una insatisfacción que requiere ser satisfecha (lo que se manifiesta, precisamente, en pedir tales condiciones de satisfacción).

En toda relación basada en el cuidado y el esfuerzo por procurar la satisfacción del otro, el momento de la petición implica que llegamos tarde, que el otro ya alcanzó el punto de la insatisfacción. En muchas circunstancias ello no se puede evitar. No existe, por ejemplo, un matrimonio que sea tan perfecto que los cónyuges no se vean obligados a hacerse peticiones. Pero mientras menos tengamos que pedir para alcanzar satisfacción mejor será la relación.

Lo mismo podemos decir sobre la relación con nuestros clientes. Mientras menos el cliente tenga que recurrir a nosotros para encontrar satisfacción, mejor será el producto que le vendamos. Un buen servicio, por muy importante que sea, no sustituye un producto que no requiere del servicio. El saber escuchar las inquietudes del cliente, para luego poder hacernos cargo de ellas, es factor determinante en nuestra capacidad de producir calidad.

Cualquier labor que se caracteriza por brindar apoyo logístico al trabajo de otro (tomemos el de una secretaria), se alcanza no sólo a través del adecuado cumplimiento de las peticiones que se hacen. Por sobre todo, ello se logra a través de la capacidad de hacerse cargo de las inquietudes de quien se sirve, antes incluso de que ellas lleven a hacer peticiones. Lo más importante es la preservación de la transparencia en el funcionamiento del otro. Mientras menos se tenga que pedir, mejor. En muchos casos, porque somos capaces de escuchar las inquietudes del otro podemos estar en condiciones de hacernos cargo de él, de maneras que ni siquiera a éste le son imaginables y, por lo tanto, ofrecerle condiciones de satisfacción que éste no sabría cómo pedir. Es lo que normalmente hace un buen vendedor. Este logra mostrarnos cómo un determinado producto se hace cargo de inquietudes nuestras que, antes de conversar con él, no teníamos. No es que no supiéramos que las teníamos, sino que estaban allí. (Cabe preguntarse, ¿dónde?). Sólo aparecerán cuando yo hago mía la interpretación que me propone el vendedor.

c) El ámbito de lo posible

Si aceptamos que hablar es actuar, reconocemos que el hablar modifica el mundo, el estado de las cosas, y que, por consiguiente, el hablar trae consecuencias. En otras palabras, el hablar rearticula el mundo como espacio de lo posible. Luego que alguien dice algo, nuevas posibilidades emergen y antiguas posibilidades dejan de existir. Lo que antes estaba cerrado se abre y lo que estaba abierto se cierra. Porque se tuvo, o quizás porque no se tuvo, una determinada conversación, nuestras vidas toman una u otra dirección. Porque alguien nos dijo —o quizás no nos dijo— algo; porque nosotros dijimos —o quizás no dijimos— algo, devenimos en una persona diferente.

Cuando escuchamos, por lo tanto, podemos observar cómo el mundo, y otros nosotros dentro de él, nos transformamos por el poder del lenguaje. Al escuchar podemos preguntarnos sobre las consecuencias que trae aquello que se dijo, sobre cómo ello se relaciona con nuestras inquietudes, sobre las nuevas acciones que a partir de lo dicho es ahora posible tomar. Nos podemos preguntar sobre las nuevas oportunidades que se generan a partir del hablar; sobre las nuevas amenazas que se levantan; podemos preguntarnos sobre las acciones que permiten hacerse cargo tanto de las unas como de las otras.

Los grandes políticos, los grandes empresarios, los grandes profesores, los grandes vendedores, los grandes negociadores, en una palabra, todos aquellos que tratan con personas y son efectivos en lo que hacen, saben escuchar cómo el hablar modifica lo posible. Es muy probable, sin embargo, que si les preguntamos qué entienden por lenguaje, sus respuestas no le reconozcan el carácter generativo. Pero en su quehacer concreto, ese reconocimiento existe. Son personas a quienes no se les escapa que a partir de que se dijo algo, emergen o se diluyen posibilidades.

Lo dicho nos lleva a reconocer el poder de las conversaciones. Todos hemos tenido la experiencia de salir de una conversación y reconocer que el mundo es otro, que se han abierto o cerrado puertas, que podemos entrar a espacios que antes nos estaban vedados o que algo muy valioso se rompió mientras se conversaba.

En una conversación, el hablar de uno modifica lo posible para el otro, permitiéndole a éste decir lo que antes no habría dicho. Este decir, a su vez, le modifica lo posible al primero quien descubre ahora la posibilidad de decir algo sobre lo que jamás antes había pensado, y así sucesivamente. En ello reside el gran poder de las conversaciones.

Los grandes seductores son maestros en el arte de modificar lo posible a través de la conversación. Lo mismo sucede con los grandes creadores. Ellos saben de la importancia de entrar en interlocución, personal o a través de sus obras, con aquellos que podrán estimular este proceso dinámico de apertura de lo posible. Lo que apuntamos nos permite entender cómo determinadas circunstancias sociales puedan generar microculturas virtuales en las que, en razón a las dinámicas conversacionales internas, se producen múltiples estallidos creativos en quienes participan en ellas. Casos como éstos abundan en la historia de la humanidad. Lo vemos, por ejemplo, en la Grecia de Pericles, en el Renacimiento italiano, en la Viena de comienzos de siglo, etcétera. Lo observamos en círculos más reducidos, como el grupo de Bloomsbury, en Inglaterra, o alrededor de alguna figura o evento de importancia a partir del cual se genera alguna «escuela», etcétera. Muchas veces ello sucede en alguna institución académica, o en el contexto de una determinada corporación.

d) El ámbito del alma humana

No cabe duda de que si alguien sabe escuchar en los tres ámbitos arriba indicados, el de las acciones, el de las inquietudes y el de lo posible, podremos decir que tenemos una persona competente en el arte de escuchar. Sin embargo, los tres ámbitos mencionados no agotan todas las posibilidades relacionadas con él.

Queremos abrir un cuarto ámbito que resulta particularmente importante para la disciplina del «*coaching* ontológico», con cuyo nacimiento y desarrollo estamos comprometidos. Aunque no abordaremos el tema del «*coaching* ontológico», que excedería el propósito que nos hemos planteado en esta oportunidad, no podemos dejar de reconocer el ámbito al que haremos referencia.

Hemos sostenido a través del segundo principio de la ontología del lenguaje, que «no sólo actuamos de acuerdo a cómo somos (y lo hacemos), sino que también somos de acuerdo a cómo actuamos». De este principio vamos a quedarnos con lo que se sostiene en la primera parte: actuamos de acuerdo a cómo somos. Si además recordamos que hemos postulado que hablar es acción, podemos por tanto concluir que estamos también sosteniendo que **hablamos de acuerdo a cómo somos**. Estamos, en otras palabras, postulando una relación entre hablar y ser.

Al hacer esta relación es importante hacer una advertencia. No estamos señalando que el ser, el «sujeto» o el «yo», antecede y tiene prioridad con respecto al hablar.

Este es precisamente el supuesto que, como viéramos, Nietzsche fuertemente cuestiona cuando nos advierte que «el agente es una ficción, el hacer es todo». Lo que estamos sosteniendo es que en el hablar, como una forma importante del actuar, se constituye el ser que somos. Ya tendremos oportunidad de indagar en el fenómeno de la persona humana y de examinar cómo nos constituimos como persona en el lenguaje. Por ahora, lo que nos interesa es reconocer esta relación entre hablar y ser y, a partir de ella, mostrar cómo ésta crea un ámbito particular del escuchar.

Al hablar revelamos quiénes somos y quien nos escucha puede no sólo escuchar lo que decimos, puede también escuchar el ser que se constituye al decir aquello que decimos. El hablar no sólo nos crea, sino también nos da a conocer, nos abre al otro, quien a través del escuchar, tiene una llave de acceso a nuestra forma de ser, a lo que llamamos el alma humana. Tal como dijéramos, éste es el tipo de escuchar que es propio del «*coaching* ontológico». Se trata de un escuchar que trasciende lo dicho y que procura acceder al «ser». Es precisamente en este sentido que se trata de un escuchar «ontológico».

Apertura: la postura fundamental del escuchar

Hasta ahora hemos examinado lo que para nosotros son los componentes fundamentales del fenómeno de escuchar. Decimos que éstos son los procesos básicos que tienen lugar cuando ocurre el escuchar. Hay, sin embargo, una cuestión que aún no hemos mencionado: ¿qué se necesita para que el escuchar ocurra?

Esta pregunta puede parecer extraña. Dado que postulamos que los seres humanos son seres lingüísticos — esto es, seres que viven en el lenguaje— reconocemos que es constitutivo de cada ser humano tanto el hablar (el lenguaje verbal es sólo una forma de hablar) como el escuchar. Si aceptamos que el lenguaje es constitutivo de los seres humanos, pareciera superfluo preguntarse acerca de las condiciones necesarias para escuchar. Bien podríamos decir: «simplemente sucede —los seres humanos son arrojados al escuchar».

Tres razones, sin embargo, hacen que esta pregunta sobre las condiciones para escuchar sea interesante. En primer lugar, existe una razón empírica. A través de ella se reconoce que, además del hecho de que somos animales que escuchan, nuestra capacidad para hacerlo no es la misma. Hay personas que escuchan mejor que otras. Bien podría valer la pena, por lo tanto, indagar acerca de las condiciones que están detrás de esas diferencias. En segundo lugar, esta pregunta tiene sentido a un nivel más profundo. Aunque estemos arrojados al escuchar, de todos modos podemos mirar el fenómeno del escuchar como algo que podemos intentar explicar — algo que podríamos querer comprender. Al hacer esto contribuimos a disolver uno de los muchos misterios que rodean el lenguaje.

En tercer lugar, al examinar las condiciones del escuchar, lo convertimos no sólo en un aspecto determinado de la vida humana, sino en un dominio para el aprendizaje y diseño. Por lo tanto, esto tiene un lado práctico. Al identificar las condiciones requeridas para escuchar, podemos intervenir a nivel de ellas y mejorar nuestras competencias para un escuchar efectivo.

Habiendo dicho lo anterior, nos damos cuenta de que esta misma pregunta acerca de las condiciones requeridas para escuchar puede ser contestada en dos niveles diferentes. Un nivel mira el fenómeno de escuchar como surgiendo de una disposición humana fundamental. El otro, divide esta disposición básica en varios segmentos o dominios que pueden ser tratados independientemente unos de otros. En esta sección vamos a examinar el escuchar como surgiendo de una postura humana fundamental en la vida.

Postulamos que el acto de escuchar está basado en la misma ética que nos constituye como seres lingüísticos. Esto es, en el respeto mutuo, en aceptar que los otros son diferentes de nosotros, que en tal diferencia son legítimos y en la aceptación de su capacidad de tomar acciones en forma autónoma de nosotros. El respeto mutuo es esencial para poder escuchar. Sin la aceptación del otro como diferente, legítimo y autónomo, el escuchar no puede ocurrir. Si ello no está presente sólo podemos proyectar en los otros nuestra propia manera de ser. En vez de hacer eso, cuando escuchamos nos colocamos en la disposición de aceptar la posibilidad de que existan otras formas de ser, diferentes de la nuestra. Sosteníamos anteriormente que, al hablar, nos abríamos a la posibilidad de exponer el ser que somos. Que al hablar hacemos accesible nuestra alma. Que hay en ello una particular **apertura** hacia el otro. Pues bien, esta misma apertura debe estar también presente, aunque esta vez de manera diferente, en cuanto acogida, en quién escucha.

H-G. Gadamer ha visto, una vez más, la importancia de la disposición de la apertura hacia los otros como el aspecto fundamental del fenómeno del escuchar. Dice:

«En las relaciones humanas, lo importante es... experimentar el 'Tú' como realmente un 'Tú', lo que significa, no pasar por alto su planteamiento y escuchar lo que tiene que decirnos. Para lograr esto, la apertura es necesaria. Pero ella existe, en último término, no sólo para la persona que uno escucha, sino más bien, toda persona que escucha es fundamentalmente una persona abierta. Sin esta clase de apertura mutua no pueden existir relaciones humanas genuinas. El permanecer juntos siempre significa, también, ser capaces de escucharse mutuamente. Cuando dos personas se entienden, ello no significa que una «entiende» a la otra en el sentido de «escrutarla». De la misma forma, escuchar y obedecer a alguien no significa simplemente que nosotros accedamos ciegamente a los deseos del otro. A una persona así la llamamos esclavo. La apertura hacia el otro, por lo tanto, incluye el reconocimiento de que debo aceptar algunas cosas que van en mi contra, aun cuando no haya nadie que me lo pida».[5]

Humberto Maturana expresa este mismo punto de vista cuando sostiene que «la aceptación del otro como

---

[5] H-G. Gadamer (1984), pág.324.

un legítimo otro» es un requisito esencial del lenguaje. Si no aceptamos al otro como un legítimo otro, el escuchar estará siempre limitado y se obstruirá la comunicación entre los seres humanos. Cada vez que rechazamos a otro, sea un socio, un cliente, un empleado, un competidor, un país, etcétera, restringimos nuestra capacidad de escuchar. Producimos la fantasía de escuchar al otro mientras nos estamos, básicamente, escuchando a nosotros mismos. Al hacer esto, nos cerramos a las posibilidades que los demás están generando.

¿Qué circunstancias afectan esta apertura, considerada como un requisito fundamental para escuchar? Cada vez que ponemos en duda la legitimidad del otro; cada vez que nos planteamos como superiores al otro sobre la base de la religión, sexo, raza, (o cualquier otro factor que podamos utilizar para justificar posiciones de egocentrismo, de etnocentrismo, de chauvinismo, etcétera); cada vez que sostenemos tener un acceso privilegiado a la Verdad y a la Justicia; cada vez que presumimos que nuestra particular manera de ser es la mejor manera de ser; cada vez que nos olvidamos que somos sólo un particular observador, dentro de un haz de infinitas posibilidades de observación; cada una de estas veces, nuestro escuchar se resiente.

Uno de los grandes méritos de las prácticas democráticas reside en el hecho de que se fundan en el principio de la diferencia, la legitimidad y la autonomía del otro (sin importar cómo éste sea). Esto hace que una de las claves del éxito político sea la capacidad de escuchar de manera efectiva. Asimismo, las prácticas propias de mercados abiertos y competitivos, más allá de sus limitaciones, también colocan a la competencia del escuchar efectivo como condición del éxito.

El ser ontológico y la persona: una forma de ser que permite infinitas formas de ser

Lo que hemos dicho hasta ahora debiera provocar una objeción. Al principio de este documento nos opusimos tenazmente a la noción de que podríamos comprender el fenómeno del escuchar basándonos en el concepto de transmisión de información. Sostuvimos que esta noción desconoce el que los seres humanos son «unidades estructuralmente determinadas», sistemas cerrados, esto es, sistemas que no pueden representar lo que acontece en el medio en el que se desenvuelvan. Sin embargo, hemos llegado a plantear que una condición fundamental del escuchar es la actitud de «apertura». Por lo tanto, podríamos razonablemente preguntar, ¿cómo se puede producir esta apertura si se supone que somos sistemas cerrados?

En verdad, no podemos abrirnos en el sentido de que el escuchar a otro nos diga cómo ese otro es realmente. Nunca podremos saber cómo son realmente las personas y las cosas. Somos incluso un misterio para nosotros mismos. Tal como hemos estado insistiendo una y otra vez, solamente sabemos cómo las observamos y cómo las interpretamos. El escuchar es parte de esta capacidad de observación e interpretación. Cuando escuchamos a otros, nos abrimos a ellos inventando historias sobre ellos mismos, basadas en nuestras observaciones. Pero serán siempre nuestras propias historias. La distinción de apertura sólo tiene sentido dentro del reconocimiento que los seres humanos son sistemas cerrados.

¿Qué significa entonces «apertura»? Para contestar a esta pregunta debemos dar un corto rodeo. Ser humano significa compartir una forma particular de ser, la manera humana de ser. Esta forma de ser nuestra es lo que nos diferencia de otros seres, sean ellos animales, cosas, eventos, etcétera. Podemos decir, por lo tanto, que todos los seres humanos comparten una misma forma de ser, aquella que nos hace humanos.

En este sentido, cada ser humano es la expresión total del fenómeno de ser humano. No podemos hablar de seres humanos que lo sean sólo a medias, parcialmente. Aun cuando se trate de individuos a los que les pueda faltar algunos de sus miembros, ello no los hace menos humanos. La condición humana no se constituye en el dominio de nuestra biología, sino en el del lenguaje. De allí que digamos que el lenguaje nos hace ser como somos, en cuanto seres humanos. Todo ser humano, por lo tanto, es un ser humano completo, en cuanto ser humano. Lo que no niega que, como parte de la propia condición humana, ser humano significa un tránsito por la existencia desde una fundamental y permanente incompletud.

Lo que la filosofía de Martin Heidegger ha hecho es, precisamente, explorar este modo común de ser que todos los seres humanos compartimos, a lo que llamara el *Dasein*. Su preocupación principal era revelar la manera particular de ser de los seres humanos. Gran parte de su filosofía está dirigida hacia esta indagación. Vamos a llamar a esta manera de ser que comparten todos los seres humanos su «ser ontológico». Esta es una distinción arbitraria. Por lo tanto, cuando hablemos del «ser ontológico» estaremos hablando del modo de ser que todos los seres humanos tienen en común.

No vamos a desarrollar aquí lo que Heidegger sostuvo que era constitutivo del ser humano y, por lo tanto, constitutivo de su «ser ontológico». Esto nos llevaría más allá de los propósitos de este trabajo. Sin embargo, entre los elementos que Heidegger señaló, podemos reiterar su postulado de que los seres humanos son seres cuyo mismo ser es un asunto relevante para ellos. Ser humano significa hacerse cargo en forma permanente del ser que se es. Es en este sentido que sostenemos que el ser ontológico está siempre desgarrado por un sentido fundamental de incompletud.

Los seres humanos no tienen una esencia fija. Lo que es esencial en ellos (en el sentido de rasgo genérico y, por lo tanto, ontológico) es el estar siempre constituyéndose, estar siempre en un proceso de devenir. Esto hace que el tiempo sea un factor primordial para los seres humanos.

Al mismo tiempo, sin embargo, dentro de esta forma común de ser que nos hace humanos, tenemos infinitas posibilidades de realización. La forma en que cuidamos de nosotros mismos, la manera en que abordamos el sentirnos incompletos, nos hace ser individuos muy diferentes. Llamamos «persona» a las diferentes maneras en que los distintos individuos realizan su forma común de ser (como seres humanos). Como individuos somos, por un lado, todos iguales en cuanto a nuestro «ser ontológico» (genérico), ya que compartimos las formas básicas de ser que nos hacen a todos humanos y, por el otro, somos diferentes «personas». Todos resolvemos los enigmas de la vida de diferentes maneras.

Postulamos que el fenómeno del escuchar está basado en estas dos dimensiones fundamentales de la existencia humana— «ser ontológico» y «persona». Somos capaces de escucharnos entre nosotros porque compartimos una forma común de ser y, a este respecto, todo otro es como nosotros. Nuestro «ser ontológico» nos permite entender a otros, puesto que cualquier otro ser humano es un camino posible de realización de nosotros mismos, de nuestro propio ser. Sin embargo, al mismo tiempo, somos «personas» diferentes. No nos hacemos cargo, no atendemos a nuestro ser común en la misma forma. Es porque somos diferentes que el acto de escuchar se hace necesario. Si no fuésemos diferentes, ¿para qué escuchar, en primer lugar? Si no fuésemos diferentes, el acto de escuchar sería superfluo. Pero, debido a que compartimos una misma condición ontológica, el escuchar se hace posible.

Estos son, decimos, los requisitos básicos para escuchar. Por lo tanto, dado que somos sistemas cerrados, se deben realizar dos movimientos fundamentales. Por una parte, debemos distanciarnos de «nosotros mismos», de esa manera particular de ser que nos diferencia de los otros individuos. Al hacer esto aceptamos la posibilidad de que existan otras formas particulares de ser, otras «personas», diferentes de la nuestra. A esto se refiere Gadamer cuando habla de «apertura».

Por otro lado, debemos afirmar el hecho de que compartimos una forma común de ser con la persona que nos está hablando. Debemos concedernos plena autoridad en cuanto somos una expresión válida del fenómeno general de ser humano. Esto es lo que nos permite comprender las acciones de otras personas, comprender a las personas que son diferentes de nosotros. A partir de este terreno común es que interpretamos al otro, que fabricamos nuestras historias acerca de las acciones que los otros realizan. **Todo otro es el reflejo de un alma diferente en el trasfondo de nuestro ser común.**

¿Por qué, cuando leemos buena literatura, comprendemos perfectamente a personajes tan diversos como Otelo, de Shakespeare; Ema Bovary, de Flaubert; el príncipe Mishkin, de Dostoievski; Jane Eyre, de Charlotte Bronté; Gatsby, de Scott Fitzgerald? ¿Por qué sucede esto si los personajes son tan diferentes de nosotros? Más aún, ¿cómo es posible que todos esos autores pudieran alcanzar tal dominio y comprensión de sus personajes? Para entenderlos y para ser capaces de escribir sobre ellos, nos distanciamos de la «persona» que somos para excavar en nuestro «ser ontológico», en nuestro ser compartido con otros. Nos despojamos de lo que nos hace ser un individuo particular y observamos a otros desde lo que tenemos en común con ellos. La literatura clásica es aquella que logra penetrar más profundamente en nuestro ser ontológico y que, por tanto, se eleva por sobre las dimensiones más contingentes del alma humana.

El fenómeno del escuchar, en consecuencia, implica dos movimientos diferentes. El primero nos saca de nuestra «persona», de esa forma particular de ser que somos como individuos. El segundo afirma y nos acerca a nuestro «ser ontológico», a aquellos aspectos constitutivos del ser humano que compartimos con los demás. Sólo podemos escuchar a los demás porque sus acciones son para nosotros acciones posibles, acciones que nosotros mismos podríamos ejecutar. Walt Whitman, señalo, apuntaba en esta dirección cuando escribía «Soy grande, contengo multitudes». Contenemos las posibilidades de cualquier otro ser humano. Terencio, en la época de los romanos, hacía decir a uno de sus personajes: «Homo sum: humani nihil a me alienum puto» («Hombre soy: nada de lo humano me es ajeno»).

Dominios de observación para desarrollar un escuchar efectivo

Habiendo ya identificado la actitud fundamental y los requisitos necesarios para generar el fenómeno del escuchar, podemos ahora avanzar y examinar otros dominios concretos que están relacionados con la comunicación humana.

La interacción comunicativa es como una danza. Implica la coordinación de acciones con otra persona. Por lo tanto, tal como hacemos al ejecutar un paso de danza, cuando digo algo a alguien, ese alguien generalmente me responderá dentro del espacio de posibilidades que se ha creado por lo que dije. Por ejemplo, si pido algo, mi interlocutor normalmente responderá aceptando, rehusando o postergando su promesa, haciendo una contraoferta, etcétera. Sus acciones en esta danza conversacional están muy bien definidas por los movimientos ya ejecutados en esa conversación. A esto le llamamos el **contexto de la conversación**.

El contexto de la conversación es uno de los factores que condicionan nuestro escuchar. Cualquier cosa que se diga es escuchada dentro del contexto de la conversación que estamos sosteniendo. Usualmente, esto define lo que esperamos escuchar. Si hacemos una petición, escucharemos cualquier respuesta que se dé como una aceptación, rechazo, postergación del compromiso, etcétera.

Tomemos algunos ejemplos. Si pregunto a Carlos, «¿Me puedes pasar la pimienta?», y él responde «Estoy leyendo», probablemente escucharemos esa respuesta como «No». Pero si pregunto a Carlos, «¿Qué estás haciendo?» y obtengo la misma respuesta, «Estoy leyendo», el significado de la respuesta será muy diferente. Un silencio, por ejemplo, puede ser escuchado algunas veces como rechazo, aceptación, ignorancia, timidez, etcétera, según el contexto de la conversación. Incluso un «no» puede a veces ser escuchado como «sí», dependiendo del contexto. Muchas personas tienen dificultades para observar el contexto de una conversación. Esto genera todo tipo de problemas en su comunicación.

Otro factor importante que afecta nuestro escuchar es **el estado emocional de la conversación**. El estado emocional es una distinción a través de la cual damos cuenta de una predisposición (o falta de ella) para la acción. Si sucede que estoy de mal humor, digamos que estoy enojado, probablemente no estaré disponible para ciertas conversaciones o para realizar ciertas acciones que esas conversaciones comprendan. Asimismo, si estoy resignado, probablemente no escucharé las posibilidades que una persona con otro estado emocional está en condiciones de escuchar.

Siempre estamos en un estado emocional u otro. Según ese estado el mundo y el futuro nos parecerán diferentes. Nuestro estado emocional tiñe la forma en que vemos el mundo y el futuro. Asimismo, también tiñe lo que escuchamos. En algunos casos, habrá acciones que nuestro estado emocional nos impide escuchar. En muchos otros casos, el significado que daremos a ciertas acciones y las posibilidades que veamos como consecuencia de ellas, serán completamente diferentes si el estado emocional es distinto.

Si nos interesa escuchar efectivamente, deberemos habituarnos a observar, en primer lugar, nuestro estado emocional cuando conversamos y, en segundo lugar, el estado emocional de la persona con quien conversamos. No importa cuan claramente nos hayamos expresado ni cuan claras sean todas las acciones que esa conversación implica: no seremos escuchados como esperamos si el estado emocional no es el adecuado para llevar a cabo la conversación. No olvidemos que decimos lo que decimos y escuchamos lo que escuchamos.

No sólo es importante observar el estado emocional de las personas cuando entablamos una conversación. La conversación misma está permanentemente generando cambios de estados emocionales en quienes participan en ella. Lo que decimos, cuándo lo decimos y cómo lo decimos provoca diferentes estados emocionales en la persona que escucha.

Diferentes conversaciones tienen estados emocionales distintos, los podemos cambiar al cambiar de conversación. ¿Puede usted observar los diferentes estados emocionales en las conversaciones mencionadas arriba? («¿Me puedes pasar la pimienta?» —«Estoy leyendo»; versus: «¿Qué estás haciendo?» —«Estoy leyendo»). Diferentes estados emocionales producen un escuchar distinto. Para comunicarnos de manera efectiva, debemos llegar a ser buenos observadores del estado emocional de una conversación.

Hay muchas maneras de juzgar el estado emocional de las personas. Lo que dicen normalmente lo refleja. La forma en que hablan nos permite escuchar cómo están viendo el mundo y cuál es su posición respecto del futuro. No obstante, además de las conversaciones, también podemos juzgar el estado emocional de las personas observando su cuerpo. Hemos dicho que el estado emocional implica una disposición para la acción. Normalmente esta disposición se muestra en las posturas que adopta nuestro cuerpo. Un experto en trabajo corporal comentaba una vez que la forma en que nos paramos revela la forma como nos «paramos en el mundo». Nuestras posturas físicas son también formas en las que nuestra alma, nuestra forma de ser, se manifiesta.

Otro factor que debe ser mencionado es **nuestra historia personal**. La gente escucha aquello que se les dice, en forma diferente, según sus experiencias personales. Ustedes pueden haber hecho el ejercicio de leer un poema a un grupo de personas y preguntarles después qué han escuchado. Generalmente nos sorprendemos al observar cuán diferente ha sido el escuchar de cada uno, lo que el mismo poema fue capaz de evocar en diferentes individuos. Las mismas oraciones, las mismas palabras, leídas a todas ellas en un mismo momento, les evocan diferentes imágenes, diferentes recuerdos, diferentes emociones, diferentes mundos.

Nuestra historia personal desempeña un importante papel en determinar no sólo quiénes somos sino también lo que seremos en el futuro. Siempre escuchamos a partir de esa historia. El presente hereda del pasado inquietudes, posibilidades que aceptamos y que negamos, y mucho más. Nuestra historia de experiencias personales se reactualiza en la capacidad de escuchar que tenemos en el presente. Esta historia personal abre o cierra nuestro escuchar. Es uno de los principales filtros que siempre tenemos con nosotros cuando nos comunicamos.

Si queremos comunicarnos de manera efectiva, es importante que nos preguntemos cómo nuestra historia personal podría estar afectando la forma en que escuchamos, y cómo la historia personal de la persona con quien estamos hablando puede afectar su capacidad de escuchar. No olvidemos que hablamos para ser escuchados. Por lo tanto, debemos hablar siempre en una forma tal que nos permita juzgar que la persona con quien hablamos nos va a poder escuchar aquello que queremos decir.

Cuando hablamos no sólo coordinamos acciones con otros. También participamos en crearnos una identidad con las personas que nos escuchan. Cualquier cosa que digamos contribuye a crear esta identidad en el dominio público. Al hablar, como ya lo apuntáramos, la gente no solamente escucha las acciones comprendidas en el discurso, sino que también emite juicios y desarrolla historias sobre la persona que habla. Estos juicios abarcan dominios muy diferentes. Pueden decir, por ejemplo, que esta persona es creativa, esta otra es egoísta, ésa es responsable, etcétera.

Hay un dominio, sin embargo, que, tal como fuera reconocido anteriormente, tiene especial importancia en el modo en que somos escuchados: el dominio de la confianza. Decimos que éste es un dominio importante, puesto que la confianza afecta directamente la credibilidad de lo que decimos y, por consiguiente, la forma en que somos escuchados. Si los otros no tienen confianza en nosotros, o si nosotros no confiamos en la persona con quien estamos hablando, la brecha crítica entre lo que decimos y cómo ello es escuchado se agranda. Cuando decimos, por ejemplo, «Te pagaré doscientos dólares el martes», vamos a ser escuchados en forma muy diferente según si confían o no en nosotros.

Lo que estamos diciendo, por lo tanto, es que cada vez que hablamos estamos construyendo nuestra identidad en el escuchar de los demás, y que esta identidad va a afectar la forma en que seremos escuchados en el futuro. De manera inversa, cada vez que escuchamos a alguien, nuestro escuchar también se ve afectado por la identidad que para nosotros tiene esa persona. La identidad mutua que las personas tienen entre sí afecta la forma en que se escuchan unas a otras.

Cuando escuchamos no sólo lo hacemos como individuos, también escuchamos desde nuestro **trasfondo histórico**. Los seres humanos somos seres históricos y, tal como apuntáramos originalmente, incluso nuestra propia individualidad es el producto de condiciones históricas particulares. Como individuos, somos la encarnación de nuestro trasfondo histórico. Cuando hablamos de nosotros como seres históricos, es conveniente hacer una distinción entre dos subdominios particulares: los discursos históricos y las prácticas sociales.

Los discursos históricos son esas metanarrativas, meta-rrelatos o metaexplicaciones, que generan identidades colectivas. Un discurso histórico normalmente precede al individuo que adhiere a él, está allí cuando nace. Podemos hablar, por ejemplo, de discursos históricos cristianos, budistas, islámicos, de la misma forma en que podemos hablar de los discursos franceses, norteamericanos o japoneses. Podemos hablar de discursos históricos regionales (gallego, andaluz, cordobés, porteño) o étnicos (coreanos, judíos, afroamericanos, hispanos, etcétera). También la ciencia, el amor romántico, la medicina, etcétera, permiten ser vistos como discursos históricos.

Los discursos históricos son importantes para entender el fenómeno del escuchar porque son campos de generación de sentido. Algo dicho es escuchado en forma muy diferente según los discursos históricos que somos. Las inquietudes y los problemas que tenemos como seres humanos, por ejemplo, normalmente se constituyen en los discursos históricos que las personas encarnan. Un mismo hecho puede constituir un problema para un musulmán y puede pasar inadvertido a un norteamericano. Algunos discursos históricos están contenidos en un texto o grupo de textos fundamentales (la Biblia, el Talmud, el Corán, la Declaración de los derechos del hombre, etcétera). Cuando las personas provienen de discursos históricos similares o complementarios, ellos pueden llegar a ser completamente transparentes para ellos y pasan a formar parte de su sentido común, de aquel espacio de lo que nos parece obvio y donde dejamos de hacernos preguntas. Como tienden a escuchar en forma muy similar, normalmente no observan sus discursos históricos. Sin embargo, cuando se desarrolla una relación entre personas con discursos históricos muy diferentes, lo que antes era transparente se quiebra y muchas veces surgen severos problemas de comunicación.

A menos que reconozcamos que nuestro diferente escuchar proviene de nuestros distintos discursos históricos y que logremos establecer puentes de comunicación, terminaremos culpándonos mutuamente de algo que, en rigor, nos antecede en cuanto individuos y frente a lo cual tenemos escasa responsabilidad. No tenemos responsabilidad por ser la encarnación de aquellos discursos históricos que nos constituyen. Sin embargo, sí podemos tomar responsabilidad en reconocerlos, en aceptarlos en su particularidad, en reevaluarlos y en diseñar aquellos puentes que nos permitan aceptar la diferencia, legitimidad y autonomía de quien proviene de un discurso histórico diferente.

El segundo componente de nuestro trasfondo histórico corresponde a nuestras prácticas sociales. La principal diferencia entre los discursos históricos y las prácticas sociales es que, mientras los primeros asumen la forma de narrativas, las prácticas sociales son simplemente formas recurrentes de actuar de las personas. Son formas específicas de coordinar acciones que hemos llegado a usar recurrentemente en el curso de la historia. Una práctica social es una forma establecida de tratar de hacernos cargo de nuestras inquietudes.

Las prácticas sociales normalmente definen las entidades que son relevantes para tratar una inquietud. Ellas especifican las acciones que deben, pueden o no pueden ocurrir cuando nos ocupamos de una inquietud, así como también las condiciones de satisfacción que esas acciones deben cumplir, de modo que podamos juzgar que la inquietud fue tratada eficazmente.

En las diversas sociedades, los individuos se suelen saludar, como expresión de que se reconocen y se aceptan. Sin embargo, la forma como se hacen cargo de esta inquietud de reconocimiento y muestra de aceptación suele ser muy diferente. Esto sucede no porque haya una metanarrativa acerca del sentido de darse la mano, hacer una reverencia o besarse, sino debido a la existencia de diferentes prácticas sociales. No existe necesariamente un relato que explique por qué hay que hacer las cosas de una determinada forma. Se hacen de esa forma simplemente porque esa es la forma como en esa comunidad se hacen las cosas. Se trata del resultado de una particular deriva histórica que impuso una forma determinada de comportarse.

Si nos comportamos en una forma que no es aceptada por una sociedad determinada, la manera en que seremos escuchados podría ser muy perjudicial para nosotros. El novelista checo Milan Kundera nos relata en uno de sus libros cómo escuchó una declaración de amor de parte de una mujer que trabajaba en su casa editora de París. Esto era, sin embargo, el resultado del hecho de que la práctica social de cerrar una carta era muy diferente en Francia y en Checoslovaquia.

El escuchar no es un fenómeno sencillo. Muchos factores intervienen en la forma en que escuchamos y en la forma en que se nos escucha. A partir de nuestra antigua comprensión del lenguaje, es difícil, sin embargo, captar todo lo que está en juego cuando escuchamos. Sostenemos que en un mundo tan diversificado como el nuestro, el escuchar ha llegado a ser un asunto de vital importancia para asegurar no sólo la comunicación efectiva y el éxito personal, sino la convivencia misma. Hoy en día tenemos el imperativo de aprender a escuchar mejor para ser capaces de vivir juntos en armonía. Esto ha llegado incluso a ser una cuestión en la que está en juego la propia sobrevivencia de la humanidad

CAPITULO 6:

ACCION HUMANA Y LENGUAJE*

Este capítulo versará sobre el tema de la acción o, más concretamente sobre la acción humana. Dentro de él abordaremos diferentes tópicos. Todos ellos, sin embargo, tendrán como hilo conductor su referencia al tema de la acción.

Comenzaremos, primero, por abordar algunos de los supuestos que encierra nuestra concepción tradicional sobre la acción humana, y examinaremos la crítica que a ellos dirige el filósofo alemán Martin Heidegger. En este contexto, introduciremos las distinciones de transparencia y quiebre y examinaremos el carácter lingüístico de los quiebres. Luego analizaremos la acción humana en cuanto ésta se relaciona con el lenguaje. Ello nos llevará a reconocer que toda acción humana posee un componente interpretativo que surge desde el lenguaje.

En seguida, tomaremos la acción como un dominio e introduciremos diversas distinciones en su interior que nos permitirán reconocer tipos de acciones diferentes. Por último tomaremos un tipo particular de acción humana, aquella que llamamos prácticas sociales, y —acercándonos a la interpretación propuesta por Wittgenstein— mostraremos cómo éstas permiten ser reconstruidas lingüísticamente.

Hemos sostenido que la ontología del lenguaje ofrece una interpretación diferente del fenómeno humano, al referirlo al lenguaje. Hemos advertido, sin embargo, que para entender cabalmente esta interpretación es necesario re-interpretar lo que entendemos por lenguaje y abrir-

*Estoy agradecido al Dr. Fernando Flores y a Business Design Associates, propietarios de los derechos de autor de trabajos en los que se basa este segmento, por permitirme gentilmente hacer uso en este libro de largas secciones de tales trabajos.

nos a una comprensión que lo concibe como generativo y que postula que el lenguaje es acción. Pero hemos advertido también que nuestro círculo interpretativo no estará completo mientras no reinterpretemos la propia acción. Sólo entonces estaremos en condiciones de entender por qué decimos que la acción nos constituye como el tipo de persona que somos y que llegaremos a ser. El ser humano, el lenguaje y la acción son tres pilares fundamentales de la ontología del lenguaje. En este capítulo examinaremos el tercero de ellos: la acción humana.

Nuestra «concepción tradicional» sobre la acción humana

Nuestra «concepción tradicional», nuestro sentido común, descansa, entre otros, en dos supuestos que hemos heredado de la filosofía de Descartes, y que han servido de base al pensamiento moderno occidental. De una u otra forma, la interpretación ofrecida por Descartes en el siglo XVII ha sustentado la casi totalidad de nuestras interpretaciones parciales en el mundo occidental. Los postulados básicos de Descartes se transformaron en supuestos no cuestionados de nuestro sentido común. Los seres humanos occidentales devinimos cartesianos aun cuando no supiéramos quién era Descartes o no conociéramos su filosofía. Ello, por cuanto la cultura lingüística dentro de la cual nos constituimos como individuos, asumió como válidos sus postulados.[1]

Los dos supuestos a los que nos referimos son los siguientes: aquel que sostiene que todo sujeto se halla expuesto a la presencia e inmediatez del mundo de objetos que lo rodea y aquel que define al ser humano como un ser eminentemente racional en su actuar en el mundo. Examinaremos cada uno de ellos por separado.

El primero de estos supuestos, se sustenta en un dualismo originario. Su punto de arranque supone que, al examinarse la existencia humana, debemos reconocer, desde el inicio, dos sustancias irreductibles: el pensa-

---

[1] Al respecto, ver Echeverría (1993), capítulos IV y XX.

miento o la razón que nos constituye como sujetos (lo que Descartes llama la **res cogitans**) y la sustancia física que constituye los objetos (**res extensa**), dentro de la cual está nuestro cuerpo y la totalidad de los objetos naturales. Ello permite interpretar la existencia humana como constituida original y primariamente por un sujeto dado, rodeado por un mundo de objetos también dados. La presencia de estos objetos no está cuestionada. Ellos están allí en el mundo, presentes naturalmente, capaces de ser percibidos directamente por los sentidos, en la medida en que no estén ocultos.

Esto no niega que la percepción que el sujeto tiene de los objetos del mundo deje de tener problemas y que, por ejemplo, tal percepción no esté libre de distorsiones. Por el contrario, nuestra concepción tradicional hace de la relación sujeto-objeto su principal obsesión, su gran problema. De allí que, para la filosofía moderna, hacer filosofía haya sido fundamentalmente hacer epistemología: determinar la posibilidad de que el sujeto pueda alcanzar una fiel representación de los objetos y, en la medida que tal posibilidad se acepte (hay quienes la niegan), determinar cuáles son las condiciones que la garantizan. El gran tema de la filosofía moderna ha sido, por lo tanto, el tema del conocimiento.

El segundo de los supuestos de nuestra concepción tradicional ha sido el sustentar que aquello que define al sujeto, aquello que nos caracteriza como seres humanos, es el pensamiento, la conciencia, la razón, nuestra capacidad de deliberación. El ser humano, se sostiene, es un ser pensante, un ser racional. Este segundo supuesto es particularmente importante para entender la acción humana, pues es precisamente en el dominio de la acción donde el concebirnos como seres racionales tiene quizás una de sus más importantes consecuencias.

El supuesto de que la razón es aquello que nos constituye y define en el tipo de ser que somos, nos lleva a una comprensión racionalista de la acción humana. Supone que **la conciencia, la razón o el pensamiento**, como quiera que nos refiramos a ello, **antecede a la acción**.

Asume que los seres humanos actuamos en conciencia, guiados por la razón. Se deduce, por lo tanto, que **toda acción humana es acción racional**. Ello implica que no hay acción que no tenga su razón y, en consecuencia, que no esté antecedida por la razón que conduce a ella. La razón, por tanto, conduce la acción.

El concepto de razón deviene tan importante dentro de los parámetros de esta interpretación que, incluso cuando la experiencia pareciera mostrarnos que este supuesto es discutible, y pareciéramos observar acciones no conscientes, no racionales, donde no hubo deliberación previa, este supuesto no es puesto en duda y se buscan las razones inconscientes que nos llevan a actuar de la manera como lo hacemos. Con ello el supuesto se mantiene, salva las apariencias, y la primacía de la razón se mantiene: ella sigue conduciendo la acción humana.

El supuesto de la racionalidad ha sido extremadamente poderoso dentro de la cultura occidental y sin duda requiere ser visto como una innegable contribución histórica. Tras él se han desarrollado, por ejemplo, la ciencia y la tecnología y múltiples formas de vida que son expresiones del poder de la razón humana.

Muy pronto, sin embargo, quizás por su propio éxito, la razón dejó de concebirse como aquello que caracterizaba a los seres humanos, transformándolos en sujetos; la razón fue establecida como principio rector del universo. La ciencia parecía demostrar que la naturaleza se comportaba racionalmente, de acuerdo a leyes precisas que estaban allí, esperando ser descubiertas. Lo que la ciencia hacía era interpretado, por lo tanto, como un esfuerzo por encontrar las razones detrás de todos los fenómenos. Leibniz proclama «Todo tiene una razón» o, lo que es lo mismo, «Nada es sin razón». Hegel, algo más tarde, sostendrá la identidad de realidad y razón: todo lo real es racional y todo lo racional es real.

Razón y lenguaje

Detengámonos aquí un momento y preguntémonos: ¿No estamos acaso frente a una situación en la que, en el decir de Wittgenstein, el lenguaje pareciera haberse extraviado, y donde, en vez de procurar resolver los problemas que se han levantado, quizás sea necesario «disolverlos»?

Permítasenos reflexionar sobre lo que hemos estado diciendo. Lo haremos apoyados en la propia interpretación que hemos desarrollado hasta ahora. Hemos postulado que los seres humanos somos seres lingüísticos, seres que vivimos en el lenguaje. Hemos sostenido también que el lenguaje humano se caracteriza por su recursividad, por su capacidad de volverse sobre sí mismo. En esta mirada recursiva emerge para los seres humanos el dominio del sentido que cuestiona no sólo la vida en su fluir concreto, sino la propia existencia humana. El lenguaje nos transforma en seres éticos, en cuanto no podemos sustraernos del imperativo de conferir sentido a nuestra existencia.

Esta misma recursividad nos transforma en seres reflexivos, capaces de cuestionarse, de interpretarse, de buscar explicaciones. Como seres con capacidad de reflexión, somos seres que pensamos, que buscamos «razones» para dar cuenta de todo aquello que forma parte de nuestra experiencia. Como seres con capacidad de reflexión, también reflexionamos sobre la forma como reflexionamos y buscamos formas más efectivas de hacerlo. A esto último lo hemos llamado pensamiento «racional». Desde esta perspectiva, por lo tanto, tiene perfecto sentido el reconocernos como seres racionales. Lo que sigue sujeto a examen es el papel conferido a la razón y el tipo de relación que se establece entre ella y el lenguaje.

Algunas de las preguntas por el sentido general de la existencia permiten ser abordadas desde el pensamiento «racional»; otras aparentemente no, y respondemos a ellas a través de la fe, de la experiencia contemplativa, incluso desde el silencio. Siempre desde el lenguaje, en la medida en que lo que está en juego es el problema del sentido.

Lo que quisiéramos destacar es que, hasta ahora, no hemos separado las distinciones de razón y de racionalidad, de las capacidades que el lenguaje entrega a los seres humanos. Desde la ontología del lenguaje, la razón es un tipo de experiencia humana que deriva del lenguaje. El lenguaje es primario. En lo dicho, hemos mantenido una relación indisoluble entre lenguaje y razón. Dentro de esta perspectiva, la razón es un caso particular dentro del dominio general del lenguaje. **La razón es uno de los juegos de lenguaje posibles de que somos capaces los seres humanos en cuanto seres lingüísticos.**

Para el enfoque racionalista, sin embargo, y Descartes es un buen ejemplo, esto no es así. En la medida en que no se pone atención en el lenguaje, la distinción de razón asume un significado diferente. Ya no se trata de una competencia particular de los seres humanos en cuanto seres lingüísticos, sino de una distinción que no sólo es vista con autonomía del lenguaje, sino que lo es también con respecto a los propios seres humanos. La razón se transforma en un principio autónomo que no sólo define como somos los seres humanos, sino que rige también el cosmos, que gobierna la realidad. Ello nos permite decir, por ejemplo, como lo hace Hegel, que todo lo real es racional.

La ciencia y la filosofía ya no son vistas sólo como racionales, por cuanto representan actividades interpretativas particulares efectuadas por seres humanos desde y dentro del lenguaje. La ciencia y la filosofía aparecen ser racionales porque están comprometidas con encontrar las razones de lo real, con la búsqueda de la verdad, del ser de las cosas, del propio Ser. La verdad aparece como la razón de lo real. Ambas, verdad y razón existen con independencia de los seres humanos. La razón, por lo tanto, ha dejado de ser un atributo de nuestra capacidad de interpretar (reflexionar) y de asegurar la coherencia de nuestras interpretaciones. Ella se ha disociado de la capacidad interpretativa de los seres humanos.

Desde nuestra perspectiva, no tiene sentido decir que el mundo es racional. Lo racional sólo pertenece al dominio de nuestras explicaciones. Los fenómenos naturales no «tienen razones». ¿Cómo podrían tenerlas si no «viven» en el lenguaje? La razón de un fenómeno no pertenece al fenómeno, sino a los seres humanos que forjan una explicación que procura dar cuenta de tal fenómeno. **La razón guarda siempre relación con el observador y no con lo observado.**

Así como cuestionamos la razón como principio oculto detrás de los fenómenos naturales, de la misma manera, desde nuestra perspectiva no tiene sentido alguno hablar de «razones inconscientes», pues ello nuevamente coloca a la razón detrás del fenómeno (esta vez detrás del fenómeno humano). **La razón de un fenómeno**, insistimos, **no pertenece al fenómeno, sino a su explicación.**

No hay razones detrás de los fenómenos. Sólo existe la capacidad de los seres humanos de entregar explicaciones para conferir sentido al acontecer fenoménico al que están expuestos. Frente al principio postulado por Leibniz de que «Todo tiene una razón», replicamos: los seres humanos, por ser seres lingüísticos, poseen la capacidad de proveer razones para todo lo que acontece. La razón no alude a un atributo cósmico, sino a una capacidad de los seres humanos en tanto seres lingüísticos.

Crítica de Heidegger a Descartes

Una de las críticas más profundas al pensamiento cartesiano desarrollada durante el siglo XX ha sido la propuesta por Martin Heidegger. Según Heidegger, es equivocado proceder como lo hiciera Descartes, separando ser y mundo, sujeto y objeto, res cogitans y res extensa. El fenómeno primario de la existencia humana, según Heidegger, es lo que éste llama el **Dasein**, es ser-en--el-mundo. Como argumentáramos anteriormente, no hay un ser que no esté en el mundo, ni un mundo que no lo sea para un ser. En un sentido fundamental, ambos se constituyen en simultaneidad y por referencia al otro. La posibilidad misma de hablar de ser y de mundo, por separado, como de sujeto y de objeto, es derivativa de este fenómeno primario de ser-en-el-mundo.[2]

---

[2] Para una presentación sintética del pensamiento de Heidegger, ver Echeverría (1993), capítulo XVII. Otras referencias se presentan en la bibliografía.

Heidegger cuestiona fuertemente los dos supuestos a los que acabamos de hacer referencia: el de la presencia natural del mundo y aquel que sustenta el carácter primario de la razón y, como consecuencia, su papel determinante para comprender la acción humana. Según Heidegger, la interpretación racionalista tanto de los seres humanos como de la acción humana, representa una flagrante tergiversación de lo que efectivamente ocurre. Los filósofos, sostiene Heidegger, han tomado su propia práctica filosófica —que se caracteriza por ser consciente, pensante, reflexiva, racional, deliberativa, etcétera— como modelo general de la acción humana y han supuesto que toda acción humana es equivalente a la que realiza el filósofo cuando está haciendo filosofía. Ello, según Heidegger, produce una gran distorsión. La manera primaria de actuar de los seres humanos, incluyendo a los propios filósofos, no es la que tiene lugar en el quehacer filosófico. El quehacer filosófico representa un tipo de acción derivativa, que emerge como resultado de la dinámica de un tipo de acción primaria muy diferente.

La distinción de transparencia

Heidegger postula que lo que llamaremos **transparencia** —la actividad no-reflexiva, no pensante, no deliberativa, la acción con umbral mínimo de conciencia— constituye la base y condición primaria de la acción humana.

Cuando, por ejemplo, caminamos, subimos la escala, martillamos un clavo en la pared, escribimos en el computador, hablamos por teléfono, andamos en bicicleta, comemos en la mesa, cocinamos, etcétera, lo hacemos en transparencia. Ello implica que no tenemos la atención puesta en cada paso que damos al caminar o en cada movimiento que hacemos con las manos al escribir en el computador. Tampoco proyectamos por anticipado el movimiento que haremos a continuación. La acción transparente no sigue los supuestos ofrecidos por la interpretación de la acción racional.

Actuamos sin tener clara conciencia del pavimento en el que caminamos; de los escalones que subimos; del martillo, del clavo y de la pared; de la pantalla del computador y del teclado; del auricular del teléfono; del tenedor que tenemos en la mano al comer y del plato que contiene la comida; de la olla en la que revolvemos al cocinar. Nuestra atención suele estar puesta en otra parte. Si vamos en la mañana manejando nuestro automóvil, camino a la oficina, el manubrio, los pedales, incluso los demás autos que se mueven alrededor, parecieran ser transparentes para nosotros. Casi tan transparentes como el parabrisas que tenemos por delante y que no vemos en cuanto parabrisas. La mente no está puesta en ellos, pensamos, más bien, en la conversación tenida pocos minutos antes con nuestra pareja en la mesa del desayuno, en la llamada por teléfono que haremos una vez que lleguemos a la oficina o en la reunión fijada para después de almuerzo. Pasamos una bocacalle tras otra, un semáforo tras otro, como si no los viéramos. Si al llegar a la oficina, tratáramos de recordar el recorrido, muy probablemente no podríamos hacerlo o sólo recordaríamos algunos detalles.

¿Implica esto que no los estamos viendo? Obviamente que no. De no haber visto los semáforos, no nos habríamos detenido, como lo hicimos cada vez que hubo una luz roja. Es evidente que no cometimos ninguna infracción. Nos desplazamos en sintonía con el mundo alrededor, sin detenernos a pensar en él. Fluíamos en él, como cuando bailamos sin prestar mayor atención a los pasos que estamos dando.

Cuando nos encontramos en este estado, en la transparencia del fluir de la vida, no sólo no estamos pensando en lo que hacemos, tampoco estamos en un mundo que se rige por la relación sujeto-objeto. Estamos en un estado que es previo a la constitución de esa relación. ¿Cuándo, entonces, emerge el pensamiento sobre lo que hacemos? ¿Cuándo entramos en una relación con el mundo en la que nos concebimos a nosotros mismos como sujetos y percibimos objetos?

La distinción de quiebre

Sostenemos que sólo emerge la deliberación, la conciencia de lo que estamos ejecutando, cuando este fluir en la transparencia, por alguna razón, se ve interrumpido: cuando se produce lo que llamamos **un quiebre**. Un quiebre, diremos, es una interrupción en el fluir transparente de la vida.

Volvamos a algunos de los ejemplos anteriores y examinemos algunas situaciones en las que la transparencia se quiebra. Si al estar caminando tropezamos, súbitamente observaremos aquel pavimento que antes nos era transparente. Si al subir la escala, uno de los escalones hace un crujido extraño o cede, tal escalón se nos aparecerá como objeto. Si al escribir en nuestro computador una de las teclas no ejecuta lo que esperamos de ella, el teclado emergerá también como objeto que convoca nuestra atención. Si al tomar un pedazo de carne con mi tenedor ésta salta del plato, posiblemente dejaremos de prestar atención a la conversación que tiene lugar en la mesa para preocuparnos por el pedazo de carne, del tenedor y del plato. Si en nuestro manejar hacia la oficina resulta que al acercarnos a cada semáforo lo encontramos con luz roja, es muy posible que luego de detenernos en los primeros, los que sigan nos serán muy visibles y comenzaremos a pensar en cómo es posible que no los sincronicen.

Aquello que antes nos era transparente emerge ahora en nuestro campo de atención, tomamos conciencia de ello y concita nuestro pensamiento. Sólo entonces nuestra acción se rige por los padrones de la acción racional. A partir del quiebre de la transparencia, constituimos la relación sujeto-objeto y comenzamos a pensar en cómo reestablecer la transparencia perdida. El modelo de la acción racional, por lo tanto, es un puente que une situaciones de transparencia y surge cuando se produce un quiebre en la acción transparente.

Condiciones de generación de un quiebre

Aquí nos encontramos con un fenómeno interesante: ¿Qué es aquello que «produce» el quiebre? ¿Cómo se produce? ¿Cuándo, por ejemplo, una luz roja adicional en el semáforo produce un quiebre en nuestro manejar hacia la oficina? ¿Y por qué esa luz roja y no la anterior? ¿O dos luces rojas más adelante?

Sostenemos que todo quiebre involucra un juicio de que aquello que acontece, sea ello lo que sea, no cumple con lo que esperábamos que aconteciera. Un quiebre, por lo tanto, es un juicio de que lo acontecido altera el curso esperado de los acontecimientos. Detengámonos a examinar lo que hemos dicho. Lo primero que destacamos es nuestra interpretación de que todo quiebre se constituye como un juicio. Por lo tanto, si no tuviésemos la capacidad de hacer juicios, no tendríamos quiebres. Tomemos un ejemplo. Estamos manejando, llevamos a nuestro perro en el asiento de atrás, y se nos pincha un neumático. Esto representará un quiebre. Cuando manejamos no lo hacemos esperando que un neumático se nos pinche, aunque obviamente esa posibilidad no está excluida. Pero lo que esperamos es poder desplazarnos de un lugar a otro usando los neumáticos en buenas condiciones. Mientras ello suceda los neumáticos nos serán transparentes. Pero he aquí que uno de ellos se pincha y nos vemos obligados a detener el auto y preocuparnos del cambio del neumático. Esto que obviamente es un quiebre para nosotros, no lo es, sin embargo, para el perro que nos acompaña. Y no lo es por cuanto el perro no tiene un juicio sobre el sentido de lo que ha acontecido, como tampoco tiene juicios sobre lo que era esperable que sucediera.

La transparencia se quiebra, por lo tanto, en razón de los juicios que hacemos sobre lo que acontece, teniendo en el trasfondo un juicio sobre lo que es normal esperar. El quiebre, por lo tanto, puede ser reconstruido lingüísticamente como un juicio que dice: «Lo que ha acontecido no era lo que esperaba», aunque lo que realmente digamos cuando nos damos cuenta de que el neumático se pinchó sea algo diferente. Como tal, todo quiebre está asociado con una transformación de nuestros juicios sobre lo que es posible.

Cuando hablamos de nuestros juicios sobre lo que es posible, es conveniente introducir una distinción. Obviamente el que se me pinchara un neumático no era algo que concibiera como imposible. Ello está dentro del rango de las cosas que sé que pueden suceder cuando manejo. Sin embargo, dentro de lo que sé posible, hay también un rango menor de posibilidades que guarda relación con aquello que espero que acontezca. Ello define lo posible en el dominio de mis expectativas inmediatas y en función de lo cual proyecto mi existencia y defino mis acciones. Opero en la vida apostando a que dentro del rango más amplio de posibilidades suceda lo esperado. Cuando alguien, por ejemplo, nos hace una promesa, sabemos que ésta podría ser revocada antes de llegar a la fecha de cumplimiento o que podría suceder que, incluso, no nos cumplieran. Sin embargo, a menos que tenga motivos fundados para desconfiar de quien me prometió, normalmente definimos nuestras expectativas contando con que tal promesa nos será cumplida. De no suceder así, aunque la posibilidad de incumplimiento no estuviese excluida, tendremos un quiebre.

Quiebres negativos y positivos

Todo quiebre, por lo tanto, modifica el espacio de lo posible y transforma nuestro juicio sobre lo que nos cabe esperar. Esta transformación puede tomar dos direcciones. En algunas ocasiones, como sucediera en los ejemplos dados, los quiebres restringirán lo que es posible. Porque se nos pinchó el neumático, perderé la posibilidad de estar al comienzo de la fiesta a la que me dirigía. Como podemos apreciar, además de hacer el juicio de que lo acontecido es un quiebre, haremos un juicio negativo sobre el propio quiebre. Lo vivimos como un quiebre negativo.

Sin embargo, la transparencia se quiebra también porque algo sucede que expande nuestras posibilidades. Ello nos permite hablar de quiebres positivos. Si me llega la noticia de que mi propuesta fue seleccionada como la mejor de todas las presentadas, ello evidentemente interrumpirá la transparencia en la que me encontraba y constituye, por tanto, un quiebre. Lo que será posible ahora se expandirá. Pero este será un quiebre muy diferente del anterior. Lo será también mi experiencia de la situación.

Los quiebres habitan en el observador

Una pregunta habitual que se nos hace es por qué hablamos de quiebres y no decimos problemas. Después de todo, casi todo lo que hemos dicho pareciera referirse a problemas. No todo, sin embargo. Una de las ventajas de la distinción de quiebre es que nos permite reconocer que ellos pueden ser tanto negativos como positivos. El término problema suele asumir una carga negativa. Normalmente eludimos tener problemas. No eludiremos necesariamente tener quiebres.

Sin embargo, la razón principal para optar por la distinción de quiebre se refiere a que, al introducir un término nuevo, éste nos evita la contaminación con los supuestos de nuestra concepción tradicional. Esto no sucede con la distinción de problema. Al introducir la distinción de quiebre hacemos explícito y enfatizamos el reconocimiento de que éste habita en el juicio de un observador. Cuando hablamos de problemas, en cambio, normalmente suponemos que ellos existen por sí mismos, independientemente del observador. La distinción de quiebre, por lo tanto, nos permite diferenciarnos de esa tradición.

Lo dicho implica, por ejemplo, la voluntad de marcar una diferencia con aquellos enfoques basados en modelos de «resolución de problemas». Para estos enfoques, dado que los problemas existen «fuera» del observador, el único curso de acción que le queda a éste es el de hacerse cargo de «resolverlos». Por lo tanto, escasa atención se le presta a las condiciones que «definen» un problema como tal. En múltiples oportunidades, más importante que resolver un problema resulta examinar su proceso de definición. Muchos problemas, como hemos insistido, no requieren ser «resueltos», sino más bien «disueltos».

Todo problema es siempre función de la interpretación que lo sustenta y desde la cual se le califica como problema. Esta interpretación no siempre debe ser dada por sentada y cabe considerar discutirla. Al hacerlo, lo que antes aparecía como problema bien puede desaparecer. De la misma manera, aquello que originalmente se definía como problema, al modificarse la interpretación que lo sustenta, puede ahora aparecer como una gran oportunidad.

Con ello se abre la posibilidad de observar del observador que emite un juicio sobre el juicio que genera el quiebre como quiebre. No hay por qué dar tal juicio por sentado. Podemos preguntarnos, por ejemplo, «¿Por qué este problema es un problema para mí?» Con ello dejamos de estar poseídos por nuestros juicios espontáneos. Podemos también preguntarnos, «¿De qué forma sería posible transformar este problema en oportunidad?»

Pero también podemos hacer algo más. Puesto que el observador, lo sepa éste o no, es quien constituye una situación en quiebre y, por lo tanto, quien lo genera, no es necesario esperar que nos «ocurran» quiebres, aunque ellos nos van a ocurrir, querámoslo o no. Ahora podemos también diseñar la declaración de quiebres. Dado que los quiebres son juicios —y los juicios, como sabemos, son declaraciones— tenemos la opción de poder declarar algo como un quiebre. No tenemos que esperar que nos sucedan.

Podemos declarar, por ejemplo, «Esta relación de pareja en la que estoy, así como está, no da para más. O la cambio o la termino». O bien, «Las notas que está obteniendo mi hija en el colegio no me son aceptables. Conversaré con ella para ver qué podemos hacer para mejorarlas». Cada vez que declaramos «¡Basta!» estamos de hecho declarando un quiebre. Diferencias importantes en nuestras vidas resultan de que hay quienes, enfrentando una situación similar, la declaran un quiebre, mientras hay quienes no lo hacen. Hay quienes lo hacen más temprano que otros. La declaración de quiebre es un recurso fundamental en nuestro diseño de vida. Según cuan competentes o incompetentes seamos en hacerla, nuestro futuro será diferente, como lo será también nuestro mundo y nosotros mismos.

Esto podemos hacerlo en cualquier dominio de nuestra vida y no sólo en el ámbito de la vida personal. En la empresa, por ejemplo, el gerente general puede declarar un quiebre al decir, «En el futuro, ya no será satisfactorio recibir el 10% de retorno sobre la inversión, al que nos hemos acostumbrado. De ahora en adelante no nos conformaremos con menos del 15%», o «Declaramos que el diseño actual de nuestro producto debe ser considerablemente modificado para satisfacer mejor a nuestros clientes», o «En vez de seguir empeñados por obtener un mayor segmento del mercado, nos concentraremos en disminuir los costos y aumentar las utilidades».

En todos estos ejemplos, algo que no era un «problema» en el pasado; fue declarado como tal en la actualidad, o bien, algo que era un «problema» (conseguir un mayor segmento del mercado) dejó de serlo a través de una declaración.

Dos fuentes en la declaración de los quiebres

Nosotros declaramos nuestra satisfacción o insatisfacción con el curso de los acontecimientos. Lo hacemos gatillados por algún acontecimiento externo o como una acción autónoma, de diseño. Al declarar nuestra insatisfacción con las cosas tal como están, tenemos ahora la opción de cambiarlas, de hacerlas diferentes. Los quiebres generalmente implican el juicio de que las cosas podrían haber sido diferentes. Se basan en no aceptar el curso normal de los acontecimientos —o bien no estamos satisfechos con las cosas como están, o visualizamos maneras de hacerlas mejor.

Lo dicho nos permite identificar dos formas de ocurrencia de los quiebres. La primera, quizás la más habitual, se refiere a situaciones en las que el quiebre aparece como tal; sin que nos demos cuenta emerge de un juicio que nosotros hacemos. Se trata de situaciones dentro de las que, en nuestra comunidad, existe el consenso, muchas veces ni siquiera explícito, sobre lo que cabe esperar. De ello que resulta, por lo tanto, que determinados acontecimientos son automáticamente considerados como quiebres. Por lo tanto, cuando estos acontecimientos tienen lugar, parecieran no necesitar que hagamos juicio alguno. El juicio antecedía el acontecimiento.

Lo mismo sucede con el signo positivo o negativo de lo que solemos considerar como quiebre. Si, por ejemplo, alguien cercano fallece o si nos ganamos la lotería, tenemos la impresión de que lo negativo en un caso o lo positivo en el otro, va acompañado de lo que sucedió y pareciera no haber espacio para que nosotros emitamos juicio alguno. Un acontecimiento es negativo, el otro positivo, punto. Lo que sucede en este caso es que el observador es portador de un juicio de quiebre que pertenece al discurso histórico de su comunidad y, por lo tanto, lo hace de manera automática, sin siquiera escoger hacerlo.

La segunda forma de ocurrencia es aquella en que el quiebre no surge como expresión espontánea de un determinado discurso histórico que afecta a los miembros de una comunidad, sino, precisamente, porque un individuo resuelve declararlo. Dentro de los condicionamientos históricos a los que todos estamos sometidos, el individuo tiene la capacidad y autonomía de declarar distintos grados de satisfacción o de insatisfacción. Aquello que puede ser perfectamente aceptable para uno, puede ser declarado inaceptable para otro. Y las vidas de uno y otro serán diferentes de acuerdo a cómo hagan uso de la capacidad que cada uno tiene de declarar quiebres.

Una circunstancia típica que nos permite apreciar el poder de declarar un quiebre se da cuando decidimos aprender algo. Las cosas pasan como pasan, y nosotros juzgamos que nos iría mejor si tuviésemos algunas competencias que no tenemos. Por lo tanto, declaramos como un quiebre para nosotros el curso normal de los acontecimientos y nos comprometemos a aprender, a adquirir nuevas competencias que nos permitan ser más efectivos en el futuro. Bajo las mismas circunstancias, otra persona podría perfectamente seguir desempeñándose como lo ha hecho siempre. Al declarar el quiebre creamos un nuevo espacio de posibilidades para nosotros.

A partir de lo dicho es conveniente mirar para atrás y examinar de qué forma lo que hemos sostenido afecta aquellos dos supuestos de nuestra concepción tradicional. Si aceptamos la interpretación propuesta, resulta que no podemos suponer la presencia natural del mundo de objetos. Este mundo en cuanto mundo de objetos y nosotros en cuanto sujetos en ese mundo, sólo nos constituimos como tales al producirse un quiebre en el fluir transparente de la vida. Bajo la condición primaria de la transparencia, el mundo no se nos revela como un mundo de objetos por el solo hecho de estar allí, frente a nuestros ojos. Tampoco nosotros nos concebimos como sujetos operando en un mundo. Lo mismo podemos decir con respecto al supuesto de que la acción humana es acción racional. Sin que neguemos la experiencia de tal tipo de acción, ella constituye un tipo de acción derivativa. La forma primaria de actuar de los seres humanos es la acción transparente, donde el papel de la conciencia, el pensamiento o la razón, como «guía» de la acción que realizamos no se cumple. Sólo cuando esta acción transparente se ve interrumpida, emerge la acción racional.

El modelo racionalista también supone que mientras mayor es nuestro nivel de competencia, mayor será el papel de la razón en nuestro desempeño. Hubert L. Dreyfus, siguiendo a Heidegger, nos señala que tal relación es en realidad la contraria. Mientras más competentes somos en lo que hacemos, mayor será nuestro nivel de transparencia. La competencia se ve asociada no con la expansión del dominio de la razón, sino con la expansión de la transparencia. Con lo que llamamos la capacidad de «incorporar» (embody) competencias en nuestro desempeño.

Ello, nuevamente, tampoco niega el papel de la razón, pero lo reevalúa, lo resitúa. Desde esta perspectiva, no puede sorprender la respuesta que diera Pete Sampras cuando, luego de ganar el campeonato de tenis de Wimbledon, le preguntaran «¿En qué piensa cuando está jugando?». Sampras respondió: «Cuando juego no pienso. Sólo reacciono».

Lenguaje y acción

Uno de nuestros temas recurrentes ha sido reiterar que nuestra concepción tradicional ofrece una interpretación estrecha y restrictiva del lenguaje. Hemos planteado que el lenguaje no es pasivo ni descriptivo, hemos sostenido que **el lenguaje es acción**. No es sorprendente, entonces, que la acción parezca compartir el centro del escenario en la ontología del lenguaje. De una forma u otra, la referencia a la acción ha impregnado muchos de los temas que hemos tratado.

Así, por ejemplo, hemos hecho referencia constante a la acción al tratar los diferentes actos lingüísticos. En un dominio diferente, hemos sostenido también que nuestras acciones nos hacen ser como somos. Abundando en esta dirección, hemos señalado que los humanos no son seres ya constituidos, con propiedades fijas y permanentes, sino seres que están en permanente cambio y que éste, en medida importante es el resultado de las acciones que llevan a cabo. Hemos concluido, por lo tanto, que al cambiar nuestra forma de actuar, cambiamos nuestra forma de ser. **Somos según cómo actuamos.**

Es sorprendente, sin embargo, que cuando examinamos la relación entre la persona y la acción, normalmente atendemos sólo al aspecto de ella que considera a la persona como el agente que produce la acción y no exploramos la relación en el sentido inverso —desde el punto de vista de las acciones que están produciendo a la persona. Nuestra identidad depende de las acciones que realicemos.

Lo que deseamos destacar aquí es la importancia que le hemos conferido a la acción al colocar tanto al lenguaje, como al ser humano, en referencia a ella. Ello ha sido una de las operaciones centrales de nuestra argumentación. A través de ella, hemos ampliado y transformado nuestra concepción del lenguaje y hemos desarrollado nuevas formas de discernimiento en relación al fenómeno humano. Sin embargo, visualizamos dos problemas a partir de esto y de ellos queremos hacernos cargo.

En primer lugar, cuando hablamos de acción, normalmente damos la acción por sentada. Suponemos que sabemos lo que ella es. ¿Necesita alguien que se le explique qué es la acción? Por supuesto que no. Todos pareciéramos saber perfectamente de qué estamos hablando. Al menos, es lo que suponemos. A un cierto nivel, ésta es una presunción válida. Todos tenemos una determinada comprensión, gracias al sentido común, de qué es la acción.

Pero no olvidemos que también teníamos, al iniciar nuestra indagación, una comprensión sobre el lenguaje dada por el mismo sentido común. Sin embargo, esperamos que a estas alturas y como resultado de la propia indagación, estemos de acuerdo en que nuestra concepción anterior del lenguaje permitía ser cuestionada. ¿No podríamos decir lo mismo acerca de la acción? Esto es parte de lo que quisiéramos explorar en esta sección.

En segundo lugar, al referir el lenguaje a la acción, se podría suponer que nos hemos creado un camino que nos permite salirnos de la esfera del lenguaje. Al convertir el lenguaje en acción, podría surgir la ilusión de que hemos encontrado una «medida de conversión» del lenguaje que lo transforma en algo no-lingüístico. De ser así, cabría pensar que nos es posible situarnos fuera de él. La acción aparecería como la referencia final de lo que estamos diciendo y ella podría ser usada ahora para negar nuestro primer y fundamental postulado: los seres humanos vivimos en el lenguaje. De ser este el caso, la nuestra sería más bien una ontología de la acción.

Sostenemos que no hay forma de escapar del lenguaje, no hay salida posible. Los seres humanos vivimos atrapados en el lenguaje. Y cuando nos preguntamos qué es la acción, encontramos al lenguaje por todas partes. Existe una circularidad hermenéutica entre el lenguaje y la acción. El lenguaje es acción pero, al mismo tiempo, como veremos más adelante, **la acción es lenguaje.**

La acción como una distinción lingüística

¿Qué es la acción? Lo primero que debemos admitir al preguntarnos por el significado de la acción, es qué acción es una distinción lingüística. Antes que nada, acción es una distinción que hacemos en el lenguaje.

Cada vez que hacemos una distinción, separamos un determinado fenómeno del resto de nuestras experiencias. Por lo tanto, cuando hablamos de acción estamos efectuando distinción —esto es, estamos distinguiendo o separando algo del trasfondo de la experiencia humana. La acción vive como una distinción que hacemos en el lenguaje.

Es importante observar nuestras distinciones como tales y no meramente como nombres de cosas. Las cosas no tienen nombres. Nosotros se los damos. Y el proceso de darles nombres a menudo las constituye en las cosas que son para nosotros. Al observar nuestras distinciones como tales, estamos destacando la operación de hacer la distinción. Toda distinción es siempre el resultado de una operación de distinción. Las distinciones son obra nuestra. Al hacerlas, especificamos las unidades y entidades que pueblan nuestro mundo. No podemos observar algo para lo cual no tengamos una distinción. Es por esto que decimos reiteradamente que, aunque vemos con nuestros ojos, observamos con nuestras distinciones. La gente con diferentes conjuntos de distinciones vive en mundos diferentes.

Ciertamente nuestros sentidos juegan un papel importante en lo que observamos. Si nuestra estructura biológica no detecta ciertos sonidos, es poco probable que podamos generar las distinciones que nos permitan observarlos. Para poder observarlos, debemos traerlos, directa o indirectamente, al terreno de nuestra experiencia. Algunos instrumentos, como el microscopio o el te–lescopio, tienen precisamente esa capacidad de ampliar el alcance de nuestras experiencias y de permitir a nuestros sentidos captar lo que en circunstancias normales no podrían.

Al mismo tiempo, nuestra estructura biológica nos proporciona ciertas experiencias perceptuales que nos estimulan a generar distinciones. Al observar un destello de luz contra un fondo negro —como sucede en el examen médico que verifica la amplitud de nuestro campo visual— necesitamos algo más que la distinción de un destello de luz. El tener la distinción de un destello de luz no nos es suficiente para observarlo. Se necesita una experiencia perceptual. Al mismo tiempo, no podemos observar un destello de luz sin tener la distinción de un destello de luz. Podemos ver algo, pero aquello que ese algo es para nosotros va a depender de nuestras distinciones. Nuestra estructura biológica y nuestras distinciones lingüísticas a menudo colaboran mutuamente en nuestras observaciones.

Un ejemplo interesante acerca del papel que desempeñan nuestras distinciones lingüísticas es aquel sobre la manera en que los seres humanos observaban el firmamento en la antigüedad. Aunque podamos decir que los antiguos estaban viendo lo mismo que nosotros desde el punto de vista de la estructura biológica, sus diferentes distinciones producían mundos diferentes a los nuestros. Para algunos, lo que nosotros llamamos estrellas eran unas especies de lámparas encendidas colgando de un techo obscuro. Para otros, eran pequeños agujeros en un techo obscuro desde los cuales se podía observar la luz que había más allá del techo. Y otros tantos observaban objetos luminosos en un universo abierto e infinito. Diferentes distinciones, mundos diferentes.

Muchas distinciones no tienen una base biológica, esto es, no corresponden a percepción biológica alguna. Están generadas sobre la base de facilitar y estructurar la experiencia de vivir con otros y de dar sentido a nuestras vidas. Estas distinciones son completamente lingüísticas. La mayor parte de nuestras distinciones morales, políticas, religiosas y metafísicas pertenecen a esta categoría. Las distinciones que usamos al emitir juicios son de esta clase. Cuando decimos «Benito es un visionario» o Natalia es extremadamente hacendosa», las distinciones «visionario» y «hacendosa» no tienen base biológica alguna. Es una distinción lingüística de construcción enteramente social.

Aunque toda distinción significa desde ya una primera intervención del lenguaje sobre aquello de lo que se habla, no basta apuntar al hecho de que algo es una distinción lingüística para concluir que aquello a lo que se apunta con la distinción es de carácter lingüístico. Ello sería como sostener que porque «perro» es una distinción lingüística, ello demuestra que los perros son lingüísticos. Al proceder así, desconocemos la necesidad de distinguir la referencia de sentido, connotación de denotación, signo de significado, etcétera. Confundimos, por lo tanto, lo que pertenece a la esfera de los nombres, con lo que pertenece a la esfera de lo que ellos especifican. Así como la distinción lingüística de azúcar no hace lingüística al azúcar, tampoco el que el azúcar sea dulce hace dulce a la distinción azúcar. Lo que importa, por lo tanto, no es sólo el reconocimiento de que la acción es una distinción hecha por un observador, sino el tipo de distinción que implica la acción.

Los usos de la distinción de acción

¿Qué clase de distinción es la distinción de acción? Como veremos, esta pregunta no tiene una respuesta simple. Para llegar a ella, necesitamos examinar la forma en que la distinción de acción es usada. Recordemos la sentencia de Ludwig Wittgenstein, «el significado de una palabra es su uso en el lenguaje». Si queremos descorrer el velo del significado de la distinción acción, tenemos que examinar la forma en que se usa esta distinción.

El primer uso que detectamos, se caracteriza por utilizar la distinción de acción en relación a fenómenos naturales. En este sentido hablamos, por ejemplo, de los efectos de «la acción de una tormenta o un terremoto», «la acción o reacción producida por determinados productos químicos». Así como se habla de acción, al factor que se le atribuye el desencadenamiento de tal acción se le suele llamar «agente». Se habla, por lo tanto, de determinados «agentes químicos».

Sostenemos que cuando la distinción de acción se utiliza para describir fenómenos naturales, —como los indicados anteriormente, cuyo uso es metafórico— tratamos al supuesto factor que produce la acción como si fuera un ser humano. Cada vez que se observa un cambio y se alude a una causa que lo produjo, se suele llamar a la causa «agente» y al cambio «acción». Pero con ello, al extender la distinción a los fenómenos naturales, se oscurece la distinción cuando la usamos para dar cuenta del comportamiento humano.

Examinemos, por lo tanto, los usos que se da a la distinción cuando ésta se usa en relación a los fenómenos de comportamiento humano. De hecho, cuando hablamos de acción humana los dos factores apuntados arriba están presentes: algún cambio observable y la intervención de un agente. Esta vez, sin embargo, el término «agente» no se usa para referirse a una causa, sino para apuntar a seres humanos que operan individual o colectivamente, provistos de voluntad.

Esto ha permitido la existencia de dos significados diferentes para la acción humana (dos formas de la distinción de acción cuando se la usa con referencia a fenómenos humanos) —acción como movimiento y acción como comportamiento intencional o con un propósito. El primer significado enfatiza el cambio; el segundo enfatiza la intervención deliberada del agente.

Basándonos en el primer significado, usamos la distinción de acción cuando vemos a alguien corriendo, caminando, moviendo las manos, respirando, etcétera. Aquí aparece la acción independientemente de las intenciones involucradas e incluso independientemente del hecho que podamos incluso atribuirle alguna intención o propósito.

Basándonos en el segundo significado, hablamos de acción cuando podemos señalar la intención del agente, aun cuando no haya movimiento perceptible. Aquí, podemos hablar de las acciones de «perseguir a alguien» «casarse», etcétera, pero también acerca de acciones como «esperar a alguien», «pensar», «recordar» u «olvidar». En estos últimos ejemplos es, a veces, difícil asociar la acción con el movimiento.

Cabe, por último, mencionar el uso de la distinción de acción aplicado esta vez a agentes sobrenaturales (dioses, fuerzas divinas, etcétera). En estos casos, los mismos factores comprometidos en la acción humana, aparecen también presentes: un cambio observable y un agente interviniente. Se trata, por lo tanto, de la misma estructura que reconocíamos en el caso de la acción humana, transplantada a supuestos agentes sobrenaturales o sobrehumanos.

Actividad versus acción

Habiendo identificado cuatro usos diferentes de la distinción de acción, nos concentraremos en aquellos dos que guardan relación con la acción humana. Descartaremos el primero por considerarlo, tal como lo señaláramos, un uso metafórico, y descartaremos también el último por considerarlo fundado en las mismas condiciones que emergen al hablar de la acción humana. De aceptar la existencia de seres sobrenaturales, lo mismo que diremos con respecto a la acción humana les sería aplicable a ellos.

Nos quedamos, por lo tanto, con dos significados de la acción humana: la acción como movimiento y la acción como intervención intencional o con un propósito. De hecho, el economista austríaco Ludwig von Mises, uno de los grandes pensadores sobre el tema, inicia su obra sobre la acción humana proclamando «La acción humana es comportamiento con propósito». Para von Mises, es el propósito lo que define a la acción humana. La acción humana es acción racional.

Suponemos que, llegados a este punto, no sorprenderá al lector el que declaremos que esta distinción de la acción humana (acción como movimiento y como comportamiento con propósito) nos parece problemática. Ello por dos razones. Primero, porque al aceptar la acción como movimiento, en la medida en que podemos hablar de movimiento con respecto a los fenómenos naturales, dejamos nuevamente abierta la puerta para hablar de acción en un sentido metafórico. Segundo, por cuanto al aceptar la acción como comportamiento con propósito volvemos a quedar atrapados en el tema de la intencionalidad y en una interpretación racionalista de la acción humana.

A la vez, debemos reconocer que el esfuerzo de trazar una distinción entre dos tipos de fenómenos diferentes, que se expresa en las ideas de movimiento y de comportamiento con propósito es válido. Para mostrar por qué nos parece válido daremos un ejemplo. Imaginemos que, como sucede frecuentemente, me estoy paseando frente a un grupo de alumnos hablándoles sobre la ontología del lenguaje. En un determinado momento le pregunto a Amalia, una de mis alumnas, «Amalia, ¿qué importancia tiene lo que estoy diciendo?» Si en ese momento alguien me preguntara qué estoy haciendo, existen dos maneras diferentes de responder.

Una de ellas se rige por el lenguaje de las afirmaciones y entrega aseveraciones con las que cualquier persona que hubiera estado presente en la sala estaría de acuerdo. Al responderse de esta manera, podrían hacerse las siguientes aseveraciones:

— estoy caminando;
— estoy moviendo mi brazo en dirección a Amalia,
— estoy hablando;
— estoy mirando a Amalia;
— le hice una pregunta a Amalia;
— pregunté «Amalia, ¿qué importancia tiene lo que estoy diciendo?»;
— etcétera.

Todas estas afirmaciones son descripciones precisas de lo que alguien observaría que yo estaba haciendo, y cualquiera que estuviese allí estaría de acuerdo en que todas ellas eran acciones que yo estaba ejecutando. Sugiero que usemos la distinción de **actividad** y no de acción cuando una acción se puede circunscribir al lenguaje de las afirmaciones.

Pero hay otra forma en la que también se puede responder a la pregunta acerca de lo que yo estaba haciendo. Se podría decir, por ejemplo:

— estaba enseñando a un grupo de alumnos;

— me estaba ganando la vida como profesor;

— estaba preocupado de que me entendieran;

— estaba ampliando la concepción del lenguaje de los estudiantes;

— me estaba haciendo cargo de que Amalia entendiera la importancia de lo que había dicho;

— etcétera.

Esta es una manera muy diferente de hablar acerca de mis acciones. Todas estas aseveraciones están más cerca del lenguaje de los juicios, puesto que las personas pueden legítimamente impugnarlas. ¿Es esto realmente enseñar? ¿Cabe decir realmente que lo que obtengo con hacer eso puede llamarse «ganarse la vida»? ¿Estaba realmente preocupado de que me entendieran? ¿Estaba realmente ampliando la concepción del lenguaje de los alumnos? ¿O los estaba, tal vez, confundiendo? ¿Me estaba realmente haciendo cargo de que Amalia entendiera? ¿O no estaba, tal vez, exponiéndola a que quedara en ridículo? La gente puede tener opiniones diferentes acerca de cada una de estas respuestas sobre la acción que estaba ejecutando.

Examinemos estas aseveraciones con mayor detención. Sostenemos que lo que las caracteriza es el hecho que le dan sentido a lo que yo estaba haciendo. Ello tiene lugar al referir aquello que yo hacía al dominio de las inquietudes. Todas estas aseveraciones interpretan lo que yo estaba haciendo y, para hacerlo, suponen que al actuar, me estoy haciendo cargo de algunas inquietudes. Puesto que le confieren sentido a lo que yo estaba haciendo, las llamaremos **aseveraciones semánticas.**

Lo que las caracteriza y diferencia de las actividades anteriores es el hecho de que además de reconocer una actividad, le añaden un componente interpretativo que justifica o explica la actividad y, para hacerlo, hacen referencia implícita a las inquietudes. Efectuando una operación que hemos utilizado ya varias veces en el transcurso de nuestra argumentación, diremos que **la acción humana es una actividad que es interpretada al**

referirla al dominio de las inquietudes[3]. La acción humana es actividad más interpretación. Proponemos limitar la distinción de acción a las aseveraciones semánticas y, por lo tanto, distinguir actividad de acción. Postulamos que las aseveraciones semánticas son diferentes de las afirmaciones de actividad. Cada vez que hablamos de acción nos podemos preguntar «¿Qué mueve a esa persona a hacer lo que está haciendo?» Sin embargo, no estamos diciendo que una afirmación de actividad no pueda ser también, en muchos casos, una aseveración de acción. Muy frecuentemente decimos, por ejemplo, «Alejandro me miró y se sentó», y dentro del contexto de lo que se está diciendo, podemos identificar explícita o implícitamente alguna inquietud de Alejandro al hacer esto. En este caso, como en cualquier otro en que podamos atribuir inquietudes al hacer, vamos a hablar de acción.

Desde el punto de vista de la distinción de actividad, podríamos decir, por ejemplo, «Juanita está corriendo». Esto es lo que ella está haciendo y supondremos que no le podemos atribuir ninguna inquietud a este hecho. Entramos en el campo de la acción cuando, al verla correr, decimos «Juanita estaba escapando del perro», «Juanita estaba persiguiendo el volantín», «Juanita estaba haciendo ejercicios», etcétera. En todas estas circunstancias, estamos dándole un significado a «correr» y, por lo tanto, estamos produciendo aseveraciones semánticas.

Lo interesante de esta forma de observar la acción es el hecho de que sea el observador quien hace que la acción tenga sentido. Por lo tanto, distintos observadores pueden formular aseveraciones semánticas muy diferentes al hablar sobre una misma situación. Esto sucede porque llevan a cabo sus observaciones desde sus propias y distintas inquietudes. Según las inquietudes desde las cuales hacemos nuestras observaciones, adjudicaremos distintas inquietudes a los demás.

---

[3] La operación que acabamos de efectuar es equivalente a la que realizamos cuando distinguimos el emitir sonidos del hablar, el oír del escuchar, el dolor del sufrimiento humano, incluso el ver del observar.

El propósito, la intención o la motivación, postulados por la concepción tradicional sobre la acción, no son sino, reiteramos, las interpretaciones que sobre su propio actuar realiza el agente. Y como señaláramos con anterioridad, tales interpretaciones no excluyen la posibilidad de otras, efectuadas por otras personas, que puedan demostrar ser incluso más poderosas que las del mismo agente.

Pero existe otra ventaja adicional para aceptar el enfoque que proponemos. Esta es que ya no es necesario postular razón, conciencia o pensamiento, como una pre-condición de la acción. Con ello damos cabida dentro de la acción humana a todas las formas transparentes del actuar. Con las acciones transparentes podemos seguir interpretando que al actuar nos estamos haciendo cargo de alguna o algunas inquietudes y podemos simultáneamente aceptar la ausencia de deliberación previa.

Fernando Flores, en su tesis doctoral, nos proporciona un ejemplo interesante que ilustra lo que estamos diciendo. Flores se imagina a alguien escribiendo a máquina un determinado día en la noche. En eso lo llama por teléfono un colega y le pregunta «¿Qué estás haciendo?». El personaje responde «En este momento estoy redactando una nueva versión del capítulo tres». El teléfono vuelve a sonar y esta vez se trata de su editor, quién hace la misma pregunta «¿Qué estás haciendo?». El personaje de Flores responde ahora «Estoy dictando un curso acerca de la mente y escribiendo dos libros sobre intencionalidad, en los que propongo una nueva noción que creo va a modificar el diseño de máquinas». Más adelante, aparece la esposa de su personaje y le dice, «Siento llegar tarde, el auto tuvo un desperfecto y no te pude avisar. Espero que no estés enojado». Esta vez el personaje de Flores responde: «Está bien, te estaba esperando pero había empezado a preocuparme por ti».

El ejemplo ofrecido por Flores nos muestra que un mismo observador, al estar en conversación con otros, puede conferirle distintas interpretaciones a su propio quehacer en función de la interpretación que tenga sobre las inquietudes del otro. Todas las respuestas dadas por su personaje son respuestas válidas y cada una de ellas re-interpreta de manera diferente lo que se estaba haciendo. **Sólo al comprender el papel de la interpretación en la especificación de la acción, comprendemos el carácter profundamente lingüístico de la acción humana.**

Acción directa y reflexiva

Una de las formas en que nuestro sentido común usa la distinción de acción es oponiendo acción a «hablar sobre las cosas» o a «pensar sobre las cosas», como si hablar o pensar no fueran acciones en sí. De la mima forma, se contrapone la teoría a la práctica y se separa el ámbito de las ideas del ámbito del hacer. Nuestro lenguaje ordinario está lleno de expresiones en las que esta distinción se manifiesta. Se dice, por ejemplo, «¡Hechos y no palabras!», «¡Deja de hablar y haz algo!», «¡Son sólo palabras!», etcétera.

Al hablar de este modo, nuestro sentido común apunta a una distinción que es evidentemente válida y que procuraremos recuperar en esta sección. Sin embargo, la forma como el sentido común realiza la distinción refuerza el ocultamiento de que el lenguaje es acción. Es más, se oculta también con ello las importantes consecuencias prácticas que a menudo resultan del hablar o pensar «sobre» algo. Y, por lo tanto, se esconde la responsabilidad que nos cabe al hablar.

A veces escuchamos frases como «Yo sólo decía», como si en el decir no se comprometiera nada. Repitamos nuevamente: nuestro hablar no es trivial, cambia nuestro mundo y da forma a nuestra identidad. Nuestro hablar no es tampoco inocente, somos responsables de las consecuencias de lo que decimos y de lo que no decimos. Nuestros éxitos y fracasos se configuran en nuestras conversaciones.

Por lo tanto, cuando separamos el hablar o pensar acerca de algo del actuar sobre ello, nos cegamos a las consecuencias prácticas que pueden derivar del hablar y del pensar. Con frecuencia nos damos cuenta de que hablando y pensando «acerca» de algo, terminamos actuando «sobre» ello de una manera mucho más efectiva o incluso distinta de la intención original. Las prácticas de hablar o pensar «acerca de» son parte integrante de la estructura general de la acción humana.

Sosteníamos, sin embargo, que al separar hablar de actuar, nuestro sentido común nos revela algo que no deberíamos descartar. Hay evidentemente una importante diferencia entre hablar acerca de algo y hacerlo. La diferencia no es, sin embargo, la que entiende nuestro sentido común que atribuye no acción, por un lado, y acción, por el otro. La acción se encuentra en ambos lados. La diferencia consiste en que se trata de dos clases de acciones diferentes.

Hemos señalado que el lenguaje humano se caracteriza por su recursividad, por su capacidad de volverse sobre sí mismo. En razón de ello nos es posible actuar sobre nuestro actuar. Y dado que hablar es acción, ello incluye, hablar (que es actuar) sobre nuestro actuar, actuar sobre nuestro hablar (que es actuar) y hablar (que es actuar) sobre nuestro hablar (que también es actuar). Esta capacidad recursiva, como hemos dicho, está en la raíz de los fenómenos mentales. La conciencia, la razón, el pensamiento, la reflexión se sustentan en ella.

Habiendo cuestionado la interpretación racionalista de la acción humana, nos interesa ahora rescatar la importancia de los fenómenos mentales y no subsumirlos en un noción plana de la acción humana que no reconoce los diferentes niveles del actuar que resultan de la capacidad recursiva del lenguaje. Nuestra crítica a la interpretación racionalista de la acción humana, no nos conduce a una crítica de la racionalidad, ni a la defensa de la irracionalidad. Sólo nos lleva a redimensionar el papel que tradicionalmente le hemos asignado a la razón o a la reflexión.

No es una coincidencia que asociemos el término reflexión al pensamiento. Hablamos también de reflexión cuando vemos nuestra imagen reflejada en un espejo o en el agua. Al ver su propia imagen, el observador puede observarse a sí mismo. Esto es precisamente lo que puede hacer el lenguaje gracias a su capacidad recursiva. Se puede volver sobre sí mismo y puede hablar sobre su propio hablar. Permite al observador observarse a sí mismo. Esta es una capacidad humana fundamental y única. Aquí es donde, como especie, nos diferenciamos de todas las demás. Esto es lo que hace al lenguaje humano diferente, sea ésta una diferencia cualitativa o cuantitativa, de las capacidades lingüísticas de los demás seres vivos.

A partir de lo dicho, podemos hacer una distinción entre dos clases de acciones: las acciones directas y las reflexivas. Estas son distinciones funcionales o relacionales —solamente tienen sentido dentro de una determinada relación. No hay acciones directas o reflexivas de por sí. Hablamos de acción reflexiva cuando fijamos la acción en un determinado nivel y actuamos sobre esa acción.

Tomemos un ejemplo. Estamos volcados en la acción de esculpir sobre una roca. Esta es una acción dirigida hacia la roca. Si descubrimos que no podemos hacer un determinado corte, podemos suspender lo que estamos haciendo y replegarnos para especular sobre otras maneras de hacerlo. Esta segunda acción no está dirigida hacia la roca sino hacia la acción de esculpir en ella. En este ejemplo, esculpir en la roca constituye la acción directa y especular acerca de otras formas de hacerlo (actuar sobre la acción de esculpirla), constituye la acción reflexiva.

Puede suceder, sin embargo, que no logremos descubrir una mejor manera de hacer el corte en la roca. Podemos entonces decir: «Eh, quizás no estoy reflexionando de manera efectiva. No me estoy concentrando bien, etcétera.» Puedo decidir entonces reflexionar, ya no en la acción de esculpir en la roca sino en la acción de reflexionar sobre la acción de esculpir en la roca. Como podemos ver, esto puede dar infinitas vueltas. Al hacer esto, el reflexionar sobre la forma en que previamente estaba reflexionando se convierte en acción reflexiva. Más aún, mi reflexión previa (que constituía acción reflexiva en el ejemplo anterior) toma el papel de acción directa de esta segunda reflexión.

La recursividad nos permite una progresión infinita. Podemos convertirnos en el observador del observador que somos, y en el observador del observador del observador que somos, y así sucesivamente, en una recursividad sin fin. Cada vez que nos trasladamos a un nivel superior transformamos en acción directa la que antes era una acción reflexiva. Por ello es que decimos que éstas son distinciones funcionales o relacionales. Cada una de ellas tiene sentido en función de la otra o en relación a ella.

Al recurrir a la acción reflexiva podemos incrementar nuestra efectividad a nivel de la acción directa. Esto constituye el gran beneficio de la acción reflexiva y puede ocurrir de varias maneras. Mencionaremos tres formas diferentes en las cuales la acción reflexiva puede servir a la acción directa.

En primer lugar, la acción reflexiva interviene en el sentido de lo que estamos haciendo y, en consecuencia, puede contribuir, por ejemplo, a expandirlo o simplemente modificarlo. Cuando actuamos, muchas veces lo hacemos a partir de una determinada narrativa dentro de la cual le conferimos sentido a nuestra acción. Esta narrativa pertenece, con respecto a la acción a la que confiere sentido, al nivel reflexivo.

Nuestra capacidad de acción es dependiente de aquella narrativa desde la cual actuamos y las podemos tener más o menos poderosas, más o menos coherentes con otras narrativas que tenemos. Por lo tanto, al reflexionar podemos incrementar el poder de nuestras narrativas y, consecuentemente, el sentido de nuestras acciones.

En segundo lugar, también reflexionamos para examinar y, eventualmente, ampliar el horizonte de posibilidades en el cual actuamos. Siempre actuamos dentro de un determinado horizonte de posibilidades. Y es desde nuestros horizontes que vemos un mayor o menor número de alternativas para nosotros. No perdamos de vista que cuando hablamos de posibilidades estamos siempre hablando del rango de acciones posibles. La posibilidad siempre se refiere a acciones posibles. El reflexionar acerca de nuestros horizontes de posibilidades constituye otra manera de intervenir en nuestras acciones. La reflexión permite inventar lo posible.

En tercer lugar, también existe la reflexión que llamamos diseño. Diseñar es una acción que busca mejores vías de utilización de medios para lograr nuestros fines. Apunta a la confección de una pauta que guíe nuestras acciones para asegurar niveles de efectividad más altos en la consecución de nuestras metas. Existen dos tipos principales de diseño —la planeación y la estrategia.

Cuando hablamos de planeación aludimos al diseño de acciones al interior de un espacio relativamente protegido en el que lo central es el uso eficiente de los recursos, para alcanzar un objetivo determinado. Por lo general, el objetivo está dado y lo que interesa es la mejor forma de usar los medios disponibles, o por disponer, para alcanzarlo. Su carácter es tecnológico y es tarea habitual de los ingenieros.

Al hablar de estrategia las condiciones son muy diferentes. Esta emerge como forma de diseñar nuestras acciones bajo condiciones de **acción recíproca**. Esta vez el centro de atención no es el uso eficiente de los medios, sino las acciones que pueden tomar otros agentes con capacidad de acción autónoma, afectando la eficacia de nuestras propias acciones. Ello implica que nuestras acciones requieren poder anticipar las acciones de otros y ser diseñadas en consecuencia, a la vez que las acciones de los otros también procuran anticipar las nuestras y son diseñadas en consecuencia. Si la planeación es un tipo de diseño de acciones fundamentalmente tecnológico, la estrategia es esencialmente política. En el diseño estratégico, el problema del poder está siempre en el centro de lo que se define como posible.

Estas tres formas de reflexión apoyan e incrementan nuestra capacidad de acción directa. Y cada vez que emitimos el juicio de que no estamos siendo todo lo efectivos que quisiéramos, que algo anda mal, surge la oportunidad de reflexionar. Cuando esto sucede, debiéramos preguntarnos —¿Tiene suficiente fuerza mi historia sobre por qué estoy haciendo lo que estoy haciendo? —¿Podría introducir nuevas posibilidades que aún no he considerado?— ¿Existirá una mejor forma de utilizar mis recursos (medios) para lograr mis metas (fines)? La acción reflexiva, por lo tanto, tiene sentido porque aumenta el poder de la acción directa. Es una acción que siempre, tarde o temprano, debe regresar al nivel de la acción directa en la cual se originó, pues es allí donde logra validarse. Este es su valor e importancia. Al final, siempre podemos cuestionar la acción reflexiva desde el nivel de la acción directa y preguntarnos: ¿Y, qué? o ¿qué importancia tiene realmente esto?

Uno de los problemas que detectamos en la acción reflexiva es que ésta corre el riesgo de perder su vínculo de eficacia con el nivel de acción directa a la cual debiera servir. Muchas veces la acción reflexiva se autonomiza de tal forma que se pierde de vista qué es lo que ella alimenta. O bien, se traduce en inmovilismo al nivel de la acción directa y, en último término, al nivel del sentido de la vida. Esto es lo que a menudo se quiere decir cuando desde el sentido común se exclama, «¡Deja de hablar (o de pensar) y actúa!». Cuando decimos esto, se suele implicar que tenemos el juicio que la reflexión ha dejado de servir a la acción directa.

Acción contingente y recurrente

Al hablar de acción (además de la acción directa y reflexiva) podemos hacer otra distinción. Esta es la distinción entre acción contingente y recurrente.

Los seres humanos a menudo actúan de acuerdo a las circunstancias y responden de manera inespecífica a los sucesos que se presentan en sus vidas. Llamaremos acción contingente a la acción que se genera cuando no disponemos de forma establecida de actuar, por lo tanto, cuando no hay cánones establecidos para actuar. Esta acción es contingente a la naturaleza de las circunstancias existentes. Muchas de las acciones que ejecutamos pertenecen a esta categoría.

Sin embargo, también desarrollamos formas recurrentes de hacernos cargo de aquellas inquietudes y quiebres que son permanentes. Institucionalizamos determinadas maneras de enfrentar algunos acontecimientos, de hacer las cosas, de ocuparnos de ciertas inquietudes y quiebres. Para hacer esto, las comunidades humanas crean una serie de estructuras de acción que ejecutan recurrentemente. Estas acciones recurrentes difieren de las acciones contingentes. Por de pronto, las podemos prever. En una determinada sociedad podemos esperar que la gente se comporte de una determinada manera cuando enfrenta cierto tipo de quiebres. Damos el nombre de prácticas sociales a estas acciones recurrentes.

Las prácticas sociales son históricas. Esto significa que no han existido siempre y que pueden variar de un período histórico a otro y de una sociedad a otra. Las prácticas sociales se producen dentro de una deriva histórica particular. Algunas veces las prácticas sociales son diseñadas; alguien las inventa y los demás las aplican. Muchas otras veces son generadas por accidente y se mantienen simplemente porque funcionan y porque no aparece nadie con una alternativa mejor.

Una de las características de las prácticas sociales es que a menudo se hacen transparentes. La gente hace las cosas en la forma establecida sin siquiera pensar en las acciones que realiza. Muy a menudo, por lo tanto, ellas se ejecutan como acciones no deliberativas (no conscientes). Esto trae ventajas significativas y también algunas desventajas.

En su aspecto positivo, las prácticas sociales nos permiten alcanzar un determinado nivel de efectividad, al tiempo que permanecen en el trasfondo de nuestras acciones. Su transparencia nos permite construir sobre ellas sin prestarles demasiada atención y concentrarnos en los aspectos contingentes del acontecer o en aquellas áreas que nos pueden permitir una expansión de nuestra capacidad de acción. Uno de los objetivos de «practicar» determinadas competencias es precisamente poder pasarlas a transparencia para dejar libre nuestra capacidad de atención a un nivel de acción diferente.

Cuando todos en una comunidad encarnan las mismas prácticas sociales, aumenta el nivel de coordinación de acciones, puesto que todos actúan desde un trasfondo compartido. Hay muchas cosas que no necesitan ser explicitadas. La gente se mueve como en una danza, conociendo todos los pasos que van con la música. La danza es, en realidad, un buen ejemplo de prácticas sociales. Cuando la gente sabe bailar, sus acciones y sus pasos se desenvuelven en forma transparente. Pueden «dejarse llevar», disfrutar la danza y concentrarse en otras cosas. Lo mismo sucede en los deportes. Es sólo cuando conocemos el juego, sus reglas y cómo efectuar los movimientos básicos, que nos podemos «olvidar» de nosotros mismos y obtener resultados. Esto sucede en todos los dominios de nuestras vidas. Existen prácticas sociales para saludar a alguien en la calle, para hablar por teléfono, para escuchar una conferencia, para manejar en la carretera, etcétera.

El aspecto negativo de las prácticas sociales radica en el hecho de que, como ellas se tornan transparentes, solemos perder nuestra capacidad de observarlas. Nos acostumbramos tanto a hacer las cosas en la forma establecida que suponemos que ésa es la forma obvia, única y natural de hacerlas. Simplemente no nos damos cuenta de que otra gente puede abordar los mismos quiebres de manera muy diferente. Podemos perder la oportunidad de tratar nuestros quiebres de manera, quizás, mucho más eficiente.

Nuestras prácticas sociales se convierten en hábitos —en el lugar desde donde miramos al mundo y desde donde actuamos— llegando algunas veces al punto de dejar de verlas. Están tan cerca de nosotros que dejamos de percibirlas. Las prácticas sociales generan ceguera. No olvidemos, entonces, que el estar enclavados en las prácticas sociales puede a menudo debilitarnos y disminuir nuestra capacidad de crecer, aprender e innovar.

Las organizaciones se benefician del poder que tienen las prácticas sociales. El hecho de tener a muchos individuos operando transparentemente de una manera consistente conlleva muchas ventajas. Una organización con pocas prácticas sociales (con pocos sistemas establecidos) gastará una mayor cantidad de tiempo en hacer lo que otra ejecutará casi sin esfuerzo. Hay mucho que ganar diseñando prácticas sociales que permitan una más fluida coordinación de acciones entre los que trabajan juntos.

Pero, al mismo tiempo, la organización también se va a beneficiar al observar y reflexionar acerca de sus propias prácticas sociales. De otro modo, puede convertirse en una poderosa fuerza conservadora que resista el cambio y puede impactar negativamente sobre la capacidad competitiva de la organización. Las tecnologías de «reingeniería» o diseño de procesos, tan de moda en estos días en el ámbito de la consultoría de empresas, tienen como objetivo precisamente el analizar, evaluar y rediseñar las prácticas habituales de una organización que, por habituales, se ocultan y dejan de ser objeto de evaluación y diseño.

La reconstrucción lingüística de las prácticas sociales

Otra forma interesante en que aparece la conexión entre acción y lenguaje es a través del hecho de que podemos proceder a una **reconstrucción lingüística** de las prácticas sociales. Al hacerlo, tratamos cada práctica social como si se tratara de un juego con determinados objetivos y reglas que lo especifican. Podemos, por lo tanto, decir que las prácticas sociales permiten ser tratadas como **juegos de lenguaje**.

Debemos a Ludwig Wittgenstein el haber postulado esta relación entre lenguaje y juego y el habernos planteado la posibilidad de examinar el lenguaje como juegos lingüísticos y, por tanto, como prácticas sociales[4]. Lo que nosotros haremos, sin embargo, es utilizar la propuesta de Wittgenstein a la inversa. Para Wittgenstein, la distinción de juegos de lenguaje permitía una comprensión del

---

[4] A este respecto, ver Echeverría (1993), págs. 223-231.

lenguaje por referencia a prácticas sociales. Para nosotros, la misma distinción de juegos de lenguaje nos permitirá una mejor comprensión de las prácticas sociales por referencia al lenguaje. Es en este sentido que hablamos de una reconstrucción lingüística de las prácticas sociales.

Los juegos son útiles para ampliar nuestra comprensión de las prácticas sociales, puesto que son en sí prácticas sociales simplificadas y tienen una estructura lingüística explícita que normalmente utilizamos cuando le enseñamos el juego a quien no lo conoce. Otro fenómeno similar es el de las recetas de cocina. Ellas también representan un excelente ejemplo de una reconstrucción lingüística de una determinada práctica social conducente a producir tal o cual alimento.

Como vemos, la reconstrucción lingüística de prácticas sociales no representa nada nuevo. La efectuamos permanentemente en múltiples dominios de acción. Es lo que hace cada manual de instrucciones: utiliza el lenguaje para introducirnos en una determinada práctica. Nos guía, paso a paso, a través del lenguaje, en el aprendizaje de un juego. En ello se encierra, por lo tanto, toda una concepción del aprendizaje, toda una pedagogía. Pero esto es ya materia de otro libro.

Lo que no es tan habitual, sin embargo, es utilizar este mismo procedimiento en sentido contrario. No para introducirnos en una determinada práctica que nos resulta nueva, sino como una forma de poder evaluar y rediseñar aquellas prácticas que permanentemente ejecutamos y, por lo tanto, como un mecanismo de transformación de prácticas existentes.

Suele haber quienes consideran que al tratar las prácticas sociales como juegos las estamos trivializando. No hay nada de trivial en ello. Los juegos son prácticas sociales. La gran ventaja que tienen es que nos proporcionan un modelo que podemos utilizar como expresión generalizada de toda práctica social. Esta ventaja surge del hecho de que, dado que los juegos normalmente se diseñan, su estructura lingüística aparece en forma explícita en el proceso de diseño. Y dado que muchos juegos requieren ser enseñados, esta misma estructura lingüística, también se explicita durante el proceso de enseñanza.

Una crítica que frecuentemente se nos hace guarda relación con la «no realidad» de los juegos. «Un juego es sólo un juego, se nos dice. Las prácticas sociales que nos interesan tienen que ver con la vida, no con mundos virtuales».

Si algo fundamental aprendemos de aquel eje que une a Heráclito con Nietzsche es precisamente, parafraseando a Calderón de la Barca, que la vida es un juego. Sólo al comprender lo anterior, entramos en el umbral de lo que Nietzsche llama «la inocencia del devenir». Sólo entonces podemos superar el peso insoportable que, nuevamente en las palabras de Nietzsche, provienen del «espíritu de la gravedad». Si algo nos enseña la ontología del lenguaje es desconfiar de aquellos conceptos que constituyen el corazón de la metafísica: la Verdad, la Realidad, la Materia, la Idea. Si algo aprendemos de ella, al entender la relación que postulamos entre lenguaje y existencia, es que **la virtualidad rige la realidad**.

Habiendo dicho lo anterior, concentrémonos ahora en el proceso de reconstrucción lingüística de las prácticas sociales y en cómo los juegos nos son útiles a este respecto.

Cuando jugamos un juego podemos identificar diferentes clases de reglas. Toda regla, es necesario advertirlo, representa una declaración. Este es su status en cuanto a acto lingüístico. Estas reglas se pueden clasificar en cinco categorías.[5]

Podemos distinguir un primer tipo de reglas o declaraciones constitutivas. Estas declaran lo que los jugadores persiguen al actuar en él y, por lo tanto, definen el objetivo o propósito del juego. Toda práctica social existe como una forma de satisfacer un determinado propósito

---

[5] A continuación nos apoyaremos en una propuesta realizada por el filósofo Michael Graves durante el período en que trabajaba para Fernando Flores.

y éste permite ser reconstruido como una regla o declaración particular.

Normalmente, el objetivo del juego nos permite identificar aquella inquietud de la que el juego, como toda práctica social, se hace cargo. Pero tal inquietud, en el contexto del juego, asume una expresión concreta y guarda relación con un determinado resultado que se busca alcanzar. Tomemos el ejemplo del juego de fútbol. El objetivo del juego, al nivel de la inquietud de la que se hace cargo, es ganar el partido. Pero existe una determinada forma de hacerlo. Para tal efecto es necesario, al término del partido, haber metido más goles que el equipo contrario. Este es, por lo tanto, el objetivo específico del juego de fútbol.

En seguida, cabe distinguir un segundo tipo de reglas o declaraciones constitutivas de toda práctica social. A éstas las llamaremos declaraciones de existencia. Como tal, ellas especifican las entidades necesarias para jugar el juego, así como el ámbito espacial y temporal dentro del cual se lleva a cabo la acción.

Una vez que sabemos cuál es el objetivo del juego, es importante determinar el mundo en el que tal juego se va a llevar a cabo y, por lo tanto, las entidades que pueblan tal mundo, como asimismo sus parámetros espaciales y temporales. Ello implica efectuar un conjunto de actos declarativos que generan tal mundo, sus entidades, su espacio y su tiempo. En el juego de fútbol, para seguir con el mismo ejemplo, definimos, por lo tanto, una cancha de determinadas dimensiones y con determinadas áreas, los arcos y sus dimensiones, dos tiempos de 45 minutos cada uno, la existencia de dos equipos con once jugadores cada uno, la existencia en cada uno de estos equipos de un arquero, una pelota, un árbitro y dos guardalíneas, el gol, etcétera.

Por último, cabe distinguir un tercer tipo de reglas o declaraciones constitutivas. Ellas corresponden a lo que normalmente reconocemos como las leyes de acción del juego y, como tal, definen, como toda ley, lo que a los jugadores les está prohibido, permitido o lo que les es obligatorio hacer al actuar.

En nuestro ejemplo del fútbol estas reglas incluyen, por ejemplo, que sólo el arquero puede tocar la pelota con la mano cuando ésta está en juego y sólo dentro de su área, que no se puede golpear a un jugador del equipo contrario, que el árbitro es quien tiene autoridad para declarar cuando hubo un gol, etcétera. Las reglas de acción normalmente incluyen las sanciones que guardan relación con su incumplimiento.

Todo juego o práctica social no puede prescindir de estos tres tipos de declaraciones constitutivas. Ello implica que toda práctica social permite ser reconstruida en términos de su objetivo o propósito, el mundo de entidades que trae a la mano y las leyes de acción que regulan su desenvolvimiento. Estas declaraciones constitutivas dan cuenta de la estructura lingüística fundamental de toda práctica social. Cuando hay cambios en alguna de ellas estamos frente a una práctica social diferente. En otras palabras, al cambiar las declaraciones constitutivas de una práctica social existente, generamos nuevas prácticas. Este es un procedimiento habitual en los procesos de innovación de nuestras prácticas sociales.

Además de estas declaraciones constitutivas, podemos distinguir dos tipos de declaraciones adicionales. Estas son las reglas estratégicas y las reglas para la resolución de conflictos.

Tal como lo hemos señalado, las reglas estratégicas no forman parte de las declaraciones constitutivas de un juego. Ello significa que el juego (o la práctica social que estamos reconstruyendo) puede jugarse prescindiendo de ellas. La importancia que ellas poseen guarda relación con el hecho de que nos permiten jugar mejor y, por lo tanto, nos ayudan a ser más efectivos para alcanzar el objetivo que persigue una determinada práctica social. Las reglas estratégicas normalmente son el resultado del aprendizaje que resulta de experiencias pasadas en las que pudimos observar las consecuencias (tanto positivas como negativas) de una determinada acción o modalidad de acción.

En el caso del fútbol, habrá por ejemplo equipos que prefieran jugar el juego de acuerdo a las reglas del 4-3-3, otros optarán por el 4-2-4, otros por el 4-4-2, etcétera. Dentro del espacio definido por las reglas constitutivas puede haber infinitas modalidades estratégicas de jugar el juego.

Las reglas de resolución de conflictos, sin ser imprescindibles, suelen ser requeridas por dos razones diferentes. En primer lugar, por cuanto toda regla o declaración constitutiva puede ser interpretada de manera distinta por los diferentes jugadores y ello plantea la necesidad de alguna modalidad que permita resolver estas diferencias. En segundo lugar, porque pueden surgir situaciones no previstas por las reglas constitutivas, situaciones que los jugadores no sepan cómo resolver, y que requieran de alguna instancia a la que puedan recurrir y a la que aquéllos, de antemano, le hayan conferido autoridad para intervenir.

En el caso del fútbol, esto se suele resolver a través de la creación de un Tribunal de Disciplina, dependiente de un organismo rector (Asociación Nacional de Fútbol, Confederaciones Regionales, FIFA, etcétera) que tiene autoridad por sobre los equipos que participan en el juego del juego (campeonatos de fútbol).

Podemos usar ahora las distinciones mencionadas para reconstruir las prácticas sociales. El objetivo del juego nos permite especificar las inquietudes o quiebres de los que se ocupa esa práctica social. Las declaraciones de existencia nos permiten identificar los elementos y el espacio que son relevantes para abordar estos quiebres e inquietudes dentro de esa práctica social. Las leyes de acción nos dicen lo que «se puede», lo que «no se puede» y lo que «se debe» hacer en su interior. Haciendo uso de estas distinciones, podemos reconstruir cualquier práctica social.

Al hacer esta reconstrucción lingüística de las prácticas sociales se abre un nuevo dominio de acción —el dominio de la innovación y del diseño. Ahora podemos reconstruir prácticas sociales existentes. Una vez hecho esto, podemos jugar libremente con cada uno de sus componentes y examinar si, al cambiar uno o varios de ellos, podemos encontrar formas más efectivas de abordar las inquietudes y quiebres de los que se ocupa esa práctica social. Cuando hacemos esto estamos innovando en las prácticas sociales existentes.

Ahora sabemos que, para diseñar prácticas completamente nuevas, debemos establecer con claridad cuál es el objetivo del juego (la inquietud o quiebre del que nos estamos haciendo cargo), sus declaraciones de existencia y sus leyes de acción.Una vez que una práctica social ha sido diseñada, debiéramos observar cuán efectivamente opera y juzgar qué se necesitaría corregir para aumentar su efectividad.

Cada vez que nos enfrentamos a un quiebre recurrente, si no se ha establecido una práctica social que se ocupe de él, podemos escuchar un llamado a diseñar una. Al hacer esto dejamos de hacernos cargo de los quiebres recurrentes con acciones contingentes, que demandan mayores esfuerzos y son más onerosas. Ahora podemos hacernos cargo de los quiebres recurrentes con acciones recurrentes.

CAPITULO 7:

EL PODER DE LAS CONVERSACIONES

En los capítulos anteriores nos hemos referido a las dos facetas del lenguaje: hablar y escuchar. Por más importante que pueda ser esta distinción, se trata, en cierto sentido, de una distinción artificial. De ninguna manera estamos invalidándola; ella apunta hacia dos dimensiones diferentes del lenguaje. No obstante, en la experiencia concreta de la comunicación humana no existe el hablar sin el escuchar ni el escuchar sin el hablar. Cada vez que alguien habla, hay alguien escuchando. Generalmente el que escucha es otra persona. Pero aun cuando no haya otra persona —cuando nos hablamos a nosotros mismos— siempre está el escuchar de la persona que habla. Cuando hablamos, también escuchamos lo que decimos. Por otra parte, cuando escuchamos, siempre hay alguien hablando. Nuevamente, este hablar puede provenir de otra persona o de nosotros mismos. Aun cuando escuchamos silencios existe el hablar de lo que nos contamos acerca de ellos.

En la comunicación, por lo tanto, no se da el hablar sin el escuchar y viceversa. Cuando el hablar y el escuchar están interactuando juntos, estamos en presencia de una «conversación». Una conversación, en consecuencia, es la danza que tiene lugar entre el hablar y el escuchar, y entre el escuchar y el hablar. Las conversaciones son los componentes efectivos de las interacciones lingüísticas —las unidades básicas del lenguaje. Por lo tanto, cada vez que nos ocupamos del lenguaje estamos tratando, directa o indirectamente, con conversaciones.

Podemos distinguir varios tipos de conversaciones. De hecho, tenemos una capacidad infinita para hacer distinciones dentro del vasto dominio de las conversaciones, y las hacemos según aquello que queremos lograr, según la inquietud que nos guíe. Podemos separar las conversaciones de acuerdo a su estado (abierto o cerrado), el momento en que tuvo lugar, el tema abordado, la persona con quien sostuvimos la conversación, la importancia o prioridad que le concedemos, y así sucesivamente. Podemos observar que tenemos una capacidad interminable para hacer distinciones acerca de conversaciones.

En este capítulo examinaremos la relación entre las conversaciones y los quiebres y exploraremos los diferentes tipos de conversaciones que pueden suscitarse a partir de un quiebre. Basándonos en ello, ofreceremos una particular tipología de conversaciones. Después, discutiremos cómo las conversaciones moldean nuestras relaciones personales. Finalmente, examinaremos la importancia de las conversaciones en las organizaciones empresariales.

DISEÑANDO CONVERSACIONES

Los quiebres generalmente llaman a la acción. La forma en que nos hacemos cargo de ellos es realizando acciones. Es a través de la acción que restauramos la transparencia quebrada y nos hacemos cargo de las consecuencias del quiebre. Sin embargo, la importancia de la acción como forma de enfrentar los quiebres no es obvia. Ello implica que muchas veces no vemos la posibilidad de la acción como forma de responder a un quiebre. Muy frecuentemente nos quedamos «empantanados» en él. Como una manera de examinar esta conexión entre quiebres y la acción, es importante explorar los diversos tipos de conversaciones que pueden seguir a un quiebre. Estas conversaciones nos dirán si estamos moviéndonos hacia la acción o hemos caído en el inmovilismo. Basándonos en estas distinciones podemos, luego, diseñar las conversaciones que deben tener lugar para abordar el quiebre en forma efectiva.

1. La conversación de juicios personales

Cuando nos enfrentamos a un quiebre, generalmente

recurrimos a lo que llamamos «la conversación de juicios personales». En esta conversación normalmente constituimos aquello que sucedió en un quiebre, aunque suele también prolongarse más allá de su constitución, de manera casi espontánea. Tomemos un ejemplo. Voy manejando mi auto con mi perro en el asiento de atrás y me percato que tengo un neumático pinchado. Mi primera reación es una interjección (una declaración). Algunos dirán «¡Cresta!», otros dirán «¡Mierda!», los de más allá exclamarán «¡No puede ser!» y posiblemente habrá otros que podrán decir «¡Cáspita!». Lo que digamos podrá variar de una comunidad a otra pero el hecho es que una rueda pinchada no se convierte en quiebre cuando se pincha, sino cuando alguien a través de una declaración como las anteriores la constituye en un quiebre, en una interrupción en la transparencia de su fluir en la vida.

Una vez efectuada la declaración de quiebre, lo normal es entrar en una cadena de juicios a través de los cuales interpretamos lo que sucedió y las consecuencias que derivan de ello. Decimos, por ejemplo, «¡Siempre me pasan estas cosas a mí!», «¡Si tendré mala suerte!», «¡Esto es culpa de mi hijo que no cambió los neumáticos cuando se lo pedí!», «¡Ya se me echó a perder el día!», etcétera.

La reacción que hemos descrito hasta ahora es lo que entendemos por «la conversación de juicios personales». Es interesante detenernos a examinarla. Lo primero a notar es que esta conversación se limita a enjuiciar el quiebre pero no nos mueve todavía a hacernos cargo de él. Implica una forma de reaccionar (y, por lo tanto, de actuar) que no nos mueve del quiebre, que nos mantiene en él. Y allí podríamos quedarnos de por vida, emitiendo uno y otro juicio y generando largas historias a partir de ellos. De proceder así, insistimos, no generamos el tipo de acción capaz de restaurar la satisfacción y la transparencia perdida en el quiebre.

Es más, con ello, en vez de hacernos cargo del quiebre, lo que hacemos es profundizar en su explicación, en su justificación, en su psicologización. Buscamos responsables, culpables, y, no satisfechos con encontrarlos, procedemos ahora a emitir juicios contra ellos. Por lo general tenemos nuestros culpables favoritos. Pero los responsables no son sólo otros, muy a menudo somos nosotros mismos y, por lo tanto, procedemos con una cadena de juicios denigratorios con respecto a nosotros. Decimos, por ejemplo, «¡Si seré estúpido!», «¡Cuándo aprenderé, imbécil, a hacer las cosas de manera diferente!», «¡Esto no hace más que demostrar nuevamente lo torpe que soy!» Hay quienes viven la vida entera en la conversación de juicios personales, lamentándose por lo que sucedió, buscando responsables, haciendo crecer sus historias psicologizantes y quedándose donde mismo.

El segundo aspecto a observar es que una misma situación, es más, un mismo tipo de quiebre, produce juicios muy diferentes en diferentes personas. No porque el hecho sea el mismo, e.g. un neumático pinchado, podemos suponer que las reacciones serán las mismas. El psicólogo Martin Seligman propone observar el tipo de juicios (él los llama «estilos explicativos») que las personas hacen al enfrentar un quiebre de acuerdo a tres dominios diferentes.

El primero, es lo que podríamos llamar **el dominio de la responsabilidad** (advertimos que no estamos usando la terminología propuesta por Seligman). El punto a determinar aquí es a quién uno hace responsable del quiebre: ¿es uno mismo o es el mundo? Hay quienes, nos indica Seligman, se hacen responsables de todo lo que les acontece. Cada quiebre es una demostración adicional de lo inadecuados, incompetentes, poco inteligentes, etcétera, que son. Hay otros, en cambio, que escasamente asumen responsabilidad ellos mismos y que normalmente culpan a otros, o le atribuyen los acontecimientos al azar, a la mala suerte. De acuerdo al tipo de juicios que uno haga en el dominio de la responsabilidad, uno deviene una determinado tipo de persona y vivirá un tipo determinado de vida.

El segundo dominio es el que podemos llamar **el dominio de la inclusividad**. Cada quiebre acontece en un dominio particular de la vida de las personas. Pues bien, cuando procedemos espontáneamente a hacer juicios gatillados por el quiebre, hay quienes, por un lado, restringen sus juicios al dominio particular que corresponde a lo sucedido. Por lo tanto, asumen que ésta es una situación que se limita al dominio del manejar, o de ser puntuales, o de las matemáticas, o de la sociabilidad con otros, etcétera, según el quiebre de que se trate. Pero hay otros que utilizan el quiebre para una descalificación global, independientemente de dominio alguno, de quienes hacen responsables (ellos mismos u otros). En vez de decir, por ejemplo, «Esto prueba que no soy competente para las matemáticas», dirán, «Esto prueba nuevamente lo estúpido que soy». Un juicio diferente, una distinta forma de ser, una vida diferente.

El tercer y último dominio es **el dominio de la temporalidad**. Cada quiebre acontece en el tiempo y tiene consecuencias en el tiempo. Nuevamente, Seligman observa diferencias importantes referentes a cómo el tiempo se ve involucrado en los juicios que hacemos al encarar un quiebre. Para algunos, las consecuencias del quiebre serán permanentes y no hay cómo modificarlas. Hay quienes dicen, por ejemplo, «Esto destruye mi vida para siempre» o «Está claro que nunca podré desempeñarme en matemáticas». Nunca o siempre, son las alternativas disponibles. Para otros, en cambio, los juicios que hacen a partir del quiebre son sólo aplicables a la ocasión involucrada y las consecuencias operan en una temporalidad acotada. Dirán, por ejemplo, «Estoy pasando por un mal momento» o «Está claro que todavía no sé suficientemente matemáticas». Juicios muy diferentes, mundos y experiencias distintas. Podemos por lo tanto sostener: dime cómo enjuicias tus quiebres y te diré cómo eres. Este es, de hecho, uno de los recursos centrales del «*coaching* ontológico».

No olvidemos, sin embargo, que los quiebres pueden ser tanto negativos como positivos. La manera como los enjuiciamos según sean positivos o negativos, puede ser, insiste Seligman, muy diferente. Quién suele atribuirse toda la responsabilidad cuando enfrenta un juicio negativo, puede tender a hacer responsables a los otros cuando encara un quiebre positivo. Frente a lo negativo exclamará, «¡Que estúpido soy!»; frente a lo positivo «¡Qué suerte tuve!». Lo inverso sucede con los que tienden a culpar a otros frente a lo negativo. Frente a lo positivo podrán decir, «¡Por Dios que lo hice bien!». En el dominio de la inclusividad, quienes suelen generalizar las consecuencias de los quiebres positivos, pueden muchas veces sostener la particularidad de los negativos. A la inversa, quienes limitan lo positivo a lo particular, muchas veces generalizan de lo negativo. Y en el dominio de la temporalidad, suele suceder lo mismo. Muchas personas que restringen las consecuencias de un quiebre positivo a la ocasión en que ello sucedió, pueden considerar como permanentes los negativos, y viceversa.

No estamos sosteniendo que necesariamente enfrentemos de manera opuesta los quiebres positivos y negativos. Hay muchas personas que hacen el mismo tipo de juicios en ambas situaciones. Lo que importa es reconocer que la forma como enjuiciamos los quiebres negativos, no predice necesariamente la forma como enjuiciaremos los positivos.

Es importante insistir en las consecuencias de quedarnos en la conversación de juicios personales y en la consecuente psicologización de lo sucedido. Demos un ejemplo. Le pedimos a uno de nuestros empleados que obtenga una importante cuenta para la empresa. El empleado se pone en contacto con el cliente, le hace una oferta y ésta es rehusada. Nosotros consideramos que esto constituye un quiebre importante para la empresa. El empleado, sin embargo, escribe un detallado informe en el que muestra el resultado de su gestión y da su interpretación del porqué su oferta no fue aceptada. Su informe recurre a una extensa caracterización del cliente en la que nos explica el porqué de su negativa. Obtenemos de él una «larga historia», posiblemente una historia inteligente y bien fundada. Después que el cliente rechazó la oferta, el empleado ejecutó la acción de darle un sentido a lo que hizo el cliente —e hizo un buen trabajo en eso.

Queda claro, en este ejemplo, que la acción de darle sentido a la acción del cliente no va a modificar su negativa. Al menos, no en sí misma. La acción de «obtener la cuenta» se detuvo en el instante en que el empleado se dedicó a buscarle un sentido a la negativa del cliente. En el nivel de «obtener la cuenta», la acción de darle un sentido a lo que ocurrió se traduce en falta de acción. Bien podríamos, por lo tanto, emplazar al empleado y decirle: «¡No me venga con historias! No quiero explicaciones, sino resultados. Si el cliente dijo que no a la oferta que le hicimos, vea qué otra oferta le será aceptable. Ahora vuelva a su trabajo y busque otras formas de obtenernos esa cuenta.»

Este es un ejemplo interesante, porque nos muestra que la acción de dar sentido consiste siempre en replegarse del dominio de acción en el que previamente estábamos. Es una acción reflexiva. Uno de los peligros de buscar el sentido es, precisamente, el hecho de que, puesto que explica por qué las cosas sucedieron como sucedieron, nos alejamos de la posibilidad de cambiarlas. El dar sentido a menudo puede ser una forma de evadirnos de la acción, de tranquilizarnos, o incluso de disfrazar nuestra resignación y eliminar la posibilidad de transformar el estado actual de las cosas. Cuando buscamos el sentido a lo que ha ocurrido, corremos el riesgo de aceptar las cosas tal como están. Las historias pueden, frecuentemente, ser una poderosa fuerza conservadora.

Tenemos una capacidad infinita para las historias y los juicios personales. Podríamos construir un sinnúmero de explicaciones interminables para un solo acontecimiento y podríamos culpar a la gente (incluyéndonos) de todo tipo de cosas y de innumerables maneras. Podríamos permanecer en esta conversación el resto de nuestras vidas. Nos convertimos en prisioneros de nuestras historias y juicios personales. Terminamos hablando sin parar, a veces a otras personas, otras veces a nosotros mismos, sin que desarrollemos otras acciones. Quedamos atrapados en un círculo vicioso.

¿Cuántas veces hemos encontrado a gente que está paralizada, incapaz de tomar las acciones que podrían sacarlos de aquello que los hace sufrir? Los vemos poseídos por sus historias y juicios personales. Pasan de uno a otro, en una cadena sin fin. Pero muy poco más acontece a su alrededor. Las cosas tienden a permanecer tal como están. Estas personas son víctimas de su incapacidad de realizar acciones para superar los quiebres que enfrentan en la vida.

2. La conversación para la coordinación de acciones

Existen, sin embargo, otras maneras de hacerse cargo de los quiebres, maneras en que las conversaciones nos llevan a actuar sobre ellos y nos permiten superarlos. La conversación que actúa directamente sobre el quiebre es la «conversación para la coordinación de acciones». Esta, como veremos, es muy distinta de la «conversación de juicios personales.»

En la conversación para la coordinación de acciones, generamos acciones futuras para hacernos cargo del quiebre existente. Su objetivo es lograr que algo pase, es intervenir en el estado actual de las cosas. Cuando entramos en ellas, procuramos cambiar aquello que produce el quiebre o hacernos cargo de sus consecuencias. Estamos modificando las cosas respecto de su estado actual y, por lo tanto, estamos produciendo un vuelco en el curso normal de los acontecimientos. Si tenemos éxito, normalmente podremos esperar que el quiebre sea superado.

¿Cuáles son las acciones asociadas a las «conversaciones para la coordinación de acciones»? Los actos lingüísticos que permiten que surjan nuevas realidades son las peticiones, ofertas, promesas y declaraciones. Una de las formas más efectivas de encarar los quiebres es **pedir ayuda**. Saber pedir ayuda es otra de las competencias lingüísticas fundamentales en la vida. Muchas personas suelen tener dificultades para pedir ayuda. Si indagamos por qué, normalmente descubrimos que tienen diversos juicios sobre las consecuencias asociadas con el pedir ayuda.

Algunos dirán, «Si pido ayuda muestro debilidad»; otros, «Me pueden decir que no y me sentiré rechazado. Por lo tanto, prefiero arreglármelas por mi cuenta»; unos terceros sostendrán, «Si pido ayuda, me comprometo a tener que brindarla de vuelta y con ello pierdo independencia», etcétera. Juicios y más juicios. Ellos determinan lo que definimos como posible para nosotros. Las consecuencias de no pedir ayuda suelen ser, por lo tanto, la prolongación del sufrimiento, la inefectividad, el aislamiento.

En el mundo de hoy no es posible vivir en la completa autosuficiencia. Somos dependientes los unos de los otros. Tenemos que aprender, por lo tanto, a colaborar con otros, a apoyarnos mutuamente, a coordinar acciones juntos. Tenemos que aprender a pedir y aprender también que cuando pido pueden rehusar mi petición. Tenemos que saber distinguir entre lo que es el rehusar una petición, posibilidad que está siempre abierta cuando pedimos entre personas autónomas, y el rechazo personal.

Distinguir entre las conversaciones de juicios personales y la conversación para la coordinación de acciones es también crucial en el mundo de la empresa. Si un producto nuevo no se vende según las expectativas, podríamos caer en una parálisis si nos limitásemos exclusivamente a las conversaciones de juicios personales. No obstante, podemos cambiar la situación si, por ejemplo, solicitamos una investigación de mercado para encontrar maneras de hacer más atractivo el producto, o si cambiamos algunas de sus características y/o ampliamos nuestra campaña de publicidad. Si el quiebre surge porque un proveedor no puede despachar unas piezas a tiempo, entonces podemos solicitarlas a otros productores, y así sucesivamente.

A menudo no se ven todas las implicancias que existen entre uno y otro tipo de conversación. No se ve, por lo tanto, el poder que tienen las conversaciones para cambiar el estado de las cosas. Cuando esta diferencia no se reconoce, se usa el lenguaje para describir y calificar lo que está pasando, para descargar interpretaciones acerca de por qué se produjeron los hechos y para asignar responsabilidades por lo ocurrido. No se aprovecha la naturaleza activa del lenguaje para transformar las realidades existentes y generar otras nuevas. A veces, sin embargo, hay razones comprensibles para no iniciar «conversaciones para la coordinación de acciones». Vemos dos clases diferentes de razones para ello. Por una parte, esto ocurre cuando no sabemos qué acción realizar o qué hacer primero. No sabemos, por lo tanto, qué podríamos pedir para hacernos cargo del quiebre. Por otra parte, también suele suceder que, si bien sí sabemos que podríamos pedir, tenemos el juicio de que la persona con la cual deberíamos tener una «conversación para la coordinación de acciones» no está abierta a sostener tal conversación. O podría existir el miedo a que esta conversación genere quiebres aún más serios si se inicia. Trataremos estas dos situaciones separadamente.

Postulamos que aun cuando no sea posible o conveniente trabar directamente una «conversación para la coordinación de acciones», quedan otras opciones antes de volver a la «conversación de juicios personales» — opciones que nos permitirán un manejo más efectivo de nuestros quiebres y, en definitiva, iniciar una conversación para coordinar acciones.

3. La conversación para posibles acciones

Tomemos la primera situación que mencionamos anteriormente. Cuando no sabemos qué acciones realizar para tratar un quiebre, tenemos la posibilidad de iniciar otro tipo de conversación. A esta la llamamos la «conversación para posibles acciones».

Esta conversación no aborda directamente la coordinación de acciones para enfrentar el quiebre en cuestión, sino que se orienta hacia la acción de especular acerca de y explorar nuevas acciones posibles, nuevas posibilidades que nos lleven más allá de lo que en el momento logramos discurrir. Esta es una conversación dirigida hacia la expansión de nuestro horizonte de posibilidades.

238

En cierta forma, esta «conversación para posibles acciones» puede verse muy parecida a la «conversación de juicios personales». Por un lado, es un tipo de conversación de repliegue, que se basa en emitir nuevos juicios y en construir nuevas historias acerca de lo que es posible. La diferencia principal con este último tipo de conversación es su compromiso de encontrar maneras de cambiar el curso actual de los acontecimientos. Esto trae una emocionalidad completamente diferente a la conversación. La conversación no se basa ya en el ánimo de dar sentido a lo ocurrido, sino en el ánimo de que, sea lo que sea que haya ocurrido, esto debe ser modificado, a pesar de no saberse aún qué acciones realizar. Lo que predomina, dentro del horizonte de esta conversación, es la necesidad de acción, de transformar el estado de cosas existente, y no la necesidad de conferirle sentido. Esta es una conversación de «qué hacer» y no de «por qué ocurrió esto».

Cuando no sabemos qué hacer, siempre podemos recurrir a la acción de explorar nuevas acciones, junto a otras personas o solos. Podemos recurrir a la acción de especular acerca de nuevas acciones posibles que aún no podemos articular. Toda innovación se basa en la capacidad de generar posibilidades que no estaban articuladas anteriormente. Las posibilidades tampoco están «allá afuera», a la vista de cualquier persona que las mire. Las posibilidades son inventos que generamos en conversaciones. Al diseñar «conversaciones para posibles acciones», construimos un espacio para la innovación y para ampliar nuestras posibilidades. Esta es una conversación fundamental para cualquier empresa que desee conservar su competitividad.

No estamos diciendo que cada «conversación para posibles acciones» va, necesariamente, a producir resultados positivos. Tampoco estamos diciendo que siempre debiéramos tener estas conversaciones, como siguiendo automáticamente una receta. No estamos interesados en traducir lo que decimos en recetas o técnicas garantizadas. Lo que estamos haciendo aquí es ofrecer algunas distinciones que pueden ampliar nuestras posibilidades de acción. A cada uno de nosotros le cabe juzgar qué acciones realizar y cuáles no.

4. La conversación para posibles conversaciones

Como ya dijimos, una segunda razón para no tener «conversaciones para la coordinación de acciones» es nuestro juicio de que la persona con la cual debemos tener la conversación no está abierta a ella. Y si lo está, podríamos tener el juicio de que la conversación se va a desviar sin producir resultados positivos, o, peor aún, generando quiebres más serios. ¿Cuántas veces nos hemos encontrado haciendo el juicio de que la persona con la que consideramos que tenemos que hablar para resolver algún asunto no está siquiera dispuesta a escuchar lo que tenemos que decirle? ¿Que la conversación que deseamos tener con esta persona sencillamente no es posible?

No obstante, ¿significa esto que no podemos realizar ninguna otra acción y debemos retornar a la resignación o a los juicios personales?

Postulamos que, cuando esto ocurre, aún nos queda un camino. Aún hay acciones que podemos realizar. Cuando juzgamos que no podemos sostener una determinada conversación con alguien, aún podemos tener una conversación acerca del hecho de que consideramos que no podemos tener esa conversación. Aún podemos sostener una conversación, no acerca del quiebre primitivo que está en juego, sino acerca del quiebre de no ser capaz de abrir o concluir la conversación que, a nuestro juicio, deberíamos sostener. A esto le llamamos «conversación para posibles conversaciones».

¿En qué ocasión es apropiada esta conversación? Imaginemos que tenemos el juicio de que nuestro supervisor no está manejando el proyecto en que nosotros estamos participando de la manera más efectiva. Tenemos, por lo tanto, un quiebre. Sin embargo, cada vez que iniciamos una conversación para tratar este tema, encontramos que reacciona defensivamente, dificultando la conversación. ¿Cuántas veces no nos encontramos en situaciones similares con nuestros padres, nuestra pareja, nuestros hijos, nuestros amigos?

Cuando esto ocurre, puede ser adecuado sostener una «conversación para posibles conversaciones». Podríamos, por ejemplo, acercarnos a nuestro supervisor y decirle, «Tengo un quiebre que deseo discutir con usted. Yo juzgo que cada vez que intento conversar con usted acerca de la forma en que este proyecto está siendo administrado, usted no parece dispuesto a ello. Podría señalarle varias instancias en las que ha ocurrido esto. Yo estoy comenzando a frustrarme, puesto que pienso que el proyecto podría ser administrado de manera más efectiva. Sé que éste es sólo mi juicio y admito que usted podría discrepar de él. También reconozco que, en última instancia, es usted quien tiene la autoridad para decidir cómo debiera administrarse el proyecto. Sin embargo, lo invito a escuchar lo que tengo que decirle, puesto que tal vez usted encuentre algún valor en ello. Y, de mi parte, estoy muy abierto a escuchar su punto de vista. ¿Aceptaría usted esta invitación?»

Es importante observar el estado de ánimo de esta conversación. Tal como ocurre con toda conversación, si nuestro estado de ánimo no se ajusta al tipo de conversación que deseamos sostener, encontraremos que será muy difícil llegar a conversar. Toda conversación, como nos señala Humberto Maturana, es una trenza entre lenguaje y emocionalidad. Si la emocionalidad no es la adecuada, por muy adecuado que sea el lenguaje, la conversación no será oportuna. Este es un aspecto que es crucial observar en toda conversación.

A veces es nuestro estado de ánimo el que impide que la gente converse con nosotros. En la conversación qué dábamos como ejemplo, el estado de ánimo requiere ser noamenazante. De lo contrario, ello colocaría al otro, desde el inicio, en la actitud que estamos precisamente procurando disolver. La «conversación para posibles conversaciones» exige normalmente colocarse desde la emocionalidad del respeto mutuo.

Los diplomáticos deben ser altamente competentes en desarrollar el tipo de conversaciones a que nos estamos refiriendo. A menudo su tarea es, precisamente, la de abrir conversaciones con quienes no resultaba posible abordar ciertos temas. En Sudáfrica, por ejemplo, se llevaron a cabo muchas conversaciones entre funcionarios de gobierno y líderes del Congreso Nacional Africano, antes de que el presidente de Klerk y Nelson Mandela pudiesen sentarse a tratar juntos sus principales divergencias. A estas conversaciones previas les dieron el nombre de «conversaciones acerca de conversaciones». Con ellas, crearon las condiciones que permitieron a ambos líderes hacerse cargo de esos temas en forma conjunta, y explorar formas más efectivas de manejarlos. Lo mismo sucedió entre los representantes del Estado de Israel y los dirigentes de la Organización para la Liberación de Palestina. Antes de que pudieran discutir sus diferencias, tuvieron que diseñar las condiciones que les permitieran conversar. Todas éstas son ejemplos típicos de «conversaciones para posibles conversaciones».

Recapitulemos. Nos hemos estado ocupando de las conversaciones disponibles cuando tenemos un quiebre. Hemos señalado cuatro tipos diferentes de conversaciones:

1. «conversaciones de juicios personales»
2. «conversaciones para la coordinación de acciones»
3. «conversaciones para posibles acciones», y
4. «conversaciones para posibles conversaciones».

Lo esencial que destacar a este respecto es que cada vez que enfrentamos un quiebre cabe preguntarse «¿Qué conversación —y con quién— debo iniciar para tomar las acciones conducentes a la superación de este quiebre?» «¿qué conversación puede alejarme de la recriminación constante e inconducente en la que me encuentro a raíz de este quiebre?» En último término, «¿qué conversación está faltando para hacerme cargo de este quiebre?»

Lo que hemos procurado demostrar es que siempre hay alguna conversación posible que nos conducirá, más tarde o más temprano, a tomar algún tipo de acción en relación al quiebre. Si la «conversación para la coordinación de acciones no aparece disponible, cabe entonces preguntarse sobre la «conversación para posibles acciones» o sobre aquella «para posibles conversaciones».

Saber responder a estas preguntas, saber qué conversaciones son las que debemos tener en diferentes ocasiones, es el arte del diseño de conversaciones.

Algunos de los secretos del trabajar y vivir con otros tienen que ver con el ser competentes en diseñar estas conversaciones, aprender a juzgar cuándo es conveniente abrir una conversación y cerrar otra y saber moverse de una conversación a otra. Estas son competencias fundamentales tanto en la construcción de familias armónicas, de parejas capaces de encarar adecuadamente sus quiebres, como de organizaciones empresariales efectivas.

Es importante subrayar que no estamos diciendo que las cuatro conversaciones indicadas sean las únicas conversaciones posibles de llevar a cabo. Tampoco estamos planteando que otras conversaciones sean menos importantes que las que hemos mencionado arriba. Tal como indicáramos inicialmente hay infinitas posibilidades para distinguir diferentes conversaciones. Aquellas que hemos mencionado hasta ahora son sólo aquellas que consideramos atingentes en el desafío de hacernos cargos de nuestros quiebres.

RELACIONES PERSONALES Y CONVERSACIONES

Postulamos que nuestras relaciones personales se configuran a partir de las conversaciones que sostenemos con otros. Generalmente no vemos el fuerte vínculo que hay entre las conversaciones y las relaciones personales. Pensamos que estamos en una relación —o que tenemos una relación con alguien— y que dentro de esa relación sostenemos conversaciones. Esta interpretación separa la relación de las conversaciones que se llevan a cabo con las personas con quienes estamos en relación. No somos observadores del hecho de que las conversaciones que sostenemos (y las que no sostenemos) son las que en verdad están produciendo y reproduciendo la relación.

Al no tomar en cuenta la conexión entre las relaciones personales y las conversaciones, se pueden producir diversas consecuencias. Es así como encontramos, por ejemplo, a personas que se preocupan de tener una buena relación pero que ponen escasa o nula atención a las conversaciones que sostienen con sus parejas. Se comportan, por lo tanto, como si las conversaciones no tuvieran que ver con la relación. No es extraño encontrarlos más adelante sorprendidos de que la relación no funcione. Postulamos que nuestras conversaciones generan el tejido en el que nuestras relaciones viven. Las conversaciones y las relaciones son una misma cosa. Mantendremos una relación con alguien mientras estemos en una conversación abierta y continua con esa persona. Es eso lo que define una relación. Si, por cualquier razón, la conversación se interrumpe o termina, la relación también se interrumpe o termina.

Para saber qué tipo de relación tienen dos personas, basta con observar sus conversaciones. Hace falta más. Al observar sus conversaciones con otros determinamos cómo son sus relaciones con ellos. Nos imaginamos que alguien podría, de inmediato, salirnos al paso diciendo, «Muy bien, estoy de acuerdo en que las conversaciones son importantes. Pero no todo es conversación en una relación. Para una pareja, por ejemplo, su vida sexual puede ser tan importante como sus conversaciones. Su nivel de ingreso también puede ser importante, así como tantos otros factores. Es más, en una relación hay muchas cosas que las personas no se dicen y ello puede ser tanto o más importante que lo que se dicen».

Estamos de acuerdo en que hay mucho de válido en este comentario. Una conversación estimulante no es necesariamente un sustituto de una relación sexual satisfactoria o de disponer de un mayor ingreso. A pesar de esto, insistimos en que se necesita examinar muy pocas cosas además de las conversaciones para evaluar una relación.

Una relación sexual deficiente, no nos olvidemos, no tiene que ver con la actividad sexual que se realiza, sino con el juicio que hacemos de ella. Una relación sexual se constituye como mala en el juicio que hacemos de que es mala. Una pareja diferente, con una actividad sexual similar, podría tener un juicio diferente.

Advertimos que no estamos diciendo que la actividad sexual misma sea indiferente para el juicio que tengamos de ella. Obviamente no. El juicio se emite observando las acciones a las cuales éste se refiere. Al hacerlo, siempre operamos al interior de una comunidad que posee determinados estándares desde los cuales las actividades y acciones de los individuos se enjuician. Por lo tanto, dado un determinado tipo de actividad sexual y dados los estándares de la comunidad dentro de la cual nos constituimos como individuos, cabe razonablemente esperar determinados juicios.

Los seres humanos no tienen plena libertad para sostener las conversaciones que deseen. La mayoría de los juicios que emitimos no tienen su origen en nosotros mismos sino en la comunidad en que vivimos. Por cierto, a veces podemos conformarnos con estándares sociales más o menos elevados. Pero difícilmente podemos hacer esto con todo. Por muy «excéntricos» (diferentes de nuestra comunidad) que seamos, siempre seremos un producto de nuestras condiciones sociales e históricas. Los seres humanos son siempre seres sociales e históricos.

Con todo, el sostener que la actividad sexual es deficiente es un juicio y en el dominio de los juicios siempre hay, teóricamente, espacio para opiniones diferentes. Es más, incluso en el caso de que dentro de una pareja, uno de ellos o ambos tengan el juicio de que la actividad sexual es deficiente, el juicio sobre la importancia que tengan de ese mismo juicio puede ser muy distinto. En otras palabras, no necesariamente ello es declarado como un quiebre por todos.

Hasta ahora, sin embargo, hemos tratado la actividad sexual y el juicio que se tenga de ella como esferas separadas. No lo son. Y no lo son en relación a dos aspectos diferentes. Primero, por cuanto la actividad sexual misma es, en cuanto tal, un espacio de conversación y el tipo de conversaciones que se tenga (o no se tenga) antes, durante y después de la dinámica sexual propiamente tal, afecta el carácter de la experiencia sexual.

Los animales somos seres sexuales. Los seres humanos, a la dimensión animal de nuestra sexualidad, añadimos el erotismo. El erotismo apunta a la significación de la sexualidad debido a nuestra capacidad interpretativa, debido al hecho de que somos seres que vivimos en el lenguaje. El erotismo, repitiendo una fórmula que ya nos es habitual, es sexualidad más interpretación. El énfasis, sin embargo, está en la interpretación, en la dinámica conversacional, en la virtualidad del juego. De allí que podamos tener experiencias eróticas muy poderosas que no necesariamente impliquen la consumación del acto sexual.

El segundo aspecto que destacar es el que al tratar actividad sexual y juicios por separado, estamos prescindiendo del poder de las conversaciones para intervenir y rediseñar la actividad sexual con otro. Nada nos obliga a tomar el tipo de actividad sexual que tenemos con otro como un dato frente al cual sólo podemos emitir juicios. Ello implica estar, desde ya, en la resignación de que las cosas son como han sido y no pueden cambiar. Si tenemos el juicio de que la actividad sexual con el otro no nos satisface, podemos declarar el quiebre e iniciar las conversaciones que nos permitirán modificarla. Tomemos nuestra vida sexual con el otro como un dominio de diseño y apoyémonos en el poder de las conversaciones, en la capacidad generativa del lenguaje, para construir una nueva realidad.

El mismo tipo de razonamiento podemos hacer con respecto al nivel de ingreso o cualquier otro factor no conversacional que estimemos que afecta nuestras relaciones personales. Insistimos en que no estamos diciendo que con sólo cambiar nuestras conversaciones podemos modificar nuestras relaciones. Pero nuestras conversaciones tienen el poder de llevarnos a modificar aquello que no funciona.

Quien nos saliera al paso para objetar nuestra posición sobre el papel de las conversaciones en nuestras relaciones personales, decía algo más de lo que todavía no nos hemos hecho cargo. Decía también que «en una relación hay muchas cosas que las personas no se dicen y ello puede ser tanto o más importante que lo que se dicen». Estamos también de acuerdo con esto. Cuando hablamos de la importancia de las conversaciones no nos restringimos solamente a lo que nos decimos el uno al otro, también aludimos a lo que nos decimos a nosotros mismos. El hecho de no sostener una conversación con nuestra pareja no hace desaparecer la conversación. Sólo la hacemos privada. Se convierte ahora en una conversación con nosotros mismos. Y cuando decimos que nuestras conversaciones producen y reproducen nuestras relaciones, no sólo estamos hablando de las conversaciones que sostenemos con nuestra pareja. También incluimos aquí aquellas conversaciones privadas que sostenemos en el contexto de esa relación y la forma en que establecemos la línea divisoria entre las conversaciones privadas y las públicas.

Las conversaciones no nos proporcionan tan sólo un cuadro (una descripción) de una relación. Ellas constituyen una especie de radiografía de esa relación. Al iniciar una conversación con nuestra pareja también actuamos y, por lo tanto, nos hacemos cargo de los quiebres que se producen en esa relación. Nuestras conversaciones están siempre transformando nuestras relaciones, sea para mejor o para peor. Al sostener algunas conversaciones realizamos acciones y al realizar acciones, algunos de los juicios negativos que pudiésemos tener pueden ser modificados.

Quiebres y conversaciones en las relaciones personales

Las conversaciones que se llevan a cabo dentro de una buena relación no son siempre ni necesariamente positivas u optimistas. En toda relación debemos enfrentar quiebres y siempre habrá cosas positivas y negativas que abordar. Esto no tiene nada de malo. Una buena relación no tiene por qué no incluir algunas conversaciones difíciles y a veces negativas. Por el contrario, en una buena relación siempre hay espacio para los reclamos, para las negativas, para los desacuerdos, etcétera.

Todas éstas son dimensiones constitutivas de una relación entre personas autónomas, y es importante aceptarlo. Cuando no lo aceptamos, estamos idealizando lo que son las buenas relaciones, estamos generando expectativas que no podrán ser satisfechas y estándares irreales que van a generar juicios negativos permanentes. También podemos llegar a subvalorar aspectos positivos que existen en nuestras relaciones. Y al hacerlo, podríamos terminar comprometiéndolos.

Una buena relación no es una relación sin quiebres; es una relación que ha desarrollado la capacidad de emprender acciones que se ocupen de ellos en forma efectiva. Y la forma en que nos hacemos cargo de los quiebres es a través de conversaciones. Al hablar, actuamos. Al actuar, cambiamos el curso normal de los acontecimientos y hacemos que ocurran cosas que no pasarían si no actuásemos y si no tuviésemos algunas conversaciones.

Nuevamente, por lo tanto, planteamos que para evaluar una relación es necesario que examinemos las conversaciones que la producen. Un dominio a observar es la capacidad que ha desarrollado la relación para generar conversaciones que apunten a los quiebres —que permita a los miembros de esa relación actuar y coordinar acciones con otros.

Conversaciones públicas y privadas

Otro dominio de observación cuando examinamos una relación desde la perspectiva de sus conversaciones es provisto por la distinción, ya mencionada, entre las conversaciones públicas y las privadas. Decimos que una conversación es pública cuando la sostenemos con otra persona. En mi relación con esa persona, ésta es una conversación pública. Una conversación privada es aquella que nos reservamos —una conversación que en verdad sostenemos pero no compartimos.

Las distinciones de conversaciones públicas y privadas sólo tienen sentido aquí en el contexto de una determinada relación. Para una relación específica, la conversación «x» podría ser pública o privada. Bien podría suceder que una conversación que es pública para una relación fuese privada para otra. Eso es lo que hacemos con los secretos. Cuando le contamos a alguien un secreto, lo que estamos haciendo es abrir una conversación —la hacemos pública en el contexto de esa conversación. Y también le estamos pidiendo a esa persona que se comprometa a mantener privada la conversación en el contexto de otras relaciones. En términos de la primera conversación, ésta es pública. En términos de la última, la conversación es privada.

Los seres humanos estamos constantemente charlando con nosotros mismos. Emitimos juicios acerca de casi todo. Sostenemos conversaciones sobre nuestros deseos y sobre el futuro. Aun cuando estemos sosteniendo conversaciones públicas, sostenemos también conversaciones privadas, y, sin lugar a dudas, sostenemos muchas conversaciones privadas mientras estamos escuchando a los demás. En vigilia, estamos constantemente inmersos en conversaciones privadas. Sin embargo, no las hacemos todas públicas. Siempre estamos evaluando si el hacer tal o cual conversación pública con alguien es adecuado en el contexto de nuestras relaciones. Usualmente, nos reservamos muchas conversaciones. Nuevamente, no hay nada cuestionable en ello.

Desde esta perspectiva, una relación es buena si encuentra un equilibrio adecuado entre las conversaciones públicas y privadas. Este equilibrio cambia de una relación a otra. Si tenemos una relación comercial con alguien, podríamos esperar que algunas conversaciones fuesen privadas. Si alguien las planteara, bien podríamos decir, «Lo siento, pero esto es privado». Tenemos aquí lo que podríamos llamar el «privilegio del silencio» o «el privilegio de la privacidad». Ello es expresión de nuestra autonomía como personas.

Sin embargo, podríamos estar dispuestos a compartir esa misma conversación en una relación más íntima o tal vez en una conversación con un terapeuta o con un «*coach*». En ese contexto, la invocación del privilegio de la privacidad podría ser escuchada de manera diferente. Una relación se especifica por los límites que definen cuáles son las conversaciones que se deberían sostener en la relación —cuáles son las que se hacen públicas y cuáles se reservan.

Aun cuando existen algunos estándares sociales que norman lo que debiera hacerse público y lo que debiera mantenerse privado en una relación, los límites entre uno y otro tienen, por lo general, algún grado de flexibilidad. No están estrictamente definidos y le corresponde a cada parte involucrada en la relación el especificarlos. Los límites varían o son más o menos estrictos según los diferentes entornos sociales. En Inglaterra, por ejemplo, los límites entre lo privado y lo público son, generalmente, mucho más estrictos que en los países de la Europa mediterránea. Esto produce en Inglaterra no sólo un fuerte sentido de lo privado, sino también un fuerte sentido de lo público.

Por lo tanto, un asunto crucial en una relación es el de ser capaz de establecer la división entre lo privado y lo público, es decir, entre nuestras conversaciones privadas y públicas. Aun en relaciones muy íntimas siempre hay una división que hacer. Lo que hace que una relación sea íntima es el hecho de que estamos dispuestos a compartir, en ella, muchas conversaciones que normalmente mantendríamos en reserva, no el hecho de hacer públicas todas nuestras conversaciones privadas.

¿Qué conversaciones debiéramos mantener privadas en una relación íntima? No es posible trazar el límite desde fuera de una relación y desde fuera del contexto provisto por las circunstancias que lo rodean. Sin embargo, sí es posible efectuar algunas consideraciones que ayuden a tomar una decisión al respecto.

Debemos admitir que todos sostenemos muchas **conversaciones automáticas**. Simplemente, nos encontramos en ellas. Incluso, el decir que las sostenemos constituye una distorsión del fenómeno de las conversaciones automáticas. Sería más preciso decir que estas conversaciones nos tienen, puesto que no tenemos control alguno sobre ellas. Entre estas conversaciones automáticas hay, por ejemplo, muchas que se basan en juicios de lo que está ocurriendo, juicios que, una vez fuera de esa conversación, pueden demostrarse como infundados. Algunos creen que una relación íntima «debe» sostener cualquier conversación automática que surja. Esto significa hacerlas públicas indiscriminadamente, sin pensar en las consecuencias que ello tiene para la relación. La relación es considerada como un depósito para arrojar allí cualquier conversación automática. Hay quienes llegan incluso a pensar que la relación no es buena si ello no ocurre. Esta actitud implica que da la relación por sentada. Y no se asume responsabilidad por la forma en que las conversaciones configuran nuestras relaciones.

Nuestras relaciones personales pueden verse perjudicadas al abrir indiscriminadamente en ellas todas nuestras conversaciones privadas. Toda relación necesita cuidados, necesita atención y necesita ser cultivada. Toda relación constituye un espacio de inquietudes mutuas. Lo que cualquiera diga o haga no es sólo una acción significativa en términos de las inquietudes de la persona que actúa, sino que también es una acción que interviene dentro del dominio de inquietudes de la persona a quien le hablamos o sobre quien actuamos.

Al abrir una conversación en una relación íntima, debemos —si es que asumimos nuestra responsabilidad por esa relación— juzgar de qué manera esta conversación podría afectar las inquietudes de nuestra pareja. Debemos evaluar qué nueva realidad estamos develando a esta persona y qué implica ésta en términos de sus inquietudes. Nuestra decisión de abrir una conversación, así como también la de hacer pública una conversación privada, debe ser tomada asumiendo la responsabilidad por la forma en que nos estamos haciendo cargo de las inquietudes de la otra persona. Hay pocas cosas que sean más perjudiciales para una relación que darla por sentada.

Sin embargo, mantener privada una conversación privada también puede perjudicar la relación. A menudo las conversaciones privadas interfieren en nuestra relaciones con otros, obstruyendo posibilidades de coordinar acciones en conjunto. Esto puede ocurrir, por ejemplo, cuando tenemos un reclamo que no hemos hecho público, o cuando tenemos una interpretación sobre las acciones del otro que, en verdad, nos cierran posibilidades en esa relación. Los asuntos que afectan la confianza mutua de las partes en la relación, generalmente pertenecen a esta categoría.

Cuando esto ocurre —esto es, cuando hay una conversación privada que no se diluye y obstruye la relación—, podría ser importante compartir esa conversación por el bien de la relación; explorar juntos algunas formas de abordar las inquietudes involucradas en esa conversación privada. Cuando hacemos esto, generalmente ponemos nuestras inquietudes y el interés de mantener una relación sana por sobre el interés por el otro miembro de la relación. Al hacer pública esta conversación, podemos aclarar las cosas. Además, es una manera de asumir la responsabilidad por la relación.

Más allá del «hablar como acción»

Nos relacionamos con los demás cuando coordinamos acciones con ellos, cuando juzgamos que tenemos un espacio abierto y continuo para coordinar acciones con alguien. El lenguaje nos permite coordinar acciones con otros para coordinar acciones con ellos. Para tal efecto, hacemos peticiones, ofertas, promesas, declaraciones y afirmaciones y, a través de estos diferentes actos lingüísticos, participamos con otros en múltiples juegos de lenguaje.

En algún momento, nuestro interés central fue el de mostrar que las relaciones pertenecen al dominio de la coordinación de acciones. El lenguaje, dijimos, nos permite coordinar acciones con otros. La fórmula central era «hablar => acción». Sin embargo, desde que planteáramos este postulado, hemos avanzado más allá de él. De ninguna manera significa esto que estemos negando la validez de nuestro postulado. Lo sustentamos plenamente, pero requiere ser puesto en un contexto más amplio.

Buscando ampliar nuestra comprensión de la relación entre los fenómenos humanos y el lenguaje, fue preciso dar algunos pasos más. Ello nos llevó progresivamente a sobrepasar el planteamiento de que hablar es actuar. De allí que señaláramos que si queríamos alcanzar una comprensión más profunda del lenguaje, no podíamos limitarnos al hablar. Comprender el hablar no era suficiente. El hablar, dijimos, tiene sentido sólo en función del escuchar. Una comprensión del lenguaje que se concentre en el aspecto del hablar es sesgada. Esto es particularmente importante en las relaciones interpersonales. En este caso, la preocupación por el escuchar es tan importante como la preocupación por el hablar.

Así como el escuchar nos condujo más allá del hablar, queremos ahora trasladarnos más allá de una comprensión estrecha de la acción —por lo menos, más allá de la noción de que el lenguaje es esencial y exclusivamente coordinación de acciones. Esto no niega que cada vez que hablamos, actuamos. La noción que deseamos sobrepasar es la que plantea que cuando hablamos, lo hacemos con el fin inmediato de coordinar acciones con otros. La coordinación de acciones, siendo una dimensión primaria del lenguaje, es a la vez sólo una de las posibilidades que éste nos ofrece.

Una vez que en la coordinación de acciones generamos el lenguaje, éste, más allá de expandir nuestra capacidad de coordinar acciones, nos transforma en seres que usan el lenguaje para construir sentido. El lenguaje transforma a los seres humanos en seres que viven en el desgarramiento de la búsqueda de sentido. Este es el sello de nuestra condición originaria que se encuentra en la base del fenómeno humano. Desde ese momento, una importante inversión tiene lugar. El dominio del sentido que resultara de nuestra capacidad de coordinar la coordinación de acción con otros (e.g., nuestra capacidad de lenguaje), ahora se transforma en el trasfondo desde el cual actuamos y desde el cual la acción misma es evaluada.

La importancia de la narración de historias en la existencia humana

En su afán por la búsqueda de sentido, los seres humanos inventan y narran historias. Tan pronto como los niños adquieren competencias mínimas en el lenguaje, comienzan a preguntar «Por qué». Todos sabemos lo difícil que resulta a veces saciar su curiosidad. Desde la infancia, todos vivimos esa urgencia básica de darle un sentido a lo que ocurre alrededor nuestro. Si examinamos esto con mayor detención, nos daremos cuenta de que somos la única especie que inventa historias. Esta compulsión por contar historias no es trivial. No es algo que hacemos «además» de muchas otras cosas. Es una de las cosas más importantes que hacemos. Si nos preguntan quienes somos, contamos una historia. Nuestra identidad se constituye como una historia que contamos acerca de nosotros mismos. Es una historia que nos posiciona en un mundo. Y cuando nos preguntan acerca del mundo, contamos otra historia. Nuestro mundo es siempre una historia acerca de cómo son las cosas que nos rodean.

No nos relacionamos con nuestro entorno como si éste fuese una colección de entidades y acontecimientos separados. Cualesquiera sean las entidades y acontecimientos que distingamos, los organizamos, les damos un orden que podrá ser más o menos acabado, a través de historias que los relacionan unos con otros. Puesto que nosotros, como individuos —como identidades personales— somos una historia acerca de quienes somos, y puesto que todos vivimos en un mundo que es también una historia, podríamos decir que los seres humanos son historias dentro de historias, todas ellas producidas por nosotros mismos. Hemos sido creadores de mitos desde nuestras formas más tempranas de existencia social. Esto es constitutivo del ser humano.

A veces, sin embargo, nos parece que los creadores de mitos eran nuestros antepasados y no nosotros. Pensamos que ellos eran los que vivieron en mundos míticos y que nosotros abandonamos esa forma de ser hace ya algún tiempo. A diferencia de ellos, sostenemos que nosotros hemos dejado de necesitar mitos pues sabemos cómo las cosas son. Para remarcar el punto, hablamos, por ejemplo, de nuestras explicaciones científicas. Pero nuestros antepasados también pensaban que sabían cómo las cosas eran. También consideraban sus historias como representaciones verdaderas de la realidad. Si observamos nuestras explicaciones científicas, debemos admitir que ellas también son historias. Historias que son más efectivas que otras, historias que están fundadas de manera que hemos llegado a aceptar como más poderosas que otras, pero, al final, las explicaciones científicas no son sino narrativas que producimos acerca del mundo.

Generalmente, no vemos nuestros mitos como mitos ni nuestras historias como historias. No nos damos cuenta de que incluso lo que decimos acerca de nuestros antepasados es una historia. No hay salida. No podemos escapar del tejido que creamos con nuestras historias. Los seres humanos viven «en lenguaje»: viven al interior de las historias que construyen para otorgar sentido a sí mismos y al mundo que los rodea. Martin Heidegger, que, como lo hemos señalado ya, insistía en que el «lenguaje es la morada del ser», observó nuestras historias como «edificios que cobijan al hombre». Reconoció que el hombre no es solamente el productor de sus historias, sino, antes que nada, el producto de ellas. «El hombre actúa», escribió Heidegger, «como si fuese el artífice y el maestro del lenguaje, en circunstancias que es el lenguaje el que ha permanecido como maestro del hombre».

Las historias funcionan como refugios para los seres humanos. Toda sociedad es albergada dentro de algunas estructuras fundamentales compuestas de narrativas. Las llamamos metanarrativas o metahistorias. También las llamamos discursos históricos. Son componentes esenciales de una cultura particular. Al mirar la historia, la literatura, la religión y la filosofía de una sociedad determinada, lo que estamos haciendo es examinar aquellas metanarrativas que constituyen uno de los pilares más importantes de esa sociedad. Ellos son las historias básicas a partir de las cuales la gente confiere sentido a su vida. De acuerdo a cómo una colectividad humana le da sentido a su vida, aparecen diferentes formas de existencia humana.

Historias y acción

En algunas secciones anteriores pudimos observar de qué manera las historias a menudo nos distraen de ejecutar acciones. Escribimos que, al permanecer en las historias que resultan de las «conversaciones de juicios personales» (en las que desarrollamos interpretaciones del por qué las cosas están como están), a menudo nos distraemos de emprender las acciones que nos ayudan a superar nuestros quiebres. Caemos en una actitud pasiva de la cual no surgen compromisos para cambiar las cosas. Hemos señalado el papel negativo que pueden desempeñar las historias con respecto a la acción.

Sin embargo, ahora queremos enfatizar que algunas actividades que tienen que ver con la creación de historias también pueden desempeñar un papel positivo con respecto a nuestra capacidad de acción. De hecho, éste es el papel que desempeñan las historias para definir diferentes formas de vida humana y para otorgar sentido a la existencia. Es desde la actividad de inventar historias que desarrollamos una visión de futuro y, por lo tanto, abrimos un horizonte que nos va a impulsar a emprender acciones. También es a través de la invención de historias que desarrollamos el trasfondo que dará sentido a desafiar el presente y a realizar acciones. Muchas veces actuamos a partir del hecho de que tiene sentido hacerlo así. Generalmente, son aquellas historias que tenemos acerca de nosotros y del mundo las que proveen el sentido desde el cual la acción surge. La acción jamás ocurre en un vacío. Ocurre desde el entramado de historias que le confieren a tal acción su sentido.

Los movimientos sociales, esas fuerzas colectivas que tantas veces han cambiado el curso de la historia, son productos de narrativas convocantes que han tenido el poder de unir a la gente en torno a una causa común. Esas historias operan, en el decir de Antonio Gramsci, como el «cemento» que mantiene unidos a los individuos que integran el movimiento social. Los movimientos sociales son sólo un ejemplo, entre muchos otros, del poder de las historias, o del poder de los mitos.

El poder de la invención de historias en las relaciones

Postulamos que para generar relaciones estrechas necesitamos más que tan solo encontrar formas mutuas de coordinar acciones. Ciertamente, una efectiva coordinación de acciones es importante, pero no siempre es suficiente. Las relaciones estrechas, y en especial las relaciones íntimas estrechas, generalmente se basan en un trasfondo básico compartido que les confiere sentido. Estas relaciones —además de las acciones conjuntas— son capaces de generar su propia significación. Generan el sentido del estar junto a aquellos que participan en la relación.

Nuevamente, esto ocurre de manera decisiva en las conversaciones que constituyen esa relación. Al estar en conversación, la pareja se involucra en el proceso de construir historias compartidas que le darán sentido al estar juntos. Sus conversaciones se asemejan al proceso de hilado, en que se va produciendo el tejido que sostiene la relación. Al estar en conversación, ambos integrantes de la pareja entran en un proceso de transformación mutua. Sus historias se entremezclan. Luego, según la calidad de esta fusión de historias, se desarrollará un trasfondo compartido, un espacio de consenso, se producirá un mundo compartido, y aparecerá una sensibilidad compartida por quienes integran la relación.

Todo esto genera lo que el biólogo Humberto Maturana ha denominado un proceso de transformación mutua congruente entre las partes involucradas. Con el tiempo, ellas observarán lo bien que se complementan, lo bien que pueden, incluso, anticipar las acciones y reacciones de cada uno. Todos hemos sido testigos de este fenómeno en parejas, amigos, equipos y empresas. Normalmente, le llamamos a esto una buena relación. Lo que se ha producido es lo que nosotros llamamos una cultura sana para la relación.

También hemos sido testigos de lo contrario. Hemos visto cómo algunas relaciones se han roto y cómo los compañeros involucrados parecen distanciarse cada vez más a medida que transcurre el tiempo. Cuando esto ocurre, bien podríamos hablar de «incompatibilidad de caracteres», de distintas personalidades. Pero con ello estamos utilizando el resultado de lo que sucedió (el que mostraran no compatibilizar), como explicación de que ello sucediera. Estamos usando el resultado como causa. La «incompatibilidad» no es un factor dado en una relación. Quien la produce es la relación misma y, por tanto, las conversaciones que configuran esa relación.

Deseamos, por lo tanto, enfatizar este aspecto de nuestras conversaciones: su capacidad de crear un mundo compartido en que cada parte vea a la otra como copartícipe en la invención de un futuro común. Las conversaciones pueden crear esto. También pueden destruir la posibilidad de lograrlo. Cuando producen una cultura sana, juzgamos nuestras relaciones como «cálidas» y observamos nuestras casas como «hogares». Se convierten en mejores refugios, mejores edificios en los que morar. Estas nuevas estructuras han sido producidas por el lenguaje, en conversaciones.

No es frecuente darnos cuenta de que nuestras conversaciones producen culturas positivas y negativas. Encontramos a algunas personas a quienes les va bien y a otras mal en sus relaciones. Algunos de nosotros parecemos competentes para construirlas y otros parecen no saber hacerlo. Todo esto ocurre como si fuese decidido por la existencia de talentos personales ocultos. Postulamos que, mediante las distinciones que hemos presentado, podemos observar el fenómeno de la construcción de un mundo compartido a través de las conversaciones. Este nuevo observador nos puede permitir diseñar nuestras conversaciones en forma tal de hacernos responsables por el tipo de relaciones que estamos generando.

CONVERSACIONES EN LAS ORGANIZACIONES EMPRESARIALES

Las organizaciones como unidades lingüísticas

El reconocimiento del papel generativo del lenguaje permite un nuevo enfoque para la comprensión de las organizaciones en general, como asimismo de las empresas y las actividades gerenciales o de *management*. Este enfoque nos muestra que las organizaciones son fenómenos lingüísticos: unidades construidas a partir de conversaciones específicas, que están basadas en la capacidad de los seres humanos para efectuar compromisos mutuos cuando se comunican entre sí.

Si examinamos una empresa, por ejemplo, nos daremos cuenta de que lo que la constituye no es su nombre, ni el edificio donde está ubicada, ni un producto específico o un conjunto de productos. Todos ellos pueden cambiar y la empresa puede seguir existiendo.

Una empresa es una red estable de conversaciones. Como tal, genera una identidad en el mundo que trasciende a sus miembros individuales. Hay muchas formas en que las empresas van más allá de los individuos que la integran. Las empresas son agentes de acción y en cuanto tales, se vuelven socialmente responsables de sus acciones. Independientemente de las responsabilidades individuales que puedan estar involucradas, hacemos responsable a Exxon por el derramamiento de petróleo en Alaska de Exxon Valdés, y damos crédito a Sony por el invento del «*Walkman*». Las empresas pueden existir cincuenta, cien o más años. Todos sus miembros individuales pueden cambiar, pero la empresa puede seguir siendo la misma entidad.

Ciertamente las empresas cambian con el correr del tiempo, pero los cambios se producen dentro de una identidad continua. Por muy importante que sea el papel qué desempeñe un individuo en la empresa, su identidad es siempre diferente de la identidad de la empresa. Bien sabemos, por ejemplo, que Apple trasciende a Steve Jobs; que Ford trasciende a Henry Ford; y que IBM trasciende a Thomas J. Watson Jr., independientemente de cuán importante para la compañía pueda haber sido cada uno de ellos. Las empresas constituyen un claro ejemplo del poder del lenguaje, del poder de las conversaciones. Sin lenguaje no podríamos construir organizaciones. Es en las conversaciones que las empresas se constituyen como unidades particulares, circunscribiendo a sus miembros en una entidad. También es en las conversaciones que las empresas aseguran su existencia en el entorno, principalmente haciendo ofertas y aceptando peticiones en el mercado.

La estructura lingüística de las organizaciones

Examinemos brevemente de qué manera las conversaciones integran a los miembros individuales de una organización en una unidad particular. Existen al menos cuatro aspectos que conviene explorar en relación a esto.

En primer lugar, debemos aceptar que cada unidad está especificada por sus límites. Lo que nos permite distinguir una unidad es el hecho de que podemos separarla de su entorno. Si no podemos delinear los límites de la unidad, simplemente no podremos distinguirla. Ahora, si observamos los límites de una organización, nos daremos cuenta de que ellos son lingüísticos. Quien pertenece a la organización y quien no se decide mediante una declaración. Alguien investido de autoridad para hacerla, formula la declaración.

Los límites de una empresa corresponden a una línea trazada por el lenguaje a través del poder de alguien para hacer una declaración. Esta no es una cuestión que quede establecida de una vez y para siempre. Los individuos se unen a una organización y la dejan. Cuando se unen a ella lo hacen porque han sido contratados, y esto ocurre por declaración. Cuando la dejan, es porque renuncian o son despedidos, lo que también ocurre por declaración.

En segundo lugar, la estructura de una organización está construida como una red de promesas mutuas. Cada persona está ligada a la organización por compromisos específicos y es responsable de cumplir con algunas condiciones de satisfacción determinadas. Como sabemos, las promesas resultan de conversaciones. Para tener una promesa, alguien debe hacer una petición o una oferta y alguien debe declarar su aceptación a lo pedido u ofrecido. En las organizaciones empresariales, la gente hace promesas en variados dominios. Hay promesas en el dominio de la producción, ventas, *marketing*, servicio al consumidor, administración, gerencia general y así sucesivamente. Esta red interna de promesas es lo que le permite a una empresa cumplir sus propias promesas como entidad en el mercado.

Y una organización es más que una red de individuos autónomos, ligados por una declaración de pertenencia a la misma entidad social y por sus promesas individuales mutuas. Una tercera dimensión que considerar tiene que ver con el hecho de que los miembros de una organización desempeñan sus acciones sobre la base de un trasfondo compartido. Esta constituye una importante ventaja económica de las organizaciones. No es necesario decirle a la gente en una organización, cada vez que realiza una acción, qué es exactamente lo que debe hacer y cómo hacerlo. Al producir un trasfondo compartido, los miembros de una organización generan condiciones sinérgicas que ahorran tiempo y recursos a la empresa. Este trasfondo compartido es producido por un permanente hilado de conversaciones. Desde este trasfondo, la identidad personal de la gente se entremezcla con la identidad de la empresa.

Esto es lo que se conoce como la «cultura» de una empresa. Esta «cultura» permite el desarrollo de prácticas sociales propias de la organización, de estándares sociales comunes desde los cuales cada miembro individual emite juicios, de formas compartidas de actuar y de hacer frente a las circunstancias para producir resultados. Estas prácticas sociales llegan incluso a ser ejecutadas en forma transparente, como un conjunto de hábitos, por quienes están inmersos en ellas.

Existe una cuarta dimensión en la cual el lenguaje une a los miembros individuales de una organización. Este aspecto pertenece también a la «cultura» de la organización y constituye una parte del trasfondo compartido desde el cual actúan las personas que pertenecen a una organización. No obstante, se diferencia de lo que hemos señalado anteriormente en que su énfasis no está puesto en un pasado compartido sino, por el contrario, en compartir un futuro común. Las organizaciones también desarrollan condiciones sinérgicas al circunscribir las acciones de sus miembros en una visión compartida, una historia común acerca de lo que es posible y un compromiso compartido de realizar esa visión en conjunto.

Este es un aspecto importante para el funcionamiento de una empresa. El futuro compartido permite que aquellos que laboran en la empresa ejecuten acciones desde una base consensual, compartiendo inquietudes comunes y aspirando a metas comunes. A esto se le suele llamar «acuerdo sobre dirección». La dirección compartida hace innecesario el explicitar constantemente las inquietudes y metas de la empresa. Nuevamente, ahorra tiempo y recursos y aumenta la productividad de la empresa.

Nuestro planteamiento principal es que todo esto ocurre en conversaciones. Si queremos comprender una empresa debemos examinar las conversaciones que la constituyeron en el pasado y las que la constituyen en la actualidad. La fortaleza de una empresa nos conducirá siempre a la fortaleza de sus conversaciones. Sus debilidades se relacionan con las debilidades de sus conversaciones o con el hecho de que podrían faltar algunas conversaciones decisivas.

A medida que una empresa va construyendo hábitos de comunicación positivos, lo que aumenta su productividad, también genera hábitos de comunicación negativos, comprometiendo con ello su efectividad. El hábito genera ceguera y la gente acaba por suponer que sus prácticas de negocios constituyen la forma «normal» o «natural» de hacer las cosas. Generalmente no ven más allá de su propio trasfondo comunicativo.

En realidad, esto apunta a uno de los aspectos más importantes de la consultoría de empresas. Lo que un consultor hace es aportar un observador más competente de las prácticas de negocios, un observador distinto del que genera la cultura de la empresa. Este observador diferente puede revelar aquellos puntos ciegos que no son observados desde el interior de la empresa y puede intervenir en las conversaciones que constituyen a la empresa y cambiarlas.

Las conversaciones como fundamento de las organizaciones empresariales

Postulamos que, cualquiera sea el problema que una empresa esté enfrentando, éste puede ser examinado por medio de la observación de su estructura conversacional. Todos estaríamos de acuerdo en que «algunos» problemas en la empresa surgen de fallas en la comunicación (como, por ejemplo, cuando las condiciones de satisfacción han sido escuchadas en formas diferentes por las personas involucradas en hacer una promesa). Todos conocemos los resultados negativos que surgen de estas fallas. También estamos familiarizados con los problemas que se derivan de la falta de persuasión al hacer una venta, o cuando el lograr acuerdos toma demasiado tiempo, o cuando la gente no cumple sus promesas o las cumple en forma sistemáticamente deficiente o inoportuna. Todos admitimos que esos problemas surgen de fallas en nuestras conversaciones y podemos reconocer de qué manera se perjudica la productividad de la empresa.

No obstante, nosotros planteamos que cualquier problema, sea o no estrictamente comunicativo, puede ser examinado desde la perspectiva de sus conversaciones subyacentes. Cuando hacemos esta proposición no nos estamos olvidando de que algunos problemas tienen dimensiones no-conversacionales significativas. Sabemos, por ejemplo, que si la producción se detiene debido a una falla de equipos, hay allí algo más que tan sólo una falla conversacional.

Sin embargo, también es importante observar que aun estos problemas pueden ser evitados, anticipados o mejor tratados si existiesen algunas conversaciones que no se llevaron a cabo. Nos referimos, por ejemplo, a conversaciones en el momento de la adquisición de los equipos, o a conversaciones sobre el uso adecuado y la mantención de ellos, o acerca de diseñar alternativas para el caso de fallas. Estas conversaciones podrían haber evitado el problema o podrían haber modificado sus consecuencias. Por otra parte, también debemos reconocer que la forma en que normalmente manejamos un problema es a través de conversaciones (pidiendo a alguien que repare el equipo, dando aviso a nuestros clientes, etcétera).

Postulamos, en consecuencia, que las competencias comunicativas de una empresa determinan, en un alto grado, su éxito o su fracaso. Postulamos que una empresa es un sistema lingüístico y que todo lo que ocurre al interior de ella puede ser examinado desde la perspectiva de sus conversaciones.

La naturaleza conversacional del *management*

No existe en la empresa un área cuya naturaleza conversacional sea más clara que el nivel gerencial o *management*. Si examinamos lo que los ejecutivos y gerentes hacen dentro y fuera de la empresa, nos daremos cuenta de que su trabajo consiste fundamental y casi exclusivamente en estar en conversaciones. Lo que hacen los ejecutivos y gerentes es principalmente hablar, escuchar, comunicarse con otros, promover algunas conversaciones en la empresa y evitar otras. Su trabajo no comprende sino conversaciones.

De hecho, es justamente a través de un acto comunicativo, esto es, por declaración, que una empresa se crea. También nos involucramos en conversaciones cuando contratamos, promovemos o despedimos personal, cuando asignamos responsabilidades, cuando coordinamos diferentes actividades, celebramos contratos, fijamos las metas y dirección de la empresa, cuando hacemos ventas, construimos alianzas o publicitamos los productos de la empresa.

Ningún área en la empresa es más dependiente de las competencias comunicativas que el escalafón ejecutivo y gerencial. El éxito o fracaso de un ejecutivo o de un gerente es función directa de su competencia conversacional. Llama la atención, sin embargo, cuan poca atención se presta a los fenómenos comunicativos en la comprensión tradicional de la administración de empresas. Si examinamos la educación gerencial tradicional, nos daremos cuenta de que la importancia asignada al desarrollo de competencias comunicativas es extremadamente limitada. Normalmente, los ejecutivos y gerentes no son entrenados para observar la empresa desde la perspectiva de sus conversaciones.

Hemos dicho que una organización es más que un espacio generado por límites declarativos en los que la gente está unida por una red de promesas mutuas. Una organización es, también, un espacio en el que se nutre una determinada cultura, un espacio en el que la gente comparte un pasado, una forma colectiva de hacer las cosas en el presente y un sentido común de dirección hacia el futuro. Muchas otras conversaciones, además de las que se han examinado en este trabajo, deben llevarse a cabo para producir esta cultura. Estas otras conversaciones son esenciales para trascender las formas mecánicas de coordinación de acciones entre individuos y para producir lazos de estrecha cooperación y colaboración. Son conversaciones importantes para hacer de las organizaciones un espacio en el que los individuos encuentren sentido a su trabajo y a sus vidas y alcancen bienestar en ellos.

CAPITULO 8:

EMOCIONES Y ESTADOS DE ANIMO*

Hemos sostenido que si bien el lenguaje constituye a los seres humanos como el tipo de ser que somos, no podemos prescindir de otros dos dominios primarios en nuestra existencia. La prioridad que le asignamos al lenguaje, no desconoce que éste no es el único dominio relevante para comprender el conjunto del fenómeno humano. Además del lenguaje, señalamos, reconocemos el dominio del cuerpo y el dominio de la emocionalidad.

Si bien los fenómenos de cuerpo, de la emocionalidad y del lenguaje no pueden ser reducidos a un dominio diferente del que ellos mismos constituyen, no es menos cierto que ellos establecen entre sí relaciones de coherencia y, por lo tanto, lo que acontece en uno de ellos condiciona lo que sucederá en el otro. Posturas físicas, emocionalidad y lenguaje se comportan entre sí de manera congruente y se influencian mutuamente.

Lo anterior tiene, al menos, tres implicaciones. La primera guarda relación con la necesidad de explicar las condiciones que aseguran la mencionada coherencia. Ella no puede ser dada por sentada, como si no necesitara de una explicación. En otras palabras, no podemos considerar obvio o simplemente natural el que estos tres dominios mantengan entre sí relaciones de coherencia. Es necesario mostrar por qué ello sucede y cuáles son los mecanismos a través de los cuales se produce la influencia de un dominio fenoménico sobre otro.

La segunda implicación guarda relación con el hecho de que, de existir tal coherencia, ello abre la posibilidad

*Estoy agradecido al Dr. Fernando Flores y a Business Design Associates, propietarios de los derechos de autor de trabajos en los que se basa este segmento, por permitirme gentilmente hacer uso en este libro de largas secciones de tales trabajos.

de utilizar cualquier dominio para referirse a los otros dos. En otras palabras, cabe «traducir» los fenómenos de un dominio en fenómenos correspondientes a los otros. En la medida en que posturas físicas, emocionalidad y lenguaje se «corresponden», podemos acceder a cada uno a través de los demás. Este proceso de «traducción» lo llamamos «reconstrucción». Ello nos permite decir, por ejemplo, que podemos realizar una «reconstrucción corporal» de un determinado juego de lenguaje, o acometer una «reconstrucción lingüística» de una determinada emoción.

La tercera implicación remite al hecho de que más allá de la posibilidad anteriormente aludida de la «traducción» o de la «reconstrucción», la coherencia de estos tres dominios abre un espacio importante de diseño e intervención. Dada tal coherencia, nos cabe esperar que las transformaciones producidas en un determinado dominio se traduzcan en modificaciones en los demás. Existe, por lo tanto, todo un campo de intervenciones indirectas a través de las cuales, por ejemplo, una modificación emocional puede perfectamente modificar nuestras conversaciones y nuestra postura física.

Esta tercera implicación tiene a la vez su lado negativo. En razón de la relación de coherencia entre estos tres dominios primarios, por un lado, las posibilidades de intervención se expanden; pero, por otro lado, también se limitan. Este aspecto posee una gran relevancia en la práctica del «*coaching* ontológico» y en sus condiciones de eficacia.

A menudo cambios en uno de los tres dominios no logran conservarse, debido a la presión de coherencia que proviene de los otros dos. Ello obliga muy frecuentemente a intervenir simultáneamente en los tres dominios para asegurar que las transformaciones producidas en uno de ellos se encuentren con cambios que les sean coherentes en los otros. No basta, por ejemplo, con inducir un cambio en el tipo de conversaciones que una persona tiene, si la emocionalidad en la que se halla es aquella que es coherente con las conversaciones del pasado. De no intervenirse simultáneamente en la emocionalidad, el cambio en las conversaciones corre el peligro de no conservarse y, por lo tanto, de ser efímero. Los seres humanos nos constituimos como tales en nuestra corporalidad, en nuestra emocionalidad, en nuestra capacidad de lenguaje. Tenemos cuerpo, emocionalidad y lenguaje y en el «tenerlos», como en las experiencias que ellos generan, estos tres dominios fenoménicos son irreductibles entre sí, independientemente de la posibilidad de reconstruirlos o de intervención indirecta. De allí que los llamemos dominios primarios.

La emocionalidad en nuestra concepción tradicional

El tema de las emociones ha sido difícil de tratar en nuestra concepción tradicional de los seres humanos. A partir del supuesto de que estamos conformados por substancias diferentes y separadas entre sí, a saber, la mente y el cuerpo, nuestra concepción tradicional de los seres humanos no ha sido capaz de decidir dónde se sitúan las emociones. ¿Son ellas un fenómeno corporal? ¿Son mentales? ¿Dónde las podemos localizar? La mayoría de las respuestas a estas preguntas han sido insatisfactorias. Los fenómenos emocionales han estado escurriéndose durante un largo tiempo.

Una de las formas en que nuestro sentido común ha tratado este dilema ha sido hablando de las emociones como «asuntos del corazón». Al utilizar esta metáfora se encontró una especie de terreno intermedio: se admitió que las emociones no surgen de la cabeza, donde se suponía que reside la mente. En cambio, se supuso que eran fenómenos más elevados que otros fenómenos corporales. No obstante, nuestra concepción tradicional nos veía como «seres racionales» — siguiendo la ya apuntada interpretación propuesta por Descartes hace más de 350 años. Tal como ya lo examináramos, esta posición considera al comportamiento humano como racional y las razones de la mente son la clave para darle sentido a la acción humana.

Desde el comienzo, sin embargo, hubo reacciones contrarias a esta concepción del ser humano, especialmente en cuanto al papel asignado a nuestras emociones —los así llamados «asuntos del corazón». Blaise Pascal, filósofo francés contemporáneo de Descartes, nos advirtió que «el corazón tiene sus razones que la razón desconoce» («*le coeur a ses raisons que la raison ne connaît point*»). Pero a pesar de la advertencia, el cartesianismo se convirtió en nuestra forma predominante de comprender el fenómeno humano.

Sostenemos que para comprender la acción humana, debemos prestar cuidadosa atención a nuestra vida emocional. Postulamos que nuestras emociones son determinantes básicas de lo que podamos o no lograr en los dominios del trabajo, aprendizaje, sociabilidad, espiritualidad, etcétera. Nuestra vida emocional es un factor crucial en cada esfera de la acción humana.

La distinción entre estados de ánimo y emociones

Cuando hablamos acerca de nuestra vida emocional —lo que hemos venido llamando emocionalidad— podemos hacer una distinción entre dos clases de fenómenos: los estados de ánimo y las emociones. Esto parece ser, a veces, una distinción muy sutil puesto que en algunos casos es difícil separar los unos de las otras.

Cada vez que experimentamos una interrupción en el fluir de la vida se producen emociones. A éstas, por lo tanto, las asociamos con los quiebres —esto es, con interrupciones en nuestra transparencia. Al actuar, siempre lo hacemos dentro de un determinado espacio de posibilidades. Cuando un suceso nos conduce a modificar significativamente las fronteras de ese espacio de posibilidades, cuando nos vemos conducidos a variar nuestro juicio de lo que podemos esperar en el futuro, hablamos de un quiebre.

Un quiebre siempre implica un cambio en nuestro espacio de posibilidades. Lo que antes creíamos posible puede no serlo ya, y lo que antes suponíamos improbable o incluso imposible puede tornarse probable o posible repentinamente. Cada vez que juzgamos que nuestro espacio de posibilidades ha cambiado, sea positiva o negativamente, estamos enfrentando un quiebre.

Tomemos un ejemplo. Cuando estamos conduciendo un auto, suponemos que hay ciertas acciones que están dentro del margen normal de posibilidades. Las luces del semáforo pueden cambiar de verde a rojo; el auto se detiene si apretamos el freno; hacemos andar el auto al efectuar un cambio de marcha y acelerar, etcétera. Esto es lo que llamamos el flujo normal de conducir, y a menudo lo hacemos de manera transparente, sin prestarle casi atención. Todas estas acciones están plenamente contempladas cuando manejamos un auto, y no existen cambios emocionales asociados a ellas.

Imaginémonos ahora que, al observar que la luz del semáforo cambia a rojo, apretamos el freno y el auto no se detiene. Si esto sucede diríamos que se interrumpió el flujo normal del conducir. Lo que era posible en el curso normal de los acontecimientos se ha quebrado y ha surgido un nuevo espacio de posibilidades. Si el auto no se detiene cuando apretamos el freno, aparece la posibilidad de un accidente. Cada vez que hay un cambio dentro de nuestro espacio de posibilidades, se generan emociones.

Tomemos otro ejemplo. Un cliente nos llama para informarnos que han aceptado nuestra oferta y que firmarán un contrato que consideramos muy importante para el futuro de la empresa. Este hecho hace que nuestro horizonte de posibilidades cambie. El futuro que tenemos por delante es ahora diferente. Nuevas emociones nos embargan —felicidad, optimismo, excitación, etcétera.

La emoción, por lo tanto, es una distinción que hacemos en el lenguaje para referirnos al cambio en nuestro espacio de posibilidades a raíz de determinados acontecimientos (sucesos, eventos o acciones). Cuando hablamos de emociones, por lo tanto, podemos señalar las circunstancias particulares que las generan. Podemos identificar los acontecimientos que gatillan las emociones. Si esos acontecimientos desaparecen, normalmente las emociones que los acompañaban también desaparecerán. Las emociones son específicas y reactivas. Los acontecimientos las preceden. Al referirnos a las emociones, a menudo estamos observando la forma en que la acción (o determinados eventos) modifican nuestro horizonte de posibilidades.

La relación entre un acontecimiento y la emoción no deja de tener importancia. A menudo relato el ejemplo que nos entregaba el filósofo Michael Graves para ilustrar esta relación entre la singularidad de un acontecimiento y la emoción. Graves se imaginaba a alguien que sale un determinado día a caminar por la montaña. Mientras camina, observa la naturaleza, se detiene a mirar los árboles, a escuchar el cantar de los pájaros. A lo lejos, escucha también el ruido de un río que corre entre unas rocas. A no mucho andar, en la transparencia del fluir de su recorrido, se pone a pensar en un posible proyecto susceptible de ser emprendido en los próximos días. Se siente contento, optimista; el proyecto lo excita; piensa que al concluirlo, podrá abrir puertas que hasta ahora ha tenido cerradas. Sonríe. En eso percibe una culebra que se desliza en dirección a él, en la mitad del sendero, a pocos metros de donde se encuentra. Súbitamente esa percepción lo lleva a una experiencia diferente. Está asustado, el corazón le palpita más aceleradamente; se pregunta si tendrá suficiente espacio para esquivar la culebra o si le convendrá retornar. El espacio de posibilidades en el que se encuentra ahora es otro. La emoción del miedo se ha apoderado de él.

En el ejemplo de Graves, la emoción del miedo fue desencadenada por la percepción de la culebra. Un evento gatilló esa emoción. Recuerdo que, comentando el ejemplo de Graves con Renato Orellana, éste me indicaba, «Esto implica que si queremos entender una determinada emoción, es importante remitirla al acontecimiento desencadenante. Es preciso, volviendo al ejemplo de Graves, «buscar la culebra». Al identificarla, sabremos que si queremos evitar la repetición de esa emoción, tendremos que «sacar culebras del camino» y si queremos que esa experiencia emotiva se repita, habrá que asegurarse de colocarlas en él». El reconocimiento, al hablar de emociones, entre la emoción y el acontecimiento nos permite no sólo una determinada interpretación de los fenómenos emotivos, sino también posibilidades concretas de acción.

En efecto. Si nos preocupa, por ejemplo, el hecho de que alguien se suele poner frecuentemente de mal humor, cabe que nos preguntemos por el acontecimiento o tipo de acontecimientos que producen este cambio emocional. Al identificarlo, abrimos con ello un espacio de diseño. Ahora podemos intervenir no sólo en los factores que nos permiten intervenir en el mal humor desencadenado, sino también en la ocurrencia del tipo de evento que lo desencadena.

Los estados de ánimo son una distinción muy diferentes de la distinción de emociones. Cuando hablamos de estados de ánimo, nos referimos a una emocionalidad que no remite necesariamente a condiciones específicas y que, por lo tanto, normalmente no los podemos relacionar con acontecimientos determinados. **Los estados de ánimo viven en el trasfondo desde el cual actuamos.** Ellos se refieren a esos estados emocionales desde los cuales se realizan las acciones.

Como toda emocionalidad y, por lo tanto, al igual que con las emociones, los estados de ánimo también están asociados a un horizonte de posibilidades, a un espacio de acciones posibles. Sin embargo, en los estados de ánimo la relación entre posibilidades y acción se revierte. Hemos dicho que las emociones tienen que ver con la forma en que la acción modifica nuestro horizonte de posibilidades. Con los estados de ánimo, por el contrario, nos ocupamos de la forma en que el horizonte de posibilidades en el que nos encontramos, correspondiente al estado de ánimo en cuestión, condiciona nuestras acciones.

Independientemente del lugar donde nos encontremos y de lo que hagamos, los seres humanos siempre estamos en algún estado de ánimo que, comúnmente, no elegimos ni controlamos —simplemente nos encontramos en él. Una vez que estamos en un determinado estado de ánimo, nos comportamos dentro de los parámetros que tal estado de ánimo especifica en nosotros.

En la medida en que la emocionalidad condiciona el actuar, condiciona igualmente la manera como somos mientras estamos en él. En este sentido, no podemos decir solamente que tenemos estados de ánimo; también es verdad que nuestros estados de ánimo nos tienen a nosotros —estamos poseídos por nuestros estados de ánimo. Nos convertimos en nuestros estados de ánimo. Los estados de ánimo normalmente se adelantan a nosotros. Cuando los observamos, ya estamos sumergidos en ellos.

Nuestro lenguaje, la forma en que hablamos sobre nuestros estados de ánimo, a menudo esconde el hecho de que estamos poseídos por ellos. Normalmente decimos, «Me siento feliz» o «Estoy confundido». Al hablar de esta forma implicamos que el estado de felicidad o confusión es producido por el «Yo». Que el «Yo» es quien siente la felicidad. El «Yo» toma precedencia. No nos damos cuenta de que lo cierto es precisamente lo contrario. Es el estado de ánimo el que siente, es el estado de ánimo el que está constituyendo el «Yo» en su forma presente de ser.

¿Significa esto que no hay nada que podamos hacer respecto a nuestros estados de ánimo? ¿Debemos resignarnos a los estados de ánimo que nos poseen? De ningún modo. Postulamos que al cambiar el observador de estados de ánimo que somos, abrimos posibilidades de acción que normalmente permanecen escondidas al observador que se limita por el sentido común. El ser capaces de observar los estados de ánimo en cuanto tales, nos permite intervenir en su diseño. Una de las metas de este trabajo es generar en el lector un nuevo observador de estados de ánimo y desarrollar su capacidad para intervenir en los estados de ánimo en los que nos encontramos inmersos y diseñar las acciones capaces de cambiarlos.

Existe una estrecha relación entre emociones y estados de ánimo. Por un lado, lo que empezó como una emoción ligada a un determinado acontecimiento, puede a menudo convertirse en un estado de ánimo si permanece con la persona el tiempo suficiente y se traslada al trasfondo desde el cual ella actúa. Esto pasa normalmente con los acontecimientos importantes. Por ejemplo, cuando iniciamos un romance o cuando fallece alguien cercano a nosotros. Estas experiencias nos colocan en una emocionalidad o espacio de posibilidades que se manifestará en el conjunto de nuestro actuar: en la casa, en la oficina, con los amigos, etcétera.

Por otra parte, además de las diferencias indicadas arriba, los estados de ánimo y las emociones son fenómenos muy similares y nos permiten reconstruirlos en la misma forma. La mayor parte de lo que vamos a decir a continuación puede ser aplicado tanto a los estados de ánimo como a las emociones. Sin embargo, para simplificar nuestra investigación, nos vamos a concentrar en los estados de ánimo. Dejamos al lector la tarea de extraer conclusiones para aplicar este análisis a las emociones.

Los estados de ánimo son constitutivos de la existencia humana

Los seres humanos, dondequiera que estén, dondequiera que habiten, están siempre inmersos en determinados estados de ánimo. No hay forma en que podamos evitar encontrarnos en alguno y mirar la vida desde fuera de algún tipo de estado emocional, cualquiera que éste sea. Los estados de ánimo son constitutivos de la existencia humana. Simplemente no se puede concebir la existencia humana sin aceptar que estamos, inevitablemente, en algún tipo de estado de ánimo. Los estados de ánimo son un hecho de la vida y los encontramos por doquier.

Diferentes lugares parecieran tener diferentes estados de ánimo. Cada ciudad va acompañada del suyo. Podemos hablar acerca del estado de ánimo de San Francisco, Madrid, Ciudad de México, Buenos Aires, Santiago, etcétera. Con sólo nombrar estas ciudades evocamos su estado de ánimo. Son todos muy diferentes. Lo mismo pasa con los países. Podemos hablar de un estado de ánimo italiano, alemán, ruso, etcétera. Son todos muy distintos. Los países tropicales tienen un estado de ánimo muy diferente de, por ejemplo, los países nórdicos. Los ciclos climáticos también provocan estados de ánimo diferentes, ya que asociamos posibilidades distintas a cada uno de ellos. Las estaciones producen distintos estados de ánimo. La gente tiende a estar de diferente humor en primavera y en invierno. Los días de la semana provocan diferentes estados de ánimo. El humor de las personas los lunes es comúnmente muy diferente al de los viernes o los domingos. En las diferentes horas del día nos encontramos de diferente humor. Nuestro humor de las mañanas no es el mismo que el de las tardes; por lo demás sabemos que hay «madrugadores» y «noctámbulos».

También se asocian las diferentes edades a diferentes estados de ánimo. Los adolescentes tienen estados de ánimo muy distintos a los de las personas de edad. Finalmente, también podemos hablar de los estados de ánimo de los diferentes períodos históricos. Sabemos, por ejemplo, que «el estado de ánimo de los años sesenta» era muy distinto del «estado de ánimo de los ochenta».

Estados de ánimo y acción

¿Qué clase de fenómenos son los estados de ánimo? Hemos dicho que cada estado de ánimo (y lo mismo puede decirse sobre las emociones) especifica un espacio de posibilidades. Y cuando hablamos de posibilidades nos referimos al espacio del acontecer y, por tanto, al espacio dentro del cual actuamos. **Un estado de ánimo, en consecuencia, define un espacio de acciones posibles.**

Maturana sostiene que las emociones y los estados de ánimo son **predisposiciones para la acción**. La forma como un observador distingue los estados de ánimo de otros seres vivos, en la medida en que no participa de la experiencia asociada con su vivencia, es emitiendo un juicio sobre el comportamiento de tales seres vivos y, en particular, sobre lo que tal comportamiento define en términos de las acciones posibles de ser ejecutadas desde él.

Tomemos un ejemplo. Al observar un perro decimos: «Este perro esta enojado.» Al decir aquello estamos haciendo un juicio sobre el perro a través del cual caracterizamos su comportamiento y definimos lo que es posible esperar en términos de las acciones que el perro podría ejecutar estando en el estado en el que se encuentra. El enojo, por lo tanto, implica una observación de comportamiento, un juicio sobre él y un presupuesto de coherencia entre el comportamiento observado y el comportamiento esperado a partir del anterior. Es así como hablamos de las emociones ajenas.

Como podemos apreciar, este enfoque para abordar la emocionalidad es fuertemente conductivista. Nada decimos sobre lo que pueda sentir el perro al encontrarse en el estado emocional que distinguimos como enojo. Nada decimos, por lo tanto, sobre la experiencia del propio enojo para el perro. Nada decimos y nada podemos decir tampoco por cuanto la experiencia de la propia emoción no sólo no es observable cuando observamos al perro; en medida importante tampoco es comunicable. Ello no niega la experiencia en cuestión, ni su importancia para quien la vive, pero nos advierte de aquello sobre lo que no podemos hablar con sentido.

Lo que hemos reconocido en el ejemplo del perro es igualmente válido para los seres humanos. Hay, sin embargo, una diferencia importante. Aunque nuestras experiencias emocionales personales son, en último término, igualmente incomunicables por sí mismas, por compartir los seres humanos una forma genérica de ser, presuponemos que cuando distinguimos emociones equivalentes (por estricta referencia al espacio de acciones posibles que ellas especifican) la experiencia personal de tal estado emocional es también equivalente.

Pero, ¿quién nos asegura que es lo mismo? ¿Es la experiencia de la emoción del amor que «siente» Romeo hacia Julieta, la misma que «siente» Julieta hacia Romeo?

Y, es más, ¿es la experiencia del amor que observamos en otras parejas equivalente a la experiencia del amor que puedan haber «sentido» Romeo o Julieta? ¿Es la culpa que «siente» Raskolnikov equivalente a la culpa que «siente» cualquier otra persona? En cuanto sentimiento, en cuanto experiencia personal de vivir la emoción, no lo sabemos. Sólo al nivel de comportamientos que son conducentes o inconducentes a otras formas de comportamiento podemos especificar con rigor el dominio fenoménico de la emocionalidad.

Desde esta perspectiva, en la medida en que aceptamos que no observamos en otros sus sentimientos personales, como asimismo que podemos comunicar plenamente los nuestros, al hablar de emociones y de estados de ánimo estamos introduciendo un lenguaje para hablar de la acción y, muy particularmente, del espacio de posibilidades especificado por las acciones que observamos. Hablar de emocionalidad, por lo tanto, implica hacer distinciones sobre el ámbito de lo posible asociado a la acción. La rabia, el amor, la culpa, más que referirse a lo que sentimos, aluden a espacio de posibilidades en el que nos encontramos en nuestro desenvolvimiento en la vida.

Por lo tanto, sin negar nuestra capacidad de atribuir emocionalidad a nuestro entorno, al tiempo y al espacio, lo que estamos haciendo es especificar el juicio de posibilidad que realiza un determinado observador. El jueves no tiene una emocionalidad diferente del viernes. Es siempre el observador quien establece una distinción entre jueves y viernes (jueves y viernes no existen por sí mismos independientemente de un observador que los distingue como tales) y quien asocia a tal distinción un espacio de posibilidades diferentes dentro de una determinada comunidad, quien se relaciona con estos dos días en función de las posibilidades que les atribuye. **La emoción pertenece al observador**, aunque este observador pueda estar haciendo un juicio sobre las observaciones que otro observador pueda estar haciendo, al observar su comportamiento.

Recapitulando, podemos sostener que dependiendo del estado de ánimo en que nos encontremos, ciertas acciones son posibles y otras no —algunas posibilidades están abiertas y otras están cerradas. Esto es lo central de lo que constituye a las emociones y los estados de ánimo. Si estamos predispuestos a la desconfianza, se estrechan las posibilidades de coordinar nuestras acciones con las de alguien. En un estado de entusiasmo, se amplía nuestro horizonte de acciones posibles en el futuro.

Desde la más temprana infancia aprendemos de esta conexión entre estados emocionales y acción. Cuando éramos niños, aprendimos muy rápidamente a verificar el estado de ánimo en que se encontraban nuestros padres antes de pedirles algo o de darles la noticia sobre esa mala nota obtenida en la escuela. Si estimábamos que nuestros padres estaban de mal humor, por ejemplo, postergábamos el momento en que les contaríamos que habíamos derramado tinta en la cama o postergábamos el pedirles permiso para ir a esquiar el próximo fin de semana. Al hacer esto, reconocíamos que las acciones que seguirían como consecuencia de entablar esa conversación con ellos serían muy diferentes según el estado de ánimo en que se encontrasen.

Los estados de ánimo no sólo condicionan las acciones posibles o no posibles de realizar. También condicionan la forma en que efectuaremos esas acciones. Los deportistas saben esto muy bien. Sus estados de ánimo determinan su desempeño y ellos saben que si los cambian, pueden cambiar también lo que podrían lograr. Cuando queremos coordinar una acción con otra persona debemos preguntarnos si el estado de ánimo de esa persona es conducente o no a la proyectada acción. Si juzgamos que su estado de ánimo no es el adecuado, quizás necesitaremos actuar en forma diferente a lo que habíamos planeado, tal vez cambiando nuestros actos por otros que, a nuestro juicio, serían conducentes a cambiar su estado de ánimo. En vez de tener una conversación para coordinar acciones, quizás tendremos una conversación de acciones posibles, o una conversación para posibles conversaciones.

Cuando conversamos es importante asegurarse de que el estado de ánimo de la conversación sea el adecuado para lograr lo que se espera que esa conversación produzca. El estado de ánimo predominante no sólo determinará qué se podría lograr de esa conversación, sino, a un nivel más básico, va a condicionar la forma en que las personas escuchen lo que se dice. Esto es particularmente importante para las conversaciones en que deseamos despertar el interés del otro por aquello que ofrecemos (por ejemplo, conversaciones de ventas, negociaciones, proposiciones de amor o comerciales, etcétera).

Como los estados de ánimo definen un espacio de acciones posibles, se abren inmediatamente dos dimensiones. La primera es que los estados de ánimo especifican un futuro posible y, la segunda, que ellos generan un determinado mundo. Examinémoslas en este orden.

Nuestros estados de ánimo son como lentes a través de los cuales observamos el futuro. Los diferentes estados de ánimo son diferentes aperturas hacia el futuro. Si sucede que estamos de buen ánimo, el futuro se verá brillante. Si estamos de mal ánimo, el futuro se verá oscuro. ¿No nos ha sucedido a menudo que nos damos cuenta de cómo nos cambia el futuro simplemente porque atravesamos por un cambio diario de estado de ánimo?

Del mismo modo, nuestros estados de ánimo conforman el mundo en que vivimos. Tal como hemos insistido anteriormente, los seres humanos no se relacionan con su entorno natural y social tal como éste es, objetivamente. No sabemos cómo éste es «realmente», sólo sabemos cómo es para nosotros, según nuestras inquietudes y el estado de ánimo en que estemos. Cada estado de ánimo trae consigo un mundo propio. Cuando Candide, de Voltaire dice: «Todo es para mejor en el mejor de los mundos posibles», todavía no sabemos exactamente cómo era ese mundo. Pero definitivamente sabemos en qué estado de ánimo se encontraba. Sabemos cuan amplio debe haberse visto el horizonte de sus posibilidades.

Uno de los problemas que enfrentamos es que los estados de ánimo son a menudo transparentes para nosotros. No los notamos y, por lo tanto, juzgamos que lo que pertenece a nuestros estados de ánimo es propiedad de nuestro mundo. Normalmente suponemos que el mundo «es» tal cual lo observamos, sin detenernos a examinar el papel que juega el observador en aquello que observa. Si sucede que estamos de mal ánimo, juzgamos que todo lo que nos rodea «es» negativo. Si estamos de buen ánimo, todo «es» positivo. Normalmente no nos damos cuenta de que estas características positivas y negativas no pertenecen al mundo mismo, como algo separado de nosotros, sino al observador que somos, según el estado de ánimo en que nos encontremos.

No estamos insinuando que, puesto que somos nosotros los que coloreamos el mundo con tonalidades positivas y negativas, la forma en que éste se muestra sea independiente del acontecer del mundo o simplemente irrelevante. Muy a menudo puede ser muy comprensible que veamos el mundo en términos negativos o positivos. Si logramos un ascenso o un aumento de sueldo, es muy razonable que nuestro estado de ánimo sea optimista. Estamos ampliando nuestras posibilidades futuras y nuestro mundo se ve más brillante. Pero aun en esas circunstancias, es importante admitir que nuestro mundo reside en el estado de ánimo en que estemos. Si cambia el estado de ánimo, el mundo también cambiará con él.

Dos dominios complementarios de observación de los estados de ánimo

Hemos sostenido que la existencia humana reconoce tres dominios primarios: los dominios del cuerpo, de la emocionalidad y del lenguaje. Hemos dicho que éstos representan dominios fenoménicos irreductibles, en el sentido de que los fenómenos que corresponden a cada uno no permiten su reducción a un dominio diferente sin que ello implique la disolución del fenómeno del que se procura dar cuenta. Hemos postulado también que, a pesar del carácter irreductible de estos tres dominios, ellos mantienen entre sí relaciones de coherencia y que, en razón de ello, cabe la posibilidad de reconstruir los fenómenos de un dominio en términos de los fenómenos de cualquiera de los otros dos, como, asimismo, cabe también la posibilidad de intervenir indirectamente en un dominio particular, al intervenir en los otros.

Esto significa, por lo tanto, que podemos observar los fenómenos emocionales y actuar sobre ellos, desde los dominios del cuerpo y del lenguaje. Esto es lo que examinaremos a continuación. Iniciaremos nuestra indagación a partir del dominio primario del cuerpo. Lo haremos, sin embargo, estableciendo una distinción entre dos subdominios diferentes al interior del dominio del cuerpo. Hablaremos, por un lado, del dominio de la biología y, por otro lado, del dominio de la corporalidad.

Clarifiquemos la distinción que estamos haciendo entre estos dos subdominios en que dividimos el dominio del cuerpo: la biología y la corporalidad. Llamamos biología al dominio de los componentes y relaciones que constituyen nuestra estructura biológica. La manera en que estamos usando la distinción biología se refiere a la forma en que nuestros diferentes componentes (biológicos) se comportan y se relacionan entre sí para producir la unidad biológica que somos. Lo que está en juego aquí es el **comportamiento de nuestros componentes biológicos.** Cuando hablamos de biología, por lo tanto, estamos señalando lo que sucede a nivel de los sistemas nervioso, digestivo, circulatorio, etcétera; estamos examinando, por ejemplo, diferentes condiciones hormonales o diferentes configuraciones genéticas.

Cuando hablamos de la corporalidad, estamos en otro dominio de observación. Lo que está en juego aquí es **el comportamiento físico de un individuo (de la unidad biológica como un todo),** la forma en que esta unidad se sitúa físicamente en su entorno y las relaciones físicas que establece con las entidades que constituyen ese entorno. Estamos usando la distinción de la corporalidad para referirnos a nuestra forma de gesticular, nuestras posturas corporales, la forma en que un individuo se mueve en su entorno, etcétera.

Los dominios de la biología y de la corporalidad están relacionados. Lo que pasa a nivel biológico condiciona lo que ocurre a nivel corporal y viceversa. Pero, a pesar de su interconexión, siguen siendo dominios de observación diferentes y utilizamos diferentes conjuntos de distinciones para referirnos a ellos.

Observando los estados de ánimo desde el subdominio de la biología

Debemos admitir que lo que llamaríamos la biología de los estados de ánimo está en pañales y muchos de nuestros conocimientos podrían cambiar al surgir nuevos descubrimientos. Sin embargo, informes de investigaciones recientes[1] sugieren, por ejemplo, que existe un nexo muy fuerte entre la conformación del cerebro y la actividad de los lóbulos frontales, y las emociones y estados de ánimo de las personas.

Específicamente, los resultados muestran que las personas que tienen mayor actividad en el área frontal izquierda del cerebro que en la derecha, tienden a tener un carácter más positivo y optimista. Por ejemplo, reaccionan más alegremente frente a personas y situaciones. Por otra parte, las personas que tienen más actividad en la corteza frontal derecha, rehuyen los encuentros con otras personas y se afectan negativamente con mucha facilidad frente a las dificultades.

Se ha informado que son muchas las situaciones que causan felicidad a quienes pertenecen al primer grupo y estos son normalmente seres sociables y chispeantes. Tienen un fuerte sentido de autoconfianza y se ven a sí mismos como involucrados con el mundo en forma gratificante. Su melancólica contraparte, prosigue el informe, ve el mundo como plagado de dificultades, tensiones y amenazas. Fácilmente sospechan de la gente y se consideran incapaces de manejar bien su mundo. Tienden a ver catástrofes en las cosas más pequeñas.

---

[1] w York Times, 12 de febrero de 1991.

El Dr. Richard Davidson, de la Universidad de Wisconsin, ha encontrado este tipo de conformación cerebral en niños de apenas 10 meses. Estas conformaciones permitieron predecir cuales niños de 10 meses llorarían cuando sus madres abandonaran la habitación por un minuto. La investigación mostró que todos los niños que lloraron tenían una actividad frontal derecha aumentada. Los que no lloraron tenían más actividad en el lado izquierdo.

Otros métodos de investigación han demostrado que pacientes a los cuales se les ha extirpado quirúrgicamente el lóbulo frontal derecho, han registrado cambios significativos de personalidad después de haberles practicado la operación quirúrgica. Ellos se tornan más afectuosos y les molestan menos los acontecimientos negativos. Estos descubrimientos son coherentes con el planteamiento del neurosicólogo ruso A.R. Luria. Este observó que la actividad del lóbulo frontal izquierdo contribuye a detener una emoción desagradable una vez que ésta se ha iniciado. Un daño a ciertas áreas de esta zona, observó, hace que los pacientes queden más proclives a obsesionarse con acontecimientos perturbadores.

Esto no significa, sin embargo, que haya una sola dirección causal entre conformación cerebral y estados emocionales. No significa que nuestra conformación cerebral sea el determinante de nuestros patrones emocionales. También es posible cambiar nuestra conformación cerebral interviniendo a nivel de nuestras emociones y estados de ánimo. «Si uno aprende a controlar mejor sus sentimientos negativos», dice el Dr. Davidson, «podría ocurrir que también haya aprendido a activar el lóbulo frontal izquierdo».

La manera en que la biología se relaciona con nuestros estados de ánimo va más allá de esta relación entre conformación del cerebro y estados emocionales. Por una parte, sabemos que muchas otras alteraciones biológicas, además de los patrones de nuestros lóbulos frontales, pueden producir cambios emocionales. Los desequilibrios hormonales a menudo producen cambios de estados de ánimo y estos cambios pueden a su vez modificarse a través de medicamentos químicos. Esto ha sido bien documentado en casos de depresión. Las drogas son un buen ejemplo de cómo las personas afectan sus estados emocionales al producir una perturbación química en su estructura biológica.

Por otra parte, también sabemos que un cambio en nuestro estado emocional produce modificaciones biológicas. Un cambio en nuestro estado de ánimo puede provocar latidos del corazón más lentos o más rápidos, que el nivel de adrenalina en nuestra sangre sea más alto o más bajo, sudor, fatiga, dolor de estómago, etcétera. Una investigación experimental reciente ha comprobado que el estado de ánimo de un paciente es un factor importante de su capacidad de recuperación para un amplio espectro de enfermedades (jaquecas graves, cáncer, enfermedades cardíacas, stress, desórdenes nerviosos, etcétera).[2]

Observando los estados de ánimo desde el subdominio de la corporalidad

Todos podemos admitir que siempre estamos en una u otra postura física (de hecho, no podemos evitarlo). Esta postura física se relaciona con el estado emocional en que nos encontramos. La conexión entre nuestras posturas corporales y nuestra vida emocional es tan fuerte que podemos darnos cuenta del estado de ánimo de una persona por el mero hecho de observar la postura de su cuerpo. También podemos predecir las posturas físicas que adoptarán las personas si sabemos en qué estado emocional se encuentran.

Podemos decir que alguien se encuentra excitado o defraudado observando la forma en que cruza una habitación, la forma en que está sentado o parado. Las artes visuales utilizan esta conexión permitiéndonos observar los estados de ánimo de las personas a partir de sus

---

[2] Norman Cousins en su libro Head First escribe sobre cuan eficaz puede ser el estado de ánimo para ayudar a la recuperación en enfermos de cáncer.

posturas corporales. Al mirar, por ejemplo, «El Pensador» de Rodin podemos descubrir su estado de ánimo. Asimismo, cuando observamos «La Pietá» de Miguel Angel podemos describir el estado de ánimo de María. Los retratos de Goya son un excelente ejemplo de lo que señalamos pues nos revelan magistralmente cuanto nos dice la corporalidad sobre los estados emocionales de los seres humanos. Los actores también sacan provecho de la conexión entre posturas corporales y estados de ánimo. Pensemos en Greta Garbo, Humphrey Bogart o James Dean. La forma en que cada uno se movía, o «sus posturas», daban vida a distintos estados de ánimo.

Cuando cambian nuestros estados de ánimo, comúnmente también lo hacen nuestras posturas corporales. Lo interesante es que muchas veces, cambiando nuestra postura corporal podemos también cambiar nuestro estado de ánimo. Un ejemplo claro de esto es el efecto del ejercicio físico (salir a caminar, trotar, jugar tenis) u otras prácticas físicas, como el bailar o el yoga, sobre nuestro estado de ánimo.

En un nuevo estudio[3], el Dr. Richard Davidson, y el Dr. Paul Ekman, de la Universidad de California, en San Francisco, muestran la relación existente entre determinadas formas de sonreír, la actividad cerebral y la emocionalidad correspondiente. De dieciocho tipos de sonrisas diferentes, una de ellas, la llamada «sonrisa Duchenne» —por el neurólogo francés del siglo XIX Benjamin Amand Duchenne— logra activar la región izquierda anterior de la corteza cerebral, a la vez que produce sensaciones de alegría y deleite. La «sonrisa Duchenne» se caracteriza por comprometer dos importantes músculos de la cara: el Zygomaticus mayor, que va de las mejillas a la esquina de los labios, y el Orbicularis oculi, que está alrededor de los ojos.

Lo que los investigadores descubrieron es que cuando se les solicitaba a los sujetos de su experimento que sonrieran comprometiendo estos dos músculos, se pro-

---

[3] Ver The New York Times, 26 de octubre de 1993.

ducía la mencionada activación en la corteza cerebral y generaban la sensación de la alegría. Por lo tanto, al intervenir al nivel de la corporalidad, intervenían indirectamente al nivel tanto de la biología, como al nivel de la emocionalidad.

En un estudio diferente, complementario del anterior, el Dr. Davidson señala, refiriéndose a una mujer, sujeto en dicho estudio, que «cuando se le pedía que pusiera sus músculos faciales en expresión de tristeza, ella rompía en llanto».

Nuestras posturas físicas no son inocentes. Cada vez que adoptamos una cierta postura física delatamos una forma particular de ser, la forma en que nos ubicamos en el mundo —la forma en que nos paramos y movemos en el mundo, denota la forma en que enfrentamos el mundo. Si se desea cambiar la posición en la vida es necesario cambiar también nuestras posturas físicas.

Los estados de ánimo y el lenguaje

Será, sin embargo, la conexión entre estados de ánimo y el lenguaje lo que se enfatizará en este trabajo. Decimos que, dependiendo del estado de ánimo en que nos encontremos, nuestras conversaciones son diferentes —hablamos y escuchamos en forma diferente. Esto nos permite descubrir el estado de ánimo en que se encuentran las personas, examinando sus conversaciones. Cada conversación trae con ella su propio estado de ánimo. Las conversaciones tampoco son emocionalmente inocentes. El biólogo Humberto Maturana sostiene que las conversaciones no son sólo un fenómeno lingüístico. Una conversación es siempre una combinación de dos factores básicos —lenguaje y emociones.

Sostenemos que estos dos factores no son independientes entre sí. Para entablar una conversación, el lenguaje y las emociones deben estar equilibrados. Existe un principio básico de coherencia entre ellos. No podemos seleccionar al azar una secuencia de actos lingüísticos y agregar a ellos, también al azar, cualquier emoción que encontremos a la mano. El lenguaje y los estados emocionales están estrechamente relacionados entre sí.

Todos sabemos cómo cambia nuestro estado de ánimo cuando alguien nos da una buena o mala noticia. Todos hemos experimentado un cambio de estado de ánimo a raíz de que nos han aceptado una proposición comercial o nos han rehusado una petición importante. Todos sabemos también que podemos producir diferentes estados de ánimo en las personas al hablarles de un mismo tema en formas diferentes. Todos los días tenemos múltiples experiencias en las cuales observamos cómo lo que decimos puede influir en el estado de ánimo de la gente. La existencia de esta relación entre lenguaje y emociones no es un asunto trivial. Por el contrario, es debido a que esta relación existe que surge la más interesante posibilidad de intervenir en el diseño de nuestros estados de ánimo. Es aquí donde la capacidad de lograr maestría en dar forma a los estados de ánimo nuestros y de los demás alcanza su punto máximo.

¿Qué ganamos con esta relación? Dos cosas importantes. En primer lugar, nos permite ejecutar **una reconstrucción lingüística de nuestros estados de ánimo y emociones.** Ahora podemos traducir nuestros estados emocionales en una estructura lingüística. Generamos un lenguaje de emociones y estados de ánimo. Sostenemos que, independientemente de su soporte biológico y corporal, los estados de ánimo pueden ser presentados y reconstruidos en términos lingüísticos.

En segundo lugar, desarrollamos **dos dominios de acción y diseño.** Podemos ahora intervenir en el dominio de nuestros estados emocionales por medio de la acción a nivel del lenguaje y, a la inversa, podemos intervenir a nivel de nuestros actos lingüísticos cambiando nuestros estados emocionales. Al combinar estos dos dominios de acción, podemos, entonces, diseñar secuencias completas de intervenciones en las cuales el lenguaje y las emociones se van a modificar entre sí.

Los grandes seductores, operen éstos en el ambito del amor, la política, las ventas, la religión, la pedagogía, etcétera, son todas personas que saben del poder del lenguaje para modificar las emociones y, en consecuencia, para redefinir lo posible. Saben que todo intercambio lingüístico opera dentro de un contexto emocional que condiciona le eficacia de la comunicación, como saben también que cualquiera sea el contexto emocional original, éste puede ser transformado como resultado de la misma comunicación. Lo que era posible en el momento de iniciarse una conversación no es necesariamente lo mismo al momento de terminar la conversación.

Es sorprendente observar cuan poca atención se presta comúnmente a la conexión entre el lenguaje y estados de ánimo en la conversación. Sabemos que nuestra comunicación con otros se ve afectada por el estado de ánimo que existía antes de iniciar la conversación y por el estado de ánimo que la misma conversación genera, pero, normalmente, no hacemos mucho al respecto. Demasiado a menudo nos movemos en este campo con torpeza, como si estuviéramos con los ojos tapados y no nos hacemos responsables de los estados de ánimo que creamos. Generalmente estamos muy lejos de percibir que nuestras conversaciones pueden ser una herramienta fundamental para cambiar los estados de ánimo de otras personas y que el hacerlo abre nuevos dominios de acción. Nos convertimos en víctimas pasivas, tanto de los estados de ánimo preexistentes como de aquellos que producimos.

Hacia una reconstrucción lingüística de los estados de ánimo

Habiendo examinado el tipo de fenómenos que son los estados de ánimo, nos damos cuenta de que juegan, en un dominio diferente, un papel equivalente al que juegan esos actos lingüísticos que hemos llamado juicios. Los juicios, como sabemos, también definen un espacio de acciones posibles. También especifican un futuro posible y también colorean, como lo hacen los estados de ánimo, el mundo en que vivimos.

Es este nexo entre estados de ánimo y juicios el que sirve para asegurar la relación de coherencia entre emocionalidad y lenguaje, y es también el que abre la posibilidad de una reconstrucción lingüística de los primeros. Cuando emitimos un juicio nos relacionamos con lo que estamos juzgando desde el punto de vista de nuestras inquietudes y lo formulamos en términos de las posibilidades que abre o cierra para nosotros. Los juicios especifican el mundo en que vivimos y nuestro horizonte de posibilidades futuras en la misma forma en que lo hacen los estados de ánimo. Esto constituye la base para la reconstrucción lingüística de los estados de ánimo.

Ahora podemos tratar los estados de ánimo como juicios automáticos del mundo (y de las posibilidades futuras que ese mundo nos trae). Los llamamos automáticos porque sabemos que no se trata de juicios que emitamos. De hecho, normalmente no los hacemos. Los estados de ánimo anteceden a la acción; están ya allí cuando vamos a actuar. Nos encontramos inmersos en ellos. En consecuencia, cuando hablamos de los estados de ánimo como juicios automáticos del mundo, no estamos haciendo una descripción de lo que son los estados de ánimo sino que estamos haciendo una reconstrucción lingüística, esto es, una traducción del fenómeno de los estados de ánimo en un código lingüístico.

Tomemos algunos ejemplos. Si estamos en el estado de ánimo del entusiasmo, podemos reconstruir este estado de ánimo como el juicio que emitimos cuando decimos, «¡Esto es entusiasmante!». Se trata de un juicio que podemos articular —al igual que con cualquier juicio— como «una estructura lingüística subyacente» acerca del mundo. Cuando formulamos el juicio, «¡Esto es entusiasmante!» la estructura subyacente implica básicamente los siguientes dos actos lingüísticos:

— *yo afirmo que X está sucediendo*
— *yo juzgo que X va a ampliar mis posibilidades en el futuro*

Esta misma estructura es una reconstrucción lingüística válida para el estado de ánimo del entusiasmo. Por lo tanto, el entusiasmo es el estado de ánimo que puede ser lingüísticamente reconstruido como la estructura lingüística subyacente cuando emitimos el juicio de que algo es entusiasmante. La manera de nombrar nuestros estados de ánimo no es arbitraria. Crea inmediatamente la conexión entre estados de ánimo y juicios, haciendo posible esta reconstrucción lingüística. ¿Necesitamos algo más para reconstruir lingüísticamente el estado de ánimo del entusiasmo? Decimos que no. Esta estructura da cuenta de él en su totalidad. En realidad, cuando juntamos estos dos actos lingüísticos generamos el estado de ánimo del entusiasmo. Lo que es interesante en esta estructura lingüística es que nos ofrece las pautas básicas para generar o disolver un estado de entusiasmo. Si deseamos generarlo debemos asegurarnos de que se produzcan estos dos actos lingüísticos. Si queremos disolverlos, debemos asegurarnos de que esos juicios no se emitirán.

Ahora, si, por el contrario, nos encontramos en el estado de ánimo del aburrimiento, podemos observar la conversación subyacente implícita en el juicio, «¡Esto es aburrido!». El estado de ánimo de aburrimiento puede entonces ser reconstruido como la estructura lingüística subyacente correspondiente a este juicio. En el caso del aburrimiento, la estructura es la siguiente:

— *yo afirmo que X está sucediendo*
— *yo juzgo que X no va a abrir ni cerrar posibilidad alguna para mí en el futuro.*

Tomemos, por último, la tristeza. La pregunta que nos deberíamos hacer nuevamente es ¿qué estructura lingüística subyacente aparece cuando decimos, «Esto es triste»? El estado de ánimo puede reconstruirse en función de los siguientes elementos:

— *yo afirmo que X ha sucedido (o está sucediendo)*
— *yo juzgo que X representa una pérdida para mí (juzgo que algunas posibilidades han disminuido)*
— *yo acepto esa pérdida como un hecho*

Como podemos ver, cada estado de ánimo genera un mundo particular. Y ese mundo será muy diferente si estamos en un estado de ánimo de entusiasmo, de aburrimiento o de tristeza. En general, cuando estamos en estados de ánimo «positivos» (felicidad, entusiasmo, admiración, etcétera), nos encontramos en un mundo que está lleno de nuevas posibilidades para el futuro. Cuando estamos en estados de ánimo «negativos» (tristeza, miedo, ansiedad, etcétera), nos encontramos en un mundo que cierra nuestras posibilidades.

Se puede reconstruir cualquier estado de ánimo tratándolo como lo hemos hecho, esto es como juicios automáticos. Aunque podamos establecer una correspondencia entre estados de ánimo y juicios, lo contrario no es siempre posible. No podemos decir que cada juicio está conectado con un diferente estado de ánimo. Por ejemplo, cuando decimos, «Catalina tiene razón» o ,»Benjamín es alto», o «Aurora es eficiente» estamos emitiendo juicios. Sin embargo, en estos casos, el estado de ánimo en que emitimos estos juicios no se hace evidente a partir de los propios juicios. Para determinar el estado de ánimo necesitamos examinar el contexto de la conversación en la cual se emiten estos juicios.

Los estados de ánimo en contextos sociales

De lo dicho hasta ahora, podríamos suponer que los estados de ánimo son fundamentalmente un fenómeno individual. Ciertamente, los individuos tienen estados de ánimo. Están siempre en uno u otro estado de ánimo. Sin embargo, los estados de ánimo son altamente contagiosos y si estamos entre gente en estados de ánimo muy negativos debemos esperar que pronto estemos nosotros también en un estado de ánimo negativo. Más aún, nuestros estados de ánimo individuales siempre se originan dentro del estado de ánimo social, más amplio, de nuestra comunidad y de nuestro tiempo. Es interesante destacar, por ejemplo, cómo los estados de ánimo individuales en Estados Unidos se hicieron más sombríos durante el período en que el país se vio involucrado en la Guerra del Golfo Pérsico, en 1991.

Las comunidades determinan el estado de ánimo de los individuos que pertenecen a ellas, pero los individuos también determinan el estado de ánimo de sus comunidades. La capacidad de un individuo para determinar el estado de ánimo de una comunidad es una de las habilidades importantes que asociamos al liderazgo. Los líderes, entre otras cosas, son los diseñadores de los estados de ánimo de sus comunidades. Son los que generan nuevos horizontes de posibilidades para sus comunidades y las nuevas acciones que se hacen posibles.

De la misma forma en que hablamos de los estados de ánimo individuales podemos hablar también de los estados de ánimo de entornos sociales muy diferentes. Cada comunidad de personas, sea ésta una empresa, una familia, una clase en un colegio, un equipo deportivo, un partido político, etcétera, tiene sus estados de ánimo particulares. Algunas veces solamente nos basta con abrir la puerta de la casa de alguien para saber en qué estado de ánimo se encuentra la familia.

Lo mismo pasa con las empresas. De allí que sea importante en los negocios verificar el estado de ánimo de todas aquellas personas que trabajan normalmente en la primera línea de actividades de la empresa, aquellos que se ocupan en forma recurrente de los clientes y público en general (vendedores, recepcionistas, ejecutivos, etcétera). El estado de ánimo de la gente de primera línea de una empresa es central para la construcción de su identidad pública.

Pero, más importante que la preocupación por la identidad pública de la empresa, es el hecho de que su estado de ánimo es un factor decisivo para determinar lo que la empresa será capaz de lograr, cómo va a reaccionar a los cambios en su entorno, cómo responderán sus miembros individuales al desafío de crear un futuro para ella, etcétera.

Los estados de ánimo sociales no son una excentricidad. Son un componente fundamental de nuestro modo de vida y de la calidad de nuestras vidas. Los estados de ánimo sociales determinan el horizonte de posibles acciones de la gente y, por lo tanto, constituyen un factor importante en la predicción de lo que pueden o no lograr.

Los deportistas no sólo han reconocido la importancia de los estados de ánimo en los desempeños individuales sino también en la forma en que se desempeña el equipo. Los estados de ánimo sociales son tan importantes que los estrategas militares los consideran uno de los factores cruciales en el diseño de acciones militares. Los llaman la «moral» de la tropa. Ellos saben que la moral es un factor de máxima importancia para ganar una batalla, a veces aun más que la dotación de personal militar y el poderío de su equipo bélico. Napoleón escribió que «en la guerra, la moral vale las tres cuartas partes; el equilibrio entre la fuerza de los individuos y de los materiales sólo valen la cuarta parte restante».

Conocemos la importancia de los estados de ánimo para moldear el comportamiento económico. Los economistas han establecido hace ya mucho tiempo la relación existente entre las expectativas de los agentes económicos (el espacio de posibilidad desde el cual operan y, por lo tanto, sus estados de ánimo) y el desempeño económico de una nación. Esto puede observarse muy claramente en las fluctuaciones que tienen lugar en las Bolsas de Comercio —que constituyen un buen indicador del estado de ánimo general del país. También conocemos la importancia de los estados de ánimo en el terreno político. El estado de ánimo fue el punto crítico de la derrota política de Jimmy Carter en los Estados Unidos, como lo fue en el éxito que posteriormente tuvo Ronald Reagan.

Se pueden movilizar políticamente los estados de ánimo sociales y convertirlos en fuerzas históricas importantes. El poder de Hitler fue construido, en su mayor parte, capitalizando el profundo resentimiento con que quedó el pueblo alemán después de la firma del Tratado de Versalles a fines de la Primera Guerra Mundial. El reciente colapso del socialismo en los países de Europa Oriental fue en gran medida la consecuencia de la expansión de un estado de ánimo generalizado de frustración. Los revolucionarios de los más variados colores siempre han reconocido la importancia de los estados de ánimo del pueblo. El poder que ellos alcancen reside principalmente en su capacidad para movilizar esos estados de ánimo en su propio favor.

¿Podemos hacer algo con los estados de ánimo?

Hasta ahora hemos visto la importancia de los estados de ánimo para la vida de los individuos. También hemos visto las consecuencias de la capacidad de las personas para generar estados de ánimo conducentes a lo que desean lograr. La mayoría de nosotros, sin embargo, somos arrastrados por los estados de ánimo en que nos encontramos y por los estados de ánimo que nos rodean, ya sea en el hogar, en el trabajo, en nuestra comunidad, etcétera. Nuestros estados de ánimo son definidos por la deriva de nuestras vidas y, en general, no tenemos la capacidad de producir cambios significativos y estables en ellos.

Aun cuando reconocemos que algunas personas son competentes para generar estados de ánimo positivos en otros —estados de ánimo que son conducentes a lograr sus fines o propósitos o, simplemente, estados de ánimo que mejoran la calidad de vida y hacen más feliz a la gente— suponemos que esto es producido por ocultos o misteriosos talentos, tan misteriosos que nos parecen inalcanzables.

A menudo nos encontramos tan impotentes para cambiar nuestros estados de ánimo y los de otras personas, que ni siquiera nos hacemos responsables de los estados de ánimo que nosotros mismos creamos. Si alguien se queja del estado de ánimo que traemos al trabajo, podemos decir, «Y bien, así es como soy y no puedo hacer nada al respecto». Esta actitud de «tómalo o déjalo» puede tener consecuencias desastrosas, no sólo en los negocios sino también en la política, en nuestras relaciones personales, en la vida familiar, etcétera.

Mucha gente, sin embargo, se hace responsable de sus estados de ánimo y a menudo se da cuenta de que existen algunas acciones que puede llevar a cabo para cambiarlos. Sin embargo, lo que tales personas no ven normalmente es la posibilidad que tienen de intervenir en la modificación del estado de ánimo del entorno social en que viven. Y cuando este estado de ánimo se hace insostenible, se van, se retiran de ese entorno social. Empiezan todo el proceso de nuevo, hasta que alcanzan otro punto de saturación. Esto pasa con las relaciones, con los amigos, con el trabajo, con las ciudades, etcétera. Nos movemos de un lugar a otro, de una relación a otra, de un trabajo a otro, etcétera. Nuestra vida nunca se estabiliza realmente —no encontramos una morada estable en la que podamos vivir en paz.

No estamos diciendo que no nos deberíamos mover de un entorno social a otro o que nuestras relaciones, amigos, trabajo, etcétera, debieran ser para toda la vida. No estamos diciendo tampoco que los estados ánimo que prevalecen en esos lugares sean de nuestra total y exclusiva responsabilidad. Todos éstos son dominios de responsabilidad compartida con otros. Lo que estamos diciendo, sin embargo, es que, por lo general, no asumimos ni siquiera la cuota de responsabilidad que nos corresponde. Por lo tanto, no vemos que podemos realizar acciones para cambiar esos estados de ánimo. Al no ver esto, restringimos nuestras propias posibilidades en la vida. Cuando nadie asume su cuota de responsabilidad en los estados de ánimo que generamos, podemos anticipar los resultados que se obtendrán.

Los estados de ánimo como un dominio de diseño

Sostenemos que podemos adoptar una posición activa en lo que respecta a nuestros estados de ánimo personales y los estados de ánimo del entorno social en el que participamos. En vez de ser arrastrados por ellos, podemos participar en moldear esos estados de ánimo. No estamos diciendo que podemos controlar totalmente nuestros estados de ánimo, menos aún los de otras personas. Nuestra vida siempre se desenvolverá en medio de acontecimientos que escaparán a nuestro control.

Sin embargo, en la deriva de la vida, también hay lugar para el diseño. Cuando hablamos de diseñar, reconocemos que nuestras acciones tienen la capacidad, entre muchos otros factores, de intervenir y modificar el curso actual de los acontecimientos. Como individuos, somos una fuerza activa en la deriva.

Consideramos a los estados de ánimo como un dominio particular de diseño. Sin embargo, es necesario revisar seriamente nuestra interpretación tradicional de los seres humanos para poder participar en moldear nuestros estados de ánimo y los de las personas que nos rodean. Esta interpretación limita nuestra capacidad de acción y oculta nuestras posibilidades de diseñar estados de ánimo. Al respecto, sostenemos que la interpretación de los estados de ánimo aquí presentada incrementa el poder que tenemos como individuos, puesto que abre posibilidades de acción que difícilmente pueden verse desde fuera de ella.

Hemos dicho que todo estado de ánimo especifica un espacio de acciones posibles, un horizonte de posibilidades. Hay una conexión fundamental, por lo tanto, entre nuestros estados de ánimo y nuestras posibilidades de acción. Esta es, quizás, la relación más importante para tratar los estados de ánimo como un dominio de diseño. Si los estados de ánimo y las posibilidades están tan estrechamente conectadas, **al modificar nuestro horizonte de posibilidades modificamos nuestros estados de ánimo.** Este es un postulado fundamental. A estas alturas, ya sabemos que tenemos el poder de cambiar nuestro horizonte de posibilidades a través de las conversaciones y, por lo tanto, podemos aceptar que las conversaciones sean herramientas decisivas para diseñar estados de ánimo.

¿Cuáles son las conversaciones que tienen el poder de producir cambios en los estados de ánimo? Todas. Conversar es estar en un proceso de transformación mutua y esta transformación incluye nuestros estados de ánimo y emociones. De esto se trata la conversación. Una «conversación para coordinar acciones» cambia nuestro horizonte de posibilidades al lograr efectuar las acciones propuestas. Pero también sostenemos conversaciones que aspiran directamente a este cambio en el espacio de posibilidades. Estas son las «conversaciones para acciones posibles» y las «conversaciones para posibles conversaciones». Ellas constituyen las herramientas más eficaces para diseñar nuestros estados de ánimo. De alguna forma, esto no es nuevo. Lo sabemos. Todos hemos tenido innumerables experiencias en las cuales al hablar con gente hemos cambiado sus estados de ánimo, o nuestro estado de ánimo ha cambiado por el simple hecho de hablar con alguien. Lo hacemos todo el tiempo y estas experiencias están allí, frente a nuestros ojos. Pero ¿nos hemos dado realmente cuenta de ello? ¿Lo sabíamos? Es difícil contestar a estas preguntas con un simple «sí o no». En ciertos casos lo sabíamos y en muchos otros no. Y no lo sabíamos porque muchas veces no veíamos a nuestros estados de ánimo como estados de ánimo, sino como la forma en la que se nos presenta el mundo. Pensamos que lo posible sólo guarda relación con el mundo y no con nosotros. A menudo nos hemos resignado a nuestros estados de ánimo y a los de los demás, sin ver posibilidades de modificarlos. Nuestra comprensión tradicional de los seres humanos nos ha cegado respecto del reconocimiento de los estados de ánimo como un dominio de diseño.

Algunas pautas para el diseño de estados de ánimo

Sobre la base de lo que hemos dicho anteriormente, presentamos aquí unas pautas muy generales que pueden ser útiles para diseñar estados de ánimo. Vamos a suponer que nos estamos ocupando de nuestros propios estados de ánimo. Para tratar con los estados de ánimo de otras personas se deberían hacer algunas correcciones, aunque la misma estructura y los mismos criterios sean también válidos. Estas son las pautas:

a. Convertirse en un observador de estados de ánimo. Ello implica partir por identificarlos como estados de ánimo y no «atributos del mundo» o «como las cosas son». Si suponemos, como los estados de ánimo normalmente nos hacen creer, que nuestros juicios del mundo corresponden realmente a cómo el mundo es, cerramos nuestras posibilidades de producir estados de ánimo diferentes. Es solamente cuando desarrollamos la competencia para observar nuestros estados de ánimo como tales, que nos abrimos al diseño.

b. No somos responsables de los estados de ánimo en que nos encontramos. No «produjimos» ese particular estado de ánimo. Simplemente estamos en él. El reconocimiento de que no somos los productores de nuestros estados de ánimo, sino que los estados de ánimo son los que nos producen a nosotros, nos permite intervenir más fácilmente —y en una forma más liviana— en el diseño de nuestros estados de ánimo. Sin embargo, aunque no seamos responsables del estado de ánimo en que nos encontremos, somos responsables de permanecer en él.

c. Cuidarse de las historias que hemos fabricado en torno a nuestros estados de ánimo. Tendemos a encontrar correctos nuestros estados de ánimo y podemos dar infinitas razones del enorme sentido que tiene el estar en el estado de ánimo en que nos encontramos. Es importante recordar que a menudo no es lo que la historia dice lo que produjo ese estado de ánimo; es el estado de ánimo el que produjo la historia.

d. Una vez que se identifica el estado de ánimo, deberíamos buscar los juicios que corresponden a él. Preguntémonos:

— *¿Cómo estoy juzgando al mundo?*
— *¿Cómo estoy juzgando a la gente que me rodea?*
— *¿Qué juicios tengo acerca de mí mismo?*
— *¿Qué juicios tengo acerca del futuro?*

Estas preguntas debieran ser suficientes para especificar el estado de ánimo en que nos encontramos.

e. Una vez que hemos identificado nuestro estado de ánimo como un juicio automático, podemos examinar la estructura lingüística que subyace a ese juicio.

f. Una vez que tenemos la estructura lingüística subyacente, podemos examinar si las afirmaciones que incluye esta estructura son verdaderas o falsas, si los juicios que contiene están o no fundados, si las declaraciones que contiene son válidas o no válidas, etcétera. Según el análisis de la estructura lingüística subyacente podremos descubrir si el fundamento de ese estado de ánimo es o no suficiente. Si no lo fuere, estaríamos en una mucho mejor posición para cambiarlo.

g. Una vez que la estructura lingüística subyacente ha sido identificada y hemos examinado los diferentes actos lingüísticos que contiene, podemos buscar acciones que realizar para cambiar esas afirmaciones, juicios, etcétera. Esas acciones pueden incluir conversaciones que podemos abrir para modificar la estructura lingüística subyacente del estado de ánimo. No debiéramos permitir que nuestro estado de ánimo bloquee la acción. Esto es lo que comúnmente hacen los estados de ánimo. Sin embargo, en general es nuestra capacidad de acción la que nos permite cambiar de estado de ánimo. Al actuar, podemos cambiar esas afirmaciones y juicios, o podemos tornarlos irrelevantes respecto de las inquietudes de las personas involucradas.

h. Si nos damos cuenta de que tendemos a caer en los mismos estados de ánimo en forma recurrente, también podemos realizar acciones para anticipar los momentos en que el estado de ánimo va a aparecer nuevamente. Haciendo esto, podemos construir «repertorios». Estos son cursos de acción que preparamos en cierto estado de ánimo que nos dificultaría el diseñar, en ese momento, las acciones necesarias para salir de él. Debemos comprometernos a seguir estos repertorios cuando caemos de nuevo en esos estados de ánimo (por ejemplo, haciendo algún ejercicio físico, llamando a un amigo o a un colega que se ha comprometido a ayudarnos, etcétera).

i. Una de las acciones que podemos realizar es sumergirnos entre personas con las cuales nuestros estados de ánimo no tienen mucha cabida. No olvidemos que los estados de ánimo son contagiosos. Así como transmitimos nuestros estados de ánimo a otras personas, ellas también nos transmitirán los suyos. Esto opera por ambos lados. Si elegimos estar con personas que tienen poco espacio para nuestro estado de ánimo, muy probablemente nos veremos beneficiados de su influencia.

j. No debemos olvidar tampoco el nexo que existe entre nuestro cuerpo y nuestros estados de ánimo. Si cambiamos nuestras posturas corporales, si practicamos un ejercicio, ciertos estados de ánimo deberían desaparecer. La música es una forma muy efectiva de intervenir a nivel corporal para cambiar nuestros estados de ánimo.

k. La mayoría de las pautas proporcionadas hasta el momento intentan producir un cambio en nuestros estados de ánimo, cambiando nuestras conversaciones y, por lo tanto, afectando el aspecto lingüístico de nuestros estados de ánimo. Esta línea de acción tiene límites. Si sucede que nuestro estado de ánimo se debe a una condición biológica, el cambiar nuestras conversaciones puede resultar insuficiente en algunos casos. Si así fuere, también existe la posibilidad de actuar en una forma que nos permita intervenir directamente a nivel de nuestra biología, como sucede cuando el médico nos receta algún medicamento que altera las bases biológicas de nuestra emocionalidad.

l. No olvidemos que no podemos evitar los estados de ánimo. Hagamos lo que hagamos, siempre estaremos en uno o en otro. No hay nada malo en estar en un estado de ánimo. El propósito del diseño es abrir la posibilidad de intervención, de manera que uno pueda adquirir un sentido de responsabilidad con respecto de sus estados de ánimo y de los de quienes le rodean, y luego ganar las competencias para moldearlos de acuerdo a su propio juicio de conveniencia.

Kairós: breve comentario sobre el tiempo humano

Un rasgo característico de esta fase de la historia que llamamos Modernidad, que se extiende desde comienzos del siglo XVII hasta nuestros días, ha sido el sustentar una concepción del tiempo que lo concibe como lineal, continuo y homogéneo.

Dos factores parecen haber contribuido a generar esta concepción. Primero, la importancia que desde los inicios de la Modernidad adquieren las ciencias naturales y muy particularmente la física. Ellas sirven durante mucho tiempo de modelo del pensar riguroso y sus presupuestos son a menudo importados de manera acrítica al ámbito de la reflexión sobre los fenómenos humanos. Pues bien, durante un largo período dominado por la cosmovisión mecánica de Newton, el tiempo físico fue considerado precisamente como absoluto y autónomo. El fluir del tiempo es concebido como una secuencia lineal y continua de unidades equivalentes. Desde el punto de vista de la física newtoniana, un minuto era exactamente igual a cualquier otro minuto.

Al impacto proveniente del desarrollo de la física, se añade un factor diferente aunque complementario. Se trata de la invención del reloj mecánico en el siglo XIV y de su impacto en la convivencia social.[4] Este invento modifica por completo el concepto social del tiempo, permitiendo a los seres humanos sincronizar la forma como coordinan acciones y, como consecuencia de ello, incrementar sustancialmente la eficacia y productividad de las acciones emprendidas en conjunto. A partir de ese momento, el tiempo humano es puesto en referencia al tiempo mecánico del reloj el cual, obviamente, lo homogeniza. Un minuto es un minuto para todo el mundo y éste es el tiempo que demora el segundero en dar la vuelta del cuadrante del reloj. Es el comportamiento mecánico del segundero el que define el concepto de tiempo que rige el comportamiento humano.

Dentro de la física, el concepto del tiempo sufrirá una radical transformación a partir de la teoría de la relatividad desarrollada por Einstein, a comienzos del siglo XX. Una de las principales contribuciones de Einstein fue el cuestionar el supuesto de tiempo absoluto newtoniano y su concepto resultante de simultaneidad. Lo curioso del caso, sin embargo, es que la nueva concepción einsteiniana, en vez socavar el concepto cotidiano del tiempo humano, fuertemente influido por la física mecánica, se separa de él, mostrándose como un concepto de tiempo abstracto, ajeno al tiempo humano. Comprobamos, por lo tanto,

---

[4] Ver Echeverría (1993), capítulo II, pág.36.

que los seres humanos siguen apegados a un concepto mecánico del tiempo,incluso cuando la propia física ha hecho ya abandono de él.

A partir de los desarrollos efectuados en este capítulo en torno a la temática de las emociones y los estados de ánimo, comprobamos que no todo momento, no toda unidad de tiempo físico, implica las mismas posibilidades. Para los seres humanos el tiempo no es homogéneo. Lo que puede acontecer en un minuto no es equivalente a lo que puede pasar en cualquier otro. La densidad de vida que un determinado minuto puede contener para una persona, no es igual a la que ese mismo minuto contiene para otra persona. El fluir del tiempo humano es una sucesión de ocasiones discontinuas, muy diferentes las unas de las otras y a menudo muy distintas para los diferentes individuos involucrados.

La densidad del tiempo humano es heterogénea, por cuanto una misma unidad física de tiempo puede contener muy distintas posibilidades. Algo que no podía realizarse por años, puede abrirse como posibilidad durante un minuto, para cerrarse inmediatamente después. Ese minuto es muy diferente de aquel que lo antecedió o de aquel que le sucederá. El tiempo humano, medido mecánicamente, simplemente no es el mismo.

Una vez que aceptamos lo anterior, reconocemos que la emocionalidad, por cuanto especifica disposiciones diferentes para la acción y, consecuentemente, espacios de posibilidades distintos, constituye un factor fundamental para evaluar las diferentes densidades del tiempo humano. Es quizás en este aspecto donde nuestra concepción tradicional, fundada en el modelo de la acción racional, muestra una de sus principales deficiencias. La efectividad de la acción humana no sólo es función de nuestra capacidad de articular racionalmente medios para la consecución de determinados objetivos.

La efectividad de nuestra acción es también función de nuestra capacidad de observar, evaluar y diseñar aquellos espacios emocionales que hacen posible lo que previamente no lo era o que cierran posibilidades que antes se encontraban abiertas. La efectividad de nuestro actuar es función de las condiciones emocionales (las nuestras y las de los demás) propias de la situación dentro de la cual nos desempeñamos. Y no existe acción humana que escape de este condicionamiento emocional. En el hogar, en el trabajo, en el juego, etcétera, lo que podremos realizar, lo que nos sea posible alcanzar, dependerá en medida importante de las condiciones emocionales existentes.

Lo señalado nos lleva a una importante confrontación registrada en la Grecia antigua en los momentos en que se inaugura aquello que hemos denominado «la gran deriva metafísica» que hoy vemos en crisis, pero de la que todavía somos parte. Los griegos anteriores a los padres de la metafísica, Platón y Aristóteles, habían reconocido el carácter heterogéneo del tiempo humano. Y tenían un término a través del cual daban cuenta de ello. Hablaban de **kairós**.

Kairós, para los griegos, era aquel momento del tiempo oportuno, del tiempo adecuado, de la ocasión en que la posibilidad se manifiesta en la temporalidad para luego desaparecer en ella. A través del kairós, se reconocía que el valor de una acción se realiza en el tiempo y que no todo tiempo es igual. A veces se actúa demasiado temprano, otras veces demasiado tarde. Pero también algunas veces se actúa en el tiempo justo o correcto. Para referirse a este último, los griegos acuñaron el término de kairós.

Kairós era un término habitualmente utilizado por los atletas para referirse a aquel momento en el que se les daba la oportunidad de realizar una determinada acción. En el deporte del tiro al arco, por ejemplo, se lo utilizaba para referirse a la apertura u oportunidad para disparar, al cilindro por el cual la flecha tiene que pasar en su trayectoria hacia el objetivo.

El mismo término también era usado por los corredores de carros de caballos para referirse a aquel momento en el que se les abría un espacio para adelantar a su contrincante. Durante buena parte de la carrera los corredores sabían que no podían sino mantenerse atrás de aquel que había tomado la delantera. Pero muchas veces surgían momentos en los que se producía una apertura, una oportunidad, para acelerar los caballos y pasar adelante. A tales momentos los llamaban kairós.[5]

En una segunda acepción, como **kaîros,** el término se asociaba al arte del tejido en el oficio del telar. Con él se hacía referencia a aquel momento crítico en el que el tejedor debe tirar del hilo a través de la brecha (apertura) que se abre momentáneamente en la urdimbre de la tela que se teje.

Gorgias, uno de los grandes sofistas y, por tanto, blanco reiterado de la crítica de los metafísicos, incorpora el término kairós como distinción central de su teoría de la retórica. Gorgias se dedica a indagar el poder del lenguaje y su capacidad de transformación. El lenguaje, nos dice, «puede detener el miedo y desterrar el sufrimiento y crear alegría y alimentar la compasión».

Como el resto de los sofistas, Gorgias se dedica a la formación de la juventud en las virtudes ciudadanas, lo que los griegos llaman **areté.** El entiende que las nacientes prácticas democraticas que tienen lugar en Grecia descansan precisamente en las competencias lingüísticas de los ciudadanos y, muy particularmente, en el ejercicio del arte de la persuasión. Para tal efecto, nos insiste Gorgias, el orador debe estar siempre atento al fluir de la conversación para detectar en ella las oportunidades (kairós) que se abren para persuadir al oyente.

El plano emocional de la conversación es aspecto decisivo para asegurar su éxito, tanto en lo que respecta al orador (en cuyo caso hablamos de ethos), como al oyente (y en tal caso hablamos de pathos). El orador, por lo tanto, debe moverse en la conversación como lo hace el navegante, siempre atento al sentido y fuerza de las olas y a la dirección del viento; siempre listo a cambiar de posición sus velas. La verdad está intrínsecamente referida a su contexto. Ella será lo que la comunidad acepte

---

[5] Comunicación personal de Richard Ogle.

como tal y, en tal sentido, la verdad es vista por Gorgias como el propio resultado del arte de la persuasión.

Tanto Platón como Aristóteles se oponen muy fuertemente a las posiciones adoptadas por Gorgias. Para ellos, la verdad existe con independencia de los individuos, aunque les sea a éstos posible acceder a ella a través del pensamiento racional. Una vez que tal verdad es alcanzada, el lenguaje es el instrumento a través del cual ella es comunicada a otros. Lo que importa en la comunicación, según la posición adoptada por Aristóteles, es el contenido de verdad de lo que se dice. Tanto el ethos del orador, como el pathos de la audiencia, requieren subordinarse al logos. Este da cuenta del contenido de verdad y representa el aspecto racional de la comunicación.

Con el predominio del programa metafísico, el reconocimiento del carácter heterogéneo y discontinuo del tiempo humano se fue progresivamente diluyendo. Con ello, nos olvidamos de la importancia de la noción de kairós propuesta por los griegos e incorporada en las enseñanzas de los filósofos nometafísicos, como Gorgias de Leontini.

CAPITULO 9:

CUATRO ESTADOS EMOCIONALES BASICOS

Cuando escribiera una primera versión de este texto, no estaba familiarizado con el pensamiento de los estoicos. Tenía de ellos referencias generales, pero estaba lejos de conocer adecuadamente sus posiciones. Fue grande mi sorpresa, por lo tanto, cuando me introduje en él y descubrí que el texto que había escrito tenía una marcada sensibilidad estoica. Desde entonces, he considerado a este texto como mi propio texto estoico.

A modo de introducción: nota sobre los estoicos

Aunque el programa metafísico iniciado por Platón y Aristóteles terminara alcanzando un incuestionable predominio histórico durante más de dos mil años, tal gravitación no fue tal durante la antigüedad. Por el contrario, aunque desde sus inicios ejerciera una fuerte influencia, la perspectiva metafísica que ellos propugnaban tuvo que convivir durante muchos años con otras posturas filosóficas que no siempre aceptaban sus postulados centrales y que, por el contrario, se nutrían de aquellos filósofos estigmatizados por los metafísicos. Entre estas posiciones divergentes cabe mencionar a las corrientes helenísticas de los estoicos, los epicúreos, los cínicos y los escépticos que proyectaran su influencia no sólo en Grecia, sino también en Roma.

Sobre el origen de los estoicos, prefiero citar las palabras de F.H. Sandbach que nos señala:

---

*Estoy agradecido al Dr. Fernando Flores y a Business Design Associates, propietarios de los derechos de autor de trabajos en los que se basa este segmento, por permitirme gentilmente hacer uso en este libro de largas secciones de tales trabajos.

«En la esquina noroeste del ágora, la gran plaza central de Atenas, se levantaba la Stoa Poikile, o columnata pintada, así llamada por las pinturas murales de Polygnotus y de otros grandes artistas del siglo V a.c. que la adornaban. Allí, durante el período temprano del siglo III a.c., solía verse la figura de una persona sentada hablándole a una audiencia que lo escuchaba; su nombre era Zenón y sus seguidores (...) fueron posteriormente llamados 'hombres de la Stoa' o, simplemente, 'estoicos'».

Zenón es el fundador de los estoicos. Había nacido en el año 333 a.c., en Chipre, y se había trasladado a Atenas en 312 a.c., diez años después de la muerte de Aristóteles. Los representantes de esta corriente filosófica extendieron su influencia a través de toda Grecia y, posteriormente, a través de todo el imperio romano. El emperador Adriano estuvo fuertemente influenciado por sus doctrinas y su sucesor, el emperador Marco Aurelio, fue un importante representante de esta escuela. Entre sus miembros más destacados cabe mencionar a Séneca, el filósofo hispanorromano, y a Epicteto, el filósofo esclavo de Hierápolis, Grecia, nacidos ambos durante el siglo I de nuestra era.

Los estoicos se consideraban seguidores de las enseñanzas de Heráclito. En sus escritos y reflexiones, Heráclito ocupa un lugar destacado, particularmente debido al interés que ellos mantienen con respecto al tema del cambio. Heráclito había sostenido la necesidad de percibir las cosas «de acuerdo a su naturaleza»[1]. Los estoicos adoptan este precepto y lo transforman en el criterio central de su filosofía. Tal criterio no sólo es utilizado con respecto al conocimiento, sino que se transforma en pauta ética del bien vivir. Heráclito había afirmado que «el carácter del hombre es su destino»[2] y los estoicos hacen de la temática del carácter humano una de sus principales preocupaciones.

Los estoicos se consideraban también seguidores de Sócrates. Como tales, sin embargo, propondrán un cami-

---

[1] Fragmento 112, según la numeración de Diels.

[2] Fragmento 119, según la numeración de Diels.

no muy diferente de aquel seguido por Platón y Aristóteles. Uno de los méritos más importantes de Sócrates, en la historia de la filosofía, es el haberla reorientado hacia la gran temática de la vida humana. Como argumenta adecuadamente Gregory Vlastos, la filosofía de Sócrates es por sobre todo una filosofía moral en la que los temas de la vida humana y del bien vivir ocupan el lugar central. Heráclito, ya había iniciado este giro hacia el alma humana. Sin embargo, Sócrates lo realiza con una radicalidad que no tenía precedentes.

Los filósofos presocráticos se habían volcado por entero en un esfuerzo por comprender el universo, lo que los griegos llamaran physis. De allí que Aristóteles los calificara posteriormente como physikoi (físicos) y para diferenciarse de ellos propusiera el término de metafísica (lo que está más allá de la física). Los sofistas, contemporáneos de Sócrates y parte del movimiento del cual el mismo Sócrates se nutre y desde el cual arranca, se preocupaban del desarrollo de las virtudes ciudadadanas (areté). Sócrates, en cambio, lleva la preocupación de la filosofía al tema de la vida y al de las virtudes que permiten a los seres humanos no sólo a ser efectivos ciudadanos, sino, por sobre todo, vivir bien. Este es el núcleo de la preocupación socrática.

No es menos efectivo, sin embargo, que la forma como Sócrates conduce su indagación filosófica sobre la vida —vale decir, el tipo de preguntas que hace, el tipo de argumentación que sigue y el tipo de respuestas que acepta— sembrarán la semilla que posteriormente devendrá, en manos de Platón, en el nacimiento de la metafísica. Pero Sócrates, como nos lo demuestra convincentemente Vlastos, no fue un metafísico, no fue un filósofo comprometido centralmente con la aprehensión del ser y su verdad, como lo serán Platón y Aristóteles. Su compromiso filosófico fundamental consistía en la indagación rigurosa del bien vivir.

Es en esta línea que Sócrates será influencia importante para los estoicos. Estos últimos nunca abandonan su interés por el dominio de la ética, por la indagación del sentido de la vida y por discurrir las condiciones que permiten el bien vivir. Es efectivo que ellos también incursionan en otros dominios y que, en tal predicamento, hacen propuestas en el campo de la física y del conocimiento. También es cierto que algunos de ellos exhiben una importante influencia de las posturas metafísicas adoptadas por Platón y Aristóteles. Pero ello no los lleva nunca a abandonar el programa socrático dirigido a discernir las condiciones del bien vivir.

El objetivo de los estoicos será muy similar al que posteriormente se planteará Nietzsche. No en vano éste se proclamará como «el último de los estoicos». Lo que Nietzsche se propone es precisamente retomar el gran tema socrático de la vida humana, despojarlo del envoltorio metafísico con el que Sócrates lo había cubierto — y que, según Nietzsche, lo conduce a su extravío— y proveerle, en cambio, una base heraclitánea. No es extraño, por lo tanto, comprobar su gran afinidad con los estoicos. Ellos se habían propuesto un programa equivalente.

La filosofía moral de Epicteto

Entre todos los estoicos, con quien siento una mayor afinidad es con Epicteto, el filósofo griego que nace como esclavo y que muere como hombre libre. Epicteto no tenía propiamente un sistema filosófico. Sus enseñanzas, recogidas por su discípulo Arriano, constituyen un conjunto de recomendaciones para el bien vivir. De los estoicos, es de los más alejados de los intereses lógicos o incluso metafísicos de algunos de sus antecesores. Sus *Discursos* son consejos orientados a guiar a los hombres a vivir con sabiduría. De esa sabiduría de la que ya nos había hablado Heráclito. De allí que Epicteto nos resulte uno de los estoicos más heraclitáneos.

Heráclito nos había advertido que «la mayoría de los hombres no piensan las cosas según como las encuentran, ni reconocen lo que resulta de su propia experiencia, sino que se atienen a sus propias opiniones»[3]. Epicteto

---

[3] Fragmento 17, según numeración de Diels.

va más lejos. Para él, las opiniones de los hombres definen no sólo el mundo en el que habitan, sino que determinan su propia vida. De acuerdo a los juicios que los seres humanos emiten sobre lo que les acontece, generan uno u otro tipo de vida y determinan la felicidad y paz que podrán encontrar en ella. Recordemos que Epicteto señalaba que «no es lo que ha sucedido lo que molesta a un hombre, dado que ello puede no molestar a otro. Es su juicio sobre lo sucedido».

Dentro de los juicios que los seres humanos hacemos, están aquellos que se refieren al cambio y que definen lo que es posible. Pocos juicios adquieren la importancia que tienen éstos. Ya Heráclito había sostenido que «aquel que no espera, no encontrará lo inesperado, pues éste es difícil de descubrir e imposible de alcanzar»[4]. Epicteto, nuevamente, nos ofrece una recomendación similar cuando nos señala que «debemos medir tanto el tamaño de nuestra zancada y la extensión de nuestra esperanza, de acuerdo a lo que es posible». Lo que es posible define, por lo tanto, lo que podemos esperar y cuanto podremos alcanzar en la vida.

La manera como Epicteto especifica «lo que es posible» es recurriendo al criterio heraclitáneo ya mencionado de establecer el «acuerdo con la naturaleza». Al determinar lo que está de acuerdo con la naturaleza de cualquier cosa, determinamos los límites de lo que podemos esperar con respecto a ella, los límites de lo que es posible y lo que no es posible cambiar. Si descubrimos que algo «pertenece a la naturaleza» de una determinada cosa, ello significa que no podemos esperar que tal cosa vaya más allá, que ella trascienda el límite definido por su naturaleza. El criterio de la naturaleza define, por lo tanto, el espacio de cambio posible que cabe esperar de aquello que sea el caso.

Este criterio es característico de todos los pensadores estoicos y tiene un lugar central en la filosofía de Epicteto. De allí que nos insista que antes de embarcarnos en

---

[4] Fragmento 18, según numeración de Diels.

alguna tarea debemos siempre preguntarnos por su naturaleza. Sostiene Epicteto: «frente a cualquier cosa con que uno se entretenga, que nos sea útil o a la que le tengamos aprecio, habrá que preguntarse desde el comienzo ¿cuál es su naturaleza?» De la misma manera, nos reitera Epicteto, «cuando uno está por emprender algo, recuérdese la naturaleza de aquello que se está por emprender». El criterio de naturaleza define «lo que será posible» alcanzar en la tarea que se está por realizar.

Procurar alcanzar lo que, por naturaleza, no es posible es fuente de sufrimiento innecesario. Por lo tanto puede evitarse mucho sufrimiento al preguntarnos por la naturaleza de lo que emprendemos y si examinamos, de acuerdo a este criterio, lo que esperamos de nuestras acciones y de las de otros, de las cosas, de las personas. Una vez que determinamos lo que corresponde «de acuerdo a la naturaleza» de las cosas, adecuamos a ello nuestras expectativas y nos protegemos de decepciones absolutamente innecesarias.

Lo anterior, le permite a Epicteto introducirse en el tema del poder personal. El poder que tengamos está delimitado por el criterio de naturaleza. Por definición los seres humanos no tenemos el poder de modificar lo que está determinado por la naturaleza de las cosas. El criterio de naturaleza, en consecuencia, define simultáneamente el límite de nuestro poder de transformación y el límite de lo que podemos y de lo que no podemos cambiar.

Fiel a lo anterior, el Manual de Epicteto se abre con el siguiente párrafo:

«De todas las cosas existentes, algunas están en nuestro poder y otras no están en nuestro poder. En nuestro poder están el pensamiento, el impulso, la voluntad de conseguir y la voluntad de evitar y, en una palabra, todo lo que corresponde a lo que podemos hacer. Cosas que no están en nuestro poder incluyen el cuerpo, la propiedad, la reputación, el cargo y, en una palabra, todo aquello que no corresponde a nuestro hacer. Las cosas en nuestro poder son por naturaleza libres, inestorbables, sin impedimen-

tos; las cosas que no están en nuestro poder son débiles,
serviles, sujetas a estorbo, dependientes de otros».

Para bien vivir es necesario concentrarse en las cosas
que están en nuestro poder y no perder tiempo en aquello para lo cual no tenemos poder. Insistentemente nos
reitera Epicteto: «ejercítate en aquello que está en tu
poder».

Una interpretación habitual del pensamiento de los
estoicos les atribuye haber predicado la resignación, el
promover una fácil aceptación de que el estado de cosas
existente no puede cambiar. Ello implica una distorsión
de su pensamiento. Como podemos apreciarlo en el caso
de Epicteto, éste nos insiste en saber discernir lo que
puede, de lo no puede ser cambiado y, una vez que ello
ha sido determinado, en comprometernos plenamente
con el cambio. Lo peor que nos puede pasar es quedar
atrapados en una expectativa de cambio que contraviene
la naturaleza de las cosas. El saber utilizar el criterio de
la concordancia con la naturaleza, según Epicteto, se
traduce en sabiduría de vida.

El criterio de la concordancia con la naturaleza y los juicios

El pensamiento estoico ejerció una importante influencia
en las primeras etapas del desarrollo del cristianismo.
Fue fuente de inspiración importante para los esclavos
cristianos que luchaban por sobrevivir y expandir su
influencia durante los tiempos del imperio romano. Esta
influencia fue recogida también por la teología cristiana
y la reconocemos en el campo del derecho natural, donde
subsiste el criterio de la concordancia con la naturaleza,
aunque éste es muchas veces presentado en clave
aristotélica.

Lo que el derecho natural sostiene es que el comportamiento humano debe regirse de acuerdo a ciertas pautas, pues ellas son concordantes con la naturaleza de lo
que sea el caso. Ello evidentemente plantea un problema
para el cual se han ofrecido distintos tipos de soluciones,
distintas interpretaciones teológicas y de filosofía jurídica.

El problema consiste en aceptar que los seres humanos puedan comportarse de una manera que contradice el derecho natural, de una manera, por lo tanto, que es incoherente con su naturaleza. Cabe preguntarse entonces, ¿cómo es posible sostener que existe una determinada forma de comportarse que es concordante con la naturaleza y simultáneamente reconocer que los seres humanos pueden comportarse de manera diferente? ¿No era acaso lo natural el criterio que definía los límites de lo posible?

Consideramos que el criterio de la concordancia con la naturaleza es el gran talón de Aquiles del pensamiento estoico. Aunque tomado del propio Heráclito, representa el lugar por donde se posibilita la filtración del enfoque metafísico. Es también el lugar que permite la re-apropiación de las doctrinas estoicas por el programa metafísico. Se trata, nuevamente, de postular un punto de apoyo absoluto, desde el cual sustentar «el ser de las cosas» y la posibilidad de acceder a él. Como sucede con el propio enfoque metafísico, se trata de la introducción de un recurso de violencia en la convivencia social. El concepto de Naturaleza tiene el peligro de llevarnos de vuelta al territorio metafísico del Ser, de la Verdad, de la Realidad, términos esgrimidos para negar en forma autoritaria la legitimidad de otros.

¿Cómo, entonces, recuperar la sabiduría contenida en el pensamiento estoico, y particularmente en las enseñanzas de Epicteto, sin caer en la necesidad de postular el criterio de naturaleza? ¿Cabe acaso la posibilidad de reconstruir de manera diferente tal criterio, de forma de evitar el peligro metafísico? Nuestra respuesta es afirmativa.

Lo que los estoicos definían como acuerdo con la naturaleza es, en nuestro juicio, la expresión de la capacidad de fundar dos juicios diferentes. Llamamos a éstos, los juicios de facticidad y de posibilidad. La convergencia de estos dos juicios generan aquello a que los estoicos se referían cuando hablaban de naturaleza.

Juicios de facticidad y de posibilidad

A partir de nuestra capacidad de emitir juicios, nosotros, los seres humanos, podemos hacer una distinción fundamental entre dos áreas diferentes. Por una parte, está todo aquello que juzgamos que no puede ser cambiado. Actuemos como actuemos, hagamos lo que hagamos, las cosas van a seguir tal como están. Hemos acuñado una expresión para hablar de esto —los así llamados «hechos de la vida». Le llamaremos el dominio de facticidad. Por otra parte, están todas aquellas situaciones que conforman lo que consideramos que permite ser cambiado. Si actuamos en forma efectiva, todo lo que pertenezca a esta área podría ser diferente en el futuro. Este es un espacio que nos ofrece posibilidades de acción. Llamaremos a esta área el dominio de posibilidad.

Postulamos que una competencia primordial en la vida es aquella que nos permite hacer esta distinción de una manera fundada, de modo que la separación entre «facticidad» y «posibilidad» sea sólida.

La facticidad ontológica

Cuando examinamos la «facticidad» de la vida, podemos identificar al menos dos dominios que son dimensiones permanentes de la existencia humana. Cualesquiera sean las circunstancias históricas, los seres humanos no pueden cambiar estos dominios. Ellos comprenden lo que llamamos «facticidades ontológicas». Por ontológicas simplemente queremos decir que tenemos el juicio de que ellas son constitutivas de la forma de ser humana. Sean cuales fueren las circunstancias, los seres humanos no tenemos la capacidad de cambiarlas.

El primer dominio de facticidad ontológica es la finitud de nuestro cuerpo. Los seres humanos, como factor constitutivo de nuestra propia condición, estamos limitados y nuestra finitud es una dimensión fundamental en nuestra modalidad de ser. Nuestras acciones, por ejemplo, estarán siempre restringidas por los límites de nuestra biología. Como nos insiste Maturana, los seres humanos sólo podemos hacer lo que nos está biológicamente permitido. Y lo que el cuerpo nos permite cambia también a medida que envejecemos. Con el tiempo, muchas cosas que eventualmente fueron una posibilidad a una edad temprana, desaparecen, dejan de ser posibles. Disponemos de lo que se ha llamado «períodos críticos» dentro de los cuales existen determinadas posibilidades y más allá de ellos estas posibilidades se restringen o simplemente se clausuran. No podemos, por ejemplo, convertirnos en una estrella de ballet a los cincuenta años. Quizás esa posibilidad esté abierta a los quince años, pero ella desaparece a los cincuenta. Tampoco podemos aprender a hablar un idioma extranjero sin acento más allá de una cierta edad. Estas son facticidades ontológicas, propias de nuestra condición humana. En otro terreno, tampoco nos es posible eludir el término de nuestras vidas. La vida humana es finita y, por tanto, la muerte es inevitable. He allí otra facticidad ontológica.

Un segundo dominio de facticidad ontológica apunta al hecho de que no nos es posible cambiar la ocurrencia de los hechos del pasado. Agatón, un griego que viviera en el siglo V antes de Cristo, citado por Aristóteles señala: «Ni siquiera Dios puede cambiar el pasado». Ello no significa, por supuesto, que no podamos modificar la manera como interpretamos el pasado. Nuestra interpretación sobre lo que aconteciera puede cambiar múltiples veces, como lo evidencian tantos estudios históricos que modifican las interpretaciones que tenemos sobre nuestra historia. Pero lo que nadie puede modificar es el suceder de los hechos que ya han tenido lugar. El que algo aconteció es una facticidad y nada podemos hacer al respecto para modificarlo. Podemos reinterpretar el hecho, como podemos también hacernos cargo de sus consecuencias, pero no podemos eliminar su ocurrencia.

La facticidad histórica

Existe un tipo de facticidad que difiere de lo que hemos llamado facticidad ontológica. La llamamos facticidad histórica. Muchas veces consideramos que determinadas situaciones no pueden ser modificadas, no porque ello sea inherente a nuestra condición humana, sino en razón de las condiciones históricas en las que nos corresponde vivir. Cuando ello sucede, aceptamos que de modificarse las condiciones históricas, se crean posibilidades de modificar lo que anteriormente se nos aparecía como inmodificable.

Por ejemplo, hace un par de siglos atrás, una persona que vivía en México no podía comunicarse en forma instantánea con otra persona que vivía en Chile. Esto, sin embargo, era un imposibilidad histórica y no ontológica. Con el desarrollo tecnológico ulterior, lo que no era posible entonces, devino posible más adelante, al punto que si alguien en México nos dice que acaba de hablar con alguien en Chile, no nos sorprende.

Tomemos un ejemplo diferente. La Iglesia Católica no permite que los sacerdotes se casen. Hoy día esta posibilidad está cerrada para los sacerdotes católicos, mientras quieran seguir siendo sacerdotes. Pero no es una imposibilidad ontológica, es histórica. No fue siempre así en el pasado y no necesariamente debe ser así en el futuro. La facticidad histórica, a diferencia de la facticidad ontológica, se caracteriza por cuanto puede disolverse como facticidad con el cambio de las condiciones históricas.En este ejemplo se necesitaría que el Vaticano cambiara sus reglas sobre el sacerdocio, en relación a la cuestión del matrimonio de los sacerdotes. Hay evidencia de que actualmente existen algunas fuerzas dentro de la Iglesia que están presionando por estos cambios. En la medida en que quienes presionan por tales cambios sean más poderosos dentro de la Iglesia, no podríamos descartar que lo que hoy en día no es posible, devenga posible más adelante. Un cambio en las condiciones históricas transforma una situación de facticidad histórica en una situación de posibilidad.

Es importante reconocer que cuando hablamos de facticidad, sea esta ontológica o histórica, no estamos apuntando a lo que suele llamarse una condición «objetiva». La facticidad es siempre un juicio efectuado por un observador sobre el acontecer. Como tal, siempre puede ser modificado. Este es un punto importante pues la historia nos muestra que muchos juicios sustentados como juicios de facticidad ontológica, con el tiempo demostraron que apuntaba a facticidades históricas. Tomando nuestro ejemplo anterior, no es extraño pensar que dos siglos atrás se pueda haber pensado que la comunicación instantánea entre una persona en México y otra en Chile era una imposibilidad absoluta y, por lo tanto, una facticidad ontológica.

En la medida que reconocemos que la facticidad es un juicio, reconocemos también que lo que alguien podría considerar como una facticidad histórica bien puede ser considerado por otro como un ámbito de transformaciones posibles. En esta diferencia reside uno de los rasgos más importantes del fenómeno del liderazgo. Los líderes son personas que normalmente declaran como posibles cosas que el resto de la gente considera imposibles. Esto es precisamente lo que los convierte en líderes. Nuestra capacidad de innovación condiciona nuestro juicio sobre lo que es históricamente posible como, asimismo, nuestros juicios de facticidad y de posibilidad condicionan nuestra capacidad de innovación.

Lo que decimos que es posible es siempre un juicio de la capacidad de nuestras acciones para cambiar lo que está dado. Como hemos dicho anteriormente, esto, en sí, no está dado. No es algo establecido de una vez y para siempre. Los juicios de facticidad o posibilidad histórica son en sí mismos históricos. En otras palabras, lo que separa la facticidad histórica de la posibilidad histórica guarda estrecha relación tanto con las declaraciones que efectuemos, como con las acciones que tales declaraciones habilitan.

Cuando comprendemos que lo que es posible es un juicio, reconocemos que toda posibilidad la constituye el observador que emite tal juicio. Reconocemos también que las posibilidades nunca existen independientemente del observador que las define como tal. Ellas no «están allí» esperando ser «descubiertas». Lo que es posible es siempre función de una «invención» humana. De allí que lo que para algunos sea imposible pueda transformarse en algo posible a partir de que alguien lo declara como tal y actúa en consecuencia.

Un buen ejemplo de esto son las innovaciones de importancia en la ciencia y los negocios. El hecho de que algunas personas hagan ciertas declaraciones y se muevan en la dirección señalada por ellas crea nuevas circunstancias históricas, abriendo posibilidades para algunos y cerrándolas para otros. Recordemos, por ejemplo, el programa espacial desarrollado por la administración Kennedy. El poder de esas declaraciones nos permitió realizar uno de los sueños más antiguos de la humanidad —llegar a la Luna.

Es importante hacer una advertencia. Lo anterior no implica que todo lo que declaremos posible lo sea por el sólo hecho de ser declarado. Ello implicaría un voluntarismo lingüístico peligroso. La declaración de posibilidad es un juicio y como tal requiere ser fundado. El problema con las innovaciones es que el pasado no nos proporciona elementos para fundarlas y ellos requieren ser proporcionados en el mismo proceso que transforma lo posible en realidad.

Podemos aceptar o rechazar los juicios de facticidad y de posibilidad.

Una vez que reconocemos que la distinción entre facticidad y posibilidad resulta de un juicio, reconocemos también, a partir de lo que hemos aprendido sobre los juicios, que no todos hacen esta distinción de la misma manera. Diferentes personas pueden diferir significativamente en la manera como trazan esta distinción. Y la forma como lo hagan generar distintos observadores de lo que es posible, lo que, a su vez, determinará tanto diferencias en las acciones que cada uno estará dispuesto a tomar, como, obviamente, en las consecuencias que resultarán en la vida de cada uno a raíz de tales acciones. Como podemos emitir juicios diferentes acerca de una misma cosa, alguien puede estar de acuerdo o en desacuerdo —puede aceptar o rechazar la forma en que otra persona hace la distinción entre facticidad y posibilidad. A puede estimar que lo que B considera abierto al cambio no lo es y que lo que B considera imposible de cambiar bien podría ser modificado. Esto hace que A y B sean observadores distintos —esto es, observadores que pueden aceptar o discrepar de los juicios del otro.

Una forma de evaluar la validez de los juicios de otras personas al establecer la distinción entre facticidad y posibilidad, es tomar como base los fundamentos que entregan. Sostenemos que muchas personas juzgan que algo es posible sin fundar sus juicios. Al hacer esto, desarrollan una especie de ceguera en sus vidas, puesto que se empeñan en cambiar lo que otros, con más fundamentos, juzgan que es imposible, o declaran inmutable algo que otros estiman como posible de modificar.

Es frecuente encontrarse con personas que viven en el decir reiterado de expresiones tales como: «Si simplemente eso no hubiera ocurrido, yo habría podido hacer tal o cual cosa». Sin negar que lo que se dice pueda ser válido, el vivir en esa conversación nos muestra muchas veces una fijación con una situación que ya no puede cambiarse. Hay otros cuya actitud reiterada corresponde a decir: «Para qué me voy a tomar la molestia de hacer eso, si sé que nada va a cambiar», mientras que juzgamos que esa situación podría revertirse completamente si existiera la decisión de actuar. Lo importante del caso es reconocer el inmenso sufrimiento que puede resultar de esas conversaciones. La forma como efectuamos nuestros juicios de posibilidad (o de imposibilidad) gravita significativamente en nuestras vidas.

A continuación, haremos uso de las distinciones que acabamos de desarrollar para examinar cuatro estados de ánimo, estrechamente relacionados entre sí, y que consideramos fundamentales en la vida de todo ser humano. Nos referimos a los estados de ánimo del resentimiento, de la aceptación o la paz, de la resignación y de la ambición.

	JUICIOS DE	
	FACTICIDAD (Lo que no podemos cambiar)	**POSIBILIDAD** (Lo que podemos cambiar)
Nos oponemos	**RESENTIMIENTO**	**RESIGNACION**
Aceptamos	**ACEPTACION** (PAZ)	**AMBICION**

El estado de ánimo del resentimiento

Cuando los seres humanos luchamos contra lo que no podemos cambiar, cuando demostramos incapacidad para aceptar lo que hemos llamado las facticidades de la vida, generamos un espacio dentro del cual es fácil que se desarrolle el resentimiento. No estamos diciendo que el resentimiento sólo sea resistencia a las facticidades de la vida. Para crear resentimiento se necesita más que el rechazo a lo que no se puede cambiar. Sin embargo, cuando no aceptamos las facticidades de la vida, el estado de ánimo del resentimiento encuentra un terreno fértil para desarrollarse.

¿Qué es el resentimiento?Este estado de ánimo puede ser reconstruido en términos de una conversación subyacente en la cual interpretamos que hemos sido víctimas de una acción injusta. Una conversación que sostiene que teníamos el derecho moral a obtener algo que nos fue negado o que simplemente merecíamos algo mejor de lo que obtuvimos. Alguien se interpuso impidiendo que obtuviéramos lo que merecíamos, negándonos posibilidades a las que consideramos que teníamos derecho. Alguien, por lo tanto, aparece en nuestra interpretación como culpable por lo que nos sucede. En su reconstrucción lingüística detectamos el juicio de que alguien nos cerró determinadas posibilidades en nuestra vida, como también el juicio de que ello es injusto. Este alguien

321

podría ser una persona, un grupo de personas, toda una clase de individuos (por ejemplo, todos los hombres, todas las mujeres, los jefes, los inmigrantes, los hispánicos, los judíos, los negros, los gitanos, etcétera). Se podría culpar incluso al mundo entero o a la vida como un todo.

Pero el resentimiento suele no detenerse allí. Además de los juicios subyacentes en los que podemos reconstruirlo, descubrimos también una declaración (o una promesa que nos hacemos a nosotros mismos). Sea quien sea el que hacemos responsable de la injusticia que se nos ha hecho, tarde o temprano pagará. En cuanto sea permitido, se hará justicia. Podrá tomar tiempo, pero llegará el momento en que nos vengaremos o alguien (¡Justicia divina!) nos vengará. El espíritu de la venganza es un subproducto habitual del resentimiento.

El estado de ánimo de resentimiento se acerca al de la ira. La principal diferencia reside, sin embargo, en que la ira se manifiesta abiertamente. El resentimiento, por el contrario, permanece escondido. Se mantiene como una conversación privada. Crece en el silencio y rara vez se manifiesta directamente.

El resentimiento se nutre de dos fuentes. De las promesas y de las expectativas consideradas legítimas que, en ambos casos, no son cumplidas. Ambas contribuyen a conferirnos el «derecho» de esperar un determinado comportamiento de los demás para con nosotros. Es a partir de este «derecho», que el resentimiento aparece como una invocación de justicia frente a la injusticia de lo sucedido. Las promesas, como bien sabemos, generan deberes y derechos. Quien promete se compromete a cumplir. Quien recibió una promesa adquiere efectivamente el derecho a esperar que ella se cumpla.

Pero no sólo estamos obligados por nuestras promesas. En muchos casos no basta decir «¡Pero si yo no prometí!» para eludir nuestra responsabilidad. En toda comunidad, estamos también comprometidos por la existencia de determinados estándares sociales de comportamiento. Hay determinadas acciones a las que estamos obligados y otras que nos están prohibidas, independientemente de las promesas que hagamos.

No es aceptable, por ejemplo, sostener «Yo a nadie le prometí que no iba a abusar físicamente de mi mujer», o bien, «Yo nunca prometí que me haría cargo de mis hijos». Aunque en ambos casos puedan no haberse hecho promesas, si alguién abusa físicamente de su mujer o no asume las responsabilidades que socialmente se esperan de él (o de ella) como padre (o madre), es posible que ello genere resentimiento de parte tanto de la mujer, como de los hijos afectados. En esa comunidad, ellos tienen legítimas expectativas de esperar un comportamiento diferente del que obtuvieron. En alguna otra comunidad, los estándares sociales pueden ser diferentes y las mismas acciones no generarán, necesariamente, resentimiento. Ahora bien, no basta tampoco con el incumplimiento de una promesa o de una legítima expectativa. No todo imcumplimiento de ellas genera necesariamente resentimiento. Para que éste se desarrolle es preciso que exista una situación que obstruya o impida manifestar nuestra ira o hacer un reclamo. Como veremos más adelante, el reclamo es el remedio más efectivo contra el resentimiento.

El resentimiento, por lo tanto, requiere de condiciones que, de una u otra forma, bloquean la posibilidad de hacer pública la conversación privada que alimenta quien sufre las consecuencias del incumplimiento de una promesa o de una expectativa legítima. Por ejemplo, podemos tener el juicio de que no seremos comprendidos por los demás o el juicio de que si hacemos un reclamo público deberemos enfrentar consecuencias aún peores, etcétera.

Aquí es precisamente donde aparece este «resistirse a las facticidades de la vida». Por una parte, nos oponemos tenazmente al estado actual de cosas que, sostenemos, nos hizo víctimas de una injusticia. Por otra parte, juzgamos que no hay nada que podamos hacer para cambiarlas. Hemos quedado atrapados, por lo tanto, entre el juicio de lo que no sólo era posible, sino esperable y «justo», y el juicio de facticidad de que nada podemos hacer para modificarlo.

El resentimiento emerge de la impotencia y a menudo la reproduce. Una razón importante para no manifestar nuestra ira y dejar que se desarrolle el resentimiento es el considerar que nos encontrarnos en una posición precaria de poder. Guardamos resentimiento contra alguien que nos humilla abusando de su posición de poder, mientras hacemos el juicio de que si reclamáramos, seríamos objeto de «abusos» aún peores. Si reclamáramos «tendríamos que pagar las consecuencias». Nos sentimos a merced del poder de otro. El resentimiento florece con facilidad en situaciones de distribución desigual del poder.

No es sorprendente, por lo tanto, que el resentimiento aparezca frecuentemente después de una derrota militar, cuando las fuerzas victoriosas imponen a los vencidos condiciones que éstos consideran extremadamente humillantes o que sobrepasan en gran medida lo que se piensa que es justo. Además, donde reina el temor, existe espacio para el resentimiento. Cuando la coordinación de acciones está basada en el temor, el resentimiento puede desarrollarse con extrema facilidad.

El nexo entre distribución del poder y resentimiento es crítico ya que la distribución desigual del poder constituye casi un axioma de toda forma de vida en sociedad. Es prácticamente imposible imaginar un orden social en el cual el poder esté igualmente distribuido. Los factores detrás de la distribución del poder pueden cambiar. A veces, pueden estar basados en la fuerza física; otras veces, pueden provenir de diferencias en recursos financieros, en competencias, en apoyo político, etcétera. Hay distribución desigual de poder entre padres e hijos, entre profesores y alumnos. También la hay en las relaciones con otras personas y grupos de pares, y ,definitivamente, en las organizaciones. En ellas el poder está, prácticamente por definición, distribuido en forma desigual.

Solamente una sólida disciplina y una fuerte socialización de las metas más elevadas de una organización permiten a los subordinados aceptar prácticas basadas en una estructura altamente jerárquica con una sesgada distribución del poder. Las organizaciones militares son un buen ejemplo de lo que se necesita para generar condiciones especiales de obediencia y lograr que la gente acepte normas de conducta como las descritas por Lord Tennyson cuando escribió *La Carga de la Brigada Ligera*, «Their's not to make reply, their's not to reason why, their's but to do and die» («No está en ellos responder; no está en ellos preguntarse por qué; sólo les corresponde hacer y morir»).

El estado de ánimo de resentimiento es extremadamente corrosivo para la convivencia social, de modo que a menudo actúa en favor de las partes involucradas para encontrar fórmulas que lo hagan desaparecer. La persona «en» resentimiento se ve afectada por un sufrimiento penetrante y muchas veces casi permanente, que se manifiesta en múltiples dominios de la vida. No hay alegría, no hay felicidad verdadera para las personas que viven en resentimiento.

Aún más importante es el hecho de que el resentimiento obstruye o restringe severamente nuestras posibilidades de acción. En la medida en que estamos absorbidos por una conversación que se niega a aceptar la pérdida que hemos sufrido y alimenta nuestro juicio de injusticia y nuestra acusación de culpabilidad, el pasado reina sobre el presente y estrecha el espacio del futuro. Cuando pensamos en el futuro, éste aparece impregnado por los juicios que caracterizan al resentimiento. Normalmente vivimos en el juicio de que seguiremos siendo tratados injustamente de ahora en adelante. Nuestras posibilidades futuras se convierten en posibilidades para incubar más resentimiento.

Quienes son objeto del resentimiento de otros, por otra parte, se encuentran rodeados de «arenas movedizas» y de un entorno hostil aun cuando no lo perciban. Sus intentos de coordinar acciones se ven permanentemente desbaratados. Enfrentan la promesa no formulada de que «en algún momento, en alguna parte, en alguna forma» van a pagar por aquello de lo que se les acusa silenciosamente. Es sólo cuestión de encontrar la ocasión propicia. En todo espacio social donde predomina el resentimiento la productividad y la calidad de la convivencia se ve afectada.

Sostenemos que se puede reconstruir cada estado de ánimo por medio de su correspondiente estructura lingüística subyacente. Por lo tanto, ¿cuál es la estructura lingüística en la cual se puede reconstruir el estado de ánimo de resentimiento? Basándonos en el análisis desarrollado anteriormente, proponemos la siguiente estructura lingüística para el estado de ánimo de resentimiento:

— Afirmo que sucedió (o no sucedió) X
— Juzgo que ello implica el incumplimiento de una promesa o de una legítima expectativa
—Juzgo que X me causó daño y restringió mis posibilidades actuales
— Juzgo que esto no es justo
— Declaro que «A» es responsable de esto («A» puede ser una persona, un grupo de personas, una institución, etcétera)
— Juzgo que no puedo hacer nada ahora para que «A» repare el daño que me ocasionó
— Declaro que esto no es correcto (no debiera ser, o debiera ser diferente)
—Declaro que en algún momento, en algún lugar, en alguna forma, «A» va a pagar por esto

También se pueden aceptar algunas variaciones de esta estructura. Lo que es interesante de ésta, sin embargo, es que podemos observar claramente la tensión entre el juicio «no puedo hacer nada ahora» y la declaración «las cosas debieran ser diferentes». Para que haya resentimiento es necesario que estos dos elementos estén presentes. Implica una tensión entre un juicio de facticidad y un juicio simultáneo de posibilidad. Como veremos a continuación, esta estructura lingüística nos guiará para diseñar caminos que nos permitan alejarnos del resentimiento.

Nietzsche ha sido el gran filósofo del tema del resentimiento. Según él, el resentimiento envenena la vida y corroe la convivencia con otros. Pero, por sobre todo, se trata de una emoción que encadena al ser humano, le arrebata su libertad. El resentimiento, nos dice Nietzsche, nos constituye en esclavos. La esclavitud no es sólo, ni siquiera primordialmente, un asunto político o legal. Es, por sobre todo, una condición del alma humana. Quien es jurídicamente un esclavo, puede ser a la vez un alma libre, como nos lo demuestra Epicteto.

Pero quien es jurídicamente libre y vive en el resentimiento, pierde su libertad y transforma a aquel contra quien se resiente en el amo de su existencia. El resentimiento nos hace vivir en función de la persona (o las personas) con que estamos resentidos. Aquello que juzgamos como una injusticia se transforma en guía y obsesión en nuestra vida. La coherencia de lo que hacemos está definida por nuestro odio al otro y por nuestra sed de venganza. La persona en resentimiento se desplaza, nos dice Nietzsche, como la tarántula, esperando el momento propicio para descargar su veneno.

Tal como lo planteamos previamente cuando examináramos la declaración del perdón, el resentimiento esconde su propio carácter, incluso frente a quien lo padece. En la medida en que traza una línea de demarcación entre la maldad del otro y el sentido de víctima respecto de uno mismo, el resentido se confiere a sí mismo una coartada pues se coloca del lado del bien. Esta es precisamente la trampa. Es difícil reconocer cómo el odio hacia el otro podría convertirlo en nuestro amo. Pero esto es lo que el resentimiento acomete. A través del odio el otro, incluso sin saberlo, adquiere poder sobre nuestra vida. El resentimiento, hemos dicho, profundiza nuestra impotencia y nos arrebata nuestra libertad. Es en este sentido que insistimos en el poder liberador del perdón.

El estado de ánimo de aceptación y paz

Por aceptación o paz caracterizamos al estado de ánimo contrario al resentimiento y que, por lo tanto, da cuenta de una emocionalidad diametralmente diferente que resulta de una misma situación. Lo que define al estado de ánimo de la aceptación es la expresión de reconciliación que ella exhibe con la facticidad. Decimos estar en paz cuando aceptamos vivir en armonía con las posibilidades que nos fueron cerradas. Estamos en paz cuando aceptamos las pérdidas que no está en nuestras manos cambiar.

De esta manera, por ejemplo, podemos relacionarnos con nuestro pasado desde el resentimiento o desde la aceptación. Cuando lo hacemos desde la aceptación, ello no implica, por ejemplo, negarse a reconocer los errores que pudimos haber cometido. Pero somos capaces de vivir en paz pues lo que sucedió en el pasado no tiene necesariamente que repetirse en el futuro. Miramos esos errores como expresión de precariedades que eventualmente podemos corregir en el futuro. La aceptación tampoco desconoce los errores o las acciones nocivas de los demás, ni la búsqueda que ellos no se repitan. Lo que la aceptación fundamentalmente «acepta» es el hecho de que no podemos cambiar lo ya ocurrido y, en cuanto tal, lo declara «cerrado». Tal como nos indica Epicteto, la aceptación nos permite abocarnos a la tarea de cambiar lo cambiable, sin ser consumidos por el lamentar inútil frente a lo que nada podemos hacer. La aceptación nos coloca en la senda de la transformación del futuro.

Del resentimiento a la aceptación

Es importante examinar de qué forma es posible desplazarse del estado de ánimo de resentimiento al de aceptación. La clave para hacerlo se encuentra, en muchos casos, en temas que hemos desarrollado anteriormente.

Una primera modalidad de desplazamiento puede ser alcanzada al identificar los juicios que aparecen en la reconstrucción lingüística del resentimiento y en el examen de sus fundamentos. Por ejemplo, podríamos examinar los fundamentos que encontramos para emitir los juicios que nos conducen a efectuar la acusación que está involucrada en el resentimiento. Al hacerlo, puede suceder que descubrimos que, re-examinada la situación correspondiente, la persona a quien acusamos no es del todo responsable de lo que sucedió. Cuántas veces no hemos tenido la experiencia de haber abrigado un resentimiento por largo tiempo para luego darnos cuenta de que nuestra acusación, mirada desde una nueva perspectiva, no tenía base alguna.

Sin embargo, el procedimiento anterior muchas veces resulta infructuoso. Al examinar el fundamento de la situación original, muchas veces constatamos que nuestro examen confirma los fundamentos que nos llevan a declarar a alguien responsable y acusarlo por las consecuencias que resultaron de su comportamiento. ¿Acaso ello implica que no tenemos cómo superar nuestro resentimiento? No lo creemos así.

En estas circunstancias, las opciones que disponemos para movernos del resentimiento a la aceptación, guardan relación con nuestra capacidad de hacer una declaración que dé por cerrado el pasado. Debemos examinar si podemos o no terminar con esas conversaciones privadas que nos han estado persiguiendo durante tanto tiempo. Y para cerrar esas conversaciones privadas existen diferentes alternativas posibles.

Una alternativa es examinar si nuestra decisión de no hablar y mantener nuestra acusación en silencio está fundada. Si nos decidimos por hablar, una forma frecuente de hacerlo es la **recriminación o la queja**. La recriminación es una variante de lo que anteriormente llamáramos «una conversación de juicios personales». Al recriminar a alguien, lo que hacemos es culpar al otro por lo sucedido y avasallarlo con juicios. Ello puede servirnos de desahogo y ayudarnos a liberarnos de nuestra rabia.

Sin embargo, al optar por la recriminación, lo que obtenemos como respuesta de parte del otro es, a menudo, el rechazo de nuestra interpretación de los hechos, el intento de mostrarnos nuestra propia culpabilidad en lo sucedido y otra avalancha de juicios personales. Una conversación basada en la recriminación mutua tiende a caldearse aceleradamente y frecuentemente no genera acción reparadora alguna. En el trayecto, la relación entre las dos personas suele terminar deteriorada.

Existe otra forma de hacernos cargo de nuestro resentimiento al hablar. A diferencia de la recriminación que era una variante de «la conversación de juicios personales», esta alternativa es una variante de «la conversación para la coordinación de acciones». Nos referimos al **reclamo**. El reclamo procura tomar las acciones que son conducentes a eliminar la causa del resentimiento. El hacer esto posee el poder de disolverlo.

El reclamo es un juego de lenguaje particular, conformado por varios actos lingüísticos. En él, se combinan al menos declaraciones, afirmaciones y peticiones. De ser exitoso, suele terminar en promesas de acciones que se hacen cargo del daño producido. Examinemos la estructura canónica del reclamo.

Declaración	: «Tengo que hacerte un reclamo».
Afirmación	: «Tu me prometiste que ibas a hacer x en tiempo y».
Afirmación	: «No cumpliste lo prometido».
Declaración	: «Como consecuencia de tu falta de cumplimiento, me he visto perjudicado».
	: ... [Pueden proveerse afirmaciones que funden el juicio anterior].
Declaración	: «Te hago responsable de estos perjuicios».
Petición	: «Como forma de asumir tu responsabilidad por los perjuicios que me has producido, te pido «a», «b» y/o «c»».
	: ... [Respuesta]
Declaración	: [Si la respuesta es positiva] Gracias.

Examinemos cada uno de estos pasos. La primera declaración crea el contexto para la conversación del reclamo. Le advierte al oyente el carácter de la conversación que se inicia y normalmente contribuye a establecer el estado de ánimo adecuado para tenerla.

Los dos pasos siguientes también aportan elementos contextuales, pero esta vez con el propósito de justificar el reclamo, de conferirle legitimidad. Cabe la posibilidad de que el oyente responda frente a nuestra primera afirmación diciendo, «Discúlpame, pero yo no te hice esa promesa. Lo que yo te dije fue ...», o que dijera, «Lo que te prometí no fue lo que tu dices, sino ...», o bien, «La fecha de cumplimiento no es la que tú sostienes, sino ...». En todos estos casos, posiblemente descubriremos que hubo un malentendido y quizás concluiremos que tenemos que mejorar la forma como pactamos promesas con esta persona en el futuro. Pero es muy probable que estas respuestas disuelvan la necesidad del reclamo y, con ello, la fuente de nuestro resentimiento.

Lo mismo puede suceder con la afirmación que constituye el tercer paso. Nuestro oyente bien podría decirnos, «Espera un segundo. El informe a que te refieres se lo entregué a tu secretaria antes del plazo que habíamos acordado. Yo he cumplido con lo que te prometí». Lo que cabe reconocer aquí es que nuestra presunción de que la promesa efectuada no fue cumplida puede ser falsa y que el oyente puede demostrarnos que él o ella cumplió con lo prometido. Nuevamente, si ello sucediera, el reclamo pierde sentido y nuestro resentimiento se disuelve. De hecho, muchas veces nos resentimos porque hacemos presunciones que posteriormente resultan no ser verdaderas. Hablando de aquello que nos resiente abrimos la posibilidad de constatar si nuestras presunciones eran verdaderas o falsas.

Si nuestro oyente está de acuerdo con nuestras afirmaciones anteriores, podemos entrar con plena legitimidad al núcleo del reclamo. Podemos, por lo tanto, declarar el perjuicio que hemos sufrido, declarar la responsabilidad de quien no cumplió y proceder a pedir alguna reparación por lo sucedido.

Si aquello que nosotros estimamos una reparación adecuada es aceptado por el oyente, el motivo del reclamo se disuelve y con él se disolverá también nuestro resentimiento. Cuando esto sucede, la conversación del reclamo termina con una declaración de cierre. Ello es lo que representa el paso final de «Gracias».

Si nuestro oyente no aceptara lo que le pedimos, pueden pasar varias cosas. Podemos, por ejemplo, entrar en una negociación sobre los términos de la reparación, en la que el oyente puede hacernos contraofertas, hasta alcanzar un acuerdo. Puede suceder también que lleguemos a entender y aceptar las razones que tuvo el oyente para no cumplir y declarar el asunto igualmente terminado, sin necesidad de reparación. Y, por último, si no obtenemos adecuada satisfacción podemos vernos obligados a reevaluar nuestra relación con esa persona en función de la consecuente pérdida de confianza. Pero en todos estos casos, hemos logrado avanzar hacia el cierre de esa conversación privada de la que se nutría nuestro resentimiento.

Lo importante del caso es poder comparar las consecuencias que resultan, en caso de resentimiento de mantener nuestra acusación en silencio, de entrar en una conversación de mutua recriminación o de efectuar un reclamo. Uno de los resultados de este último es el que las partes involucradas abren la posibilidad de salir de él, cuando se logra un acuerdo, recuperando la dignidad que con anterioridad se consideraba afectada. Lo que es importante de observar aquí es que el reclamo se formula con el objeto de dar por cerrada una conversación abierta que viene del pasado.

Muchas personas no saben cómo llevar a cabo la acción de reclamar de modo de completar efectivamente el pasado. Algunos creen que con recriminar al otro, hacen todo lo que deben realizar. Y pasan de una recriminación a otra.

Hay circunstancias, sin embargo, donde el daño realizado se nos presenta como irreparable. O que, existiendo la posibilidad de obtener alguna reparación, ésta no logra compensar la pérdida incurrida como consecuencia de la acción o inacción del otro. Cuando ello sucede, tenemos otra alternativa para terminar con el sufrimiento. Se trata de la declaración del perdón.

Los seres humanos cometemos errores. Tampoco medimos todas las consecuencias de nuestros actos. Las razones que nos damos para actuar de una u otra forma, están sujetas a la precariedad de todas nuestras interpretaciones. La aceptación de esta facticidad da lugar a lo que en inglés se entiende por compasión. La compasión en el idioma inglés (a diferencia de lo que sucede en español donde se la asocia con la lástima) es la aceptación plena del otro, con sus limitaciones, cegueras e incompetencias. Desde la emocionalidad de la compasión se expande el espacio para perdonar.

Hay quienes están dispuestos a perdonar, pero con una condición: que el responsable de la acción que resentimos declare su arrepentimiento. Ello implica que se haga merecedor de nuestro perdón, pidiéndolo. Si no hay arrepentimiento, se argumenta, no hay razón de perdonar. El perdón se paga, al menos, y particularmente cuando no hay posibilidad de reparar el daño, con el arrepentimiento.

Esta manera de condicionar el perdón, siendo muchas veces válida, no puede erigirse como principio incuestionable. No debemos olvidar que el perdón no sólo libera al responsable del daño realizado de la culpa que le atribuimos, también libera al resentido de su propio resentimiento y de las consecuencias que éste tiene en su existencia. Insistimos: el principal beneficiado del perdón no es el perdonado, sino quien perdona.

El perdonar no es un acto que libere de responsabilidad a quien realizó una determinada acción que consideramos que nos perjudicó injustamente. Por el contrario, el perdón es el acto que nos libera del resentimiento cuando precisamente tenemos fundamento para culpar a alguien por su comportamiento. Sólo entonces el perdón surge como una alternativa. Con el perdón declaramos que no permitiremos que nuestro resentimiento y, por lo tanto, nuestra interpretación sobre el daño que esa persona pueda habernos infligido en el pasado, interfiera en nuestras posibilidades de convivir y seguir coordinando acciones en el futuro. Muchas veces ésta es una consideración importante. Particularmente cuando estamos obligados a compartir el mismo espacio social y a convivir juntos.

Como dijéramos anteriormente, cuando perdonamos no nos estamos comprometiendo a olvidar. No podemos comprometernos a olvidar. Esto escapa a nuestras posibilidades. Cuando perdonamos, solamente nos estamos comprometiendo a cerrar una determinada conversación acerca del pasado y a no usarla en contra de una determinada persona en el futuro.

Existe una tercera alternativa. A veces podríamos juzgar que el daño que nos han ocasionado es tan inaceptable que no tiene sentido mantener una relación con esas personas. La magnitud del daño producido (la responsabilidad que le cabe a una persona en haberlo producido, la recurrencia sistemática de un mismo tipo de acciones, la profunda desconfianza que hemos desarrollado hacia una persona, etcétera) nos puede hacer concluir que ni el reclamo, ni el perdón, serán suficientes para restablecer nuestra relación con ella. Podemos perdonar, pero no estamos dispuestos a seguir manteniendo una relación con esa persona. Simplemente no vemos un futuro aceptable en mantener la relación. Cuando ése es el caso, la forma de cerrar nuestra conversación de resentimiento puede ser la **declaración de término de la relación**. A veces eso es precisamente lo que tenemos que hacer, como forma de hacernos cargo de nuestra dignidad.

Toda relación implica al menos dos entidades que se relacionan entre sí. Hasta ahora, hemos examinado las formas de tratar el resentimiento a través de acciones realizadas por la persona que padece el resentimiento. También hay acciones que se pueden ejecutar desde el otro extremo, esto es, desde el lado de la persona que genera el resentimiento o desde el sistema que lo origina. Estamos refiriéndonos al diseño de entornos que puedan anticiparse a la posibilidad de resentimiento y en los cuales se puedan tomar ciertas medidas para evitarlo. Este es un aspecto primordial del diseño de organizaciones, en las cuales el tema de la distribución desigual del poder puede generar permanentemente un estado de ánimo de resentimiento.

Formular promesas claras

Sostenemos que hay dos áreas en las que podemos intervenir para evitar el resentimiento en las organizaciones. La primera tiene que ver con la forma en que hacemos promesas. Tal como lo planteáramos previamente, muy a menudo el resentimiento surge porque las personas juzgan que las promesas que se les hicieron no se cumplieron. La forma de hacer promesas es un área básica de diseño si queremos evitar el resentimiento. A menudo sucede que el resentimiento se genera porque ambas partes escucharon la promesa de un modo muy diferente. Cada vez que hacemos promesas que den cabida a suposiciones o expectativas no fundadas sobre las condiciones de satisfacción acordadas y sobre los estándares implícitos en esas condiciones de satisfacción, corremos el riesgo de producir resentimiento.

A menudo el resentimiento se suscita también por las expectativas desiguales que tienen las personas, o porque el cumplimiento de compromisos es evaluado con distintos estándares. Cuando esto sucede significa que se opera con contextos distintos. Para evitar lo anterior, es importante, por lo tanto, explicitar los contextos en los cuales operamos y no asumir que todos tenemos las mismas expectativas o los mismos estándares. Antes de iniciar una relación, es muchas veces conveniente detenerse a crear un contexto común y declarar, por ejemplo, «Si acepta el puesto que le ofrecemos, puede esperar que de cumplirse x condiciones, suceda y. Sin embargo, le advertimos que no espere w, mientras las reglas sean las que hemos pactado».

La comunicación deficiente es una fuente continua de resentimiento. Si la gente se preocupara desde el comienzo mismo, de hacer promesas claras, muchas causas de resentimiento desaparecerían. Para que esto sea posible, es importante verificar que todos los involucrados escuchen las promesas en la misma forma y dejar muy en claro los compromisos que cada parte adquiere para cumplir sus promesas. La ambigüedad al formular promesas siempre es una fuente potencial de resentimiento.

Sin embargo, por más atención que pongamos al formular promesas, nunca podremos estar absolutamente seguros de la forma en que fueron escuchadas. A estas alturas, ya sabemos que no existe un escuchar perfecto. Más allá de todo lo que podamos hacer para verificar cómo cada uno entendió lo que se dijo, siempre escucharemos desde nuestra propia estructura y antecedentes históricos. No lo podemos evitar. Por lo tanto, un cierto grado de ambigüedad es parte de la facticidad de la comunicación humana.

Comprometerse a compartir algunas conversaciones privadas y permitir hacer reclamos

Esto nos lleva a la segunda área en la cual podemos intervenir para reducir el riesgo de resentimiento y manejar la descoordinación potencial de acción que éste implica. Otra forma de abordar el resentimiento es no permitiendo que crezca cuando aparece. ¿Cómo podemos hacer esto? Podemos hacerlo acordando mutuamente (como un compromiso básico de nuestra relación) compartir toda conversación privada acerca de cada uno de nosotros que, juzguemos, pueda interferir en la forma en que coordinamos nuestras acciones conjuntas. Ello implica mantener abierto un espacio para el reclamo.

Este compromiso nos permite identificar el resentimiento en su fuente y abordarlo tan pronto como éste aparezca. Por supuesto, para que esto sea posible, es indispensable que cada una de las partes no se sienta amenazada cuando comparta una conversación privada. Se debe eliminar el temor de compartir estas conversaciones. Esto significa que aquellos que hablen sobre sus conversaciones privadas o reclamen no sufrirán consecuencias negativas.

No estamos diciendo que las personas deban hacer pública cualquier conversación privada que puedan tener. Como seres autónomos que somos, tenemos el privilegio de la privacidad y este privilegio debe ser plenamente respetado. Las conversaciones que nos comprometemos a contar son aquellas que, a nuestro juicio, tienen el poder de interferir con nuestra coordinación de acciones dentro de la organización.

El estado de ánimo de la resignación

Tal como lo hemos reiterado, lo que ocurriera en el pasado no puede ser cambiado. Ello ya está determinado y al presente sólo le cabe reconocerlo como tal. Esto es una facticidad ontológica. El futuro, sin embargo, se caracteriza por ofrecernos un espacio de indeterminación, un espacio sujeto a nuestra capacidad de acción. El futuro puede ser diferente del presente. Y puede ser diferente tanto en razón de las acciones de otros como también en razón de nuestras propias acciones.

Observamos que alguien está en el estado de ánimo de la resignación cuando tal persona se comporta, en un determinado dominio, como si algo no pudiera cambiar, mientras que nosotros consideramos lo contrario. Reconocemos el estado de ánimo de resignación cuando podemos producir una conversación subyacente que cuestionaría la opinión de que algo no puede ser cambiado, esto es, cuando juzgamos que lo que alguien estima como inmutable puede cambiar.lo que caracteriza a una persona, en el estado de ánimo de la resignación, es el hecho de que ella, a diferencia de otras, no ve el futuro como un espacio de intervención que le permite, a partir de las acciones que ella misma emprenda, transformar el presente.

Sin embargo, generalmente la persona resignada no observa su estado de ánimo de resignación como tal. Para esa persona la resignación aparece como realismo fundado. No nos olvidemos que las personas no solamente tienen estados de ánimo, también tienen la tendencia a justificarlos.

A menudo admitimos que estamos resignados en algún dominio de nuestras vidas. Podemos observar nuestra propia resignación. Cuando esto sucede, de nuevo surge una tensión entre juicios de posibilidad y juicios de facticidad. Por una parte, reconocemos que las cosas podrían ser diferentes. Pero, por otra, estamos poseídos por el juicio de que las cosas no van a cambiar, hagamos lo que hagamos. Esto, a menudo, conduce a admitir que teóricamente las cosas podrían cambiar. Al mismo tiempo, no nos queda claro cómo ejecutar el cambio. A un nivel muy concreto, no sabemos qué hacer y, por lo tanto, no hacemos nada. Esta es una manifestación muy común y generalizada de resignación.

El estado de ánimo de la ambición

Al estado de ánimo de la resignación se contrapone el de la ambición. Este último se caracteriza por hacer lo contrario de lo que hacía el primero. Mientras la resignación se definía por la clausura de posibilidades futuras, la ambición destaca por identificar amplios espacios de intervención que conllevan el germen del cambio. A través de su reconstrucción lingüística, a la ambición le corresponde un juicio que habla sobre la manera como una persona se para frente al futuro. Como tal, la ambición permite ser reconstruida como una mirada diferente al futuro. Una mirada en la que éste es visto como un vasto espacio de posibilidades de acción y donde las acciones poseen una gran capacidad generativa y, por tanto, de construcción de nuevas realidades. Una persona ambiciosa entiende que el presente construye futuro y, al hacerlo, trasciende lo que hoy existe. Como disposición, ella se identifica con lo que Nietzsche llama «voluntad de poder».

Cabe advertir, sin embargo, que el término ambición tiene connotaciones muy diferentes según los discursos históricos que predominen en las distintas comunidades. En el mundo anglosajón es un atributo positivo. En cambio, en aquellas comunidades donde, por ejemplo, el discurso histórico predominante es el catolicismo, la ambición tiene una fuerte carga peyorativa. Ser «ambicioso» es visto normalmemte como despreciable. Lo que es importante observar es que se trata de diferencias que remiten a los discursos históricos predominantes.

Desde nuestra perspectiva, podemos reconstruir lingüísticamente el estado de ánimo de la ambición por referencia al juicio que hacemos de una persona, en el sentido de que ve posibilidades de acción donde otros normalmente no las ven y se compromete en la ejecución de tales acciones.

De la resignación a la ambición

Cuando identificamos un área en la cual sospechamos que detrás de nuestro «realismo» podría esconderse un estado de ánimo de resignación, también se pueden efectuar ciertas acciones. Ahora entendemos que se puede reconstruir la resignación como una estructura lingüística subyacente en la cual declaramos que «No se puede hacer nada aquí» o, «Haga lo que haga, nada va a cambiar», en circunstancias que otros pueden refutar nuestro juicio.

Nuevamente, una forma de lidiar con este estado de ánimo de resignación será el examinar los fundamentos de esos juicios. Podríamos descubrir, cuando los examinamos más detenidamente, que los obstáculos que, suponíamos, nos impedían actuar efectivamente, no existen, o bien podrían ser superados. A menudo sucede que no actuamos porque suponemos que si hiciéramos una determinada petición, ésta nos sería denegada. O suponemos que si entabláramos una conversación para explorar una posibilidad de interés para nosotros, ésta terminaría en nada.

Sin embargo, no es extraño descubrir, cuando entablamos esa conversación, que nuestro supuesto inicial era infundado. A veces también descubrimos que nuestros supuestos están basados en el hecho de que somos incompetentes para hacer peticiones o para desarrollar esas conversaciones de modo tal que el interlocutor pueda observar las posibilidades implícitas. Por lo tanto, si nos comprometemos a aprender a sostener esas conversaciones que estimábamos imposibles, las circunstancias pueden cambiar.

A veces podemos declarar todo un dominio de acción como inmutable, no porque los juicios que nos hemos hecho sobre los obstáculos para la acción los haga insalvables, sino simplemente porque no visualizamos acciones eficaces que se puedan llevar a cabo para producir un cambio. En estas circunstancias, lo que falta no es el examen de los fundamentos de nuestros juicios, sino más bien se requiere entablar conversaciones para posibles acciones. Para hacer esto, quizás querríamos hablar con otras personas, leer sobre el tema y seguir esos «repertorios» de acciones que nos permitan entrar en un estado de ánimo conducente a las especulaciones fértiles.

Cuando nos encontremos desgarrados entre juicios de posibilidad y facticidad conflictivos (como describimos anteriormente) también podremos encontrar espacio para realizar acciones que nos alejen de la resignación. Cuando admitimos que teóricamente las cosas podrían cambiar, pero no sabemos qué hacer al respecto, podemos siempre recurrir a las acciones «reflexivas». Si no sabemos qué hacer a continuación, todavía podríamos ejecutar las acciones que nos conducirían a las acciones que deberíamos realizar para llegar adonde queremos ir.

¿Qué acción podemos emprender cuando no sabemos qué acciones realizar? Podemos aprender. Podemos ejecutar la acción de ampliar nuestra capacidad de acción. El aprendizaje es una de las más importantes formas de alejar a las personas de la resignación. El aprendizaje hace que parezca alcanzable lo que pudo parecer imposible. A través del aprendizaje transformamos nuestros juicios de facticidad en juicios de posibilidad.

CAPITULO 10:

HACIA UNA ONTOLOGIA DE LA PERSONA

En otra parte hemos dicho que los seres humanos comparten una forma particular de ser: la forma de ser humana. Como seres humanos somos diferentes de los demás animales y de las plantas. También somos muy distintos a los ríos, las montañas, las nubes, las piedras, la lluvia, las estrellas de mar, etcétera. Los seres humanos compartimos una forma común de ser.

Sin embargo, también hemos dicho que esta forma de ser humana permite infinitas formas de realización. Podemos ser humanos de infinitas maneras. Todas esas formas, por supuesto, comparten algunos aspectos constitutivos o genéricos básicos que pertenecen a todos los seres humanos (lo que llamamos la dimensión ontológica) y, al mismo tiempo, dan pie a una variedad infinita. Esta forma particular de ser que somos como individuos (dentro de la forma ya particular de ser que somos como seres humanos) es lo que llamamos **la persona**[1]. La persona representa nuestra forma particular de ser humanos.

Lo que constituye a los seres humanos

Parece legítimo preguntarse qué hace a los humanos ser como son. En el transcurso de la historia de las ideas, se han dado muchas respuestas a esta pregunta. Aristóteles, por ejemplo, sostenía que el ser humano es, por naturaleza, un animal político. Carlyle, muchos años después,

---

[1] Usamos la distinción persona como equivalente al término inglés «*self*».

sostuvo que el ser humano es un animal que usa herramientas. «Sin herramientas», decía, «no es nada; con herramientas lo es todo». Ambos, tanto Aristóteles como Carlyle parecen estar apuntando hacia dimensiones indiscutibles del ser humano.

Pero, nos preguntamos, ¿no podríamos, acaso, decir con la misma validez que un ser humano es, por ejemplo, un animal poético? ¿Y no podríamos decir también que es un ser humorístico? ¿O un ser religioso? ¿O un ser que hace preguntas? ¿Conocemos acaso algún otro ser que posea estos atributos? ¿Es alguno de estos planteamientos más válido que los demás? El punto es que si buscamos los rasgos que caracterizan a los seres humanos, incluso aquellos que lo caracterizan de manera exclusiva, terminaremos con una larga y, más bien, muy larga lista.

Entre esa larga lista de rasgos humanos, volvemos a preguntarnos, ¿habrá alguno que, una vez identificado, nos permita derivar de él todos los demás? ¿Podríamos encontrar algo así como la «condición constitutiva primaria» de los seres humanos que, al ser identificada, nos permitiera concluir que ser político, poético, humorístico, religioso, hacer preguntas, usar herramientas, etcétera, son todas «condiciones derivadas» que resultan de ella? Si ello fuese posible es evidente que tal atributo, tal condición primaria, contendría todas las demás.

Siguiendo esta dirección, tras la búsqueda de esta condición primaria, la interpretación predominante ha sido la de apuntar a que los seres humanos somos animales racionales: animales, por tanto, provistos de razón. Este postulado fundamental ha tomado diversas formas. De un modo u otro, está contenido en aquellos enunciados que dicen que lo que nos hace como somos es que poseemos una conciencia, una mente, un espíritu, un alma, etcétera. Todos ellos suelen ser variedades dentro de este planteamiento básico que nos interpreta como seres racionales.

Comparado con los enunciados anteriores, éste tiene la gran ventaja de que opera como condición constitutiva, a partir de la cual se podrían derivar todas las otras.

Tendría sentido decir, por ejemplo, que los seres humanos somos políticos, usamos herramientas, somos poéticos, hacemos preguntas, etcétera, debido a que estamos dotados de razón (o de mente, o de cualquier otro término de esta clase que quisiéramos utilizar). Esta interpretación, sin embargo, presenta desde nuestra perspectiva algunos problemas importantes. En primer lugar, ella está basada en postular una entidad, atributo o propiedad (razón, espíritu, conciencia, mente, etcétera) cuyas propias condiciones constitutivas son difíciles de establecer. ¿Qué queremos decir con esto? Que aunque esta interpretación pueda explicar cómo pueden haberse generado otros rasgos propiamente humanos (ser político, usar herramientas, ser poético, etcétera), tomada como factor generativo primario de la forma de ser humana, se cierra a la explicación de cómo ella misma se generó.

En segundo lugar, esta interpretación induce una comprensión racionalista del ser humano y, por lo tanto, excluye aspectos fundamentales del comportamiento humano, que no siguen los lineamentos del modelo racionalista. Ya nos hemos referido a esto último en capítulos anteriores.

Volviendo a la primera objeción, estimamos que la interpretación de que somos seres racionales contribuye a producir otras interpretaciones que separan a los seres humanos del conjunto del proceso evolutivo a partir del cual hemos entendido el despliegue de las diferentes formas de vida. Podríamos preguntarnos, ¿cómo es que los humanos llegaron a tener espíritu? De sustentar esta interpretación, normalmente encontraremos que «falta un eslabón» en la cadena evolutiva que conduce a explicar la emergencia de seres racionales o espirituales.

Ese eslabón, de existir, explicaría cuáles fueron las condiciones que permitieron la constitución de la mente humana. Al mismo tiempo, sería capaz de identificar las condiciones que generaron esas condiciones, sobre la base de los rasgos biológicos que poseían nuestros antepasados evolutivos.

Por lo tanto, al postular a la mente como la «condición constitutiva primaria» de los seres humanos, hemos sido históricamente empujados hacia dos explicaciones subordinadas, dos interpretaciones que son intentos de darle consistencia a esta interpretación dominante. En primer lugar, la interpretación de la mente como separada del cuerpo y, por lo tanto, del proceso de evolución biológica. En el mejor de los casos, el cuerpo sirve para asignarle a la mente su «lugar de residencia». Hasta ahora, se ha dicho que su «lugar de residencia habitual» está en alguna parte del cerebro. Descartes lo colocaba en la glándula pituitaria.

La segunda interpretación nos remite al argumento de la creación divina. Supone que Dios nos ha dotado de esta entidad o propiedad especial. Puesto que no hemos sido capaces de demostrar cómo surge la mente del proceso de evolución, y sin embargo nos damos cuenta que la hemos obtenido, Dios pareciera una fuente razonable a la cual apuntar. A través de la historia, le hemos atribuido a Dios muchos de los fenómenos cuya generación no somos capaces de explicar.

Estas interpretaciones, con el tiempo, han producido algunas dificultades. Un área importante en la que se han estado acumulando problemas se da al interior de las ciencias biológicas. Con la expansión de la comprensión evolutiva de la vida y, especialmente, con la investigación que se ha desarrollado acerca del funcionamiento y estructura del cerebro (tómese, por ejemplo y entre otras, el trabajo de Norman Geschwind), el supuesto de que la mente está separada del cuerpo se ha hecho cada vez más indefendible. Hoy la biología reconoce la estrecha relación entre los fenómenos biológicos y mentales.

Desde la misma biología, sin embargo, ha surgido un desplazamiento importante con respecto a la noción de que aquello que nos define como seres humanos sea la razón. Este desplazamiento proviene de aquellos biólogos más directamente relacionados con la teoría evolutiva darwiniana y la teoría de sistemas. Precisamente, en torno a la intersección de la teoría evolutiva y el pensamiento sistémico, ha surgido, desde la propia biología, una proposición diferente de aquello que nos constituye como seres humanos.

En 1963, el destacado biólogo teórico, Ernst Mayr, en su libro *Animal Species and Evolution*, reconoce que un paso evolutivo primordial que dieron nuestros antepasados fue el bipedalismo, la posición erguida que permitió a los primates caminar en dos patas.

> *«La locomoción bipedal», escribe Mayr, «especialmente en sus comienzos, debe haber sido una forma de locomoción más bien ineficiente para un mamífero cuadrúpedo. Su mayor ventaja selectiva fue, presumiblemente, que liberó las extremidades anteriores para nuevas tareas conductuales. Permitió el uso de las manos para la manipulación eficiente de herramientas, para el manejo de armas (palos y rocas) y para el transporte de alimento. Es posible que los comienzos del bipedalismo se remonten a los comienzos de la línea homínida...»*

Un par de páginas más adelante, sin embargo, Mayr se refiere a lo que él considera el rasgo constitutivo que caracteriza a los seres humanos. Escribe:

> *«La capacidad de hablar es la característica humana más distintiva, y es bastante probable que el habla sea la invención clave que gatillara el paso desde el homínido al hombre. Permitió la estructura comunitaria y le permitió al hombre convertirse en un organismo verdaderamente social. Como tal, el hombre desarrolló la necesidad de mecanismos que promovieran la homeostasis social, los derechos comunales, los mitos y creencias y, finalmente, las religiones primitivas. Esta cadena de desarrollos incluyó una cantidad de mecanismos de retroalimentación positiva; así cada adelanto ejercía, a su vez, una presión de selección en favor de un desarrollo del cerebro aún mayor».*

Esto involucra un cambio importante en la comprensión de los seres humanos. Desde un punto de vista evolutivo, Ernst Mayr postula que el lenguaje puede considerarse como la transformación clave que produjo el surgimiento de los seres humanos. La capacidad para el habla es una capacidad biológica y podemos tratarla en términos estrictamente biológicos. Ellas remiten a la estructura del sistema nervioso de los seres humanos y a los rasgos particulares de sus órganos vocales y auditivos. No obstante, lo que es aún más importante en esta propuesta interpretativa es el hecho de que el lenguaje nos permite, también, explicar la emergencia de los fenómenos mentales. La mente, la razón, la conciencia, el espíritu, el alma, etcétera, pueden ahora ser devueltos al proceso de evolución. La separación entre cuerpo y mente ya no es necesaria, y nosotros no nos vemos ineludiblemente forzados a buscar explicaciones trascendentales para dar cuenta de nuestra capacidad de acceder a experiencias espirituales. Este postulado, que sitúa al lenguaje en el centro de nuestra comprensión de los seres humanos, ha sido desarrollado en mayor profundidad por otros biólogos. Es, por ejemplo, una de las piedras angulares de la biología de Humberto Maturana.

La ontología del lenguaje se desarrolla a partir de esta propuesta. Uno de sus postulados centrales es que aquello que constituye a los seres humanos, lo que los hace ser el tipo de seres que son, es el lenguaje. Los seres humanos, postulamos, son seres lingüísticos, seres que viven en el lenguaje. El lenguaje, sostenemos, es la clave para la comprensión de los fenómenos humanos. Y es desde esta perspectiva que examinaremos qué es la persona.

Nuestra comprensión tradicional de la persona

Nuestra comprensión tradicional supone que todos tenemos determinadas propiedades fijas. Todos nosotros «somos» de una u otra manera, y de acuerdo a cómo «somos» es como actuamos en la vida. Suponemos, por lo tanto, que cada uno de nosotros está dotado, al momento de nacer, de una mente, espíritu, alma, etcétera, particular y que ello define la forma como somos. Cualquier cosa que hagamos en la vida «revela» quiénes somos realmente. La persona es considerada poseedora de un fondo inmutable. De una esencia que nada puede hacer cambiar.

Diferentes experiencias pueden, como ocurre con los metales, moldear, templar, pulir y desgastar a una persona, pero el hierro será siempre hierro y el oro será siempre oro.

La persona que somos reside en alguna parte no siempre directamente visible para los demás o ni siquiera para nosotros mismos. Uno de los desafíos que muchas veces nos planteamos en la vida es el de «descubrir» quiénes somos y qué es «realmente» lo que queremos en la vida. Hablamos de procesos de «autodescubrimiento». Lo mismo ocurre también con los demás. Con frecuencia toma algún tiempo llegar a conocer quién realmente era el otro. En las relaciones de pareja, muchas veces se termina por «descubrir», a veces después de años de vivir juntos, que pese a nuestras ilusiones originales, la verdad es que realmente «éramos» incompatibles. Con ello queremos decir que la forma de ser del otro no se complementa con nuestra propia forma de ser. Una vez descubierto esto, pareciera ser muy poco lo que podemos hacer, excepto sufrir juntos de por vida o separarnos.

Algo similar suele ocurrir en otros dominios de la convivencia social. En educación, el profesor caracteriza a sus alumnos de una determinada forma y, al hacerlo, define de antemano lo que puede esperar de ellos. Los alumnos hacen lo mismo. Ellos caracterizan a sus profesores y lo que pueden esperar de ellos. En el trabajo la situación es parecida. Los jefes se preguntan si habrán contratado al personal adecuado y los empleados desarrollan sus propias interpretaciones de como «es» el jefe. Una vez efectuadas estas caracterizaciones, ellas regulan las relaciones de trabajo. Vivimos en un mundo en que aceptamos como cosa normal las explicaciones basadas en la noción de que «esto ocurrió debido a que esta persona es de tal o cual manera» o bien, de que «es así como él (o ella) es».

Más importante aún es la forma en que nos caracterizamos a nosotros mismos. Normalmente suponemos que somos de una u otra forma y, por lo tanto, hay cosas que jamás haríamos, puesto que «bien sabemos como somos», o «sabemos lo que queremos», o «sabemos lo que podemos y no podemos hacer», etcétera. Les decimos a los demás que «así es como somos», como una forma de anunciar lo que se puede esperar de nosotros. Al caracterizarnos de una determinada manera, definimos lo que es posible para nosotros en la vida y moldeamos nuestro futuro. Por lo general, tomamos nuestras autocaracterizaciones como descripciones de nuestra forma de ser. Con ellas frecuentemente apuntamos a lo que suponemos inmutable en nosotros.

A esta forma de comprensión de la persona la llamamos psicología metafísica. Ella supone que poseemos una forma particular de ser que nos define, una forma particular de ser que tiene su esencia permanente e inmutable en lo más profundo de nosotros mismos. La llamamos así por cuanto sus raíces provienen de la antigua comprensión metafísica del ser de Aristóteles. Dentro de esta comprensión, el ser de algo es lo que es permanente e inmutable en ese algo. Sus atributos pueden cambiar, pero su ser siempre permanece igual.

Alejándonos de la psicología metafísica: reconstrucción crítica de las caracterizaciones

Nuestra comprensión de los juicios nos da la primera pista para disolver esta interpretación metafísica de la persona. Toda caracterización que hacemos de nosotros mismos (y de los demás) es un juicio. Cuando decimos, por ejemplo, «Jorge tiene mal genio» o, «María es tímida» o, «Carmen escribe hermosas historias», parecemos caracterizar a Jorge, María y Carmen. Es como si estuviéramos diciendo cómo son y, por lo tanto, describiendo su ser. También suponemos que, puesto que sabemos cómo son, sabemos qué podemos esperar de ellos en términos de su conducta. Estas caracterizaciones parecen decirnos cómo actuarán ellos.

Sin embargo, una vez que nos damos cuenta de que todos éstos son juicios, nos damos cuenta también, de que no estamos describiendo a nadie. Lo que estamos haciendo es adscribirles algunas propiedades. Los juicios no describen, puesto que no son afirmaciones. Ellos adscriben.

¿Cuáles son el proceso y las condiciones que nos conducen a emitir un juicio? ¿Cómo llegamos a emitirlos? Todos sabemos que los juicios no son arbitrarios y que estamos comunicando algo cuando los hacemos. No porque sean adscripciones debemos concluir que ellos no carecen de significado. Al contrario, son significativos. Y así también, por lo tanto, lo son las caracterizaciones personales. No se trata, por lo tanto, de negarles valor a las caracterizaciones; se trata de reinterpretarlas.

De acuerdo a lo que hemos sostenido anteriormente al hablar de los juicios, sostenemos que hacemos juicios sobre los individuos según como ellos actúen. Si actúan de una u otra manera podemos decir, «Jorge tiene mal genio», «María es tímida» y «Carmen escribe hermosas historias». Si se nos preguntara por qué decimos lo anterior, diremos que los hemos visto actuar de un modo tal que nos permite emitir esos juicios.

Aquí es importante detenerse, pues estamos apuntando a algo que es interesante. Así como los juicios se fundan en acciones que hemos observado, sabemos que toda acción siempre tiene lugar en un momento determinado y dentro de un dominio determinado. Lo curioso, sin embargo, es que al hacer nuestras caracterizaciones suponemos que estamos haciendo una descripción de cómo son las personas. Estamos, por lo tanto, haciendo una conclusión general, que pretende hablar de la forma de ser permanente de un individuo, a partir de las adscripciones realizadas en instancias particulares. Olvidamos también que esa supuesta descripción es el resultado de observar acciones determinadas, y terminamos suponiendo que hemos llegado a conocer el ser immutable de las personas (y no sus acciones). Y llevamos esto aún más lejos. Y puesto que suponemos saber cómo los individuos son, concluimos que podemos predecir cómo actuarán.

Volvamos, pues, al proceso de hacer caracterizaciones que examinábamos anteriormente. Al observarlo con atención, apreciamos que se ha producido una inversión fundamental. Lo que inicialmente eran juicios relativos a las acciones de las personas que nos permitían suponer cómo ellas son, se considera después como comprensión de la forma de ser de la gente, que nos permite establecer cómo actuarán.

¿Hay algo malo en esto? Desde nuestra perspectiva, tenemos que responder simultáneamente que sí y que no. Consideremos, en primer lugar, por qué decimos que podría no haber nada malo en proceder de esa manera. Si lo que estamos haciendo es observar las acciones de la gente en el pasado o en el presente para anticipar la forma en que podrían actuar en el futuro, no hay nada malo. Estamos sencillamente haciendo lo que un juicio siempre hace. Y como lo veremos, hay fundamentos para esperar que la manera en que las personas hayan actuado en el pasado bien pudiera repetirse en el futuro. Pero cuando hacemos esto, estamos tratando con acciones — acciones pasadas, presentes, futuras— y nada más. El que alguien haya actuado de una forma u otra en el pasado no conlleva la descripción de alguna propiedad permanente o fija de la persona que está actuando.

Por lo tanto, damos un salto no válido cuando tomamos esos juicios como características permanentes de la persona que está siendo evaluada (incluidos nosotros mismos). No hay nada que nos autorice legítimamente a concluir que hemos alcanzado algo permanente o fijo. Sin embargo, éste es precisamente el modo en que procedemos normalmente. Operamos dentro de la comprensión tradicional de la persona suponiendo, primero, que los seres humanos tienen una forma de ser inmutable. Las caracterizaciones personales se consideran, en general, precisamente eso: descripciones certeras de nuestro permanente modo de ser.

Somos de acuerdo a como actuamos

La comprensión tradicional de la persona supone que actuamos de acuerdo a como somos. Las acciones, por lo tanto, se toman como manifestaciones de nuestro ser y nuestro ser es el factor determinante para comprender nuestro modo de actuar. Dentro de esta interpretación, se supone que las caracterizaciones personales nos dicen, por lo tanto, cómo son las personas. Sabiendo cómo son, podemos saber cómo actuarán. Si ocurre que actúan de un modo inesperado, nos parece que no las conocíamos bien.

Nuestra comprensión de la persona es diferente. Postulamos que, sin negar que actuamos de acuerdo a como somos, también somos de acuerdo a como actuamos. Las caracterizaciones personales son constructos que producimos a partir de las acciones que ejecutamos, con el fin de anticipar la forma en que podríamos actuar en el futuro. Las acciones no son sólo una manifestación de nuestro ser, sino también la forma en que éste se constituye en un proceso de transformación permanente. Generamos la forma de ser que somos al actuar de un modo u otro.

No negamos la posibilidad de hablar sobre nuestra particular forma de ser, pero postulamos que nuestras acciones son el principio generativo de quienes somos. A través de nuestras acciones, nos creamos a nosotros mismos. Nosotros, dentro del ambiente social en que vivimos, somos activos participantes en la creación de nuestra forma de ser.

La persona como principio explicativo

Desde esta perspectiva, y como primera aproximación (puesto que vamos a ampliar esta comprensión más adelante), podemos decir que la persona es una explicación basada en las acciones que emprende el individuo. Postulamos que la **persona es un principio explicativo, un principio que otorga coherencia a las acciones que realizamos.**

Si miramos lo que hacemos cuando desarrollamos nuestra comprensión de la persona de alguien, nos daremos cuenta de que cuando observamos cómo alguien actúa, hacemos algunos juicios a partir de esas acciones y los unimos en una historia o narrativa que produce un principio de coherencia sobre la persona que está siendo observada. No es más que esto. Visto desde el punto de vista de lo que realizamos cuando producimos la distinción de persona, nos damos cuenta de que **la persona es una historia sobre quiénes somos basada en las acciones que ejecutamos.**

Tomemos algunos ejemplos. Si se nos pidiera que dijéramos quiénes somos, probablemente traeríamos a mano una historia que se sustentara en algunos juicios que consideraríamos básicos para dar cuenta de quienes somos (juicios generados como resultado de muchas acciones ejecutadas en el pasado). Podríamos incluir algunas acciones del pasado a las que otorgamos especial significación y, posiblemente también, algunas de las acciones que estamos ejecutando en el presente. Si las acciones que hemos ejecutado en el pasado o que estamos ejecutando en el presente tienen sentido, en términos de un proyecto que queremos lograr en el futuro, podríamos, además, hablar sobre ello. Hablar de nuestras personas, por lo tanto, significa traer a colación una narrativa que integra todo aquello capaz de otorgar sentido y coherencia a nuestras acciones.

En relación a lo que acabamos de decir, el biólogo Humberto Maturana ha formulado un postulado fundamental. Ha dicho que «la mente no está en el cerebro, la mente está en la conducta [de las personas]». Este es un postulado que nos distancia por completo de la interpretación que discutíamos originalmente y que sostenía que la mente humana tiene su «lugar de residencia» en el cerebro. Si aceptamos que la mente es un principio explicativo que usamos para dar sentido a las acciones de las personas, nos daremos cuenta de cuán absurdo es postular que ella reside en el cerebro. Por cierto que para producir una historia necesitamos del lenguaje y el lenguaje está basado en las capacidades biológicas del cerebro humano. Pero reconocer esto es muy diferente de sugerir que la mente esté radicada en el cerebro.

¿Quién tiene la historia correcta?

La historia que nos contamos sobre nosotros mismos es nuestra persona privada, nuestra identidad privada. Las historias que otras personas cuentan sobre nosotros conforman nuestra persona pública y pertenecen al dominio de nuestra identidad pública. Estas dos clases de historias están basadas en nuestras acciones y, por lo tanto, somos responsables de ambas. La gente, sin embargo, observa nuestras acciones desde diferentes posiciones, con inquietudes e intereses muy distintos y con distinciones muy diferentes. Esto los hace observadores diferentes de quiénes somos. Distintos observadores producirán diferentes historias.

¿Quién tiene la historia correcta? ¿Quiénes somos realmente? Si aceptamos que la persona es una historia o narrativa, debemos aceptar también que no hay una «entidad existente» sobre la cual esté hablando la historia. La interpretación metafísica de la persona es engañosa precisamente debido a que postula una entidad existente que trasciende la persona como historia. Esta es la razón por la cual necesita la Mente, el Espíritu o el Alma. Para nosotros, tanto la mente como el espíritu y el alma pertenecen al dominio de nuestras experiencias personales, pero no se cosifican en entidad metafísica alguna. No puede haber una historia verdadera sobre la persona, puesto que la persona es la propia historia. Los únicos referentes de la historia son las acciones que se ejecutan.

Recordemos que las distinciones verdadero y falso pertenecen al dominio de las afirmaciones. Nuestra historia de la persona puede contener afirmaciones y ellas pueden ser verdaderas o falsas. Pero la historia de la persona no puede hacerse sólo con afirmaciones. **Siempre está organizada alrededor de algunos juicios maestros.**

Las diferentes historias que conforman una persona pueden estar más o menos fundadas, según la forma en que se relacionen con el universo de acciones a las que deben dar sentido. Estas diferentes historias pueden también ser más o menos poderosas, de acuerdo a las posibilidades que abran para el futuro y a las acciones que puedan derivar de ellas. Pero no hay una historia real, correcta, ni verdadera de la persona. Y nadie, ni siquiera uno mismo, tiene una posición privilegiada desde la cual construir la real historia de la persona que somos.

La persona como rasgo evolutivo

No podremos romper totalmente con la comprensión tradicional de la persona a menos que produzcamos alguna explicación satisfactoria de cómo ella se genera. Decir que la persona es un principio explicativo (una historia que inventamos para darles sentido a nuestras acciones) no es suficiente. Ello no basta para deshacerse del misterio de la persona que contiene nuestra comprensión tradicional. Lo que hemos hecho hasta ahora es sencillamente trasladar el misterio de la persona un peldaño más arriba, pero aún sigue ahí.

Por lo tanto, alguien bien podría preguntarnos, «Si como personas somos la historia que nos contamos de nosotros, deberá necesariamente haber alguien que cuenta la historia. ¿Quién es la persona que está contando la historia que da sentido a la propia acción? ¿No se necesita acaso una persona para producir la historia de la persona?» O bien, «Si la historia se refiere a las acciones ejecutadas, ¿quién está actuando?» O, yendo incluso más lejos, «¿por qué necesitaríamos esa historia?», «¿por qué es necesario darles sentido a las acciones que ejecutamos?»

Tenemos aquí diferentes preguntas de las que no podemos evitar hacernos cargo. Y ellas son de muy diferente tipo. Comencemos con la última, aquella de por qué es necesaria la historia de la persona. La mejor respuesta que podemos dar a esta pregunta es, en realidad, cuestionarla, debatirla. Si tomamos un punto de vista evolutivo nos daremos cuenta de que ésta es una pregunta que sólo puede llevarnos a respuestas confusas. ¿Por qué hay necesidad de que existan los seres humanos? Una vez que aceptamos su existencia, ¿por qué es necesario que tengan cinco y no siete dedos en cada pie?

Este tipo de preguntas suponen que la evolución ocurre respondiendo al imperativo de la necesidad. Es la antigua idea de que la función crea el órgano. Durante siglos hemos supuesto que ellos han sido creados para servir un propósito. Cada vez que observamos algo nuevo, preguntamos, «¿quién lo hizo? y «¿con qué propósito?»

A nuestro parecer nadie se ha hecho cargo mejor de estas preguntas que Nietzsche. Con respecto a la primera pregunta, «¿quién lo hizo?», como ya fuese mencionado anteriormente, su posición es que es un camino equivocado el considerar que hay que suponer un sujeto para dar cuenta del acontecer. «El actor es una ficción, nos dice Nietzsche, la acción lo es todo». Nietzsche nos señala que una vez que se ha abandonado la presunción de un sujeto efectivo, abandonamos también el objeto sobre el cual se producen los efectos. Con respecto a la segunda pregunta, «¿con qué propósito?», su posición es igualmente categórica:

> «*En cuanto nos imaginamos a alguien que es responsable por nosotros ser de tal o cual manera, etcétera. (Dios, naturaleza) y por tanto le atribuimos la intención de que debemos existir y ser felices o desgarrados, lo que hacemos es corromper para nosotros la inocencia del devenir». (La voluntad de poder, III, N° 552).*

O bien:

> «*Nadie es responsable por el existir o por estar constituido como él es, o por vivir bajo las circunstancias y alrededores en los que vive. (...) El no es el resultado de un diseño especial, una voluntad, un propósito; él no es el resultado de un esfuerzo de alcanzar un «hombre ideal» o un «ideal de felicidad» o un «ideal de moralidad». Es absurdo querer transferir su naturaleza a un propósito u otro. Nosotros inventamos el concepto de «propósito»; en la realidad el propósito está ausente». (El ocaso de los ídolos).*

Si examinamos el presupuesto del propósito desde un punto de vista evolutivo, llegamos a una conclusión similar a la que nos ofrece Nietzsche. La evolución es un proceso sin propósito. Los organismos vivos y sus características evolucionan por accidente y una vez que han emergido se seleccionan de acuerdo a sus ventajas adaptativas. Las características que proporcionan una ventaja adaptativa (lo que, expresado en forma simple, significa que aumentan la capacidad de reproducción del organismo) permanecen, mientras que las otras podrían desaparecer del proceso evolutivo. Las características no emergen porque sean necesarias, emergen por accidente. Permanecen dentro del proceso de evolución, ya sea debido a que proporcionaron una ventaja adaptativa o simplemente porque no proporcionaron ninguna desventaja adaptativa. Es posible que encontremos desilusionante esta lógica evolutiva, tal vez no nos guste, pero ello por desgracia no la cambiará, tal como el juicio que nos merezca la fuerza de gravedad tampoco la afecta ni la hace menos efectiva.

Muchas veces pensamos que cuando hacemos una pregunta, como aquellas que hicimos anteriormente, lo que sigue es simplemente responderla. No siempre, sin embargo, nos detenemos a examinar la validez de la pregunta. Tal como hemos reiterado, nos hemos creado grandes e insolubles problemas al preguntarnos «¿Por qué?» cada vez que algo acontece, implicando con ello la existencia de un propósito o intención detrás de un fenómeno. De esta forma, nos preguntábamos «¿Por qué llueve?» del mismo modo que uno suele preguntar «¿Por qué me miras así?» Esta pregunta, así planteada, supone la existencia de un propósito que no se revela directamente en el acontecer. Pero el supuesto de la existencia de tal propósito escondido es dado por sentado por la pregunta y por lo tanto no es siempre cuestionado. Sin embargo, es muy diferente preguntar «¿Por qué?» buscando un propósito, que hacer la misma pregunta tras la búsqueda de los mecanismos que generaron el fenómeno involucrado. El poder de la ciencia consistió precisamente en desplazarse de un tipo de pregunta al otro.

Sólo cuando tratamos con acción deliberada tiene sentido la pregunta por el propósito o la intención. Podemos preguntar entonces, «¿por qué hiciste eso?» Lo que es necesario destacar, por lo tanto, es que siendo la persona el fundamento de la acción deliberada o con propósito, la propia existencia de la persona no es en sí resultado de alguna acción con propósito. En otras palabras, **la existencia de la persona no sirve a ningún propósito, pero permite que exista el propósito humano.** Esta es, para nosotros, una distinción fundamental. Lo que Darwin logró con su teoría de la evolución fue precisamente una interpretación científica del surgimiento de diferentes formas de vida, una explicación que no necesita la presuposición de propósito o intención. Lo mismo había ocurrido antes en el campo de la física y la astronomía con Newton. En la física aristotélica, el movimiento no podía separarse totalmente de la intención. Las cosas se movían para alcanzar el lugar que se suponía debían ocupar, según su naturaleza. Esto cambió completamente con la física de Galileo y Newton. Tal como la física lo había hecho antes, la teoría de la evolución buscó mecanismos generativos, no intenciones. Esta misma distinción es también decisiva en la biología del conocimiento de Humberto Maturana.

Volviendo a nuestra pregunta original sobre la necesidad de una historia de la persona, decimos que el hecho de que los seres humanos realmente constituyan una persona tiene sentido dentro de una deriva evolutiva y ontogénica. Ocurrió dentro de su historia de evolución como seres vivientes y debe haber tenido ventajas adaptativas o, al menos, debe no haber tenido desventajas adaptativas. Cuáles puedan ellas ser, es un pregunta que dejamos abierta ya que el indagar en ella nos alejaría del tema que estamos tratando.

¿Cómo está constituida la persona?

Una cosa, por lo tanto, es preguntar sobre la necesidad de tener una persona y otra cosa muy diferente, preguntar sobre los mecanismos que permiten su emergencia. Podemos evitar la primera pregunta, pero no podemos evitar la segunda. Si estamos de acuerdo en aceptar que hay un fenómeno que llamamos persona (y algunos podrán querer incluso refutar eso), debemos también aceptar que hay condiciones que lo producen, hay mecanismos que lo generan. Al referirnos al tema de los mecanismos que generan la persona, responderemos la pregunta, «¿Qué es aquello que produce la historia o narrativa que constituye la persona?» Diremos que lo que permite y está detrás de este fenómeno es el lenguaje humano. La persona no es solamente un fenómeno lingüístico en el sentido de una historia que contamos sobre nosotros mismos y los demás. La persona es un producto de la capacidad recursiva del lenguaje. Gracias a la extraordinaria plasticidad del sistema nervioso humano, los seres humanos pueden no solamente coordinar acciones entre sí, sino además, coordinar acciones para coordinar otras acciones. Y esto, que de por sí ya es *recursivo*, puede realizarse en giros recursivos ulteriores, en una progresión abierta. Esto es lo que caracteriza al lenguaje humano.

Lo que llamamos mente, razón, espíritu, conciencia, etcétera, son todos fenómenos basados en la capacidad recursiva del lenguaje. Mientras más nos movemos hacia arriba en la cadena de recursividad, más capaces somos de observar nuestra vida como un todo, más nos acercamos al misterio de la vida, más espirituales se hacen nuestras experiencias. Mientras más hablamos «sobre» nuestras experiencias, o «sobre» la experiencia de hablar sobre nuestras experiencias, más reflexivos nos hacemos.

Tanto el espíritu como la reflexión se basan en la capacidad recursiva del lenguaje. A veces las palabras espíritu y reflexión se han usado para hablar del mismo fenómeno (como en la filosofía de Hegel, en la cual el espíritu, la mente y la razón son, con frecuencia, términos intercambiables). A veces son consideradas diferentes. Lo espiritual se ve como una experiencia en la cual usamos la capacidad recursiva del lenguaje para alejarnos del hablar mismo (como en la meditación Zen), mientras que la reflexión es entendida como hablar recursivo.

Pero hay algo más en esto. Todas aquellas distinciones (mente, razón, etcétera) —y específicamente cuando hablamos de la persona, están no sólo implicando actividad recursiva, sino que están, también, suponiendo que hay alguna unidad que sostiene esa actividad recursiva.

No son sólo nombres que damos a una colección de acciones mentales. También implican que esa pluralidad de acciones constituye una unidad y, por lo tanto, se refieren a una singularidad.

¿Cómo es que nosotros, los seres humanos, hacemos esto? Podemos ofrecer muchas interpretaciones posibles, y en algún momento podremos ser capaces de producir alguna explicación científica. Por el momento, solamente podemos especular a partir del hecho de que observamos que nuestras acciones surgen de una unidad biológica continua (nuestro cuerpo). Si aceptáramos esta interpretación, significaría que es el cuerpo el que proporciona la unidad a todas las acciones que ejecutamos. El cuerpo sería el sustrato fundamental para la unidad de la mente.

A esta interpretación le falta, sin embargo, algo importante. Lo que falta es el reconocimiento de que **la persona se experimenta como unidad debido a que se vive como una unidad de experiencia.** Ello nos conduce al fenómeno de la subjetividad. La misma recursividad del lenguaje, esta capacidad que vuelca el lenguaje hacia sí mismo, nos permite no solamente vivir el presente en el lenguaje, sino también recordar el pasado. Debido a que somos seres lingüísticos, los seres humanos somos animales con memoria. Nuestra memoria humana es una memoria lingüística. Cualesquiera sean las maneras que tengan los demás animales de conectarse con su pasado, ellos no tienen cómo relacionarse con sus experiencias pasadas por medio del lenguaje. La memoria, tal como nosotros la conocemos, es un fenómeno humano.

De nuevo, a partir de la recursividad del lenguaje, podemos no solamente reflexionar sobre las acciones que hemos ejecutado, sino también acerca de las posibles acciones que eventualmente podamos realizar. De este modo, el lenguaje no sólo nos conecta con el pasado, sino que también nos proyecta al futuro. Los seres humanos somos los únicos animales que conocemos que pueden anticipar y diseñar su futuro. Podemos hacer esto porque somos seres lingüísticos.

El lenguaje, por lo tanto, nos capacita para vivir en el presente de un modo que nos conecta con experiencias del pasado y nos proyecta hacia posibles experiencias del futuro. La recursividad del lenguaje nos hace vivir como una unidad de experiencia con continuidad en el tiempo. Esta misma recursividad nos permite conectar una experiencia con otra, como flujo de acciones y acontecimientos interdependientes. Si agregamos a esto el reconocimiento de nuestra continuidad biológica, tenemos bastante base desde donde puede surgir la distinción de persona.

Las trampas del lenguaje

El lenguaje, siendo el principio generativo de la persona, es también, responsable de nuestros malentendidos en relación a la persona. La generación de la persona ocurre en el lenguaje y toma la forma de la distinción «Yo». El «yo» es la unidad de mis acciones.

Sin embargo, una vez que nos vemos como persona, como «yo», podemos decir, por ejemplo, «Yo como», «Yo manejo mi auto», «Yo trabajo en The Newfield Group», «Yo escribo documentos», «Yo diseño cursos», etcétera. Hablando de este modo, estamos reconociendo a nuestra persona como la unidad de nuestras acciones. Pero, al mismo tiempo, estamos haciendo otra cosa. Hablando de este modo, estamos también separando el «yo» de las acciones que realizamos y, debido a la estructura gramatical de nuestro hablar, cada vez que decimos, por ejemplo, «Yo manejo mi auto», estamos dando prioridad al «yo» respecto a la acción de manejar el auto. De este modo, creamos la ilusión de un «yo» ya constituido que, entre muchas otras acciones posibles, «maneja un auto».

Siendo éste el caso, no es extraño que terminemos aceptando fácilmente que actuamos de acuerdo a como somos, de acuerdo al «yo» que somos, y que escondamos la relación inversa: el hecho de que somos de acuerdo a como actuamos. La estructura gramatical anteriormente descrita nos invita a hacer preguntas sobre el «yo» como entidad constituida independientemente de las acciones que realiza.

A menudo el lenguaje nos hace caer en diferentes trampas y ésta es una de ellas. La comprensión tradicional de la persona no es una comprensión arbitraria. Es una comprensión que tiene sentido y se basa en la forma como hablamos. Esto, sin embargo, no es suficiente para hacerla inmune a la crítica.

La persona como principio activo de coherencia

La persona no debe ser considerada sólo un principio explicativo que otorga coherencia a lo que hacemos. Esta moneda también tiene otra cara. La persona es, a la vez, un principio activo de coherencia que se proyecta en las acciones que ejecutamos.

Lo que estamos diciendo es que la persona no es sólo otra historia que contamos sobre nosotros mismos, en el sentido de que sea una historia que no tenga efectos en los acontecimientos de nuestra vida. Al contrario, esa historia pareciera adquirir vida propia y desarrolla el poder de especificar las acciones que realizamos. No sólo construimos una historia de nuestra persona que da coherencia a las acciones que realizamos, sino que las acciones que realizamos son también coherentes con la historia que tenemos sobre nuestra persona. La historia de la persona que somos no es una historia trivial. Tiene poderes generativos.

La comprensión tradicional de la persona se da cuenta de ello. Esto es lo que le da base para postular una entidad que guía la acción de los individuos. Después de todo, esto es muy similar a lo que estamos diciendo. Si nos damos cuenta de que la gente no actúa al azar, primero de una manera y luego de la manera inversa; si nos damos cuenta de que la conducta de la gente sigue algunas coherencias básicas; si reconocemos que la coherencia no está solamente en la historia que contamos sobre nosotros mismos sino también en las acciones que emprendemos, entonces, se hace difícil no llegar a la conclusión de que debe haber algo que selecciona nuestras acciones y proporciona la coherencia básica que parecemos observar.

Pero, en vez de observar este fenómeno como constituido por una circularidad activa entre acciones y narrativas (o historias), la comprensión tradicional de la persona inventa un ser inmanente: un ser dentro de los seres humanos al cual le da nombres diversos. A ello nos hemos referido al hablar de la falacia del humunculus.

¿Cuál es la diferencia entre interpretar la persona según nuestra comprensión tradicional y, en vez de eso, como una narrativa que nos proporciona un principio básico de coherencia? La diferencia principal radica en el dominio de la acción. Igual como sucede con la historia que sustentamos sobre nuestra persona, las acciones posibles que surgen de ambas interpretaciones son sustancialmente diferentes. Nuestro espacio de intervención a nivel de la persona es muy diferente si sustentamos una interpretación o la otra.

La construcción social de la persona

Todo lo que hemos dicho hasta aquí podría dar la impresión de que hemos estado hablando de un proceso que tiene lugar en el individuo. Podría parecer que la persona es el resultado de un proceso que ocurre en el lenguaje dentro de los límites de individuos particulares. Nuevamente, nuestra posición es exactamente la opuesta.

Tal como lo hemos sostenido previamente, el lenguaje no es un fenómeno individual, es un fenómeno social. Un solo individuo, por sí mismo, no puede producir lenguaje. El lenguaje surge en el proceso de interacción social, en el juego colectivo de individuos que coordinan acciones juntos. El lenguaje no fue creado por una persona. No es la invención de un solo individuo. Al contrario, la persona es una creación del lenguaje. Llegamos a ser quienes somos como resultado de un lenguaje que nos antecede. Al nacer, somos arrojados en un lenguaje ya constituido. Y llegamos a ser quienquiera que lleguemos a ser, al interior del lenguaje dentro del cual crecemos.

Esto no significa que nosotros, como individuos, no juguemos papel alguno en el desarrollo del lenguaje. Ciertamente lo hacemos, o al menos, podemos hacerlo. Pero mucho antes de que podamos tomar parte activa en su desarrollo, requerimos estar constituidos como personas, como resultado de ya existir en el lenguaje.

Wittgenstein escribió en sus *Investigaciones filosóficas* que «imaginar un lenguaje es imaginar una forma de vida». Pocas formas nos permiten captar mejor esta proposición que el considerar el modo en que nos constituimos como personas. Las comunidades con lenguajes diferentes constituyen a personas diferentes. Las diferentes formas como los individuos coordinan acciones en el lenguaje hacen a tales individuos lo que son como personas. Estas diferentes modalidades de coordinar acciones en el lenguaje Wittgenstein las llamó juegos de lenguaje.

Según los juegos que jugamos en el lenguaje, las palabras adquieren distintos significados y los jugadores desarrollan diferentes identidades. Ellos se constituyen como las personas que son jugando esos juegos lingüísticos. Pero no sólo se constituyen a sí mismos. Su lenguaje también constituye el mundo en que viven. Todo lenguaje trae un mundo de la mano.

Quisiera relacionar el postulado de Wittgenstein con una experiencia personal. La primera versión de este capítulo fue escrita mientras pasaba unos días con Yaven, mi mujer, en Asilomar, California. Ella había llevado consigo el libro autobiográfico del autor mexicano- norteamericano Richard Rodríguez, *Hunger of Memory*. En uno de mis descansos del computador, puesto que Yaven estaba leyendo otra cosa, tomé el libro de Rodríguez y me puse a leerlo. Para mi sorpresa, me di cuenta de que, de una manera muy diferente, Rodríguez, al relatar su experiencia personal, abordaba el mismo tema en el que yo me debatía y que procuraba desarrollar en mi texto.

Rodríguez advierte al lector desde muy temprano de que éste es «un libro sobre el lenguaje». En él nos cuenta su experiencia de crecer como niño en un hogar de habla hispana y de la profunda transformación personal que le significa el ingreso al mundo de su escuela de habla inglesa. Rodríguez nos conduce, paso a paso, por este proceso y nos muestra cómo el mundo de la escuela inglesa va moldeando en él una nueva identidad.

Nos relata cómo este mismo proceso va creando y ampliando las brechas entre la persona que se gestaba en él y el mundo de habla hispana de sus padres mejicanos, el mundo de su infancia. La autobiografía de Rodríguez tiene el gran mérito de mostrarnos, sólo como puede hacerlo la literatura, la validez del enunciado de Wittgenstein.

Cuando decimos que la persona involucra un principio de coherencia, debemos darnos cuenta de que lo que es coherente dentro de una comunidad —dentro de una comunidad que vive dentro de un determinado lenguaje— puede ser muy diferente en otra comunidad que vive dentro de otro lenguaje. Cuando decimos que algo es coherente, estamos emitiendo un juicio y usamos diferentes estándares sociales para hacerlo, de acuerdo a la comunidad a la cual pertenecemos. El ser coherente es un juego lingüístico que se juega en forma distinta dentro de comunidades diferentes.

Cuando hablamos de la persona, normalmente pensamos en ella de acuerdo a los parámetros propios de las sociedades occidentales contemporáneas. Por lo tanto, nuestra concepción de persona conlleva una fuerte carga individualista. Aún más, a menudo pensamos que este tipo de persona, de sello individualista, ha existido como tal a través de toda la historia, e incluso pensamos que esa historia es el resultado de las acciones de personas individualistas. Lo que normalmente no vemos es el hecho de que esta persona individualista es en sí un resultado histórico, un producto muy reciente de la historia occidental.

Durante la mayor parte de la historia, la relación entre la persona y la comunidad fue muy estrecha, y los individuos se vieron a sí mismos como constituidos por las comunidades a las cuales pertenecían. Este estrecho vínculo entre la comunidad y la persona era visible para todos los miembros de la comunidad y no permanecía oculto como suele estarlo hoy en día. La separación entre la persona y la comunidad, tal como nosotros la conocemos, es un fenómeno histórico extremadamente reciente.

Tomemos el ejemplo de un artista a fines de la Edad Media. Actualmente suponemos que los artistas son, en general, personas fuertemente asentadas en su individualidad. Pero éste no era el caso en aquel entonces. En aquella época, un artista pertenecía a un gremio y el gremio establecía estrictas reglas de conducta sobre los temas que podían pintarse, cómo debían presentarse, qué materiales y colores debían usarse, de qué tamaño podían ser las diferentes figuras, etcétera. Había poco lugar para una libertad expresiva individual. El rango de las acciones estaba fuertemente acotado y sujeto a estrictas normas sociales. Sus identidades individuales estaban estrictamente determinadas por la comunidad.

Este es el caso, todavía, en muchas sociedades orientales. En muchos países orientales, todavía es la comunidad la que decide las reglas básicas del matrimonio y es la familia la que toma la responsabilidad de hacer que éste funcione. Los individuos tienen poco o nada que decir en estas materias. Las personas operan en un medio ambiente social fuertemente constreñido. Cuando los occidentales miramos estas conductas tendemos a considerarlas aberrantes, sin darnos cuenta que las observamos desde condiciones históricas muy diferentes y, por lo demás, históricamente muy recientes.

La relación entre lenguaje y comunidad

Es interesante explorar la relación entre la comunidad y el lenguaje. Sostenemos que para pertenecer a una comunidad debemos compartir un lenguaje. El lenguaje, como coordinación de coordinación de acciones, como un conjunto de juegos lingüísticos, es lo que constituye una comunidad. Al hablar de lenguaje, por lo tanto, no nos estamos refiriendo solamente al inglés, español, francés, chino o indio, aunque podemos asociar fácilmente diferentes mundos a cada uno de esos idiomas.

Por supuesto, cada uno de nuestros juegos de lenguaje se juega dentro de alguna de estas amplias tradiciones lingüísticas, y debemos estar dentro de una tradición para ser capaces de jugar cualquier juego de lenguaje posible. Pero hablar inglés no garantiza que los juegos lingüísticos que juguemos sean los mismos. Por ejemplo, los británicos juegan un juego de lenguaje llamado monarquía, que los norteamericanos no juegan. Para personas de habla hispana de América Latina la palabra Presidente se refiere a diferentes juegos de lenguaje. Se refiere a un juego en Venezuela y a otro en Argentina.

Pero también hay comunidades dentro de los diferentes países. Si queremos pertenecer a la comunidad de químicos debemos hablar el lenguaje de la química; si queremos formar parte de la comunidad de los matemáticos debemos hablar el lenguaje de las matemáticas, y si queremos pertenecer a la comunidad de los corredores de propiedades debemos hablar el lenguaje de corretaje de propiedades. Algunas comunidades protegen el privilegio de sus miembros levantando barreras adicionales para jugar sus juegos. Requerirán, por ejemplo, de alguna forma de acreditación antes de aceptar a alguien como miembro. Estas barreras pueden funcionar mientras esas comunidades tengan el poder de exigirlas. Sin embargo, todos hemos visto personas que se abren camino, pese a las barreras, con sólo dominar el lenguaje de la comunidad correspondiente y mostrando competencia en los juegos que se juegan en ella.

Basado en su experiencia personal, Richard Rodríguez se ha convertido en un fuerte opositor a forzar la educación bilingüe en el sistema escolar norteamericano. Plantea que la educación bilingüe no facilita la plena integración del inmigrante a los juegos públicos de la sociedad norteamericana. Rodríguez reconoce que el lenguaje es el factor crítico para alcanzar una pertenencia plena a la comunidad. El bilingüismo, sostiene Rodríguez, atrasa el proceso de integración social del inmigrante total y mantiene bolsas de ciudadanos de segunda clase.

Hemos dicho que el lenguaje, entendido como el consenso de un conjunto de distinciones para coordinar acciones conjuntas sobre una base estable, es lo que constituye una comunidad. Una comunidad está organizada como un sistema de coordinación de acciones entre sus miembros, basada en un lenguaje compartido. Cuando no hay juegos integradores, cuando los individuos dejan de coordinar acciones entre ellos, la comunidad, por definición, se desintegra.

Los cinco dominios básicos de la persona

A partir de lo que hemos dicho hasta aquí, podemos identificar la persona como un conjunto de dominios de observación diferentes. Los llamaremos el dominio experiencial, el discursivo, el performativo, el moral y el emocional.

1. La persona como dominio experiencial

Hemos dicho que la persona, antes que nada, se vive como tal, como persona. En este sentido, es un dominio de experiencia. Nuestras experiencias son los componentes básicos de nuestra vida. La vida es la secuencia de nuestras experiencias. Cualquier cosa que hagamos, la hacemos «desde» nuestras experiencias. Ciertamente, podemos reflexionar sobre nuestras experiencias y generar interpretaciones acerca de por qué nos ocurrieron ciertas cosas y por qué las experimentamos de la manera en que las experimentamos. Pero, independientemente de lo que digamos de ellas, se yerguen por sí solas como algo dado y no las podemos negar. Es en este sentido que las concebimos como los componentes básicos de nuestra vida.

Así como no podemos negar nuestras propias experiencias, cualquier intervención a nivel de la persona tampoco puede negar las experiencias en las vidas de otras personas. Simplemente vivimos nuestras experiencias de la manera en que las vivimos, y cualquier intervención debe empezar desde allí. La reflexión nos puede enseñar a vivir los acontecimientos futuros en forma diferente. También puede enseñarnos a reinterpretar lo que ya nos ha ocurrido. Pero lo que hemos pasado y la forma cómo lo pasamos es incuestionable. Y no hay nada que podamos hacer para cambiar esto. Independientemente de lo que pueda agregar la reflexión a la experiencia de vida, las experiencias permanecerán como tales.

Lo dicho es fundamental en la práctica del *coaching* ontológico. Ella se levanta desde la plena aceptación de las experiencias de las personas. No podemos decir, por ejemplo, «No acepto que esto sea un quiebre para Ud.» o, «No acepto que esta experiencia que me acaba de contar lo haya hecho sufrir», etcétera. Si no tenemos motivo para dudar de la sinceridad de lo que nos relata, como experiencia de la persona que se somete a *coaching*, tenemos que aceptar que ella tiene total privilegio respecto a sus propias experiencias. Ello, independientemente de que hagamos el juicio de que nosotros hubiésemos vivido los mismos acontecimientos en forma muy diferente. El *coaching* ontológico sólo puede hacerse sobre la base de la aceptación de la legitimidad de las experiencias personales de los demás.

2. La persona como dominio discursivo

También hemos dicho que la persona es un principio explicativo que da coherencia a las acciones que realizamos. En este sentido, hemos hablado de la persona como de una narrativa o historia que contamos sobre quiénes somos. Tal historia siempre se sustenta en algunos juicios fundamentales que hemos llamado los juicios maestros y que nos constituyen como la persona que somos. Estos juicios suelen versar sobre nosotros, los otros, el mundo y el futuro. Estos son, en general, los cuatro puntos cardinales que definen la estructura de nuestros juicios maestros.

Para acceder a lo que llamamos el alma de alguien, esto es, su particular forma de ser, la estructura básica de su persona, debemos buscar los juicios maestros que rigen sus acciones (directas o reflexivas). Una vez que, a través de un proceso interpretativo, podemos sostener que los hemos aprehendido, nos damos cuenta de que lo que los individuos hacen o no hacen (incluyendo lo que dicen o no dicen) resulta de aquellos juicios maestros. Inversamente, lo que los individuos hacen o no hacen (incluyendo lo que dicen o no dicen) son formas que permiten revelar esos juicios maestros y, en tal sentido, el utilizarlos como **ventanas de acceso al alma humana**. El *coaching* ontológico está siempre haciendo uso de lo anterior, usando la forma en que actúan las personas para captar sus juicios maestros y, a través de ellos, la estructura básica de su forma particular de ser. Es importante advertir que no estamos diciendo que las personas hayan formulado esos juicios maestros. Pueden no haberlos hecho nunca. Pueden incluso no estar conscientes de que los tienen. Sin embargo, la forma en que actúan (siempre incluyendo la forma en que hablamos, puesto que hablar es actuar) revela que viven de acuerdo con ellos. **Esos juicios maestros los constituyen como el tipo de seres humanos que son.**

A este nivel, **la historia de la persona** (o la persona como historia) —y las distinciones y juicios sobre los cuales está construida la historia— **genera un mundo de sentido**. Cabe señalar que nuestro mundo es siempre una interpretación. Es en este sentido que hablamos de un mundo de sentido. Una persona siempre revela un mundo de interpretaciones. Al considerar nuestras interpretaciones como «nuestras», llegamos a observar qué tipo de persona somos. Y al cambiar nuestras interpretaciones, modificamos la persona que somos.

La historia que somos es siempre una historia dentro de una historia o, para ser más precisos, dentro de un conjunto de diferentes historias. Nosotros no inventamos de la nada las historias que somos, sino de las historias sostenidas por la comunidad a la cual pertenecemos. A estas historias, que se han transmitido de una generación a otra, las hemos llamado **discursos históricos.**

Muchos de ellos surgen de libros fundamentales, como ocurre con la mayoría de las religiones. Otros se transmiten oralmente de generación en generación. Algunos son subhistorias dentro de otras más grandes, como ocurre, por ejemplo, con la historia de Adán y Eva en la Biblia. Otras son relativamente independientes unas de otras. Otras se intersectan entre ellas. Nuestras historias no son historias fijas; volvemos a ellas una y otra vez. A menudo las reinterpretamos.

Cada comunidad genera sus propias historias acerca de sí misma y los individuos desarrollan sus propias historias personales dentro de ellas. Conociendo las historias de las cuales provienen nuestras historias personales —los discursos históricos— logramos una mayor comprensión de las personas que se constituyen en ellos. Hemos dicho que nuestras historias no son inocentes. Ellas generan diferentes mundos de sentido y también especifican la forma en que actuamos. Esto es válido tanto para nuestros discursos históricos como para nuestras particulares historias personales sobre nuestra persona. Las historias no viven sólo como historias «de las cuales hablamos». Ellas especifican diferentes tipos de vidas. Cuando sabemos que alguien es un indio de Chiapas en México, un hijo de inmigrantes libaneses en Argentina o un adolescente de padres ricos de una metrópolis norteamericana, ya sabemos algo acerca de ellos, antes aún de conocerlos. Cuando sabemos que alguien es francés, español o japonés, ya sabemos algo importante acerca de ellos. Conocemos, en líneas gruesas, las historias que dan sentido a las historias que ellos tienen de sí mismos y del mundo: las historias que guiarán sus acciones.

Es importante recalcar lo anterior. Las historias van más allá del solo hecho de contarlas. Ellas constituyen principios activos de coherencia desde los cuales actuamos y nos interpretamos. Ellas se proyectan a sí mismas en lo que vemos como posible y lo que podemos encontrar aceptable. Ellas condicionan nuestro futuro.

3. La persona como dominio performativo

La forma en que actuamos no siempre puede ser inferida de una historia o un grupo de historias que la genere. No toda acción está basada en una historia. Tal como apuntáramos previamente, hacemos muchas cosas sólo porque ésa es la forma en que hemos visto a la gente hacerlas. Generalmente ni siquiera sabemos que la forma en que hacemos las cosas, la forma en que enfrentamos la vida, es sólo una forma posible de hacerlas. Las tomamos como la forma «obvia y natural» de hacerlas. Las damos por sentadas.

Cuando hablamos de nosotros mismos, pocas veces se nos ocurre hablar acerca de la forma en que hacemos ciertas cosas. Esto normalmente escapa a la historia que contamos acerca de nuestra persona. Por consiguiente, en términos de nuestra identidad privada, esto podría no jugar un papel importante. Lo juega, sin embargo, en términos de nuestra identidad pública y en el modo en que la gente hablará de quiénes somos.

Observada desde la perspectiva de alguien que tiene una forma diferente de hacer las cosas, una forma diferente de hacerle frente a la vida, nuestra forma de hacer las cosas no pasa inadvertida. Moldea la forma en que seremos vistos y juzgados públicamente. Cuando nos damos cuenta de que damos por sentada nuestra forma de hacer las cosas, de que nuestra forma de encarar la vida es sólo una de las formas posibles, en ese momento podemos incorporar aquellas acciones transparentes nuestras en una historia que tengamos sobre nuestra persona.

Esta es una de las experiencias que enfrentamos cuando vamos a un país extranjero. Nos damos cuenta de que nuestra manera natural de hacer las cosas es tan sólo la manera en que nuestra comunidad las hace. En nuestra comunidad, por lo tanto, esa forma de encarar las cosas podría haber pasado inadvertida, pero ella no pasa inadvertida en una comunidad diferente. También nos damos cuenta de que, para gente que pertenece a otra comunidad, nuestras acciones gatillan juicios que difícilmente podríamos anticipar. Mi mujer siempre insiste que ella realmente descubrió que era norteamericana una vez que se casó conmigo.

Para comunidades que están cerradas a nuestro mundo, podríamos ser vistos como «bárbaros» —como quienes no se comportan de la manera en que deberían hacerlo. Para comunidades abiertas a un mundo más amplio, podríamos aparecer simplemente como extranjeros: como gente que se comporta de un modo diferente, de un modo que no es el nuestro y que nos es extraño. A la inversa, para quienes van a países extranjeros con un sentido muy marcado de que su forma de hacer las cosas es la forma adecuada (*«the proper way»*), tal como lo hacían muchos de los británicos cuando viajaban por el Imperio, los habitantes de la comunidad anfitriona serán vistos como seres humanos extraños o exóticos. Otra manera de nombrar a aquellos que son diferentes a nosotros es llamándoles «nativos». En un mundo global y multifacético, pagamos un alto precio por no reconocer que nuestras maneras de hacer las cosas son sólo una entre muchas otras maneras posibles. Y no siempre, como hemos llegado a aprender, las más efectivas.

Tal como en la sección anterior hablábamos de discursos históricos, en el dominio performativo debemos referirnos a las «prácticas sociales» o lo que los sociólogos a menudo llaman «instituciones sociales». Estas dan cuenta de la manera particular de hacer las cosas que existe en una determinada comunidad.

4. La persona como dominio moral

Tanto desde las narrativas (historias y discursos) como desde las acciones y prácticas sociales, surge un nuevo dominio de la persona. Lo llamamos dominio moral. Desde este dominio, se concibe la persona como un conjunto de declaraciones acerca de las acciones que pueden, no pueden y deben ser realizadas en determinadas circunstancias. Estas declaraciones pueden remontarse a las narrativas y las prácticas, pero aun así pueden tener algún grado de autonomía. Individuos que provienen de los mismos discursos históricos y que comparten las mismas prácticas sociales pueden tener límites morales diferentes. Por lo tanto, si sólo nos preguntamos por la historia personal que cada individuo tiene de su persona, podríamos no llegar a observar estos límites.

Tal como señalábamos, los límites morales siempre pueden reconstruirse como declaraciones sobre lo que uno y los demás pueden, no pueden y deben hacer bajo determinadas circunstancias. Ellos están definidos, por lo tanto, por lo permitido, lo prohibido y lo obligatorio.

Su importancia reside en el hecho de que ellos especifican formas diferentes de ser y definen el rango de las posibilidades de acción de los individuos (aun cuando tal individuo observe otras posibilidades). Lo que es posible en el dominio de la observación no es necesariamente lo que es posible en el dominio de la acción. Los individuos no sólo actúan de una determinada manera, porque no vean en sí otras posibilidades, sino porque no las ven como posibilidades para ellos. Algo que podríamos considerar posible, podría no resultarnos aceptable. En una interacción de *coaching* es importante captar los límites morales de la persona. Muy a menudo nos damos cuenta de que los individuos dan por sentados sus límites morales, sin generar mayor reflexión sobre ellos. Con mucha frecuencia, particularmente bajo las actuales circunstancias históricas dadas por un mundo que ha entrado en el posmodernismo, los individuos entran en conflicto con sus propios límites morales, con la forma, por ejemplo, como definen el bien y el mal. Los criterios morales que ellos sustentan se contraponen al imperativo ético de conferirle sentido a la existencia. Se tiene la experiencia de estar viviendo en dos mundos diferentes: en aquel definido por nuestros límites morales y en aquel otro que genera posibilidades de acción frente a las cuales no estamos moralmente equipados y que, a la vez, no estamos en condiciones de descartar.

Nos vemos a menudo, por ejemplo, enfrentados a desafíos que parecieran exigirnos acciones que no estamos moralmente en condiciones de tomar. Bajo estas condiciones, la opción pareciera ser el responder al desafío o descartarlo. El problema reside, y con ello no hacemos sino reconocer el hecho, en que ninguna de estas opciones es capaz de proveernos paz y evitarnos sufrimiento. Ello es particularmente agudo cuando la distinción moral entre el bien y el mal, la hemos convertido en una distinción entre lo sagrado y lo diabólico, cuando hemos convertido lo moral en religioso.

Los seres humanos somos seres morales. El dominio de la moral es constitutivo de la existencia humana y, en tal sentido, es ontológico. Pero la moralidad no es sino un subdominio de un aspecto de rango superior: la ética. Tal como ya apuntáramos, la ética guarda relación con la forma como respondemos al desafío que todo ser humano enfrenta con respecto al sentido de la vida. Es en función de este desafío primario que resulta de ser seres lingüísticos y, por lo tanto, de enfrentar la vida desde la perspectiva semántica del sentido, que establecemos valores y, dentro de ellos, delimitamos el bien y el mal. Ello lo hacemos gracias al poder de hacer juicios que nos confiere el lenguaje.

No nos podemos sustraer a nuestra condición de seres morales. Ello no es una opción que los seres humanos tengamos abierta. No nos podemos comportar, como lo hacen el resto de los animales, desde fuera del imperativo del sentido de la vida y de nuestra capacidad de hacer juicios. La inmoralidad, vista como la liberación del dominio moral y no como el contravenir determinadas pautas morales particulares, no es una opción disponible.

Pero sí existe una opción que no siempre detectamos. Esta es aquella que nos propone, nuevamente, Nietzsche. Es la opción de comprometernos en la reevaluación de nuestros valores, en el enjuiciamiento de nuestros juicios morales y en el diseño de nuevas pautas de sentido, de nuevas formas de interpretar el bien y el mal. Fuera del bien y el mal nunca podremos situarnos, pero sí podemos trascender, sí podemos ir más allá de la forma particular como históricamente se los ha definido y que hemos hecho nuestra. Ello implica necesariamente reexaminar lo sagrado y lo diabólico como expresión de la distinción entre el bien y el mal. Ello equivale a rehumanizar la moral.

No podemos evitar tener límites morales. Ellos pueden ser más amplios o más estrechos, pero todos nosotros los tenemos. Sin límites morales la vida social, la vida junto a otros, es imposible. El problema se presenta cuando nos convertimos en prisioneros de nuestros propios límites morales, sin que tengamos la posibilidad de reflexionar sobre ellos y sobre sus consecuencias en nuestras vidas: cuando nos cerramos a la posibilidad de rediseñarlos según nuestros anhelos en la vida.

5. La persona como dominio emocional

La persona es un determinado espacio o campo emocional. Según nuestra manera de ser, hay cosas que no veremos y acciones que no seremos capaces de realizar. Somos un conjunto de predisposiciones y de acciones posibles. Pero también somos un conjunto de acciones que no son posibles para nosotros.

Cuando caracterizamos a la gente, por lo general nos referimos al espacio emocional en que están. Cuando nos preguntan acerca de alguien, podemos decir, por ejemplo, «Anita es una mujer delicada», «Camilo es un niñito tan dulce», «Alberto es un tipo depresivo», «Constanza es una niña feliz». Todas estas caracterizaciones involucran factores emocionales.

Como hemos dicho en alguna otra parte, las emociones pueden reconstruirse lingüísticamente y también pueden cambiar debido a interacciones lingüísticas. Las consideramos, sin embargo, un dominio distinto del lenguaje. El lenguaje puede afectar las emociones, así como las emociones pueden afectar el lenguaje. Debido a nuestro estado emocional, entablaremos ciertas conversaciones y no estaremos disponibles para otras.

Toda persona comprende un campo emocional particular. Encontramos a gente más optimista o más pesimista, más ambiciosa o más resignada, más fluida o más agresiva con los demás, etcétera. Nuestra posibilidad de cambio será diferente según nuestro campo emocional. Cada campo emocional define límites diferentes para la transformación de la persona.

Consideramos el aspecto emocional de la persona como el aspecto más importante cuando se trata, por ejemplo, de aprendizaje y de *coaching*. El campo emocional de la persona es el factor que define sus límites para el cambio y la superación personal. No estamos diciendo que el lado emocional de la persona determine, de una vez y para siempre, hasta dónde sería posible que alguien pudiese cambiar. Nuestras posibilidades inherentes de cambio son prácticamente infinitas y, en este sentido, no estamos sujetos a limitaciones inamovibles. Pero sin cambiar el estado emocional en que la persona se encuentre, nuestras oportunidades para producir cambios serán muy limitadas. Sin embargo, si tenemos el cuidado de cambiar primero el contexto emocional en el cual puede tener lugar el aprendizaje o el *coaching*, podemos ampliar inmediatamente la disposición de alguien a la transformación. En otras palabras, aun cuando el campo emocional de la persona fija límites para su transformación, ese campo en sí puede transformarse de modo de ampliar esos límites.

Si alguien no está en el estado emocional adecuado, no verá las nuevas posibilidades que se le muestran. Para que vea esas posibilidades, a menudo hay que modificar antes su estado emocional. Sin embargo, una vez que ello se logra y ese alguien ve posibilidades que antes no observaba, aún podría ocurrir que su estado emocional no le permitiese tomar aquellas acciones que ahora ve posibles. La emocionalidad que nos permite observar algo no es necesariamente la misma que nos llevará a actuar dentro de ese espacio de posibilidades. Muchas veces se requiere de otro cambio emocional para generar la disposición que llevará a realizar aquellas acciones. El *coach* ontológico tiene la responsabilidad de diseñar todas esas intervenciones emocionales.

Las fuerzas conservadoras de la persona

Hemos dicho que la persona puede ser considerada un principio de coherencia sobre las acciones que realizamos. Como tal, implica una gran fuerza conservadora, una fuerza que resiste la posibilidad de moverse hacia una forma de ser diferente. Tendemos a hacernos coherentes; es sólo como opción secundaria que estamos dispuestos a elegir un proceso global de transformación. Más bien nos mantenemos dentro de los límites de las mismas historias y patrones de comportamientos, tan sólo agregando cualquier cosa nueva a los antiguos principios que hemos usado para articular nuestras acciones del pasado.

Desde este punto de vista, la persona puede ser considerada como una adición de acciones a una historia, como una unidad con un determinado patrón de conducta. Es esta fuerza conservadora la que nos permite caracterizar a los individuos (según las acciones que hayan realizado en el pasado) y anticipar la forma en que se desempeñarán en el futuro. Es esta misma fuerza conservadora la que nos ha llevado equivocadamente a ver a la persona como un ser inmutable que permanecerá constante, independientemente de los cambios (que se suponen siempre superficiales) que ocurran. Es precisamente aquí donde la comprensión metafísica de la persona encuentra una de sus raíces.

Sin negar el hecho de que la persona está en permanente proceso de transformación y autocreación, el principio de coherencia y las fuerzas conservadoras que la persona desata sobre sí misma, nos permiten observar la persona no sólo como un proceso de devenir sino también como una manera determinada de «ser». Nos permite observar la persona como el lugar desde donde actuamos, como una determinada «alma».

Estas fuerzas conservadoras de la persona constituyen un aspecto importante a considerar en el *coaching* ontológico. Si las posibilidades de cambio que se abren en una interacción de *coaching* no afectan el núcleo de la coherencia de la persona que se somete a él, probablemente no habrá problemas para que ellas sean aceptadas. Sin embargo, cabe esperar una mayor resistencia si aquellas posibilidades cuestionan el principio de coherencia básico que define la forma de ser de esa persona.

Las fuerzas transformadoras de la persona

Así como nos referimos a las fuerzas conservadoras de la persona (de las cuales el *coach* puede esperar resistencia), existen también condiciones que facilitan el *coaching*, con las que el *coach* puede contar. Las llamaremos fuerzas transformadoras y señalaremos aquí dos de ellas: una, que es siempre contingente, y la otra, que es ontológica, constitutiva de nuestra forma de ser humana.

El punto de partida normal del *coaching* es un **quiebre**. Los individuos piden *coach* porque declaran que «algo» en sus vidas no anda bien y se dan cuenta de que requieren de un observador distinto para ayudarles a resolver ese quiebre: de alguien que posee distinciones y competencias que él o ella no tienen. Se dan cuenta de que el observador que son no les permite hacerse cargo del quiebre.

Todo quiebre con el que se abre una interacción de *coaching* nos muestra dos caras. Por un lado, que nos encontramos, debido a nuestras propias coherencias (y a menudo, recurrentemente), en determinadas situaciones de vida. Por otro lado, que en razón de nuestras mismas coherencias, tales situaciones no nos son aceptables y las declaramos un quiebre. Por lo tanto, tanto el generar la situación en la que nos vemos comprometidos, como el que ella no nos satisfaga, son manifestaciones de la coherencia que somos. Al pedir el *coaching* también reconocemos algo más: el hecho de que la coherencia que somos no nos permite resolver el quiebre y declaramos que necesitamos de un observador que nos ayude a salir de él, que nos ayude a observar lo que no logramos observar y a tomar las acciones que no sabemos tomar.

A menudo, el quiebre se vive como algo que está interfiriendo con el principio de coherencia que somos y nuestra tendencia inicial puede ser tratar de salvarlo o protegerlo. Es tarea del *coach* mostrarle a quien solicitó el *coaching* cómo ese quiebre es a menudo una expresión del mismo principio de coherencia. Por lo tanto, todo quiebre encierra poderosas fuerzas de transformación que son las aliadas naturales del *coach* al realizar su labor. El *coach* debe volver una y otra vez a este quiebre para mantener vivas las fuerzas de transformación que el *coaching* requiere.

La segunda fuerza transformadora es constitutiva de nuestra forma de ser humana. **Ser un ser humano es**

vivir en un proceso de incompletud como persona. Esto se manifiesta, por ejemplo, en la forma como nos relacionamos con el tiempo. Como nos señala Milan Kundera en *El libro de la risa y el olvido*, «la única razón por la que los individuos quieren ser amos del futuro es para cambiar el pasado. Ellos luchan por el acceso a los laboratorios donde las fotografías son retocadas y las biografías e historias reescritas». Ser humano implica estar obligados a tomar una posición respecto de nuestro ser. Tenemos la necesidad permanente de hacernos cargo de nosotros mismos. Si no lo hacemos, arriesgamos con ello la existencia.

A veces podemos estar satisfechos de la forma en que nos hacemos cargo de nosotros y, aun así, no podemos dejar de hacerlo. Cuando ello ocurre, suele tratarse de un momento pasajero. E incluso, un presente satisfactorio pocas veces es una expresión de realización completa en el presente. Un presente satisfactorio generalmente lo es debido a que visualizamos un futuro lleno de posibilidades. Pero este mismo hecho, esta necesidad de posibilidades futuras, nos habla del sentido de incompletud con el que los seres humanos transitamos por la vida.

Este sentido de incompletud nos conduce hacia un proceso permanente de trascendencia respecto de nosotros mismos. Siempre estamos intentando obtener algún tipo de realización que nunca alcanzamos plenamente. Ser humano es estar en un proceso de permanente reconocimiento de nuestras limitaciones, restricciones e imperfecciones. Siempre estamos reconociendo nuestras incompetencias. **Ser un ser humano es estar en un proceso continuo de devenir.**

Este sentido de trascendencia que constituye a los seres humanos está en la base de nuestras búsquedas y experiencias espirituales. Pero nosotros nos trascendemos a nosotros mismos de maneras muy diferentes. Además de nuestra vida espiritual, también trascendemos a través de la política, la estética, el trabajo, la vida familiar, el trabajo voluntario en la comunidad, etcétera. El amor, por ejemplo, nos da un sentido de completud que no alcanzamos solos. Este impulso hacia la trascendencia es una gran fuerza transformadora para la persona. Cuando está activada, tiene un inmenso poder y puede superar con creces las resistencias que vendrán desde las fuerzas conservadoras de la persona.

Vida y literatura

La literatura nos muestra, en forma hermosa, cómo la construcción de las personas dice relación con buena parte de lo que hemos planteado en este capítulo. Los personajes literarios son personas ficticias que creamos a partir del poder y la magia generativa del lenguaje. Jugando con el lenguaje, los autores traen a cuenta personas, mundos y experiencias ficticios. El novelista mexicano Carlos Fuentes nos dice al referirse a su experiencia de escribir: «Cuando me siento a escribir soy amo del mundo. Durante un breve instante soy Dios. Creo realidad».

Si observamos a los grandes personajes literarios, encontraremos que lo que los hace especiales no son los acontecimientos de su vida literaria, sino la profundidad de sus personas. Los personajes de la literatura moderna se caracterizan por no ser muy diferentes de todos nosotros y, normalmente, por no tener, tampoco, experiencias extraordinarias.

Uno de los personajes literarios modernos más importantes es Madame Bovary, de Flaubert. En ella encontramos a una persona ordinaria, con un tipo de vida extremadamente común en una pequeña ciudad de Francia. Nada en su vida es diferente de la de los cientos de personas que viven en una ciudad como la de ella. Lo que la hace a ella tan especial, como lo muestra tan magistralmente Flaubert, es la profundidad del diseño literario de su persona. A partir de lo que nos cuenta la obra, el personaje de Ema Bovary cobra vida. Empezamos a ver Madame Bovary al conocer otra gente. Podemos decir cómo hubiese actuado Madame Bovary bajo determinadas circunstancias. Ella se convierte en alguien de nuestro círculo social, a quien conocemos casi mejor que a nuestros amigos más cercanos.

Dostoievski es otro genio literario en la construcción de personajes. Difícilmente podemos leer sus novelas sin quedarnos, por el resto de nuestras vidas, con los personajes que nos presenta. ¿Cómo podríamos olvidar al príncipe Mishkin, a Raskolnikov o a cada uno de los hermanos Karamasov? Este es el genio de los grandes autores literarios.

CAPITULO 11:

EL LENGUAJE DEL PODER*

Gran parte de lo que hemos hecho hasta ahora ha consistido en postular y mostrar el poder del lenguaje. Al poder, por lo tanto, no es necesario presentarlo en este capítulo. El ha estado permanentemente presente en nuestras argumentaciones. Lo hemos visto aparecer, por ejemplo, cuando postulamos que el lenguaje es generativo y que, por tanto, crea realidades. Hablamos también de él cuando argumentamos que el poder es el principal criterio para optar entre diferentes interpretaciones. Hablamos del poder que resulta de todos y cada uno de los actos lingüísticos. Nos hemos referido al poder de las conversaciones. Hemos visto cómo el poder está asociado a nuestra capacidad de hacer juicios. Más adelante surgió también el tema del poder cuando abordáramos el dominio de la emocionalidad y, de manera concreta, cuando comprobamos la pérdida de poder que resulta del resentimiento o la ganancia de poder que produce la emocionalidad de la ambición. Y con ello, no agotamos las veces en las que el poder ha estado ya en el centro de lo que hemos sostenido.

Es hora, por lo tanto, de pasar de la referencia al poder, cuando hablamos del lenguaje y la emocionalidad, al examen de su significado. Si antes hablamos del poder del lenguaje, ahora invertiremos la relación y hablaremos del lenguaje del poder.

La concepción tradicional del poder

Es interesante examinar la forma como tradicionalmente entendemos el poder. Quizás su principal característica

*Estoy agradecido al Dr. Fernando Flores y a Business Design Associates, propietarios de los derechos de autor de trabajos en los que se basa este segmento, por permitirme gentilmente hacer uso en este libro de largas secciones de tales trabajos.

es su reificación. Nuestra concepción tradicional trata al poder como sustancia, como un «algo» que está allí, independientemente de los individuos que lo observan. Pareciera tratarse de un «algo» misterioso, de gran capacidad elusiva, que de momentos pareciera que lo tenemos, para pronto descubrir que se nos fue de las manos. Da la impresión de que el poder fuese algo a lo que los individuos «acceden». No es extraño escuchar, por lo tanto, expresiones que se refieren a la «toma» o a la «conquista» del poder, como si estuviese allí, sujeto a ser agarrado.

A veces el poder pareciera asociarse con la imagen de una montaña que podemos escalar y en cuya «cumbre» sólo hay espacio para unos pocos. Cuando algunos llegan a ella, otros se ven forzados a bajarla. Otras veces, el poder tiende a asociarse con la imagen de un fluido, que puede ser distrubuido en forma diferente y que pasa de una persona a otra, como si ellas operasen como una copa donde el poder puede ser vertido. En determinadas situaciones, pareciera «concentrarse» en manos de unos pocos; en otras, se le distribuye o «diluye» más o menos equitativamente. Da incluso la impresión de que esta sustancia se rigiera por las leyes de la termodinámica. Su cantidad pareciera ser fija y cuando alguien cede poder a otro, pierde el poder que cede, con una precisión propia de un postulado de Arquímedes.

La manera como las ciencias sociales, y particularmente la sociología, se refieren habitualmente al poder es característica de esta tendencia reificadora. Ello no es extraño. El lenguaje sociológico se caracteriza por ser un lenguaje de reificaciones y el tratamiento que le confiere al poder es tan sólo un ejemplo entre muchos otros. Sostenemos que mientras la sociología no reconozca que todo fenómeno social es un fenómeno lingüístico y, por lo tanto, mientras no coloque al lenguaje en el centro de sus preocupaciones, su tendencia reificadora será prácticamente incontrarrestable y su «poder» como disciplina seguirá siendo tan limitado y precario como el que le conocemos. La sociabilidad humana se sustenta en el lenguaje y éste es su clave de inteligibilidad. Mientras ello se ignore, las ciencias sociales se seguirán moviendo en mundos reificados y fantasmagóricos.

La reificación, sin embargo, es sólo uno de los rasgos de nuestra concepción tradicional del poder. Otro rasgo tan importante como el anterior es la fuerte carga ética negativa que a menudo se asocia con el poder. Este no es un fenómeno homogéneo y es mucho mayor en algunos discursos históricos que en otros. La valoración negativa del poder resulta, por ejemplo, fuertemente visible tanto en el discurso católico, como en el antiguo discurso marxista, hoy en proceso de extinción.

Dentro del mundo occidental, el desarrollo de la ética protestante significó una importante corrección a esta tendencia, dando cabida, no sin contradicciones, a una concepción que le confiere tanto al trabajo como al poder una valencia positiva. Ello no impide, sin embargo, que incluso dentro del discurso histórico protestante subsistan elementos regresivos y socavadores que hacen del poder un factor degradante. Sostenemos que la desvalorización del poder es un rasgo general propio del programa metafísico, hoy en crisis, que sustentara por siglos el desarrollo histórico occidental.

En su expresión más clara, esta evaluación ética negativa del poder, se reconoce en los juicios de que «el poder es maligno» y de que «el poder corrompe». Tales juicios, sugieren por lo tanto evitarlo, no verse contaminado con él. Ambos, por lo tanto, recomiendan no seguir «el camino del poder» y optar por otros caminos. El poder se asocia, así, con la amenaza de distanciarnos del camino de la virtud y exponernos a los peligros del vicio.

Nuestra posición a este respecto es que toda interpretación que desvaloriza el poder como fenómeno general, implica, en último término, una degradación de la propia vida. El poder, postulamos, es consustancial a la vida humana. Vivir, para el ser humano, es estar inevitablemente arrojado en el camino del poder. Para entender lo anterior, sin embargo, es preciso abandonar la noción de poder que resulta del programa metafísico y proceder a la elaboración de una concepción diferente.

Antes de hacerlo, cabe primero preguntarse: ¿Cuáles son, dentro del programa metafísico, los caminos alternativos? ¿Cuáles son los otros caminos disponibles en la vida? Fundamentalmente dos: el camino de la verdad y el camino de la salvación.

El camino de la verdad

Tal como hemos sostenido en otro lugar, el programa metafísico se inicia a partir de un movimiento, de una argumentación particular realizada por Sócrates, en la Grecia antigua. Comprometido con el gran tema de las virtudes, que conducen a los seres humanos a bien vivir, Sócrates adopta la posición de que toda virtud es función de la verdad. Este movimiento desencadenará profundas consecuencias en la historia de la humanidad.

Lo interesante de este movimiento, que de por sí coloca a la verdad en el centro de la ética, y, por lo tanto, del sentido profundo de la vida, será sin embargo lo que resulta de él. La verdad de la que nos habla Sócrates no es una distinción que nace de la acción y comportamiento humanos, ni surge de la vida concreta de los hombres. La verdad a la que alude Sócrates es un referente absoluto, abstracto y universal que trasciende y, por consiguiente, se encuentra más allá de la propia vida humana. La verdad no pertenece al mundo de los hombres.

Es más, para Sócrates, la verdad no sólo trasciende el mundo de los seres humanos, trasciende incluso el mundo sagrado de los dioses. Las virtudes no son una expresión de lo que los dioses hacen, lo que los dioses hacen es expresión de las virtudes abstractas y universales que son independientes de ellos. Estas virtudes, en consecuencia, se establecen independientemente de hombres y de dioses. Siendo independientes de ellos, los seres humanos pueden acceder a ellas mediante la razón. La razón es el vehículo que es capaz de conducirnos por el camino de la verdad.

Es esta argumentación propuesta por Sócrates la que dará lugar al nacimiento de la metafísica iniciada inmediatamente después por Platón y Aristóteles. Estos últimos, a diferencia de Sócrates, abandonan como preocupación central la temática del bien vivir y se comprometen fundamentalmente con la búsqueda de la Verdad trascendente que se deduce de la ya anotada posición socrática.

Es precisamente ese compromiso con el mundo trascendente de la verdad lo que los constituye como metafísicos, como pensadores que se proyectan más allá del mundo físico circundante que provocara el asombro a los filósofos presocráticos y cuyo principio constitutivo *(arché)* éstos procuraran aprehender. Tal como argumentáramos previamente, en el mundo trascendente de los metafísicos la Verdad converge con el Ser, en la total quietud de la inmovilidad. El Ser es inmutable.

No es extraño, por tanto, que los metafísicos declararan como sus enemigos principales a dos corrientes filosóficas que florecieran con anterioridad e incluso en simultaneidad con ellos. Nos referimos, en primer lugar, como ha sido ya dicho, a la filosofía de Heráclito, que sustentara que todo está en un proceso de permanente devenir, que nada es inmutable. En segundo lugar, a los sofistas que, siguiendo a Protágoras, suscribían una posición muy diferente de la verdad.

Protágoras, quizás el más notable de los sofistas, era amigo personal de Pericles y logró gran influencia en la época en la que Atenas alcanza su esplendor. Protágoras desarrolla la doctrina que posteriormente será conocida como **Homo mensura**. Ella sostiene que «el hombre es la medida de todas las cosas». Dentro de ella, no tiene sentido buscar la verdad en el mundo frío y trascendente de las ideas abstractas y universales. Para los sofistas, como también lo entiende Gorgias, otro de sus grandes representantes, la verdad no puede disociarse del poder social del lenguaje al interior de una determinada comunidad.

Nadie nos ha mostrado mejor que Nietzsche, las consecuencias que resultan de lo que éste llama «el *pathos* de la verdad» propuesto por los metafísicos. Como bien apunta Nietzsche, los supuestos en los que descansa el conjunto del edificio metafísico, al sustentarse en el valor privilegiado conferido a la verdad y, con ella al mundo trascendente de las ideas, resultan en la degradación de la vida y el mundo humanos. El mundo de la experiencia humana queda convertido en un mundo de equívocas apariencias cuya verdad se encuentra siempre más allá de sí mismo, en la fría quietud del Ser.

El mundo verdadero de los metafísicos no es el mundo donde acontece la experiencia de la vida. El mundo en el que transcurre la vida es, en la imagen propuesta por Platón, equivalente al interior de una caverna que recibe la luz desde el exterior, a la que no accedemos directamente. Dentro de la caverna sólo vemos el movimiento de sombras distorsionadas. Estas son nuestras apariencias: meras formas que no reflejan el verdadero e inmutable ser de las cosas.

El camino de la salvación

Algo similar acontece con la propuesta efectuada desde el discurso cristiano y, particularmente, desde su fusión con el programa metafísico realizada luego de integrarse con el poder imperial romano y de transformase en el referente político central durante toda la Edad Media.

El ideal cristiano no está definido, como para los primeros metafísicos, por el compromiso por alcanzar la verdad a través del poder trascendente de la razón. Su ideal es la salvación del alma humana. En este sentido, representa un esfuerzo por responder al sufrimiento y a las limitaciones de la existencia. El ser humano, nos señala el cristianismo, es un ser desgarrado en su existencia, un ser que vive la gran tragedia de su finitud a la vez que accede al ideal de lo infinito. Su alma se encuentra predestinada a la muerte, siéndole imposible alcanzar la eternidad con la que, sin embargo, le es posible soñar.

Jesucristo, sin embargo, ha mostrado un camino de salvación del alma humana. Ha mostrado la existencia de un mundo eterno, en otra vida, más allá de la muerte. Este mundo es el Paraíso. No todos, sin embargo, podrán acceder a la vida eterna que ofrece el Paraíso. El derecho a él, hay que ganarlo en ésta, la vida terrenal. El sentido de la existencia, para el cristiano, por lo tanto, es el asegurar la salvación de su alma y ganar la vida eterna en el Paraíso. Desde esta perspectiva, es «la otra vida» la que le confiere sentido a la vida concreta de los seres humanos en la Tierra.

Como acusa Milan Kundera, hablando no del cristianismo, sino del socialismo, pero refiriéndose de manera general a esta misma postura existencial, «la vida está en otra parte». La que realmente importa, no es esta vida, sino la otra. Con ello, se desencadena nuevamente otra modalidad de devaluación, de degradación, de la existencia humana concreta.

Este es nuestro punto central de crítica a la propuesta del camino de la salvación: su degradación de la vida humana concreta. Y es sólo cuando observamos que el camino de la salvación aparece asociado con la degradación de la vida humana, que nuestra crítica a él es pertinente. No criticamos, por lo tanto, la propuesta en sí de otra vida ni tampoco la idea misma de un camino de salvación, en la medida en que podamos sustentarlos sin degradar la vida humana. Nuestro punto de crítica, insistimos, se dirige al supuesto de que para salvar el alma es necesario sacrificar la vida. Sólo nos oponemos a la idea del sacrificio humano en pos del ideal de la salvación.

Dentro de la interpretación predominante del camino de la salvación, se suele suponer que en la medida en que el sentido de esta vida está conferido por la otra, todo lo que significa la plena afirmación de esta vida, con independencia del esfuerzo por alcanzar la salvación, es al menos sospechoso. Lo que no subordine el valor de nuestra existencia concreta a los valores superiores de la vida eterna, suele ser interpretado como un alejamiento del camino de la virtud. La felicidad humana resulta de la satisfacción de haber hecho méritos que son necesarios para la vida trascendente. Toda otra forma de felicidad o de goce, son vistas como tentaciones que incitan al cristiano al pecado y que, por tanto, requieren ser evitadas. El objetivo de esta vida es básicamente uno: el objetivo cristiano de la salvación.

Desde esta perspectiva, toda forma de afirmación de la vida terrenal por la vida misma y, por tanto, ajena al ideal de salvación suele ser sancionada negativamente. Cuando ello sucede, el cristiano no sólo vive en el desgarramiento que es propio de toda forma de existencia humana, añade a éste el desgarramiento que resulta de tener que responder a dos lógicas existenciales diferentes: la que corresponde a ésta, su vida humana concreta, y la de la otra vida. Desde este discurso ético, el afirmar el valor inmanente de la vida humana, suele generar culpa y el temor de comprometer la salvación.

Este discurso ético fue, por siglos, uno de los discursos predominantes del mundo occidental. Su influencia se preservaba, entre otras razones, al no ser cuestionado por discursos diferentes. Hoy, sin embargo, este discurso ha entrado en una fase crítica. Varios factores contribuyen a ello. Entre éstos, cabe mencionar, al menos, tres.

En primer lugar, el creciente poder y el mayor nivel de autonomía que el individuo ha alcanzado frente a las organizaciones institucionales en general y, muy particularmente, frente a la autoridad de la Iglesia. Hoy el sometimiento a la autoridad de la Iglesia es asunto voluntario. No lo era así en el pasado y la Iglesia tenía un poder sobre los individuos que hoy ya no posee.

En segundo lugar, la exposición, en un mundo interdependiente, a la influencia de múltiples discursos diferentes, de múltiples formas de vida distintas, de múltiples opciones para generarle sentido a la vida. Actualmente, «los impíos» han ganado un grado de respetabilidad que no tuvieron nunca en el pasado y sus propios caminos de salvación, sus éticas de vida diferentes, han dejado de resultarnos aberrantes. En muchos casos nos parecen incluso atractivos.

Por último, cabe también mencionar la gran crisis que hoy encaran en general todos los metadiscursos en su objetivo por garantizar un sentido de vida estable al ser humano. Es lo que se ha dado en caracterizar como la condición posmoderna. En este contexto, el propio discurso cristiano y su propuesta del camino de la salvación resultan históricamente insuficientes para asegurarnos plenamente el sentido que debemos proveernos para efectuar el tránsito por esta vida humana. Todo ello crea condiciones que nos permiten repensar el sentido de la vida y, desde allí, replantearnos el problema del poder.

Los caminos encubiertos del poder

Tanto desde el camino de la verdad de los metafísicos, como desde el camino de la salvación propuesto por el cristianismo, pilares ambos de nuestra concepción occidental, se ha atacado lo que llamaremos el *pathos* del poder, en la medida en que éste no se subordine a los objetivos de verdad o de salvación respectivamente. Esta es la raíz de la noción de que el poder es maligno y corrupto. El poder por el poder es despreciable. Sólo se le acepta cuando se le subordina a una «causa superior» que, en ambos casos, nos remite a mundos trascendentes. Con ello, por lo tanto, se degrada el poder.

Lo que no siempre observamos, sin embargo, es que estos dos caminos han sido históricamente evidentes caminos de poder y, es más, de un tipo de poder muchas veces excluyente, abusivo y negador del respeto mutuo que consideramos fundamental para establecer hoy en día las bases de una adecuada ética de la convivencia social. Desde ambos caminos, se ha recurrido a menudo a la verdad para encubrir lo que hoy podemos considerar como usos abusivos del poder. Al recurrir al criterio de verdad, en los hechos encubrían, e incluso para sí mismos, su relación con el poder.

Reiteremos una vez más lo que nos señala Humberto Maturana: toda invocación de verdad encierra siempre una demanda de obediencia. En otras palabras, el criterio de verdad nos ofrece una coartada que legitima nuestras expectativas de ser obedecidos. Al hacerlo, se le niega al otro el espacio en que pueda fundar la legitimidad de su diferencia con nosotros y el derecho a poder actuar desde sus interpretaciones con autonomía. Al legitimar nuestras expectativas de ser obedecidos, la invocación de verdad legitima también las represalias que podemos tomar en caso de que tal obediencia no se cumpla. La verdad, por lo tanto, le confiere legitimidad al uso de la violencia con el otro; legitima la ausencia de respeto mutuo.

Es sólo cuando ponemos en discusión la legimidad de la invocación de verdad que abrimos un espacio donde el otro puede emerger como un ser diferente, legítimo y autónomo. Es sólo entonces cuando comprobamos la emergencia de una interpretación del poder diferente que no remite necesariamente a la idea de que el poder sea despreciable, maligno y corrupto. Es más, descubrimos, por el contrario, que una de las condiciones que se asocia con el ejercicio abusivo del poder es precisamente la propia invocación de verdad que aparentaba distanciarse de él o conferirle un manto purificador.

No pretendemos negar el uso abusivo del poder, ni mucho menos defenderlo. Muy por el contrario, todo nuestro planteamiento se dirige a otorgarle a la temática del poder una sólida base ética concordante con el valor del respeto mutuo. Para hacerlo, sin embargo, creemos imprescindible cuestionar la manera como éste es concebido dentro del programa metafísico y los vínculos que esta concepción tiene con los supuestos centrales de dicho programa.

La relación entre verdad y poder no es nueva. La encontramos en el propio programa metafísico desde sus orígenes. Platón no ve problema, luego de sostener que los filósofos son aquellos individuos comprometidos con la búsqueda de la verdad, en pedir para ellos el poder político en su ideal de república. Si ellos tienen, por definición, acceso privilegiado a la verdad, ¿quiénes podrían estar mejor dotados que ellos para ejercer el poder político sobre el resto de los miembros de la comunidad? Después de todo, para los metafísicos todas las virtudes humanas se sustentan precisamente en la verdad. Estamos tan acostumbrados al ideal de verdad trascendente planteado por el programa metafísico, que no logramos vislumbrar cómo podríamos prescindir de él. De la misma manera, nos es difícil imaginar la posibilidad de pensar la temática del poder sobre bases éticas diferentes, distintas de aquellas que le ofrece la metafísica.

Sin embargo, no hay que ir tan lejos para descubrir dentro de nuestra propia historia occidental experiencias históricas concretas, altamente exitosas, basadas en ideales muy diferentes. Olvidamos, por ejemplo, que el período más brillante de la historia de Grecia, aquel de mayor riqueza cultural, aquel en el que florece la democracia, fue precisamente el que se desarrollara antes de la emergencia de la metafísica y que hoy identificamos con el siglo de Pericles. Como bien nos señala Nietzsche, el nacimiento de la metafísica marca el inicio de la decadencia de Atenas y, con ella, la del mundo helénico.

Pero es más, la historia de Roma tampoco se da bajo el predominio del pensamiento metafísico. Si bien Platón y Aristóteles eran conocidos en Roma, nunca llegaron a ser los principales guías o inspiradores de los romanos. No es una casualidad que no contemos entre los romanos con ningún metafísico de nota. Por el contrario, la mayor influencia filosófica durante el período romano la ejercieron los estoicos. Y uno de los períodos más sobresalientes, aquel considerado como el del apogeo y mayor poderío del Imperio Romano, fue aquel que coincide con el reino del emperador Adriano y en el que se registra la mayor influencia estoica.

La gran obsesión de los romanos no fue la verdad sino el poder. Y, en general, lo ejercieron desde la aceptación de la diversidad humana y desde el respeto hacia quienes pensaban y tenían creencias diferentes de ellos. Nuevamente, cuando el cristianismo accede a las esferas más altas de influencia en el Imperio, Roma iniciaba su decadencia. Es interesante seguir la magistral interpretación propuesta por Gibbons a este respecto.

El poder como fenómeno lingüístico

Habiendo caracterizado en líneas gruesas la concepción tradicional del poder y sus fuentes discursivas de inspiración, es oportuno iniciar el desarrollo de nuestra propia concepción del poder. Para hacerlo, lo primero que nos interesa es avanzar hacia la dereificación que denunciáramos en la concepción tradicional. Ello implica desplazarnos del supuesto de que el poder constituye algún tipo de sustancia.

Nuestro postulado central con respecto al poder es que éste es un fenómeno que emerge, en cuanto tal, de la capacidad de lenguaje de los seres humanos. Sin el lenguage el fenómeno del poder no existe.

Sólo cuando aceptamos lo anterior estamos en condiciones de disolver la noción del poder como sustancia. El poder, desde nuestra perspectiva, no remite a sustancia o propiedad alguna que sea independiente de nuestras observaciones. Sin un observador provisto de lenguaje, el poder como tal no se ve. No se trata, sin embargo, de que no se vea porque esté oculto, escondido o encubierto, a la espera de ser revelado o descubierto. No se le observa, porque es el propio observador quien lo constituye como el fenómeno que es. El poder, por lo tanto, no es un fenómeno independiente del observador. El propio proceso de observación lo constituye como fenómeno.

El poder, entonces, no es algo que se encuentre «allí afuera», a lo que podamos apuntar con el dedo, tomar con nuestras manos o guardar en el bolsillo. No es algo sobre lo cual, por ejemplo, podamos reivindicar derecho de propiedad, de la manera como lo hacemos con nuestro automóvil o nuestra casa.

Para comprender adecuadamente lo que decimos es importante examinar nuestro postulado de que el poder es un fenómeno lingüístico y examinar las diferentes formas en las que el poder aparece relacionado con el lenguaje. Es lo que haremos a continuación.

El poder como distinción lingüística

La primera relación del poder con el lenguaje —y, sin duda, la más superficial— surge del reconocimiento de que el poder es una distinción lingüística, una distinción que hacemos en el lenguaje. Decimos que ésta es la relación más superficial porque cada vez que preguntamos por algo, podemos en rigor responder que se trata de una distinción lingüística. Todo aquello sobre lo que podemos preguntar, dado que el preguntar sucede necesariamente en el lenguaje, será siempre el resultado de algún proceso de distinción. Sólo como resultado de una distinción podemos traer algo a la mano y preguntarnos de qué se trata ese algo que somos capaces de diferenciar del resto. Sobre aquello que no distinguimos no podemos preguntar. De allí precisamente la importancia de nuestras distinciones.

Tenemos, sin embargo, distintos tipos de distinciones. En un extremo, podemos reconocer algunas distinciones que están fuertemente determinadas por nuestra estructura biológica. Podemos aventurar, por lo tanto, que todo ser humano, provisto de condiciones biológicas normales para la especie, distinguirá un determinado rango de fenómenos por razones estrictamente biológicas.

Un ejemplo, es la percepción de determinados ruidos. Dado como somos los seres humanos, determinados ruidos serán registrados dentro de nuestro campo perceptivo. Lo mismo podemos decir con respecto a la experiencia con determinados obstáculos físicos o a la experiencia del vacío. En estos casos, cabe esperar que las diferentes comunidades humanas, independientemente de los lenguajes que las constituyan en cuanto comunidades, tendrán distinciones lingüísticas para estos fenómenos.

En el otro extremo, tenemos distinciones que son el resultado exclusivo de operaciones lingüísticas. Ellas no se producen como expresión de la respuesta de nuestra estructura biológica a lo que sucede en nuestro medio, sino que son el producto del poder del lenguaje para generarnos observaciones y experiencias que, sin él, no podríamos tener. Las distinciones matemáticas son un buen ejemplo de lo que señalamos y dentro de ellas un caso típico es el de la distinción de «cero». Dado que diferentes distinciones poseen poder diferente, aquellas que muestran ser más poderosas tenderán a perdurar, serán transmitidas de una comunidad a otra y en muchos casos son inventadas independientemente por comunidades diferentes.

Nuestras distinciones, entre otros factores, nos constituyen en el tipo de observador que somos. Provistos de un vasto conjunto de distinciones —cuyas raíces podrán ser más o menos biológicas, más o menos lingüísticas, pero que como tales, como distinciones, viven siempre en el lenguaje— nos constituimos en un particular tipo de observador y nos abrimos a experiencias diferentes. De allí que digamos que no sólo observamos con nuestros sentidos, por sobre todo observamos con nuestras distinciones lingüísticas.

Una vez que nos hemos constituido como un particular observador dentro de una determinada comunidad, podemos hacer una nueva distinción sobre el carácter de nuestras distinciones. Se trata de la distinción del observar como descripción y el observar como adscripción.

Cuando describimos, aquello que distinguimos pertenece a aquello que el observador observa. El centro de gravedad en este caso está colocado en lo observado o, si se quiere, en el mundo. Cuando adscribimos, en cambio, es el propio observador el que le confiere a lo observado aquello que se constituye en el proceso de adscripción. El centro de gravedad está ahora en el propio observador.

Como puede apreciarse, esta distinción entre la descripción y la adscripción es equivalente a la efectuada con anterioridad entre afirmaciones y juicios. Las afirmaciones, decimos, son descripciones; los juicios, son adscripciones.

Cuando hacemos juicios, conferimos al mundo y a sus entidades constitutivas rasgos que resultan de la forma como nos relacionamos con ellos. Los juicios, por consiguiente, no sólo hablan de las entidades a las que se refieren, sino de la relación que establecemos con ellas. Los juicios, por lo tanto, siempre hablan tanto sobre la persona que los emite como sobre el mundo que es enjuiciado. En consecuencia, los juicios operan como sintetizadores de la forma en que estamos en el mundo, o lo que Heidegger llama el *Dasein*.

A partir de lo anterior, cabe entonces preguntarse: ¿Qué tipo de distinción es el poder? Parte de la respuesta ya la hemos entregado. El poder siendo lingüístico como lo es toda distinción, es una distinción cuyo fundamento no es biológico, sino lingüístico. El lenguaje lo constituye como tal. Pero cuando hablamos del poder, ¿estamos haciendo una descripción o una adscripción? ¿Hay en su raíz una afirmación o un juicio?

El poder es un juicio

El poder, sostenemos, es un juicio. Como distinción lingüística, el poder no se refiere a una sustancia, cuya existencia podamos suponer independiente de nosotros. Por el contrario, el poder siempre vive como un juicio que hacemos. Sin nuestra capacidad de hacer juicios, no nos sería posible hablar del poder, reconocerlo como fenómeno, ni vivir su experiencia.

Al reconocerlo como juicio, estamos señalando que cuando hablamos del poder estamos haciendo una adscripción, estamos adscribiéndole algo a una determinada entidad, algo que no pertenece como tal a la entidad sino a la manera en que nosotros, como observadores, nos relacionamos con ella. Tal como sucede con todo juicio, con toda adscripción, es el observador quien le «confiere» un determinado rasgo a una entidad particular.

¿Qué tipo de juicio es el poder? El poder se constituye en cuanto fenómeno a partir de un juicio emitido por un observador sobre la mayor capacidad de generar acción de una determinada entidad. Al decir mayor, reconocemos que estamos comparando la capacidad de generar acción de la entidad que examinamos con la capacidad más restringida de generar acción de otras entidades equivalentes. Examinemos brevemente algunos de los elementos contenidos en este postulado.

El poder, como juicio, se refiere a «una determinada entidad». ¿Por qué hablamos de «entidad»? Para hacer presente que el juicio de poder lo hacemos para cualquier unidad que presumamos con capacidad de acción. Podemos distinguir tres tipos de entidades: los agentes, las máquinas y las herramientas.

Llamamos agentes a entidades con capacidad autónoma de acción. A las acciones de éstos podemos atribuirles (interpretarles) una determinada inquietud. En el caso de los agentes podemos decir que ellos actúan como forma de hacerse cargo de alguna inquietud. Los agentes pueden ser individuos o agentes colectivos (organizaciones, comunidades, etcétera).

Llamamos máquinas a aquellos artefactos que son capaces de desarrollar alguna actividad por sí mismos, pero que requieren de un agente para programarlos, iniciarlos o detenerlos. Con el desarrollo de variados mecanismos de retroalimentación, la distinción entre agentes autónomos y máquinas se ha hecho cada vez más difusa y problemática, como nos lo muestra la discusión registrada en torno a la temática de la inteligencia artificial.

Tenemos también entidades que no poseen capacidad autónoma de acción por sí mismas, pero que aumentan la capacidad de acción de un agente. Las llamamos herramientas. Una herramienta normalmente expande la capacidad de acción de un agente y, al hacerlo, incrementa su poder. Ello nos permite hablar de herramientas más o menos poderosas. Cuando lo hacemos, sin embargo, usamos la distinción de poder por referencia al agente que hace uso de la herramienta. En cuanto tales, las herramientas no poseen poder. Ellas incrementan el poder de los agentes.

El poder, hemos dicho, es un juicio sobre «capacidad de generar acción». La acción, por lo tanto, es el referente básico del juicio de poder. Mientras mayor sea la capacidad de acción de una entidad, más poder podremos sostener que ella tiene.

A este respecto es importante hacer dos alcances. El primero de ellos consiste en distinguir la capacidad de acción del juicio de poder. Se trata de dos fenómenos distintos. Las entidades poseen la capacidad de acción que poseen y ella muchas veces puede ser independiente del juicio que pueda hacer un observador. En este sentido, obviamente no es el juicio el que les confiere (o les adscribe) la capacidad de acción que poseen. Sin embargo, dada esa capacidad de acción, podemos emitir el juicio de que la entidad es poderosa. El poder, por lo tanto, vive en el juicio que se emite y no en la capacidad de acción que se enjuicia.

El segundo alcance guarda relación con el hecho de que el juicio de poder no es siempre un juicio sobre acciones emprendidas, sino sobre «capacidad de generar acción». Con ello estamos señalando que no es necesario que la acción deba llevarse a cabo para poder emitir fundadamente el juicio de poder. Aunque la entidad no actúe, si podemos sostener que posee la «capacidad» de hacerlo, igual podremos hacer el juicio de poder. Tener poder es diferente de ejercerlo. Lo que nos muestra este alcance es que el juicio de poder no es sobre la acción, sino sobre el dominio de lo posible. Si tengo el juicio de que alguien podría hacer algo, lo haga o no lo haga, puedo de igual forma sostener que tiene poder para ello. Sobre este punto volveremos más adelante.

Cabe, por último, referirse al elemento de capacidad de acción «diferenciada». Podríamos haber dicho también «relativa» o «comparativa». ¿A qué estamos apuntando con ello? Sostenemos que el juicio de poder no lo hacemos examinando solamente la capacidad de generar acción de una entidad, sino comparando tal capacidad de acción con alguna otra. El juicio de poder diferencia la capacidad de acción de la entidad que es enjuiciada por referencia a algo. Y es en la diferencia que el juicio de poder se hace en tanto juicio.

El punto de referencia puede muchas veces ser una entidad similar a la enjuiciada. Puede ser también la referencia a determinados estándares sociales lo que nos permite sostener que una entidad es poderosa. Lo importante de reconocer, en este sentido, es que la observación aislada de la capacidad de acción de una entidad no nos conduce al juicio de poder. Si luego de observar una sola entidad, sin referencia a otras o a determinados estándares, decimos que ésta tiene poder eso no tiene sentido. El juicio de poder siempre supone la referencia a otra entidad equivalente o a estándares sociales determinados.

Ello nos permite entender por qué un juicio de poder hecho bajo determinadas condiciones históricas, pueda perder sentido, de modificarse tales condiciones. Los estándares sociales cambian históricamente y lo que era poderoso en un momento, deja de serlo con posterioridad. Ello sucede en el campo de los deportes, de la tecnología, de la educación, en el mundo de los negocios, etcétera. Sucede también que el mismo desempeño puede ser considerado muy poderoso por una comunidad y puede pasar inadvertido en otra. Ello nos confirma el carácter lingüístico del poder.

El poder del lenguaje

Si aceptamos que el poder es un juicio con respecto a capacidad de acción diferenciada y si aceptamos también el carácter generativo del lenguaje —y, por tanto, que el lenguaje es acción—, tenemos que reconocer otro nivel en la relación entre poder y lenguaje. En la medida en que el lenguaje es acción, el lenguaje es fuente de poder. La forma como actuamos en el lenguaje constituye, por lo tanto, un aspecto crucial para evaluar cuán poderosos somos en la vida.

A partir de lo anterior, tal como lo planteábamos al iniciar este capítulo, es posible por lo tanto mirar hacia atrás y examinar todo lo que hemos sostenido hasta ahora desde la perspectiva del poder. Cada competencia lingüística específica a la que hemos hecho referencia, puede ser reconocida ahora como un dominio posible de poder.

Y de alguna forma, al hablar de ellas no lo hemos podido evitar y hemos hablado, por ejemplo, del poder de la declaración del «No», del poder de emitir nuestros propios juicios y de saber fundarlos, del poder del saber hacer promesas y de cumplirlas, del poder del reclamo, etcétera. En cada uno de estos casos estamos frente a un dominio particular en el que podemos desempeñarnos mejor o peor y, por tanto, ser más o menos poderosos. Cuando examinamos el lenguaje en su conjunto podemos distinguir cuatro dominios diferentes de competencias lingüísticas y, por consiguiente, cuatro fuentes diferentes de poder. El primero es **el dominio de las distinciones**. Nuestras distinciones nos convierten en observadores diferentes y, de acuerdo al tipo de observador que seamos, nuestras posibilidades de acción serán distintas. Sin una determinada distinción habrá fenómenos que no observaremos y, por lo mismo, estaremos muy ciegos a la posibilidad de intervenir en ellos.

El segundo dominio de competencias lingüísticas es aquel desarrollado extensamente en este libro: **el dominio de los actos lingüísticos**. No volveremos a examinarlos nuevamente. Pero cada acto lingüístico y cada modalidad y aspecto dentro de ellos es fuente de poder.

Dentro del conjunto de los actos lingüísticos, hay particularmente dos que son tradicionalmente los indicadores más importante del juicio de poder. Nos referimos a las declaraciones y a las peticiones. Decimos que el Presidente de la República de un determinado país tiene poder porque a diferencia de lo que sucede con los demás ciudadanos del país, lo que éste declara conlleva la autoridad para modificar el estado de las cosas y porque sus peticiones se aceptan y se cumplen. Podrá haber muchas y diferentes razones para ello; pero su poder se manifiesta centralmente en el ejercicio de estos dos actos lingüísticos. Su poder es el poder de la palabra.

Tomemos ahora un ejemplo opuesto: el de un asaltante en la calle que nos pide que le entreguemos nuestra billetera. Nuevamente, podrá haber muchas razones que nos lleven a comportarnos de una u otra forma con respecto a su petición. El hecho que tenga un cuchillo en la mano y que especulemos sobre las consecuencias que resultarían de decirle que no, son algunas de ellas. Sin embargo, su poder se manifestará en su capacidad de hacernos aceptar su petición. Su poder es, de igual forma, el poder de la palabra.

Esto nos lleva a un punto que consideramos de la mayor importancia: **El poder sobre otros**, que se ejerce imponiendo la palabra propia y haciendo que otros la cumplan. Esta forma de poder, en último término, depende siempre no de quien pide o declara, sino de quien acepta. Podrá haber razones muy justificadas para conceder tal aceptación; entre otras, como en el caso del asaltante, el juicio de no querer arriesgar la vida. No estamos emitiendo un juicio moral al respecto. Pero ello no impide reconocer que, en último término, la fuente de este tipo de poder reside siempre en quien acepta la palabra del otro. Esta modalidad de poder es siempre una concesión hecha por aquel sobre quien el poder se ejerce.

Muchas veces nos referimos al poder del dinero o al poder de las armas. No siempre reconocemos, sin embargo, que tanto el dinero como la fuerza suelen ser factores de poder en cuanto gravitan sobre el poder de la palabra. El dinero nos permite pedir y, en la medida en que estemos dispuestos a despojarnos de él en la cantidad que estipule quien posee aquello que pedimos, obtendremos lo que pedimos. Al hacerlo, dejamos al otro en posesión de nuestro dinero y, por lo tanto, con la capacidad de iniciar este mismo juego por su cuenta. En la medida en que el dinero conduce a la aceptación de nuestras peticiones, decimos que éste es un instrumento que encarna socialmente la capacidad de obtener promesas.

Al hablar de la fuerza es importante hacer una distinción. Es diferente el uso de la fuerza como instrumento de sometimiento al uso de la fuerza como instrumento de destrucción. Obviamente, la eficacia de la fuerza como instrumento de sometimiento descansa en su capacidad destructiva, pero sus usos en una u otra capacidad son diferentes. En el caso del sometimiento, la fuerza se usa para dar respaldo al poder de la palabra. En este caso, por lo tanto, el poder resultante depende de quien acepta someterse. Pero es muy diferente al poder de la fuerza en el campo de batalla. Aquí el poder se evalúa por su capacidad destructiva. No podemos perder de vista, sin embargo, que el poder destructivo de la fuerza generalmente se usa para obtener el sometimiento. A fin de cuentas el objetivo de la guerra es político, como lo reconociera von Clausewitz.

Al examinar el dominio de competencias lingüísticas que guardan relación con los actos lingüísticos, es importante no olvidar que no basta considerar a estos últimos en forma separada. Los actos lingüísticos hacen también de componentes de juegos de lenguaje más complejos que pueden integrar a varios de ellos en modalidades distintas.

Un tercer dominio de competencias lingüísticas relacionadas con el poder se refiere a las narrativas. Estos son tejidos lingüísticos interpretativos que, como tales, procuran generar sentido y establecen relaciones entre las entidades, las acciones y los eventos de nuestro mundo de experiencias. Las narrativas nos proporcionan una base desde la cual actuamos en el mundo. Según el tipo de narrativa que sustentemos, nuestras posibilidades de acción serán diferentes. De allí, por lo tanto, que podamos hablar también del poder del lenguaje haciendo referencia al poder de nuestras narrativas. Un ejemplo reiterado de un tipo de narrativa de gran poder lo constituyen las ciencias. Ellas nos ofrecen un tipo particular de explicación de los fenómenos que nos permiten generarlos o reproducirlos.

Por último, un cuarto dominio de competencias lingüísticas también relacionadas con el poder es **el dominio de las conversaciones**. Tal como fuera ya expuesto, a través de las conversaciones podemos no sólo actuar directamente y modificar el estado actual de las cosas. Podemos también modificar el estado de lo posible, de manera de poder posteriormente intervenir directamente.

Hemos insistido en que el poder no resulta sólo de nuestros desempeños efectivos, sino que involucra también un juicio sobre nuestras posibilidades de acción, independientemente de las acciones ejecutadas. Dentro de las diferentes tipologías de conversaciones que hemos presentado hay dos que están directamente vinculadas con nuestra capacidad de ampliar nuestro horizonte de posibilidades. Nos referimos a las conversaciones de posibles acciones y de posibles conversaciones. Alcanzar competencias en ellas es fuente importante de poder personal. En general, mientras mayor sea el componente reflexivo de nuestras conversaciones, mayor será la capacidad de éstas de expandir lo posible, en la medida que ello permite examinar el espacio posible que otras conversaciones dan por sentado.

La facticidad del poder

A partir de lo ya señalado queda de manifiesto cuán absurdo resulta el adoptar una posición contraria al poder. Particularmente, luego que aceptamos que el poder no es una sustancia que esté allí afuera y sobre la cual sea pertinente tomar una posición a favor o en contra. Una vez que reconocemos al poder como un juicio sobre la capacidad de generar acción y una vez que reconocemos que los individuos y agrupaciones de individuos tienen y tendrán inevitablemente capacidades diferentes de generar acciones, descubrimos que oponerse al poder no sólo es inconducente, pues éste será un juicio que seguiremos haciendo, sino que es también autolimitante.

Oponerse al poder, como tal, nos conduce al camino de la impotencia. Impotente es quien no tiene poder. Es alguien que padece la vida, sin lograr o querer intervenir en ella. Y al no intervenir hace de los demás los amos de su propia existencia. El impotente vive en la resignación desde la cual nada es posible, ninguna acción hace sentido. El impotente es caldo de cultivo para el resentimiento, pues su inacción no podrá detener la acción de los demás ni los efectos de ésta sobre sí mismo. A menudo, sin embargo, quienes sostienen oponerse al poder, no están precisamente optando por la impotencia, sino que están manifestando que resienten un poder que no saben cómo contrarrestar.

El poder es una facticidad de la vida. No hay ser humano que pueda prescindir de él. Oponerse al poder es estar desde ya al interior de los juegos de poder. Y si bien podemos legítimamente cuestionar y oponernos a la forma como el poder se juega socialmente o los fundamentos sociales que les confieren poder a unos y se lo restringen a otros, no por ello podemos sustraernos a ser partícipes del juego de poder que es la vida.

La forma más adecuada de oponernos a formas de poder que rechazamos, es precisamente jugando al poder. El poder resulta de la capacidad de acción de los seres humanos y del hecho de que esta capacidad de acción no es ni podrá ser igual para todos pues, como individuos, somos y seremos diferentes. La distribución desigual del poder es una facticidad de la convivencia social.

Una forma frecuente de oponernos a la facticidad del poder es reivindicando el ideal de la igualdad. En la medida en que el juicio de poder es siempre un juicio de desigualdad, de capacidad diferencial de generar acción, toda forma de poder, vista desde el ideal de la igualdad, es siempre sospechosa. Lo importante a este respecto es examinar de qué igualdad estamos hablando. La historia, en la medida que acrecienta el proceso de individuación de los seres humanos, nos hace cada vez más diferentes y más autónomos. Nunca fuimos iguales y cada vez lo somos menos.

La única igualdad que resulta coherente dentro de este proceso de individuación histórica es aquella que garantiza a todos condiciones básicas para participar en los juegos sociales de poder. Es la igualdad de oportunidades para participar en tales juegos. Es aquella que cuestiona, desde bases éticas, que los juegos de poder de algunos, le nieguen la participación a otros. Pero se trata de una participación cuyo sentido no es el ser iguales, sino la expansión de las diferentes posibilidades individuales.

Michel Foucault ha sido uno de los pensadores contemporáneos más importantes que nos ha mostrado cómo el poder permea, sin excepción, el conjunto de la vida social. Su gran contribución ha sido precisamente la de revelar cómo el poder está presente en toda institución, en todo discurso, en toda relación social. Su gran debilidad, sin embargo, es que lo hace desde la denuncia, sin lograr aceptar la facticidad del poder. Cada vez que su dedo muestra el poder, uno escucha una acusación. Foucault resiente el poder.

No estamos sosteniendo que toda forma de poder sea, desde un punto de vista ético, aceptable. Pero no basta exhibir la presencia de poder para que ello, por sí mismo, sea suficiente para impugnarlo. La posición de Foucault se sustenta en un ideal anárquico de la vida social (la idea de que es posible una convivencia social sin poder) y desde una ética consecuente que hace del poder un elemento pecaminoso. Para Foucault lo aceptable, lo que garantiza paz social, es la ausencia de poder.

Diferimos con Foucault. Para nosotros la aceptación y la paz se oponen al resentimiento que surge desde la impotencia y son aliadas de la superación de la resignación que niega la posibilidad de acción. Por lo tanto, aceptación y paz se identifican con el compromiso de expandir lo posible e incrementar el poder. Ellas requieren complementarse con la ambición, con lo que Nietzsche llama «la voluntad de poder». Así como Heráclito postula que «el descanso se alcanza en el cambio»[1], de la misma forma sostenemos que la paz se obtiene en la acción y en la expansión de nuestras posibilidades en la vida.

El aprendizaje como estrategia de poder

Hemos postulado que el poder es la capacidad diferencial de generar acción de una entidad. Hasta ahora, hemos concebido el término diferencial (o comparativo) en relación a otra entidad o a determinados estándares sociales. Sin embargo, también podemos hacerlo comparando la capacidad de generación de acción de una misma entidad en dos momentos diferentes en el tiempo. Cuando hacemos esto, estamos frente a una forma particular de poder que habitualmente llamamos aprendizaje.

---

[1] ragmento 84a, según numeración de Diels.

Cuando sostenemos que una misma entidad puede realizar acciones efectivas en un momento determinado de su desarrollo, acciones que esa misma entidad no podía realizar en el pasado, decimos que tal entidad aprendió. El aprendizaje es, pues, un juicio de poder. Lo que en términos de acción efectiva no era posible antes, logra ser posible después.

Es interesante examinar lo dicho desde el punto de vista del tipo de concepto de aprendizaje que presupone. Tal como argumentáramos con respecto al poder, el aprendizaje, sostenemos, es un juicio. Podemos hacer lo que hacemos, pero sólo podemos decir que hubo aprendizaje cuando emitimos el juicio de que aquello que podemos hacer en el presente, no lo podíamos hacer en el pasado. Y se trata, por lo tanto, de un juicio que remite a nuestra capacidad de acción. No hay aprendizaje, como no hay saber, que no remita, de una u otra forma, a nuestra capacidad de acción efectiva.

Saber es hacer, así como hacer es saber. Y aprender es poder hacer lo que que no podíamos hacer antes. ¿No implica lo anterior un pragmatismo estrecho? Un pragmatismo, sin duda; que éste sea estrecho es discutible. Al remitir todo aprendizaje y todo saber a nuestra capacidad de acción, no estamos sugiriendo que determinadas situaciones que previamente concebíamos como aprendizaje, o como saber, deben ser ahora excluidas de la lista de las cosas aprendidas o sabidas. No estamos restringiendo nuestra nociones de aprendizaje y de saber. Lo que estamos haciendo es modificar su sentido.

¿Pero no hay acaso expresiones del saber que no se expresan en capacidad de acción? Si alguien sabe que ayer llovió, ¿qué tiene que ver esto con nuestra capacidad de acción? Si alguien sabe cuál era la casa en la que durmió Napoleón la noche del 5 de agosto de 1806, ¿no sucede lo mismo? O cuando alguien aprende literatura, ¿donde está la acción?

Para contestar mejor a todas estas preguntas es conveniente dar vuelta el problema y preguntarnos: ¿cómo, en cada uno de esos casos, podemos sostener que alguien sabe o que aprendió algo? ¿En qué fundamos entonces el juicio de aprendizaje? En el hecho de que si preguntamos, estas personas nos darán la respuesta que consideramos adecuada. Y desde nuestra perspectiva, en la que entendemos que el hablar es actuar, responder adecuadamente es actuar efectivamente. Es tener la competencia de desenvolverse adecuadamente en el juego de lenguaje que abrimos con la pregunta que hacemos.

Y esta es precisamente la forma como habitualmente evaluamos el aprendizaje. Lo único que, desde nuestro punto de vista, ha cambiado es que ahora aceptamos que responder es actuar y responder adecuadamente es acción efectiva.

¿Por qué hablamos de acción «efectiva»? Porque obviamente no toda forma de acción (o no toda respuesta) nos permite emitir el juicio de aprendizaje. Sólo algunas acciones (sólo algunas respuestas) fundan el juicio de aprendizaje. Ello implica que además de actuar, quien se encuentra en proceso de aprendizaje se somete al juicio de alguien a quien le confiere la autoridad para determinar si su acción (o su respuesta) es efectiva. Tal como sucedía cuando nos referíamos al poder de la palabra de un individuo sobre otros, el juicio de aprendizaje «se confiere». Se le confiere a quien investimos con autoridad para hacerlo. El aprendizaje, nos dice a menudo Humberto Maturana, es obsequio (un juicio) que el profesor le hace (le confiere) al alumno, sobre la base de las acciones ejecutadas por éste.

A partir de lo señalado, comprobamos que cuando aprendemos algo, expandimos nuestra capacidad de acción y, por lo tanto, incrementamos nuestro poder. Cada vez que adquirimos nuevas competencias, ganamos poder. El aprendizaje nos permite diferenciarnos de como éramos en el pasado, en términos de nuestra capacidad de acción. Al diferenciarnos de nuestra capacidad de acción pasada, aceleramos nuestro proceso de devenir y nos transformamos en seres humanos diferentes. Somos de acuerdo a como actuamos: la acción genera ser. El aprendizaje, como modalidad de poder, es parte crucial del proceso del devenir al que nos exponemos al vivir.

Seducción, autoridad institucional y fuerza, como estrategias de poder

Hemos sostenido que el poder se asocia no sólo con las acciones que realizamos sino, por sobre todo, con el espacio de posibilidades de que disponemos para actuar. Al comparar a una persona con los demás, podemos juzgar que ella dispone de un amplio espacio de posibilidades de acción. Diremos, en consecuencia, que esa persona tiene poder. Sin embargo, cabe considerar que esa persona no haga uso del espacio de posibilidades de que dispone y, por consiguiente, no ejecute las acciones que le son posibles.

El poder, por lo tanto, remite al espacio de posibilidades, al espacio de acciones posibles, más que a las acciones efectivamente ejecutadas. Estas últimas corresponden al ejercicio del poder que se especifica al nivel del espacio de posibilidades. Mientras mayores sean, en términos comparativos, nuestras posibilidades de acción, mayor será nuestro poder. Ello define diferentes estrategias posibles para incrementar nuestro poder.

Una de ellas, ya lo vimos, es el aprendizaje. A través de él, incrementamos nuestra capacidad de acción —y, por tanto, nuestro espacio de posibilidades— por la vía de ganar nuevas competencias que nos permiten hacer lo que antes no podíamos. El centro de gravedad del aprendizaje como estrategia de poder es la capacidad de acción de la persona en cuestión.

Lo que nos es posible, sin embargo, no depende sólo de lo que seamos capaces de hacer, sino también del juicio que otros tengan de nosotros. No debemos olvidar que la posibilidad se constituye como tal en un juicio. Como todo juicio, éste puede estar fundado o infundado y el proceso de fundarlo nos remite a condiciones que se sitúan más allá del propio juicio. Pero ello no impide reconocer que la posibilidad se constituye como tal a través del juicio que hacemos de que algo es o era posible.

La relación entre poder, posibilidad y juicio tiene importantes consecuencias prácticas. Ellas se observan con mayor claridad cuando examinamos el poder que resulta de nuestra relación con los demás y que se manifiesta en la forma como respondan a nuestras declaraciones y peticiones. Ya hemos examinado la gravitación de estos dos aspectos en nuestro poder personal sobre otros. Lo que nos interesa destacar aquí es que el poder que alcancemos sobre los demás para concitar autoridad a nuestras declaraciones y aceptación a nuestras peticiones depende no sólo de nuestras competencias, sino, muy particularmente, de los juicios que los demás hagan sobre nosotros. Estos juicios contribuyen de manera decisiva en conformar el espacio de nuestras posibilidades de acción con ellos y, por lo tanto, son factores centrales de nuestro poder. En otras palabras, nuestro poder personal no es sólo función de lo que seamos capaces de hacer, sino también del juicio que los demás tengan sobre lo que somos capaces de hacer.

Lo anterior define tres estrategias adicionales de poder personal, según se sustenten en la seducción, la autoridad institucional o la fuerza. **La estrategia de la seducción** descansa en nuestra capacidad de generar en otros el juicio de que somos una posibilidad para ellos. En la medida en que concitemos tal juicio, expandimos nuestra capacidad de acción con ellos, los encontramos más dispuestos a conferir autoridad a lo que declaramos y a aceptar nuestras peticiones.

Una forma habitual de seducción es la que observamos en el cortejo, en los juegos de amor. En la medida en que el otro haga el juicio de que somos una posibilidad amorosa para él o para ella, nuestras propias posibilidades con él o ella se expandirán. Una de mis alumnas me señalaba en cierta oportunidad: «Yo entiendo poco del poder, pero reconozco el poder que tengo con los hombres: tener algo que ellos desean».

Nuestra interpretación de la seducción, sin embargo, trasciende el dominio de los juegos del amor. Cada vez que logramos concitar en el otro el juicio de que somos una posibilidad para él, estamos en el juego de la seducción. Y podemos ser una posibilidad en términos de nuestras competencias profesionales, de nuestras interpretaciones sobre la vida, de que tenemos un producto que se hace cargo de sus inquietudes, etcétera.

La seducción, por lo tanto, constituye una competencia ontológica que puede adquirir diferentes modalidades concretas. Entre ellas cabe mencionar, por ejemplo, el *marketing* y las ventas, el proselitismo político, la labor misionera de los religiosos, la pedagogía, etcétera. En todas ellas, el objetivo del juego en cuestión es la modificación del espacio de lo posible del otro, en función de lo que nosotros tenemos que ofrecer. Nuestra competencia de hacer ofertas —es más, de ser una oferta para el otro— está en el centro de la seducción como estrategia de poder.

Un caso particular de seducción es la persuasión. La persuasión consiste en la capacidad de generar en el otro el juicio de que nuestras interpretaciones son las más poderosas y, por tanto, que ellas expanden las posibilidades de quienes las aceptan. El desarrollo del arte de la persuasión fue una de las inquietudes principales de los sofistas griegos y está contenida en sus enseñanzas de retórica. Se dice que Gorgias era maestro en persuadir a una audiencia en prácticamente cualquier materia. Este le confería gran importancia a la retórica en la enseñanza de la juventud, pues ella contribuía a la conformación de las identidades públicas de los individuos y era fuente importante del poder que alcanzaran en la comunidad.

Una modalidad particular de la persuasión es la lógica, esta gran invención de los metafísicos y desarrollada particularmente por Aristóteles. La lógica centra su capacidad de persuasión en la coherencia que mantienen entre sí las diferentes proposiciones dentro de una argumentación. Dentro de los diferentes elementos del arte de la retórica, la lógica, consistente con su origen metafísico, pone énfasis en el contenido de verdad y la coherencia argumental *(logos)*, reduciendo la importancia de los elementos emocionales *(ethos* y *pathos)*.

La segunda estrategia de poder personal guarda relación con **la autoridad institucional**. En este caso, nuestras declaraciones y peticiones tienen aceptación social, no por la posibilidad que somos para los demás como personas, sino porque estamos investidos de la autoridad que la sociedad le confiere a un determinado **cargo institucional**. Mientras ocupemos tal cargo institucional, accedemos al poder que la comunidad le confiere a éste. En el momento en que abandonamos el cargo, perdemos con ello el poder que antes poseíamos. El poder no resulta de la capacidad de acción de la persona en cuanto tal, sino de la capacidad de acción que nos confiere la posición que ella ocupa al interior de determinados juegos institucionales consagrados por la comunidad.

La tercera estrategia de poder personal es aquella que descansa en la fuerza, en nuestra capacidad de destrucción como medio de sometimiento o de disuasión del otro. Ya nos hemos referido a ella. Como en los casos anteriores, la fuerza en estos casos está puesta al servicio de un juicio de posibilidad de parte del otro. El poder que obtenemos resulta del juicio que otro hace sobre las posibles consecuencias que resultarían de no acatar nuestra palabra o de las consecuencias que podrían resultar de nuestra capacidad de respuesta frente al uso de su propia capacidad destructiva.

En todos estos casos, en las estrategias de seducción, de poder institucional y de fuerza, nuestro poder personal es función del juicio de posibilidad del otro.

El juicio de lo posible: Crisipo de Soli

El poder, hemos insistido, se funda en el juicio de lo posible. Cuando hablamos de lo posible, es interesante volver la mirada hacia los estoicos. Entre ellos cabe ahora destacar la figura de Crisipo, quizás el más influyente de los estoicos en la antigüedad. También uno de los que se sitúan a mayor distancia de la influencia de los metafísicos. Crisipo nace en Soli, Cilicia, en la parte sur de Asia Menor. Vive de 281 a 208 a.C. De su abundante producción escrita, sólo han sobrevivido algunos fragmentos.

Crisipo se opone a la noción de lo posible, propuesta previamente por Diodoro, según la cual lo posible es aquello que es o será verdadero. Tal noción de lo posible, sostiene Crisipo, lo hace indistinguible de lo necesario. Para Crisipo, hay eventos que, siendo posibles, no sucederán. Es posible, argumenta, que una joya se rompa, aunque ello nunca ocurra. De la misma forma como toma partido contra Diodoro, Crisipo se enfrenta también con el planteamiento de Cleantes, un estoico anterior a él, que había sostenido que las afirmaciones con respecto al pasado no podían ser necesarias porque de serlo, no habrían sido posibles. En otras otras palabras, mientras Diodoro aplicaba el criterio de necesidad tanto al pasado como al futuro, Cleantes negaba tal necesidad y sostenía que tanto el pasado como el futuro eran posibles.

Oponiéndose a ambos, Crisipo toma una posición que podemos condensar sosteniendo: **el pasado pertenece al dominio de lo necesario; el futuro, al dominio de lo posible**. Según Crisipo, todas las cosas verdaderas del pasado son necesarias por cuanto no admiten cambio y porque el pasado no puede cambiar de lo que aconteció a lo que no aconteció. Lo que ya aconteció dejó de ser posible por cuanto lo posible es aquello que podría acontecer, acontezca efectivamente o no.

Según Crisipo, aquello que efectivamente acontezca es lo que llamamos **el destino**. Uno de los factores que separa lo posible del destino, es lo que Crisipo llama lo que está «en nuestro poder». A través de lo que está «en su poder», los individuos participan en la generación del destino. El destino no es independiente del actuar de los individuos. Ello nos recuerda a Heráclito que nos decía «Nuestro carácter es nuestro destino».

El juicio que concibe el pasado como necesario contiene una fuerte carga ética. En primer lugar, representa un poderoso antídoto contra el resentimiento, aquella emocionalidad que se gesta desde la impotencia, desde la falta de poder. Al observar el pasado desde el prisma de la necesidad, éste recupera la inocencia. Las cosas ocurrieron tal como ocurrieron por cuanto no hubo condiciones para que ocurrieran de manera diferente. En tal sentido, ellas fueron necesarias. Quien se lamenta por experiencias del pasado a menudo se olvida que aquel que se lamenta es ya un individuo diferente de aquel que vivió esas experiencias por cuanto es un producto de ellas. Quien vivió esas experiencias, era un ser distinto de quien se lamenta, pues no había todavía pasado por ellas. Resentir el pasado no sólo compromete el pasado, también compromete el presente y, al hacerlo, compromete también el futuro, en la medida que el presente es su antesala. Ello es parte del efecto corrosivo del resentimiento. Toda forma de resentimiento del pasado revela que no aceptamos plenamente quienes somos, que no nos amamos suficientemente, pues quienes somos hoy, es lo que tal pasado hizo que fuéramos. La plena aceptación de quienes somos descansa en la plena aceptación de nuestro pasado, en la capacidad de mirarlo aceptando su necesidad, sin despojarlo de su inocencia. A ello se refiere Nietzsche cuando nos habla de la importancia del **amor fati**, del amor al destino, del amor al acontecer efectivo de las cosas. Lo que no nos mata, nos dice Nietzsche, nos fortalece.

Aceptar el pasado no implica dejar de tomar responsabilidad por nuestras acciones ni exigir que otros tomen responsabilidad por las de ellos. La forma como nos hacemos responsables de lo que hicimos o de como fuimos, es proyectándonos hacia el futuro, de manera que las acciones que seamos capaces de tomar se hagan cargo de nuestro pasado necesario, y eviten las consecuencias de nuestro comportamiento pasado. Nada es más inútil, ni nada produce tan innecesario sufrimiento, que desgarrarnos por un pasado que no podemos cambiar. Nada es más absurdo que luchar contra lo necesario.

Así como es preciso aprender a aceptar el pasado necesario como forma de aprender a bien vivir, es igualmente importante aprender a ejercitar lo que está «en nuestro poder» porque, de esta forma, participamos en moldear el destino. Introducirnos en el futuro significa participar en el arte de lo posible.

Poder y emocionalidad

Al centrar nuestra interpretación del poder en el juicio de lo posible, no podemos dejar de volver la mirada sobre el dominio de la emocionalidad. Lo posible, sostenemos, se define tanto al nivel de nuestros juicios como al nivel de nuestras emociones y estados de ánimo. No es extraño, por lo tanto, que nos hayamos visto forzados a volver sobre el tema del resentimiento.

De acuerdo a la emocionalidad en la que nos encontremos, aquello que nos sea posible será diferente. La emocionalidad define el rango posible de acciones que podemos emprender. A la inversa, de acuerdo al juicio de posibilidad que hagamos, nuestra emocionalidad será distinta. Cuando observamos que nuestras posibilidades se expanden, nos moveremos hacia emocionalidades positivas; cuando observamos que nuestras posibilidades se reducen, nos desplazaremos hacia emocionalidades negativas. Toda emoción y todo estado de ánimo permiten ser reconstruidos lingüísticamente en término de juicios de posibilidad.

La emocionalidad es factor consustancial de toda configuración de poder y, por tanto, de toda capacidad de acción. Una misma persona, un mismo grupo humano, serán más o menos poderosos según la emocionalidad en la que se encuentren. Esto, que ya fue señalado cuando en su oportunidad tratamos el tema de la emocionalidad, debe ser ahora reiterado al abordar el tema del poder. Si aquello que nos interesa es intervenir en la capacidad de acción efectiva de un individuo o de una organización, si lo que nos preocupa es el aumentar su poder, no podemos prescindir de observar e intervenir en el dominio de la emocionalidad.

De allí, por ejemplo, que las personas más competentes no sean necesariamente las más poderosas. Cuantas veces no comprobamos que el mejor alumno en la escuela o en la universidad no es quien obtiene los mayores éxitos en el trabajo o en la vida. O que una organización dirigida por una planta ejecutiva altamente calificada es sobrepasada por otra que, en el papel, contaba con ejecutivos con menor capacitación. Todos sabemos que el mejor profesor no es necesariamente el que más sabe, sino aquel que mejor relaciona aquello que sabe con la capacidad de expandir el horizonte de posibilidades de sus alumnos.

Más importante que la formación que incrementa nuestras competencias, es la emocionalidad que define los espacios posibles dentro de los cuales actuamos. Con un menor nivel de competencia, alguien puede exhibir una capacidad de acción mayor y, por tanto, más poder, por hallarse en un sustrato emocional que especifica un rango de posibilidades que puede no estar disponible para alguien más competente.

La afirmación de la vida y el camino del poder

Hemos postulado que la acción nos genera, que ella nos hace ser el tipo de ser que somos. Hemos dicho que la acción genera ser y, al hacerlo, nos permite trascendernos a nosotros mismos y participar en el proceso de nuestra propia creación. Al actuar dejamos de ser quienes éramos y accedemos a nuevas formas de ser: devenimos. Quienes fuimos ayer, dejamos de serlo hoy, para luego, mañana, ser nuevamente distintos.

Nietzsche nos reitera una y otra vez, «El hombre es algo que debe ser superado». Esta es quizás la enseñanza más importante de su Zaratustra. Y a aquel ser humano que es capaz de superarse a sí mismo, Nietzsche lo llama el **superhombre**. Pocos conceptos de Nietzsche han desencadenado tantos malentendidos, tantas interpretaciones erradas. El superhombre es quien hace de la vida un camino de permanente superación de sí mismo. «El hombre», nos dice Nietzsche, «es una cuerda tendida entre la bestia y el superhombre —una cuerda sobre un abismo». «Lo que es grande en el hombre», nos insiste, «es que éste es un puente y no un fin». [2]

---

[2] Fragmento 115, según numeración de Diels.

La acción —y con ella, el lenguaje— nos constituye. Por consiguiente, cuando actuamos de la misma forma nos mantenemos fundamentalmente al interior de la misma forma de ser. Sólo expandiendo permanentemente nuestra capacidad de acción, aseguramos el camino de nuestra superación como seres humanos. No es sólo la capacidad de acción lo que define al ser humano. Es, por sobre todo, la capacidad de expandir nuestra capacidad de acción. La clave para ello es la capacidad recursiva y expansiva del lenguaje. Ya nos señalaba Heráclito: «El alma posee un lenguaje (logos) que se expande»

La capacidad de expandir nuestra capacidad de acción es lo que hemos llamado poder. Optar por afirmar el valor supremo de la vida, optar por reconocer la prioridad de esta vida y de este mundo por sobre toda otra forma trascendente de vida y de mundo, es optar por el camino de poder como opción de vida. El camino del poder no niega la trascendencia. Por el contrario, es la expresión de nuestro compromiso (Nietzsche habla de voluntad) por trascendernos permanentemente. Es la ausencia de toda resignación con nosotros mismos, de la resignación por seguir siendo como somos, sin aspirar a alcanzar formas más plenas de ser.

La trascendencia en el contexto del camino del poder, deja ahora de ser un recurso que degrada la vida humana, que la confronta con un referente superior situado fuera de ella. Se trata, por el contrario, de la afirmación plena del valor supremo de la vida. La trascendencia se convierte ahora en un recurso inmanente de la propia vida. No es la vida humana la que hay que trascender, es el ser que somos en la vida el que se abre a la trascendencia. «Lo que puede amarse en el hombre», nos dice Zaratustra, «es que él es una **apertura**».

En el mundo de hoy, en un mundo en el que nuestras metanarrativas, nuestros discursos trascendentes, han dejado de alimentarnos adecuadamente del sentido que necesitamos para vivir, no tenemos otra opción para bien vivir que abrirnos al camino del poder, al camino de la expansión permanente de nuestras posibilidades de acción en la vida. Cualquier afirmación de mundos trascendentes, por muy legítima e incluso necesaria que ella pueda ser, no puede fundarse, como sucediera en el pasado, en la subordinación del valor de la vida humana. De no optar por el camino del poder, nos advierte Nietzsche, no seremos capaces de superar la gran enfermedad del alma de nuestro tiempo: el nihilismo. El nihilismo es precisamente la experiencia del sin sentido de la vida, del vivir como experiencia carente de valor, en un contexto histórico caracterizado por el repliegue del poder que ejercieran en el pasado las metanarrativas, los discursos trascendentes.

El nihilismo es la experiencia que resulta de esperar que el sentido de la vida nos llegue, como acto de gracia, sin haber todavía comprendido que, hoy en día, somos nosotros los que tenemos que participar en su creación, como si no nos hubiésemos enterado de que los metadiscursos se encuentran en proceso de agotamiento. En las actuales condiciones históricas no podemos considerar el sentido de la vida como dado, ni podemos esperar, cuando lo perdemos, que nos llegue sin nosotros salir a conquistarlo. Es en tal sentido que el camino del poder se nos presenta como la opción que nos permite enfrentar el nihilismo.

La política del alma

Encarar la vida desde el camino del poder nos permite relacionarnos con ella desde el ámbito de la política. El ser humano, sostenemos, se enfrenta a su vida en clave propia del juego político. El tipo de comportamiento que observamos en los grandes políticos nos sirve de referente para mejor entender la forma como debemos encarar la vida para bien vivirla.

No debiera extrañarnos que habiendo postulado la importancia y necesidad del camino del poder como modalidad de vida, nos veamos en la necesidad de usar a la política como referente de lo que tal postulado implica. La política ha sido hasta ahora el dominio por excelencia en el que probamos nuestra capacidad de acción en los juegos de poder. A este respecto queremos mencionar cinco aspectos diferentes que vemos asociados a los juegos de la política y que nos permitirán explorar la forma como el ser humano se relaciona con su persona, al optar por el camino del poder.

1. La política como gobierno. Optar por el camino del poder significa tomar plena posesión de nuestra alma y asumir responsabilidad tanto por sus acciones, como por el tipo de persona que devenimos al actuar de la manera como lo hacemos. Esta toma de posesión sobre nuestra alma, nos lleva a la autenticidad, a la capacidad de vivir nuestra vida bajo la soberanía de nuestros propios juicios, siendo amos y señores de nuestras acciones.

El sujeto que somos, nos advierte Nietzsche, es una multiplicidad. En él conviven interpretaciones no siempre concordantes, emociones no siempre congruentes. Parte de nuestra responsabilidad, como seres humanos, es asegurar no sólo la coherencia dentro de esta multiplicidad, sino por sobre todo el tipo de coherencia que deseamos alcanzar. El ser humano que se introduce por el camino del poder se transforma en garante del orden de su alma. El hombre libre, nos dice Nietzsche, es un Estado y una sociedad de individuos.

2. La política como ejercicio de la libertad. El camino del poder no está abierto a almas en cautiverio, no es el camino para almas esclavas, no es tampoco el camino del rebaño. El camino del poder sólo está disponible para seres humanos libres, para individuos capaces de afirmar su plena autonomía, su capacidad de acción propia. Sólo seres humanos libres pueden cruzar la cuerda que lleva de la bestia al superhombre. Quienes no sean libres, caerán al abismo y no podrán efectuar el cruce.

3. La política como arte de lo posible. La frase anterior fue acuñada por Bismarck y nos permite explorar un aspecto fundamental de la opción por el camino del poder. El poder, sostuvimos, se define no sólo por las acciones que realizamos, sino sobre todo, por el espacio de lo posible. Lo posible, tal como argumentara Crisipo de Soli, el estoico, representa un criterio fundamental desde el cual nos proyectamos hacia el futuro.

Aquí es importante hacer una distinción, pues entender la política como el arte de lo posible permite dos interpretaciones diferentes. La primera consiste en el arte de saber actuar al interior de lo que es posible y, por lo tanto, ésta toma lo posible como dado. La inquietud fundamental aquí es «determinar» lo que es posible para, según ello, actuar mejor. El énfasis está puesto aquí en intervenir dentro de lo posible para asegurar lo que acontece. En la medida en que no todo lo que es posible acontece, quien gobierna su alma a este nivel, busca asegurar que aquello que acontezca sea aquello que permite su mayor desarrollo como persona. A este nivel, sin embargo, estamos todavía al nivel de la administración o gobierno del alma.

La segunda interpretación concibe la política no tanto como el arte de actuar «dentro» de lo posible, sino el arte de participar en su «invención». Lo posible, como hemos insistido reiteradamente, no existe como tal con independencia del observador que somos. Lo posible es siempre un acto declarativo, un juicio, que realiza un observador. El acto lingüístico de lo posible, sin excluir la necesidad de someterse a determinadas condiciones que permiten fundarlo, crea mundo. Cuando el camino de poder se concibe como una modalidad de «inventar» lo posible, nos movemos de la administración del alma, al fenómeno del liderazgo. Los líderes son aquellos que se comprometen en la invención o expansión de lo posible.

4. La política como liderazgo. Al llegar a la figura del líder, nos hemos acercado nuevamente a la figura del superhombre. El superhombre, dijimos, es quien hace de la vida el camino de su permanente autosuperación, de su autotrascendencia. Sin embargo, cuando volvemos a la distinción del superhombre a través de la figura del líder, un nuevo elemento interpretativo emerge. Ahora nos damos cuenta de que no puede existir la autotrascendencia como persona, como la forma de ser que somos como individuos, sin que ello implique trascendernos también más allá de los límites de nuestra individualidad y subsumirnos nuevamente en el espacio social dentro del cual precisamente nos constituimos como individuos. En el líder, ambos procesos de trascendencia se complementan.

El líder no es sólo alguien que participa activamente en la invención de sí mismo; al hacerlo transforma el espacio social de su comunidad y genera un ámbito en el que, a la vez, otros acceden a nuevas formas de ser. El líder, por lo tanto, representa un espacio de encarnación del ser social de la comunidad de la que somos miembros. Toda forma de liderazgo implica el abandono de una visión individualista estrecha de sí mismo. Involucra el retorno del individuo a su ser social. Se trata de la realización del ser individual en su ser social.

No olvidemos lo que dijéramos previamente: el individuo es un fenómeno social. En la medida en que el individuo trasciende su forma de ser individual, transforma a la vez a la comunidad a la que pertenece y abre nuevos espacios de posibilidad de ser para otros individuos.

Cabe advertir, sin embargo, que cuando aludimos al liderazgo como expresión de la opción por el camino de poder, no lo hacemos preocupados por responder a una necesidad social. No estamos sugiriendo la necesidad de que surjan líderes capaces de someter y conducir a un vasto contingente de individuos a su alrededor. Nuestra concepción del liderazgo no se corresponde con la necesidad social de una figura autoritaria, sino, muy por el contrario, con un particular ideal de desarrollo individual.

Obviamente los individuos que se levanten como líderes influirán en su entorno social. No obstante, la perspectiva que sustentamos arranca desde una ética individual comprometida con asegurar el sentido de la vida y expandir las posibilidades de la existencia humana. Desde esta perspectiva, entonces, no es contradictorio considerar una sociedad conformada por una multiplicidad de líderes, influyéndose mutuamente y generándose posibilidades mutuas, en dominios diferentes de la existencia.

5. La política como espacio de desenvolvimiento de individuos emprendedores. La figura que, en consecuencia, responde con mayor lealtad a lo que sustentamos es la del individuo como emprendedor, en una comunidad de seres humanos libres y autónomos, abierta a alentar la capacidad emprendedora individual. Esta es una comunidad comprometida, por un lado, en proveer la máxima apertura a todos sus miembros para que éstos participen, con respeto mutuo, en el desarrollo de sus respectivos caminos de poder y, por otro lado, en aceptar las diferencias que resultarán del seguir tales caminos. Una comunidad, en suma, sustentada en el reconocimiento de la vida humana y, por consiguiente, de las condiciones básicas de subsistencia, como valores fundamentales.

La vida como obra de arte

Desde el camino del poder, el ser humano se define, no como un ente contemplativo que se deleita en la observación de la verdad, tampoco como un alma en pena que transita por un camino de pruebas y sufrimientos, sino como un creador de su propia vida. El atributo fundamental de los seres humanos es su capacidad de actuar y, a través de ella, su capacidad de participar en la generación de sí mismo y de su mundo.

De todas las cosas que los seres humanos pueden crear, nada posee la importancia que exhibe de la capacidad de participar en la creación de su propia vida. Toda otra forma de creación, sirve a ésta, su obra principal: la vida. Desde esta perspectiva, la comprensión del ser humano no se agota al concebirlo a través de la figura del político. Es más, ésta resulta completamente insuficiente. Por sobre tal figura, se levanta ahora otra: la del ser humano como artista, como partícipe en la creación de su vida, como iniciado en el milagro y misterio de la invención de sí mismo.

El camino del poder es, en consecuencia, el camino de la creación. El ser humano es, ante todo, un ser creador. Como creador, nos dice Nietzsche, el ser humano se trasciende a sí mismo y deja de ser su propio contemporáneo. Pero en la creación surge otro aspecto importante: se transforma en un ser libre. Creación y libertad se requieren mutuamente. Nuestra capacidad de creación nos hace libres. Pero así como la creación es el ejercicio de la libertad, esta última sólo emerge en el acto creativo. La libertad, en el sentido más profundo, no es una condición jurídica, sino una condición del alma humana.

El concebir al ser humano en tanto artista que hace de su vida su gran obra de arte, nos lleva a hacer algunas consideraciones adicionales.

La primera de ellas, guarda relación con abrir espacio a las fuerzas destructivas que acompañan toda creación. Si aceptamos la creación, tenemos también que aceptar la destrucción. Como nos enseña Heráclito, no hay una sin la otra. No podemos trascendernos y alcanzar otras formas de ser, sin dejar de ser quienes fuimos, sin abandonar nuestras formas anteriores de ser. Y ello resulta en un desafío crucial en la vida. Para trascendernos debemos estar dispuestos a sacrificar nuestras formas presentes de ser. No hay trascendencia sin sacrificio, sin estar dispuestos a soltar aquello que pareciera sujetarnos, sin antes haber encontrado un nuevo punto de apoyo.

Quien no pueda desprenderse de sí mismo, restringe sus posibilidades de trascendencia. Toda trascendencia, por lo tanto, se nos presenta como un salto al vacío, como un sumergirse en la nada, en el principio de disolución del ser que somos, para, desde allí, volver a emerger en las aguas de la vida. El camino del poder y, por consiguiente, de la creación es el camino del riesgo, de la vida como apuesta.

Optar por el camino del poder implica, en consecuencia, asegurar las condiciones emocionales que resultan necesarias para permitir tanto la creación como la destrucción, aspectos ambos inseparables de la dinámica de la autotrascendencia. Ello implica vencer lo que Nietzsche llama «el espíritu de la gravedad». Este nos ata a las formas existentes de ser, introduce pesadez en nuestro desplazamiento por la vida y nos impide despegar en nuestro salto al vacío. El espíritu de la gravedad debe ser vencido con las fuerzas opuestas: aquellas que surgen de la inocencia del juego. Apoyándose en imágenes proporcionadas por Heráclito, Nietzsche identifica esta capacidad creativa con la figura del niño: aquel que construye castillos de arena en la playa para verlos enseguida destruidos por las olas y que vuelve a construir otros nuevos. El niño es, para Nietzsche, la figura predilecta de las formas superiores del poder, pues nos muestra un poder que se despliega de la inocencia del juego, desde la ausencia de la gravedad.

A esta imagen del poder del niño, Nietzsche opone dos formas distintas, importantes, pero también inferiores del poder. La imagen de la bestia de carga que ilustra con la figura del camello. Y la imagen de las bestias de presa que responde a la figura del león. El camello se caracteriza por su resistencia, por su capacidad de absorber adversidades, por su capacidad de llevar a otros sobre sus espaldas. Es una forma de poder que no puede ser despreciada. Muchas veces en la vida tendremos que recurrir al poder del camello. El león, por el contrario, es quien se rebela, quien afirma su propio poder frente a los demás, quien declara la inviolabilidad de su territorio. La vida también nos exige muchas veces ser leones.

Pero ni el camello, ni el león, tienen el poder de quien, como el niño, crea desde la inocencia del juego. No hay otra forma superior de poder a la de éste. Desde la figura del niño, podemos comprobar cuánto nos hemos alejado de nuestra concepción tradicional del poder y cuán distantes estamos del juicio de que el poder es maligno y fuente de corrupción.

La segunda consideración que efectuar es la que relaciona el poder creativo del ser humano con la interpretación que Nietzsche nos ofrece de la tragedia griega. Al concebir al ser humano como artista, Nietzsche sostiene que necesitamos del arte como disposición pues, sólo desde él, logramos alejarnos del sin sentido de la vida. El arte hace la vida soportable. Y sólo el arte es capaz de conferirle a la vida el sentido, que ella de por sí no nos proporciona, de que ella merece vivirse. Desde la disposición del artista, le «inventamos» el sentido a la vida, sin el cual no nos es posible vivirla. Esto es lo que, según Nietzsche, acomete la tragedia griega.

La tragedia griega se sustenta en la victoria de la belleza sobre el conocimiento. Los seres humanos se desplazan en ella eludiendo someterse al principio de la verdad, y buscando, en cambio, la realización de la vida desde una perspectiva estética. No es extraño, por lo tanto, comprobar la forma cómo Sócrates reaccionara contra el arte.

El arte nos permite vernos heroicamente y ello es necesario para vivir. Sólo el arte nos permite olvidarnos de nuestras limitaciones. Necesitamos del sentido trágico del héroe para responder a los desafíos de la autotrascendencia. El héroe trágico puede soportar la vida por cuanto se ha comprometido a hacer de ella una obra de arte. Y en cuanto obras de arte, los seres humanos alcanzan su más alta dignidad.

BIBLIOGRAFIA:

Anderson, Walter Truett (1990), *Reality Isn't What It Used to Be*, Harper & Row, San Francisco.

Austin, J.L. (1979), *Philosophical Papers*, Oxford University Press, Oxford.

Austin, J.L. (1982), *Cómo hacer cosas con palabras*, Paidos, Barcelona.

Budick, Sanford & Wolfgang Iser (Eds.) (1989), *Languages of the Unsayable*, Columbia University Press, Nueva York.

Burke, Peter & Roy Porter (1987), *The Social History of Language*, Cambridge University Press, Cambridge.

Corradi Fiumara, Gemma (1990), *The Other Side of Language: A Philosophy of Listening*, Routledge, Londres.

Cousins, Norman (1989), *Head First: The Biology of Hope*, E.P. Dutton, Nueva York.

Dreyfus, Hubert L. (1991), *Being-in-the-World: A Commentary on Heidegger's Being and Time, Division I*, The MIT Press, Cambridge, Mass.

Drucker, Peter F. (1990), *Managing the Nonprofit Organization*, Harper Collins, Nueva York.

Echeverría, Rafael (1993), *El búho de Minerva*, Dolmen Ediciones, Santiago.

Epicteto (1985), *The Discourses as Reported by Arrian, The Manual and Fragments*, Loeb Classical Library, Harvard/ Heinemann, Cambridge, Mass.

Fann, K.T. (Ed.), *Symposium on J.L. Austin*, Routledge & Kegan Paul, Londres.

Farías, Victor (1989), *Heidegger and Nazism*, Temple University Press, Filadelfia.

Fink, Eugen (1966), La *filosofía de Nietzsche*, Alianza Universidad, Madrid.

Flores,C . Fernando (1982), *Management and Communication in the Office of the Future*, Logonet, Berkeley.

Foucault, Michel (1972), *The Archaeology of Knowledge & The Discourse on Language*, Pantheon Books, Nueva York.

Foucault, Michel (1980), *Power/Knowledge: Selected Interviews & Other Writings*, Pantheon Books, Nueva York.

Frankl, Victor E. (1984), *Man's Search for Meaning*, Simon & Shuster, Nueva York.

Gadamer, Hans-Georg (1984), *Truth and Method*, Crossroad, Nueva York.

Goody, Jack (1986), *The Logic of Writing and the Organization of Society*, Cambridge University Press, Cambridge.

Goody, Jack (1987), *The Interface Between the Written and the Oral*, Cambridge University Press, Cambridge.

Guthrie, W.K.C. (1971), *The Sophists*, Cambridge University Press, Cambridge.

Harris, Roy & Talbot J. Taylor (1989), *Landmarks in Linguistic Thought*, Routledge, Londres.

Hartmack, Justus (1971), *Wittgenstein y la filosofía contemporánea*, Ariel, Barcelona.

Havelock, Eric A. (1963), *Preface to Plato*, Belknap Press of Harvad University Press, Cambridge, Mass.

Havelock, Eric A. (1986), *The Muse Learns to Write*, Yale University Press, New Haven.

Houston, R.A. (1988), *Literacy in Early Modern Europe*, Longman, Londres.

Heidegger, Martin [1927] (1962), *Being and Time*, Harper & Row, Nueva York.

Heidegger, Martin (1971), *Poetry, Language, Thought*, Harper & Row, Nueva York.

Heidegger, Martin (1982), *On the Way to Language*, Harper & Row, San Francisco.

Heidegger, Martin (1985), «El habla», *Espacios*, Año II, No.6, Puebla.

Heidegger, Martin & Eugen Fink (1993), *Heraclitus Seminar*, Northwestern University Press, Evanston.

Heráclito (1987), *Fragments*, University of Toronto Press, Toronto.

Hilmy, S. Stephen (1987), *The Later Wittgenstein*, Basil Blackwell, Oxford.

Janick, Allan & Stephen Toulmin (1983), *La Viena de Wittgenstein*, Taurus, Madrid.

Janz, Curt Paul (1981,1985), *Friedrich Nietzsche*, Alianza Editorial, Madrid.

Jaspers, Karl (1965), *Nietzsche*, The University of Arizona Press, Tucson.

Kaufmann, Walter (1974), *Nietzsche: Philosopher, Psychologist, Antichrist*, Princeton University Press, Princeton.

Kerby, Anthony Paul (1991), *Narrative and the Self*, Indiana University Press, Bloomington.

Kerkoff, Manfred (1988), «Seis lecciones de kairología (Timing)», *Diálogos*, 51.

Kinneavy, James L. (1971), *A Theory of Discourse*, Norton, Nueva York.

Kundera, Milan (1980), *The Book of Laughter and Forgetting*, Penguin Books, Harmondsworth.

Kundera, Milan (1990), *La inmortalidad*, Tusquets Editores, Barcelona.

Lakoff, Robin Tolmach (1990), *Talking Power*, Basic Books, Nueva York.

L'Herné, Cahier de (1983), *Heidegger*, Editions de l'Herné, París.

Lieberman, Philip (1984), *The Biology and Evolution of Language*, Harvard University Press, Cambridge, Mass.

Logan, Robert K. (1986), *The Alphabet Effect*, St. Martin-Press, Nueva York.

Lyotard, Jean-François (1989), *The Postmodern Condition: A Report on Knowledge*, University of Minnesota Press, Minneapolis.

Maturana, Humberto (1970), «Neurophysiology of Cognition», En P. Garvin (Ed.) (1970), *Cognition: A Multiple View*, Spartan Books, Nueva York.

Maturana, Humberto (1990), *Biología de la cognición y epistemología*, Ediciones de la Universidad de la Frontera, Temuco.

Maturana, Humberto (1992), *El sentido de lo humano*, Hachette, Santiago.

Maturana, Humberto y Francisco Varela (1972), *De máquinas y seres vivos*, Editorial Universitaria, Santiago.

Maturana, Humberto y Francisco Varela (1980), *Autopoiesis and Cognition: The Realization of the Living*, D.Reidel, Dordrecht.

Maturana, Humberto y Francisco Varela (1983), «Fenomenología del conocer», *Revista de tecnología educativa*.

Maturana, Humberto y Francisco Varela (1984), *El árbol del conocimiento*, Editorial Universitaria, Santiago.

Mayr, Ernest (1963), *Animal Species and Evolution*, Bellknap Press of Harvard University Press, Cambridge, Mass.

McLuhan, Marshall (1962), *The Guttenberg Galaxy*, University of Toronto Press, Toronto.

Miller, George A. (1991), *The Science of Words*, Scientific American Library, Nueva York.

Miller, J. Hillis (1992), *Ariadne's Thread: Story Lines*, Yale Univesity Press, New Haven.

Monk, Ray (1990), *Ludwig Wittgenstein: The Duty of Genius*, Penguin Books, Harmondsworth.

Mueller-Vollmer, Kurt (Ed.) (1988), *The Hermeneutics Reader*, Continuum, Nueva York.

Nietzsche, Friedrich (1967), *The Birth of Tragedy*, Vintage Books, Nueva York.

Nietzsche, Friedrich (1968), *The Will to Power*, Vintage Books, Nueva York.

Nietzsche, Friedrich (1969), *Ecce Homo*, Vintage Books, Nueva York.

Nietzsche, Friedrich (1978), *Thus Spoke Zaratustra*, Penguin, Londres.

Nietzsche, Friedrich (1979), *Philosophy and Truth: Selections from Nietzsche's Notebooks of the Early 1870's*, Humanities Paperback Library, Nueva Jersey.

Nietzsche, Friedrich (1986), *La genealogía de la moral*, Alianza Editorial, Madrid.

Nietzsche, Friedrich (1989), *Human, All Too Human*, University of Nebraska Press, Lincoln.

Nietzsche, Friedrich (1989), *Beyond Good & Evil*, Vintage Books, Nueva York.

Nehamas, Alexander (1985), *Nietzsche: Life as Literature* Harvard University Press, Cambridge, Mass.

Ong, Walter J. (1982), *Orality and Literacy*, Routledge, Londres.

Palmer, Richard E. (1969), *Hermeneutics*, Northwestern University Press, Evanston.

Pears, David (1971), *Wittgenstein*, Fontana / Collins, Londres.

Perowne, Stewart (1960), *Hadrian*, Greenwood Press, Westport, Conn.

Pescador, José Hierro S. (1980), *Principios de la filosofía del lenguaje*, Alianza Universidad, Madrid.

Peters, Tom (1987), *Thriving On Chaos: Handbook for a Management Revolution*, Knopf, Nueva York.

Pocock, J.G.A. (1971), *Politics, Language and Time*, Atheneum, Nueva York.

Poggeler, Otto (1986), *El camino del pensar de Martin Heidegger*, Alianza Editorial, Madrid.

Polkinghorne, Donald E. (1988), *Narrative Knowing and the Human Sciences*, State University of New York Press, Nueva York.

Rist, J.M. (1969), *Stoic Philosophy*, Cambridge University Press, Cambridge.

Rodríguez, Richard (1982), *Hunger of Memory*, Bantam Books, Toronto.

Rorty, Richard (1983), *La filosofía como espejo de la naturaleza*, Cátedra, Madrid.

Rosenberg, Jay F. & Charles Travis (Eds.) (1971), *Readings in the Philosophy of Language*, Prentice-Hall, Englewoods Cliffs, N.J.

Rousseau, Jean-Jacques & Johann Gottfried Herder (1966), *On the Origin of Language*, The University of Chicago Press, Chicago.

Sandbach, F.H. (1975), *The Stoics*, Norton, Nueva York.

Searle, John R. (1979), *Expression and Meaning*, Cambridge University Press, Londres.

Searle, John R. (Ed.)(1979), *The Philosophy of Language*, Oxford University Press, Oxford.

Searle, John R. (1980), *Actos de habla*, Cátedra, Madrid.

Seligman, Martin (1990), *Learned Optimism*, Knopf, Nueva York.

Séneca (1969), *Letters from a Stoic*, Penguin Books, Londres.

Shannon, Claude E. & W. Weaver (1949), *The Mathematical Theory of Communication*, University of Illinois Press, Urbana.

Sheenan, Thomas (Ed.) (1981), *Heidegger, the Man and the Thinker*, Precedent Publishing, Inc., Chicago.

Thiele, Leslie Paul (1990), *Friedrich Nietzsche and the Politics of the Soul*, Princeton University Press, Princeton.

Valdés, Mario J. (1987), *Phenomenological Hermeneutics and the Study of Literature*, University of Toronto Press, Toronto.

Vlastos, Gregory (1991), *Socrates, Ironist and Moral Philosopher*, Cornell University Press, Ithaca.

von Foerster, Heinz (1991), *Las semillas de la cibernética*, Gedisa, Barcelona.

von Mises, Ludwig (1966), *Human Action: A Treatise on Economics*, Contemporary Books Inc., Chicago.

Vygotsky, Lev (1987), *Thought and Language*, The MIT Press, Cambridge, Mass.

Watzlawick, Paul (1977), *How Real Is Real?*, Vintage Books, Nueva York.

Watzlawick, Paul (Ed.) (1984), *The Invented Reality*, Norton, Nueva York.

White, Alan (1990), *Whithin Nietzsche's Labyrinth*, Routledge, Nueva York.

While, Eric Charles (1987), *Kaironomia: On the Will-to-Invent*, Cornell University Press, Ithaca.

Whorf, Benjamin Lee (1956), *Language, Thought & Reality*, The MIT Press, Cambridge, Mass.

Winograd, Terry & C. Fernando Flores (1986), *Understanding Computers and Cognition*, Ablex Publishing Corp., Norwood, N.J.

Wittgenstein, Ludwig [1953](1968), *Philosophical Investigations*, Macmillan, Nueva York.

Wittgenstein, Ludwig (1981), *Tractatus Logico-Philosophicus*, Alianza Editorial, Madrid.

Wittgenstein, Ludwig [1930] (1989), *Conferencia sobre ética*, Ediciones Paidós, Barcelona.